从零开始学炒股

孟庆宇 / 编著

民主与建设出版社
· 北京 ·

@民主与建设出版社，2023

图书在版编目（CIP）数据

从零开始学炒股 / 孟庆宇编著. -- 北京：民主与建设出版社，2023.10
 ISBN 978-7-5139-4364-2

Ⅰ. ①从… Ⅱ. ①孟… Ⅲ. ①股票交易－基本知识 Ⅳ. ①F830.91

中国国家版本馆 CIP 数据核字（2023）第 179542 号

从零开始学炒股
CONG LING KAISHI XUE CHAOGU

编　　著	孟庆宇
责任编辑	王　倩
封面设计	北京智博尚书文化传媒有限公司
出版发行	民主与建设出版社有限责任公司
电　　话	（010）59417747　59419778
社　　址	北京市海淀区西三环中路 10 号望海楼 E 座 7 层
邮　　编	100142
印　　刷	河北鲁汇荣彩印刷有限公司
版　　次	2023 年 10 月第 1 版
印　　次	2023 年 10 月第 1 次印刷
开　　本	787 毫米×1000 毫米　1/16
印　　张	20.25
字　　数	497 千字
书　　号	ISBN 978-7-5139-4364-2
定　　价	69.80 元

注：如有印、装质量问题，请与出版社联系。

前　言

我手里只有 2 万元钱，能够拿去炒股吗？

老王买了茅台的股票，赚了 100 万元，那我现在买还合适吗？

为什么公司的盈利很高，但股价却死活不涨呢？

那么多的技术指标，我都看晕了，但哪一个指标最好用呢？

对于初入股市的你，肯定会有无数的疑惑。虽然你很想赚钱，但更怕亏本。股市里有一夜暴富的幸运儿，也有赔光本金的倒霉蛋。从专业投资人士及民间高手的经验来看，在股市中获利绝不是源于运气，它需要投资者有丰富的知识和高超的技术。对于新入市的股民来说，他们需要一个循序渐进的方法，跟随指引步入成功者的行列。

要想在股市中无往不利，需要先学习很多的知识。股市里面的知识甚至比你大学所学还要多。在当当网，关于股票的书籍就有一万多种，光分析流派都不下数十种，对于新股民来说，学习那些知识的难度是非常大的。本书选出有关股市的最核心的内容，让股民用最短的时间，了解股市的全貌，形成自己的交易理念，从而根据市场行情作出正确的判断，达到盈利的目标。

本书以此为宗旨，由浅入深地讲解了基础的入市知识、股市基本理论、买卖技术、行情研判方法等内容，希望可以帮助读者快速步入成功者的行列。

本书具有以下特点：

（1）内容全面。面对零基础的读者，本书先从股市的基本概念开始讲起，然后深入浅出地分析各个技术流派。

（2）讲解深入。对于常见的分析技术，本书的讲解不是流于浅表，而是对其进行了深入的分析，并辅以大量案例，使原本无趣的理论变得更为形象、生动。

（3）语言简洁。笔者在编写本书时，为方便读者理解，写作时尽量使用简单的句式结构，避免了过多的文字累赘。

（4）图解说明。人的大脑更容易接收图片信息，因此笔者把大量知识用图来表达，让读者一看就懂。

本书内容如下：

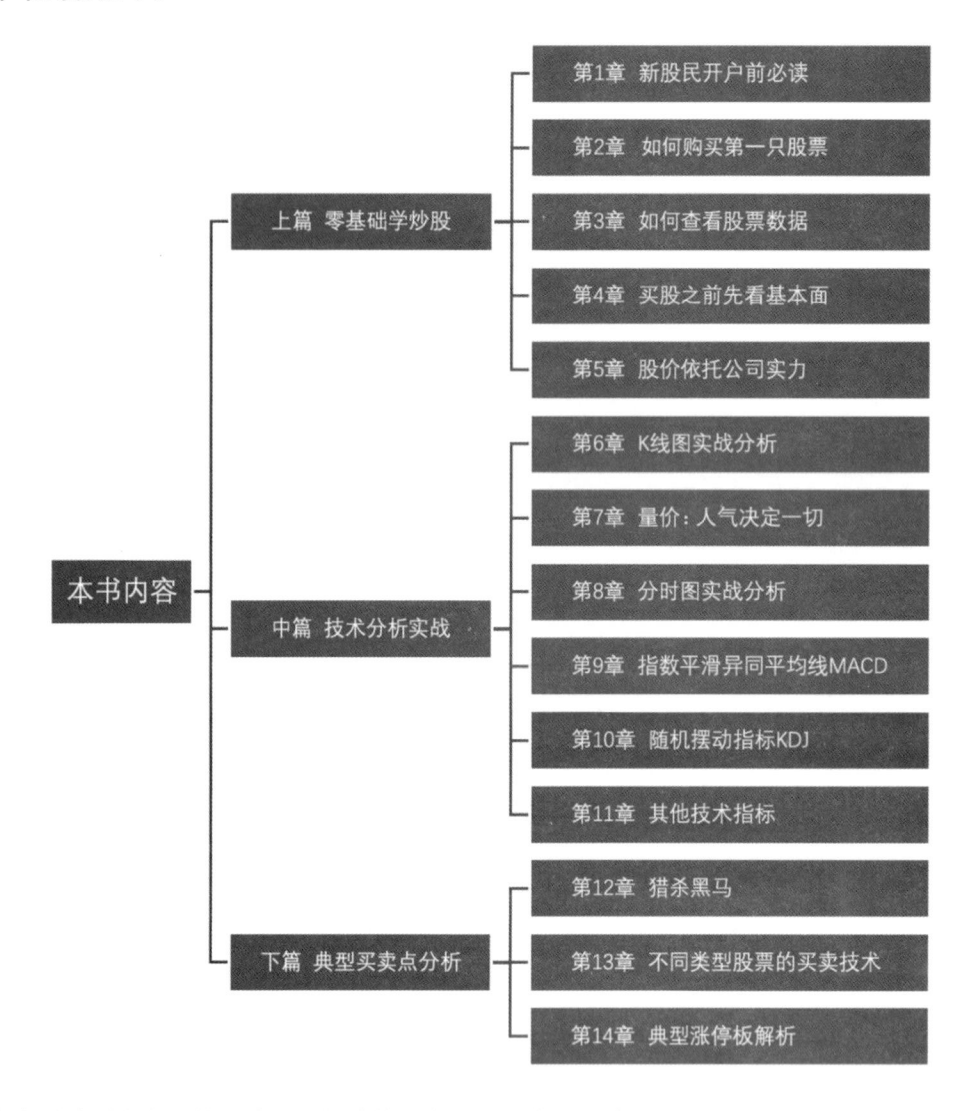

- 本书内容
  - 上篇 零基础学炒股
    - 第1章 新股民开户前必读
    - 第2章 如何购买第一只股票
    - 第3章 如何查看股票数据
    - 第4章 买股之前先看基本面
    - 第5章 股价依托公司实力
  - 中篇 技术分析实战
    - 第6章 K线图实战分析
    - 第7章 量价：人气决定一切
    - 第8章 分时图实战分析
    - 第9章 指数平滑异同平均线MACD
    - 第10章 随机摆动指标KDJ
    - 第11章 其他技术指标
  - 下篇 典型买卖点分析
    - 第12章 猎杀黑马
    - 第13章 不同类型股票的买卖技术
    - 第14章 典型涨停板解析

本书通过循序渐进的方式，对相关基础名词及更高深层次的盘口和技术面进行一一讲解，力争在最短的时间内让你成为一位炒股高手。最后，附上资深股民的金玉良言，与股民朋友共勉：

- 适可而止，见好就收，一旦有变，落袋为安。
- 买卖得心应手的时候，切忌得意忘形。
- 买卖都不顺手的时候应立即退出，待调整好状态后再寻战机。

编　者

目 录

上篇　零基础学炒股

第 1 章　新股民开户前必读 ………… 2
- 1.1 你适合炒股吗 ………… 3
  - 1.1.1 你的资金来源是什么 ………… 3
  - 1.1.2 你期待多大的收益 ………… 3
  - 1.1.3 你能承受多大的亏损 ………… 4
  - 1.1.4 你想专职炒股吗 ………… 4
- 1.2 认识股票 ………… 5
  - 1.2.1 关于股价的几个概念 ………… 6
  - 1.2.2 证券交易所有什么作用 ………… 8
  - 1.2.3 什么是证券代码 ………… 10
  - 1.2.4 什么是股票指数 ………… 10
  - 1.2.5 如何理解牛市和熊市 ………… 13
  - 1.2.6 如何选择证券公司 ………… 15
- 1.3 一旦炒股，你可能会失去什么 ………… 15
- 1.4 前人的经验 ………… 16

第 2 章　如何购买第一只股票 ………… 17
- 2.1 股票的交易时间 ………… 18
  - 2.1.1 交易日 ………… 18
  - 2.1.2 每日交易时间 ………… 18
  - 2.1.3 T+0 和 T+1 ………… 18
  - 2.1.4 涨跌停板制度 ………… 19
- 2.2 购买我的第一只股票 ………… 19
  - 2.2.1 下载和安装炒股软件 ………… 20
  - 2.2.2 使用网上交易下单程序 ………… 21
  - 2.2.3 常用网上炒股软件简介 ………… 22
  - 2.2.4 通过网站看实时行情 ………… 25
- 2.3 沪港通和深港通 ………… 26
  - 2.3.1 如何开通沪港通和深港通 ………… 26
  - 2.3.2 如何买卖港股 ………… 27
- 2.4 打新股 ………… 27
  - 2.4.1 如何获取新股资料 ………… 27
  - 2.4.2 新股申购流程 ………… 29
  - 2.4.3 新股申购规则 ………… 31
  - 2.4.4 申购实例 ………… 34
  - 2.4.5 申购技巧 ………… 35

第 3 章　如何查看股票数据 ………… 37
- 3.1 基本认识 ………… 38
  - 3.1.1 为什么要看盘 ………… 38
  - 3.1.2 盘口最重要的 6 个信息 ………… 38
  - 3.1.3 如何利用软件看盘 ………… 41
  - 3.1.4 大盘指数的意义和操作 ………… 43
  - 3.1.5 如何看个股 ………… 48
  - 3.1.6 如何看板块 ………… 50
  - 3.1.7 盯盘与复盘 ………… 51
- 3.2 盘口的 6 个核心概念 ………… 53
  - 3.2.1 换手率 ………… 54
  - 3.2.2 买盘与卖盘 ………… 56
  - 3.2.3 内盘与外盘 ………… 58
  - 3.2.4 委比 ………… 60
  - 3.2.5 量比 ………… 61
  - 3.2.6 大单 ………… 64
- 3.3 解读不同时段的盘口语言 ………… 66

3.3.1 开盘的关注重点………… 66	"行业对比"看点………… 87
3.3.2 盘中信息解读…………… 70	4.2.5 "主力持仓"看点………… 87
3.3.3 收盘的关注重点………… 72	4.3 在宏观状况变化时分析股票… 88
3.4 不同阶段的炒股策略…………… 73	4.3.1 行业变动对股市的影响… 89
3.4.1 牛市发展的几个阶段…… 73	4.3.2 政策变动对股市的影响… 90
3.4.2 消息行情要注意的事情… 75	4.3.3 利率变动对股市的影响… 91
3.4.3 新股发行频繁会导致大盘	4.4 行业分析………………………… 92
下跌……………………… 76	4.4.1 行业结构选股…………… 92
3.4.4 股价回档及下跌反弹时怎	4.4.2 周期与股市……………… 92
么办……………………… 77	4.4.3 稳定性与股市…………… 93
	4.5 几种常见基本面选股案例…… 94
第 4 章 买股之前先看基本面……… 79	4.5.1 财务分析………………… 94
4.1 了解基本面……………………… 80	
4.1.1 认识基本面……………… 80	第 5 章 股价依托公司实力………… 96
4.1.2 基本面中包括的因素…… 80	5.1 实力差距………………………… 97
4.1.3 基本面中常用术语……… 82	5.1.1 净资产收益率是驱动股价
4.1.4 预测数据………………… 83	上涨的因素……………… 97
4.1.5 关于增发………………… 83	5.1.2 杜邦分析………………… 98
4.2 在软件中查看基本面资料…… 84	5.1.3 对于杜邦分析的补充…… 99
4.2.1 使用 F10 键查看资料…… 84	5.2 价值投资负责你的安全……… 101
4.2.2 "最新动态"看点………… 85	5.2.1 简单的价值投资流程…… 101
4.2.3 "公司资料"看点………… 86	5.2.2 筛选股票案例…………… 102
4.2.4 "新闻公告""公司大事"	

中篇　技术分析实战

第 6 章 K 线图实战分析…………… 105	6.2.5 下影阳线、下影阴线…… 119
6.1 K 线图的基本知识…………… 106	6.2.6 光头阳线、光头阴线…… 120
6.1.1 认识 K 线……………… 106	6.2.7 光脚阳线、光脚阴线…… 122
6.1.2 K 线类型……………… 110	6.2.8 光头光脚阳线、光头光脚
6.2 单根 K 线形态买卖点分析… 113	阴线…………………… 124
6.2.1 小阳星、小阴星………… 113	6.2.9 十字星、一字线、T 字线、
6.2.2 小阳线、小阴线………… 114	倒 T 字线……………… 126
6.2.3 大阳线、大阴线………… 115	6.3 K 线组合形态………………… 128
6.2.4 上影阳线、上影阴线…… 117	6.3.1 底部 K 线组合形态…… 128

- 6.3.2 顶部 K 线组合形态 ……… 133
- 6.3.3 中部 K 线组合形态 ……… 138
- 6.3.4 整体 K 线组合形态 ……… 143

第 7 章 量价：人气决定一切 ……… 148
- 7.1 量价关系的基本知识 ……… 149
  - 7.1.1 成交量 ……… 149
  - 7.1.2 成交量形态 ……… 150
  - 7.1.3 量价关系 ……… 154
  - 7.1.4 量价误区 ……… 158
- 7.2 量价关系的常见形态 ……… 160
  - 7.2.1 地量地价 ……… 161
  - 7.2.2 天量天价 ……… 162
  - 7.2.3 量增价平 ……… 162
  - 7.2.4 量增价涨 ……… 164
  - 7.2.5 量缩价跌 ……… 164
  - 7.2.6 量增价跌 ……… 165
  - 7.2.7 量缩价涨 ……… 166
  - 7.2.8 量平价涨 ……… 167
- 7.3 量价关系的实战分析 ……… 168
  - 7.3.1 买入的量价分析 ……… 168
  - 7.3.2 卖出的量价分析 ……… 172

第 8 章 分时图实战分析 ……… 177
- 8.1 认识分时图 ……… 178
  - 8.1.1 认识大盘分时图 ……… 178
  - 8.1.2 大盘股和中小盘股分时图 ……… 179
  - 8.1.3 盘中多空力量的对比 ……… 180
  - 8.1.4 认识个股分时图 ……… 182
  - 8.1.5 使用分时图的注意事项 ……… 183
- 8.2 典型的分时图形态 ……… 184
  - 8.2.1 高开高走盘 ……… 184
  - 8.2.2 低开低走盘 ……… 185
  - 8.2.3 低开高走盘 ……… 185
  - 8.2.4 平开高走盘 ……… 186
  - 8.2.5 高开低走盘 ……… 187
- 8.3 有上涨潜力的分时图 ……… 187
  - 8.3.1 分时线始终高于均价线 ……… 187
  - 8.3.2 分时线快速上扬 ……… 190
  - 8.3.3 分时量配合关系理想 ……… 191
  - 8.3.4 个股分时线强于大盘 ……… 194
- 8.4 大概率下跌的分时图 ……… 196
  - 8.4.1 分时线持续运行于均价线下方 ……… 196
  - 8.4.2 分时线出现深幅、快速的放量跳水形态 ……… 198
  - 8.4.3 分时线由升转降 ……… 199
  - 8.4.4 分时线走势弱于当日大盘 ……… 201
- 8.5 盘中买入信号 ……… 203
  - 8.5.1 强势股的买入时机 ……… 203
  - 8.5.2 早盘强势上涨后、均价线上的中盘买股时机 ……… 204
  - 8.5.3 由弱转强、上冲均价线后的买股时机 ……… 206
- 8.6 盘中卖出信号 ……… 207
  - 8.6.1 弱势股的卖出时机 ……… 207
  - 8.6.2 持续运行于均价线下的中盘卖股时机 ……… 208
  - 8.6.3 由强转弱、下破均价线后的卖股时机 ……… 209

第 9 章 指数平滑异同移动平均线 MACD ……… 211
- 9.1 MACD 的计算方法及原理 ……… 212
  - 9.1.1 MACD 的计算方法 ……… 212

9.1.2 MACD 的原理 ·············· 212
9.1.3 透过 MACD 形态看清价格运行大趋势 ·············· 214
9.2 DIFF 线与 DEA 线的金叉与死叉 ·············· 215
9.2.1 利用 DIFF 与 DEA 的"金叉"买股 ·············· 215
9.2.2 利用 DIFF 与 DEA 的"死叉"卖股 ·············· 216
9.3 MACD 的背离情况 ·············· 217
9.3.1 利用 MACD 底背离形态买股 ·············· 218
9.3.2 利用 MACD 顶背离形态卖股 ·············· 218

第 10 章 随机摆动指标 KDJ ·············· 220
10.1 什么是 KDJ ·············· 221
10.1.1 KDJ 的计算方法 ·············· 221
10.1.2 为什么越上涨越超买 ·············· 222
10.1.3 KD 斧 ·············· 223
10.2 KDJ 的买点与卖点 ·············· 223
10.2.1 短线买点与 KDJ 指标超卖值 ·············· 223
10.2.2 短线卖点与 KDJ 指标超买值 ·············· 224

10.3 短线交易信号 ·············· 226
10.3.1 金叉形态下的短线买入信号 ·············· 226
10.3.2 死叉形态下的短线卖出信号 ·············· 228

第 11 章 其他技术指标 ·············· 230
11.1 相对强弱指标 RSI ·············· 231
11.1.1 什么是 RSI ·············· 231
11.1.2 上升趋势中的 RSI 指标运行形态 ·············· 231
11.1.3 下跌趋势中的 RSI 指标运行形态 ·············· 232
11.1.4 短线卖点与 RSI 指标超买值 ·············· 233
11.1.5 短线买点与 RSI 指标超卖值 ·············· 233
11.2 能量潮指标 OBV ·············· 234
11.3 宝塔线指标 TOWER ·············· 236
11.4 乖离率指标 BIAS ·············· 237
11.5 顺势指标 CCI ·············· 238
11.6 动向指标 DMI ·············· 238
11.7 平行差指标 DMA ·············· 240
11.8 人气指标 AR、BR ·············· 241
11.9 中间意愿指标 CR ·············· 242
11.10 心理线指标 PSY ·············· 244

下篇 典型买卖点分析

第 12 章 猎杀黑马 ·············· 247
12.1 黑马形成的必要条件 ·············· 248
12.1.1 黑马的点位通常相对较低 ·············· 248
12.1.2 有消息面的推波助澜 ·············· 249
12.1.3 发现黑马还要懂得技术面 ·············· 249
12.1.4 黑马的特征 ·············· 250
12.2 低位平台现黑马 ·············· 251
12.2.1 二次下跌横盘 ·············· 251
12.2.2 二次上攻 ·············· 252
12.2.3 二次上攻时的买点 ·············· 253

12.2.4 利用技术指标辅助判断 ………… 254
12.2.5 低位黑马形成的要素 …… 255
12.3 四线黏合一线金叉 …………… 255
　　12.3.1 均线黏合过程中量能不能太大 ………… 256
　　12.3.2 均线黏合时形成二次握手 ………… 258
　　12.3.3 四线黏合一线死叉 …… 258
12.4 单日异常放量需关注 ………… 259
　　12.4.1 低位出现单日异常放量 ………… 260
　　12.4.2 趋势稳定时出现异常放量 ………… 261
　　12.4.3 底部异常放量以 30 日均线为支撑 ………… 262
12.5 万金难求散兵坑 …………… 263
　　12.5.1 上升过程中的散兵坑 … 263
　　12.5.2 量能上的散兵坑 ……… 264
　　12.5.3 散兵坑中的最佳买点 … 265
　　12.5.4 尖底散兵坑 …………… 265
12.6 见底三金叉 ………………… 267
　　12.6.1 认识 MACD 技术指标 … 267
　　12.6.2 见底金叉中的买点 …… 269
12.7 千金难得老鸭头 …………… 271
　　12.7.1 第一买点：老鸭头嘴部 ………… 272
　　12.7.2 第二买点：三金叉时 … 273
12.8 K 线缺口寻黑马 …………… 274
　　12.8.1 向上跳空和向下跳空的缺口 ………… 274
　　12.8.2 利用周 K 线判断黑马 … 275
　　12.8.3 把握卖点 ……………… 276

第 13 章 不同类型股票的买卖技术 …… 278

13.1 蓝筹股的买卖技术 ………… 279
　　13.1.1 只在低估时买入 ……… 279
　　13.1.2 关注行业的周期性 …… 280
　　13.1.3 关注个股的年终分红情况 ………… 281
13.2 成长股的买卖技术 ………… 282
　　13.2.1 成长型企业的三大特点 ………… 282
　　13.2.2 成长股的 15 个特征 …… 283
　　13.2.3 成长股需要关注的内容 ………… 285
　　13.2.4 题材催生的成长股 …… 287
　　13.2.5 通过对比抢入龙头股 … 290
13.3 新股的买卖技术 …………… 291
　　13.3.1 从新股的题材面着手 … 291
　　13.3.2 从新股的盘子大小着手 ………… 292
　　13.3.3 从新股的股价着手 …… 292
　　13.3.4 关注新股首日的换手率情况 ………… 292
　　13.3.5 关注新股首日的盘中成交情况 ………… 293
　　13.3.6 关注新股上市后三到五个交易日内的走势情况 … 293

第 14 章 典型涨停板解析 …………… 294

14.1 如何分析涨跌停板形态 …… 295
　　14.1.1 关注涨停的时间 ……… 295
　　14.1.2 关注封板形态 ………… 295
　　14.1.3 关注 K 线走势 ………… 295
　　14.1.4 关注量能大小 ………… 296
　　14.1.5 关注主力迹象 ………… 296
　　14.1.6 关注个股的题材面 …… 296
14.2 "一"字形的连续无量涨停板 … 296
　　14.2.1 开板后出现深幅调整 … 297

- 14.2.2 开板后出现强势盘整……297
- 14.3 开盘后的急速涨停……298
  - 14.3.1 有重磅利好的隐性题材……298
  - 14.3.2 无明显利好、处于回调后的低点……299
- 14.4 涨停突破长期盘整区……301
  - 14.4.1 相对低位的横向窄幅震荡盘整区……301
  - 14.4.2 震荡缓升走势中的涨停突破……303
  - 14.4.3 题材诱导下的涨停突破……304
- 14.5 盘中反复打开的抹油板……305
  - 14.5.1 跌途中的反弹走势后……305
  - 14.5.2 上升途中的一波上涨走势后……306
- 14.6 盘整后破位处的跌停板……308
- 14.7 尾市冲涨停板……309
  - 14.7.1 反弹上涨走势的初期……309
  - 14.7.2 高位震荡区的箱体上沿……310

上篇

零基础学炒股

- 第1章 新股民开户前必读
- 第2章 如何购买第一只股票
- 第3章 如何查看股票数据
- 第4章 买股之前先看基本面
- 第5章 股价依托公司实力

第1章 新股民开户前必读

在投资股票市场之前，投资者应对股票知识有一定的了解，如知道股票的含义、证券交易所、证券代码、股票指数等。此外，投资者还应知道如何开户、如何进行股票交易、股票交易的相关规则等。本章将简单介绍这些知识。

1.1 你适合炒股吗

在炒股之前,你要先问自己几个问题:你的资金来源是什么?你期待多大的收益?你能承受多大的亏损?你想专职炒股吗?

1.1.1 你的资金来源是什么

首先需要强调的是:不要借钱炒股!不要借钱炒股!不要借钱炒股!重要的话说三遍。2015年的股市大跌,遭受损失的群体主要是融资者、借钱的股民。如果你是用闲钱炒股,即使股价跌幅再大也可以继续等待,只要不被清盘,就有机会再度盈利。如果投资了优质公司,比如招商银行、伊利股份、万科等股票,即使是从2015年的高点买入的,到现在资金也翻倍了。

如果你手头上有一大笔钱,除了存入银行以外,没有其他的理财方式,我建议你除了投资股票以外,还应该进行其他的资产配置,如购买保险和国债。在买进股票时,并不建议你一次性买入太多。

一起来看看格雷厄姆在其著作《聪明的投资者》里的一段话:

建议投资者将其资金分配于高等级债券和蓝筹股上。其中,债券所占的比例应不低于25%,且不高于75%,而股票的比例则与之相适应。最简单的办法是,两者各占一半,并根据市场情况的变化进行小幅的调整(比如5%左右)。另一种策略是,当"感觉市场已处于危险的高位时",将股票持有比例减少到25%;并在他"感到股价的下跌已使其吸引力与日俱增时",将持股量提升到最大限度,即75%的比例。

这段话有以下三层含义:

- 你不能把钱全拿来投资股票,你还可以投资点债券,因为一个是风险收益,一个是无风险收益。
- 这个比例是什么样的呢?1:3或3:1,甚至可以是1:1。
- 当股票价格低的时候,就多买点股票,占比75%。当股票价格高的时候,就减少股票到占比25%。

1.1.2 你期待多大的收益

很多人炒股,都希望投入的资金可以一年翻番,这是不切实际的幻想,有这种幻想的,也要赶紧摒弃掉。即使是股神巴菲特,他的复合年化收益率也不过是20%。我的建议是,只要跑赢长期债券利率就算成功,如果长期债券利率为5%,你炒股每年的收益必须超过5%,不然还不如直接买债券,完全没有风险。

另外,身份不同,地位不同,所处环境不同,预期收益率一定也会不同。之前遇到一个客户,她想要每个月有30%的收益,还振振有词地说,每天只要涨1%就行了。我听了真的吓坏了,如果我能每年有20%的收益，多年后我就成了巴菲特。她一个月要30%的收益，复利下来一年是多少？本金1万元的话，一年下来就是23.3万元，怎么可能？

千万不要预期自己不能达到的收益，就像减肥一样，如果你定的目标是短时间内减50斤，我估计你的减肥计划会失败。因为你看不到希望。如果你定的目标是一个月减2斤，这个计划就很容易实现。

太多人急功近利，不论是在金融市场中，还是在日常生活中，都喜欢定一些不切实际的目标。"要快，要快，要快""不能亏，只能赚""赚得少也不行，要一个月有30%的利润"。我一听到这些不切实际的目标就头疼，欲速则不达。长期慢、稳的复利，才是真正看不见的速度。

1.1.3 你能承受多大的亏损

在买入股票之前，要评估一下自己的承受能力。在这里，要再提一次：不要借钱炒股。因为借钱的话，会影响你的判断力。比如你最多接受50%的亏损，也就是股价腰斩的时候，你就卖出。下面分情况进行讨论：

- 只用20万元的闲钱炒股，股价跌了40%，你还可以硬抗，少了8万元，心理还是能接受的。
- 自有资金20万元，融资20万元，那么如果股价跌了40%，一下子少了16万元[(20+20)×40%]，相对于本金，亏了80%（16/20），这就完全不能接受了，在心理承受50%的情况下，股价只要波动25%，就要清仓了。
- 自有资金20万元，融资80万元，也就是四倍杠杆，如果股价有10%的波动，就达到你的心理极限了。

根据上面的对比，一旦加上杠杆，风险会急剧升高，因此本书反复强调，不要借钱炒股。每个人都可以针对自己的情况，设定清仓条件，在这里我有如下建议：

- 如果你是用闲钱炒股，预计未来三五年都用不到这笔钱，可以选择有发展前景的公司，长线持有，不用关心短期涨跌，即使下跌80%，只要公司盈利能力不变，都可以长线持有。
- 如果你用的是短期资金，比如购房款来炒股，未来几个月要用，那就要设置严格的止损线，不能影响日后的生活。
- 如果你是用养老的钱炒股，不要把所有的资金都投入进去，至少要留出1年的生活费，这样就可以不受短期股市波动的影响。
- 如果你很年轻，应该把精力放到工作上，努力提升自己，可以购买一些熟悉的公司的股票，不用太在意涨跌。因为你的本金少，工作上赚的钱，远远超过了股市的收益。

1.1.4 你想专职炒股吗

很多人觉得专职炒股很自由，不用受领导的气、客户的气，其实是想当然了。因为一旦专职炒股，所有的收入都要从股市取得，需要很强的自控力，但很多时候，现实生活并不像想象中那样美好，一不小心就会心态失衡。所以你在专职炒股之前，需要考虑如下因素：

- 你的本金有多少？即使你是股神巴菲特，年增长率20%，如果你只有10万元的本金，那么每年平均盈利才2万元，只能勉强够吃喝。
- 有本金的情况下，遇到大盘暴跌，你能不能受得了？我在2005年进入股市之前，小打小闹赚了一些钱，后来胆子越来越大，赶上2008年股市暴跌，20多万元的本金，最后只剩下4万元，如果专职炒股的话，死的心可能都有了。
- 会不会得到家人的支持？如果父母、妻子（或丈夫）不支持你炒股，认为你不务正业，你该如何解决？
- 能不能耐得住寂寞？如果判断大盘形势不好，你能做到连续一年空仓吗？千万别被"重个股、轻大盘"的谎言蒙蔽。覆巢之下，安有完卵？大盘整体下跌，80%的股票是绿的，凭什么你能选到上涨的那20%的股票？
- 能不能严守纪律？比如设置了止损点、止盈点，股价到了相应的点位后，你会卖出，还是想再等等？

所以，专职炒股会遇到很多问题，这和工作中遇到的问题是完全不同的，而且没人能帮你，完全要靠自己作决策。我身边的几个老股民，都看了很多讲投资的书籍，比如巴菲特、查理·芒格、杰西·利弗莫尔的投资理论等，道理都懂，但一旦自己操盘，就完全乱套了，最后赔多盈少。

最后，如果你的资金很雄厚，而且有很强的自制力，那么可以尝试专职炒股。并且建议在专职炒股之前，先过渡1年左右，确认自己有足够的能力了，再放弃其他工作。

1.2 认识股票

随着人类社会进入社会化大生产时期，企业经营规模的扩大与资本需求增长的矛盾日益突出，于是产生了以股份公司形态出现的、股东共同出资经营的企业组织。

股份公司的变化和发展产生了股票的融资活动，而股票融资的发展又产生了股票交易的需求，股票交易的需求促成了股票市场的形成和发展。股份公司、股票融资与股票市场之间的相互联系和相互作用如图1-2-1所示。

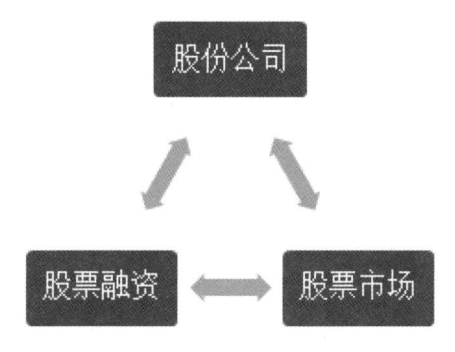

图 1-2-1　股份公司、股票融资、股票市场之间的关系

1.2.1 关于股价的几个概念

股票是一种有价证券，用户通过购买某公司的股票以获取该公司的股东权，并根据投资入股份额而获得收益。股票持有人作为股份公司的股东，有权出席股东大会，参与公司重大决策。股东参与重大决策权力的大小与所持股份数量相关。

股份有限公司发行的股票是公司的一种法律文件，随着信息技术的发展，现在的股票交易都通过电子计算机和现代通信手段组成的系统进行，其特点如图 1-2-2 所示。投资者不会看到纸质的股票文件。

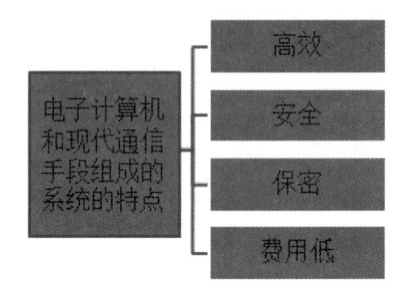

图 1-2-2 电子计算机和现代通信手段组成的系统的特点

股票的价值可分为以下几种，如图 1-2-3 所示。

图 1-2-3 股票的价值分类

下面对这几种价值进行详细的介绍。

1. 面值

股票的面值就是股份公司在所发行的股票票面上标明的票面金额，它以"元/股"为单位，其作用是用来表明每一张股票所包含的资本数额。在我国，上海证券交易所、深圳证券交易所和北京证券交易所流通的股票的面值均为壹元（即每股 1 元）。

股票面值的作用如图 1-2-4 所示。

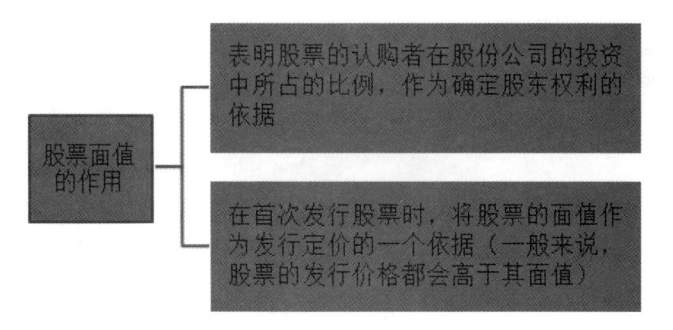

图 1-2-4　股票面值的作用

如某上市公司的总股本为 1 000 000 股,则持有一股股票就表示在该公司占有的股份为 1/1 000 000。当股票进入流通市场后,基本上股票的面值就与股票的价格没有什么关系了。面值 1 元的股票,其股价可能是几百元,也可能是几元。

2. 净值

股票的净值又称为账面价值或每股净资产,是用会计统计的方法计算出来的每股股票所包含的资产净值。其计算方法是用公司的净资产(包括注册资金、各种公积金、累积盈余等,不包括债务)除以总股本,得到的就是每股的净值。股份公司的账面价值越高,则股东实际拥有的资产就越多。股票的账面价值如图 1-2-5 所示。

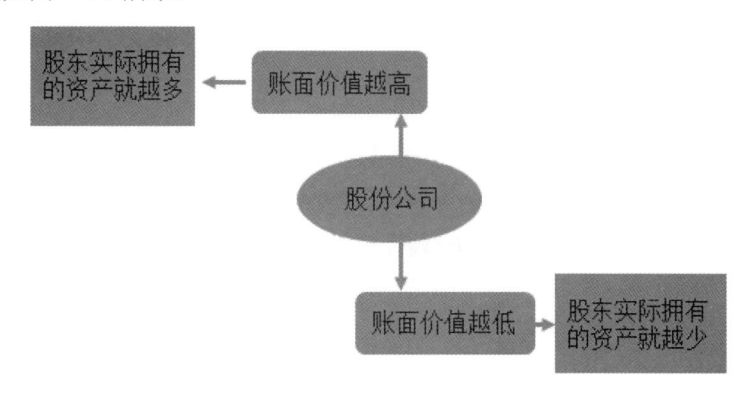

图 1-2-5　股票的账面价值

由于账面价值是财务统计、计算的结果,数据较精确而且可信度很高,所以它是股票投资者评估和分析上市公司实力的重要依据之一。投资者应注意上市公司的这一数据。

3. 清算价格

股票的清算价格是指当股份公司因破产或倒闭进行清算时,每股股票所代表的实际价值。从理论上讲,股票的每股清算价格应与股票的账面价值(即净值)一致。股票的清算价格如图 1-2-6 所示。

股票的清算价格只有在股份公司因破产或其他原因丧失法人资格而进行清算时,才被作为确定股票价格的依据,而在股票的发行和流通过程中它是没有意义的。

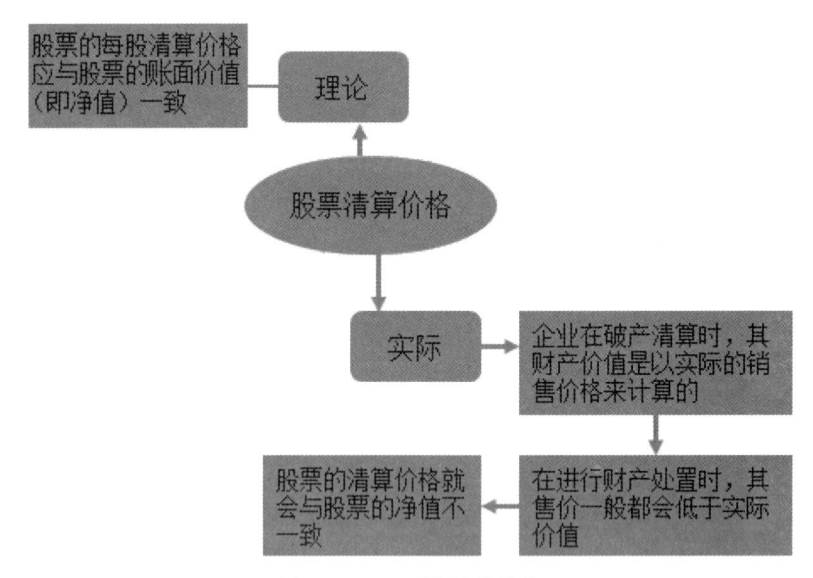

图 1-2-6　股票的清算价格

4．发行价

股票上市发行时，上市公司从公司自身利益以及确保股票上市成功等角度出发，对上市的股票不按面值发行，而是确定一个较为合理的价格来发行，这个价格就称为股票的发行价。通常股票的发行价是根据上一年度上市公司的收益，参照一个市盈率进行定价的。

5．市价

股票的市价是指股票在交易过程中，交易双方达成的成交价。人们通常所说的股票价格就是指市价。股票的市价直接反映了股票市场的行情，是投资者购买股票的依据。由于它受众多因素的影响，故而股票的市价处于经常性的变化之中。

TIPS　股票市价是股票市场价值的集中体现，因此这一价格又称为股票行市。

1.2.2　证券交易所有什么作用

证券交易所是证券市场发展到一定程度的产物，也是集中交易制度下证券市场的组织者和一线监管者。我国大陆现在有三个证券交易所：上海证券交易所（简称上交所或沪市）、深圳证券交易所（简称深交所或深市）和北京证券交易所（简称北交所）。

1．证券交易所的功能

一般来讲，作为证券市场的组织者，证券交易所具有以下功能，如图 1-2-7 所示。

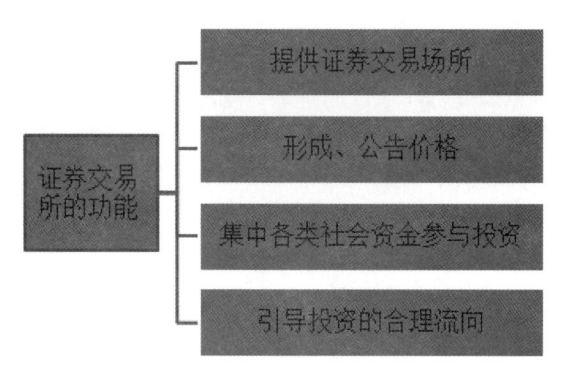

图 1-2-7 证券交易所的功能

证券交易所的功能如下：
- 提供证券交易场所：由于这一市场的存在，证券买卖双方有集中的交易场所，可以随时把所持有的证券转卖变现，保证证券流通的持续不断进行。
- 形成、公告价格：在交易所内完成的证券交易形成了各种证券的价格，由于证券的买卖是集中、公开进行的，且采用双边竞价的方式达成交易，故其价格在理论上是近似公平与合理的。交易所将这种价格及时向社会公告，并作为各种相关经济活动的重要依据。
- 集中各类社会资金参与投资：随着交易所上市交易股票的日趋增多，成交数量日益增大，可以将社会上大量的资金吸引到股票投资上来，为企业发展提供所需资金。
- 引导投资的合理流向：交易所为资金的自由流动提供了方便，并通过每天公布的行情和上市公司信息，反映证券发行公司的获利能力与发展情况，使社会资金向最需要和最有利的方向流动。

普通投资者在开设证券账户时需分别到上交所、深交所、北交所开设股东账户。

2. 交易席位

交易席位原指交易所交易大厅中的座位，座位上有电话等通信设备，经纪人可以通过这些设备传递交易与成交信息。

证券商参与证券交易，必须首先购买交易席位，席位购买后只能转让，不能撤销。拥有交易席位，就拥有了在交易大厅内进行证券交易的资格。

随着科学技术的不断发展，通信手段日益现代化，交易方式由手工竞价模式发展为电脑自动撮合，交易席位的形式也发生了很大变化，现在已逐渐演变为与交易所撮合主机联网的电脑报盘终端。

我国证券交易所为证券商提供的交易席位有两种，交易席位分类如图 1-2-8 所示。

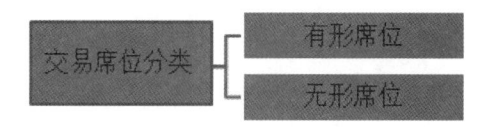

图 1-2-8 交易席位分类

交易席位分类：

有形席位是指设在交易所交易大厅内，撮合主机联网的电脑报盘终端。证券商通过有形席位进行证券交易，采用的是人工报盘方式，即由证券营业部的柜台工作人员通过热线电话，将投资者的委托口述给证券交易所交易大厅内的出市代表，出市代表用席位上的电脑报盘终端再将委托信息输入撮合主机，通过卫星接收实时行情和成交回报数据。

无形席位是指证券商利用现代通信网络技术，将证券营业部的电脑终端与交易所撮合主机联网，直接将交易委托传送到交易所撮合主机，并通过通信网络接收实时行情和成交回报数据。无形席位采用的主要通信方式是双向卫星，双向卫星特点如图 1-2-9 所示，以适应我国幅员辽阔、投资者分散的特点。

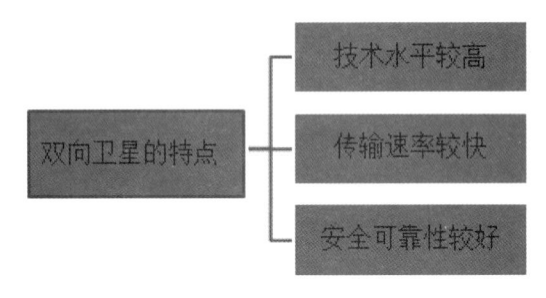

图 1-2-9　双向卫星的特点

1.2.3　什么是证券代码

为了规范交易，提高交易速度，每一只上市交易的证券都拥有一个唯一的证券代码，证券名称与证券代码一一对应，且证券的代码一旦确定，就不能再改变。例如，平安银行 A 的代码为 000001，浦发银行的代码为 600000。

在上海证券交易所上市的证券，如武钢股份，其代码为 600005。近年来，在上交所上市的股票代码多以 601 开头或 603 开头，如中国建筑的代码为 601668，人民网的代码为 603000。

在深圳证券交易所上市的证券，代码多以 000 开头或 002 开头，如 000002 为万科 A、002001 为新和成。

在创业板上市的股票，代码多以 300 开头，如 300001 为特锐德。

而在科创板上市的股票，代码则多以 688 开头，如 688001 为华兴源创。

在北京证券交易所上市的股票，代码一般以 8 开头，如 82 开头的股票表示优先股，83 和 87 开头的股票表示普通股，88 开头的股票表示公开发行的。

1.2.4　什么是股票指数

股票指数是指用来度量股票行情的指标，由证券交易所或其他金融服务机构编制并发布。股票指数可以为投资者提供一个衡量股市价值变化的参考依据。

通常认为，股票指数是股票价格的一种平均数或加权平均数，股票指数的涨跌反映了股市中股价的运动趋势，或至少能反映大部分股票价格的涨跌趋势。但实际应用时并非如此，当股市中绝大部分股票上涨或下跌时，股票指数可能会反其道而行之。下面介绍股票指数的编制方法及我国证券市场上常用的股票指数。

1. 股票指数的编制方法

股票指数是将计算期的股价或市值，与某一基准期的股价或市值进行比较的相对变化值。股票指数的编制一般分为以下 4 步，如图 1-2-10 所示。

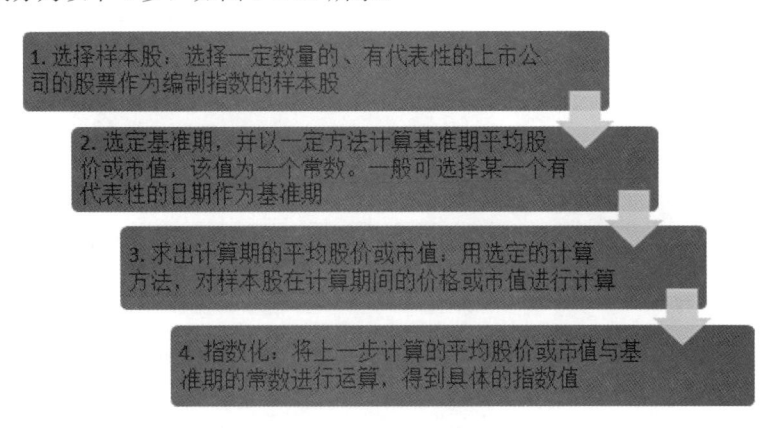

1. 选择样本股：选择一定数量的、有代表性的上市公司的股票作为编制指数的样本股

2. 选定基准期，并以一定方法计算基准期平均股价或市值，该值为一个常数。一般可选择某一个有代表性的日期作为基准期

3. 求出计算期的平均股价或市值，用选定的计算方法，对样本股在计算期间的价格或市值进行计算

4. 指数化：将上一步计算的平均股价或市值与基准期的常数进行运算，得到具体的指数值

图 1-2-10　股票指数的编制方法

2. 我国证券市场上常用的股票指数

（1）上证综合指数

上海证券交易所于 1991 年 7 月 15 日起编制公布的上海证券交易所股票指数，简称上证综指或上证指数。该指数的计算如图 1-2-11 所示。

上证综合指数
- 以 1990 年 12 月 19 日为基准期
- 以上海证券交易所全部上市股票为样本
- 以股票发行量为权数

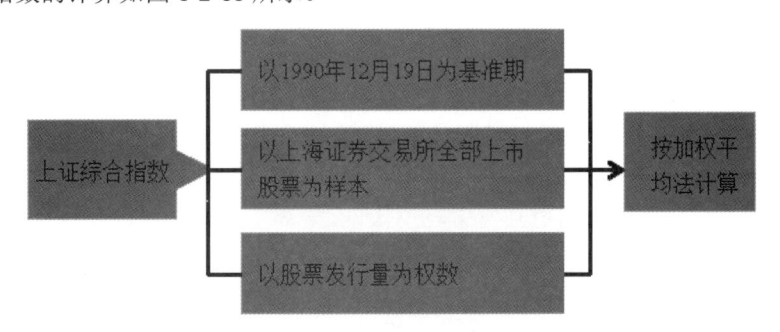

→ 按加权平均法计算

图 1-2-11　上证综合指数的计算

若出现新股上市、股票退市或上市公司扩股等情况，就采用"除数修正法"修正原固定除数，以保证指数的连续性。2007 年 1 月，上海证券交易所规定，新股于上市的第 11 个交易日开始计入上证综指。

(2) 深证成份股指数

深证成份股指数简称深圳成指，由深圳证交所编制，通过对所有在深圳证券交易所上市的公司进行考察，按一定标准选出 40 家有代表性的上市公司作为成份股，以成份股的可流通股数为权数，采用加权平均法编制而成。深证成份股指数以 1994 年 7 月 20 日为基准日，基准日指数为 1000 点，起始计算日期为 1995 年 1 月 25 日。

(3) 上证 180 指数

上证 180 指数又称上证成分指数，是上海证券交易所对原上证 30 指数进行了调整并更名而成的，其样本股是在沪市所有 A 股股票中抽取最具市场代表性的 180 种样本股票，自 2002 年 7 月 1 日起正式发布。作为上证综指系列核心的上证 180 指数的作用如图 1-2-12 所示。

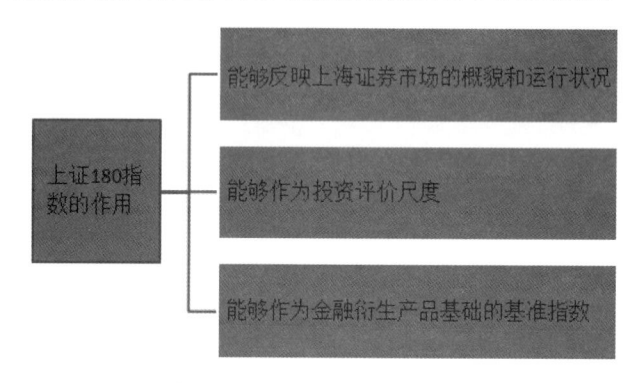

图 1-2-12　上证 180 指数的作用

(4) 上证 50 指数

2004 年 1 月 2 日，上海证券交易所发布了上证 50 指数。上证 50 指数是根据流通市值、成交金额对股票进行综合排名后，从上证 180 指数样本中选择排名前 50 位的股票组成样本。它以 2003 年 12 月 31 日为指数基准日，以该日 50 只成份股的调整市值为基准期，基数为 1000 点。

(5) 沪深 300 指数

沪深 300 指数简称沪深 300，是中证指数公司编制并发布的统一指数。它的作用如图 1-2-13 所示。

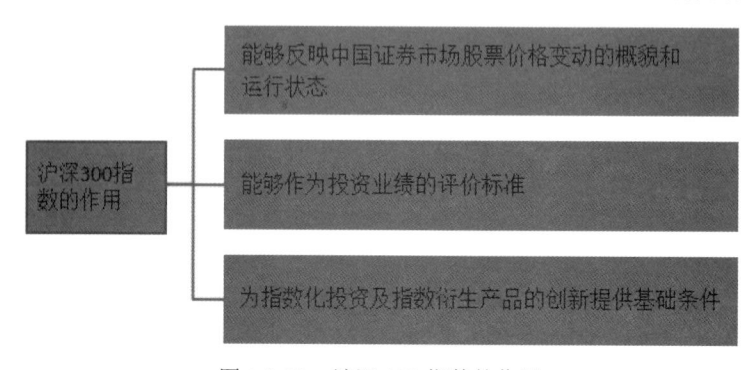

图 1-2-13　沪深 300 指数的作用

它的指数基准日为 2004 年 12 月 31 日，基点为 1000 点。中证指数公司根据一定的规则在沪深上市公司中挑选 300 只 A 股作为样本股，其中沪市的有 179 只，深市的有 121 只。对于样本股，按规定可定期进行调整，一般可在每年的 1 月和 7 月初进行调整。

（6）北证 50 成份指数

北证 50 成份指数简称北证 50，北证 50 成份指数是北交所首只宽基指数，按照市值规模和流动性选取排名靠前的 50 只证券。北证指数每季度审核一次样本，根据审核结果调整指数样本。基点为 1000 点。2022 年 11 月 21 日北证 50 成份指数正式发布实时行情。

1.2.5 如何理解牛市和熊市

投资者从各种证券报纸及电视节目中经常会看到或听到"牛市""熊市"这两个词语。牛市和熊市分别是指股市行情的看涨和看跌两种情况，如图 1-2-14 所示。下面简单介绍这两种行情市场的特征。

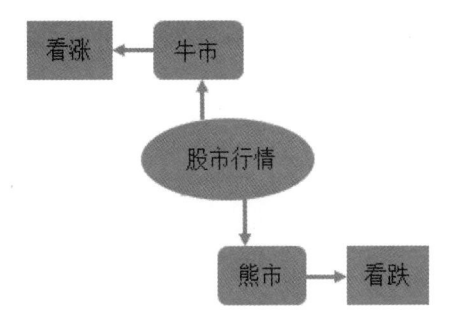

图 1-2-14 股市行情

1. 牛市

牛市也叫作多头市场，是指市场行情普遍看涨，延续时间较长的上升市场。牛市通常可以分为三个不同时期。

牛市第一期：大部分投资者对股票市场心灰意冷，即使出现利好消息也无动于衷，很多人开始不计成本地抛出所有的股票。在牛市初期，有远见的投资者会通过对各类经济指标和形势的分析，预言股市即将发生变化，并开始逐步选择优质股票买入，市场成交量逐渐出现微量回升。经过一段时间后，许多股票已从抛售者手中流转到理性投资者手中。市场在回升过程中偶有回落，但每一次回落的低点都比上一次高，于是吸引新的投资者买入，整个市场交投开始活跃。这时候，上市公司的经营状况和公司业绩开始好转，盈利增加，引起投资者的注意，进一步刺激场外投资者入市的兴趣。

牛市第二期：这时市况虽有明显好转，但熊市的惨跌使投资者心有余悸。市场出现小涨小跌的盘振格局，但总的来说市况呈缓慢上升态势。这段时间可维持数月，甚至超过一年，主要视上次熊市对投资者心理打击的严重程度而定。

牛市第三期：经过一段时间的盘振后，股市成交量不断增加，越来越多的投资者看到机会进入了市场。市场的每次回落不但不会使投资者退出，反而吸引更多的投资者作为买入机会，使股价逐步上涨。同时，上市公司利好频出，如盈利预增、收购合并等。上市公司也会趁机做出一些举动，以吸引中小投资者。上市公司的举动如图1-2-15所示。

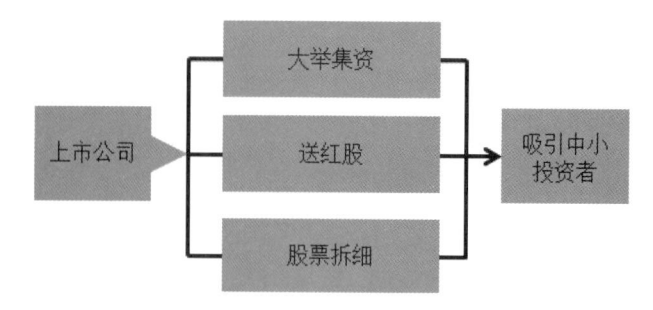

图1-2-15　上市公司的举动

在这一阶段的末期，市场投机气氛极浓，即使出现利空消息也会被看作投机热点，变为利好消息。垃圾股、冷门股的股价大幅度上涨，而一些业绩优良的优质股反而会被漠视。

TIPS 由于市场中股价的上涨，赚钱效应吸引更多的场外投资者入市，炒股热席卷社会各个角落。当这种情况达到某个极点时，市场就会出现转折，大跌而进入熊市初期阶段。

2. 熊市

熊市也叫作空头市场，是指市场行情普遍看淡，延续时间相对较长的大跌市场。与牛市相对应，熊市也可以分为三个不同时期。

熊市第一期：即牛市第三期的末段，往往出现在市场投机气氛最高涨之时。如图1-2-16所示。

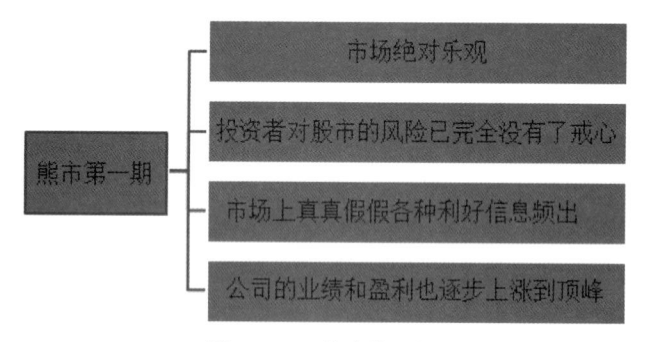

图1-2-16　熊市第一期

此时，很多上市公司也会加速扩张，进行收购合并。当绝大多数投资者（特别是中小投资者）疯狂沉迷于股市升势时，少数投资者和大资金机构已开始逐步抛售手中的股票，获利了结。因此，市场的交投虽然十分活跃，但已有逐渐降温的迹象。这时股价若进一步攀升，成交量却不能同步跟上的话，可能会出现大跌。在熊市初期，股价下跌时，很多中小投资者仍然认为这只是一次回调，并大胆地买入。

熊市第二期：在这一阶段，股票市场稍有风吹草动，就会触发恐慌性抛售。触发恐慌性抛售的原因如图 1-2-17 所示。

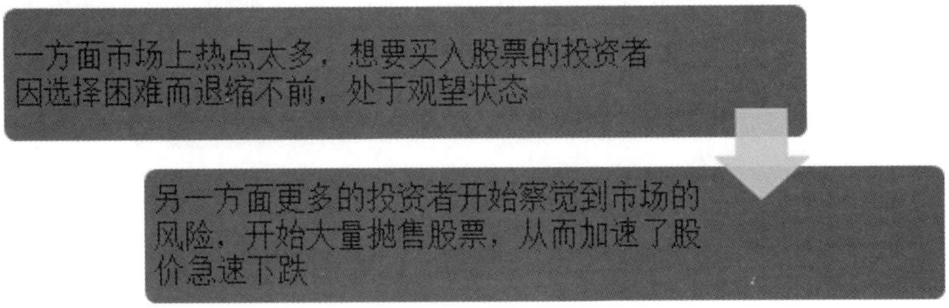

一方面市场上热点太多，想要买入股票的投资者因选择困难而退缩不前，处于观望状态

另一方面更多的投资者开始察觉到市场的风险，开始大量抛售股票，从而加速了股价急速下跌

图 1-2-17　触发恐慌性抛售的原因

经过一轮疯狂的抛售和股价剧跌以后，投资者会觉得跌势有点"过分"。由于上市公司的基本面以及宏观经济的现状还未达到很悲观的地步，所以市场会出现较大的反弹幅度。这种反弹可能会维持几个星期乃至几个月，反弹幅度一般为整个市场总跌幅的 1/3~1/2。

熊市第三期：经过一段时间的反弹以后，宏观经济形势和上市公司的基本面趋于恶化，公司业绩下降，甚至出现亏损、财务困难。各种真真假假的利空消息不断出现，对投资者的信心造成严重的打击。这时，整个股票市场充满了悲观气氛，许多投资者已不再关心股市，市场交投清淡，股价继反弹后又会出现较大幅度的下降。

1.2.6　如何选择证券公司

从佣金方面选择，当然是佣金越少，越能降低交易的成本。目前我国 5 家 AA 级大券商的佣金都是万分之三，如果资金够多，并且交易频繁的话，还可以要求券商进一步调低佣金。有些营销人员在宣传的时候可能会直接报出万分之一的手续费，但在实际交易的时候，会出现一些莫名其妙的收费，并未完全告知，所以碰到有报价非常低的佣金时，一定要问清楚里面具体包含哪些费用。佣金会在交易的软件中直接体现，一旦发现异常，要尽快与经纪公司核对。

最好选择 AA 级券商，选择大券商的好处是后续服务比较成熟，全国的营业厅也比较多。一般大券商都有自己的手机交易 App，应用起来更加方便，还会有独特的功能。最好选择在当地的证券公司营业部开户，这样在咨询或是办理其他业务的时候会很方便。

1.3　一旦炒股，你可能会失去什么

如果每天关注股市行情，会耗费很多的心力，海量的信息扑面而来，不但要进行筛选，还要进行判断。因为买错了而懊恼，因为卖错了而失眠。几乎所有的精力都会放到市场中来，缺少了与朋友、家人的沟通，并且在市场中动动手指即可赚钱，会丧失对一切具体工作的兴趣。

为了避免出现以上这些情况，首先，要将投资作为你的副业，更多的精力则要放在你主营的业务上，这样便可以在一定程度上远离市场。远离市场，就会有更宽广的视角去观察市场，更客观地制定策略，不受市场短期波动的影响。其次，要用闲钱来交易，不论是赔是赚，都不会对你的心态造成影响，心态不受影响，你的交易策略才不会受到情绪的影响。最后，交易策略虽然重要，但资金管理才是重中之重。好的资金管理，可以让利润加倍，让亏损降到最低。

1.4 前人的经验

汲取前人的经验，最快的方法莫过于读他们的经典著作。交易大致可以分为三个流派：基本分析派、技术分析派和心理分析派。基本分析与技术分析都包含心理分析，所以也可以分为两大派：基本分析与技术分析。

如果你想从事基本分析，最好有一些基础的财务知识，虽然并不一定要精通，但要能理解三大财务报表说的是什么。在三大财务报表的基础之上，可以深入阅读格雷厄姆的《聪明的投资者》与《证券分析》。其中《证券分析》分为上、下两部，上部主要讲固定收益率的投资方法，下部主要讲普通股风险收益的投资方法。如果你以交易股票为主，建议着重研读下部。

在阅读格雷厄姆著作的基础之上，可以扩展阅读《巴菲特之道》《穷查理宝典》等书，巴菲特与芒格在格雷厄姆的基础之上，扩展了价值投资的内容。此外，吉姆·斯莱特《祖鲁法则》与菲利普·A.费舍的《怎么选择成长股》这两本书也是针对成长股而言的。《祖鲁法则》是通过定量的方法，寻找市盈率与成长性比值较低的股票。《怎么选择成长股》则是通过定性的方法来寻找成长性的公司。

如果你想从事纯粹的技术分析，那么约翰·墨菲的《期货市场技术分析》就是必读的经典著作。虽然该书名为"期货"，但股票与期货技术分析是相通的。墨菲在书中罗列了所有经典技术分析的方法，是构架技术分析交易系统的基础元素。价格行为交易法、三重滤网交易法、RangeBreak短线交易法、波浪理论、海龟法则等，都有完整的交易系统，值得大家学习借鉴。

如果想将价值投资与技术分析方法结合起来，可以参看威廉·欧奈尔的《笑傲股市》。

第2章

如何购买第一只股票

　　一切心理准备与交易方法都准备好以后，就可以开始选择你的第一只股票进行交易了。交易之前，我们先来了解一下开户需要哪些资料，以及我国的交易制度等一系列问题。

2.1 股票的交易时间

股票的交易时间，相对于正常的工作时间，只会少，不会多。遇到节假日也不会轮休，客观上有多少休息日，交易便停止多少日。

2.1.1 交易日

交易日是指交易发生的日期。一年有 365 天（闰年除外），大约有 240 个交易日。我国法定节假日共 11 天，春节 3 天、国庆节 3 天、元旦 1 天、清明节 1 天、劳动节 1 天、端午节 1 天、中秋节 1 天，其中，春节与国庆节虽然有连续 7 天长假，但之间有轮休。一年大约共有 52 个星期，每个星期 2 天休息，共 104 天。休息日共 115 天，如此计算交易日共有 250 天左右。但春节与国庆节股市没有轮休制度，减去 6 天的休息日，所以交易日共有 244 天。每年双休日总天数不一样，所以交易日每年大约在 240 天左右浮动。

2.1.2 每日交易时间

每日交易时间是固定不变的，从星期一至星期五（节假日除外），上午从 9:30 开盘至 11:30 收盘，下午从 13:00 开盘至 15:00 收盘。

2.1.3 T+0 和 T+1

所谓 T+0 或 T+1 是指股票交易的一种具体方式。T+0 制度是指当天买入的证券，当天又可以卖出的制度，其特点如图 2-1-1 所示。

图 2-1-1 T+0 制度的特点

T+1 制度是指当天买入的证券，当天不能卖出，必须要到下一个交易日才能卖出的制度。对于资金来说，卖出股票所得现金要到下一个交易日（即 T+1 日）才能完成结算，股票和现金才能划到投资者账户，即交割完毕。

现在，我国实行的是股票 T+1、资金 T+0 的交割制度。即当天卖出股票，其现金虽然在 T+1 日才能结算，但在保证金账户中能体现出来，当天还可用这笔资金购买其他的股票。但买入的股票，不论是深圳证券交易所的股票，还是上海及北京证券交易所的股票，都要等到下午收盘后半小时至一小时，才会将所有的交易进行交割或过户。

> **TIPS** 我国证券市场，目前只有权证采用 T+0 制度交易。

2.1.4 涨跌停板制度

设立涨跌停板制度的目的如图 2-1-2 所示。

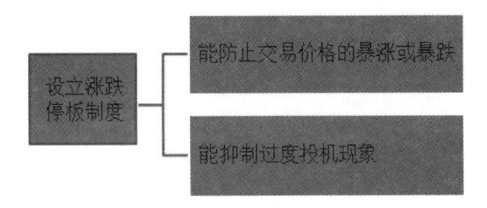

```
                    ┌─ 能防止交易价格的暴涨或暴跌
设立涨跌停板制度 ──┤
                    └─ 能抑制过度投机现象
```

图 2-1-2　涨跌停板制度的目的

涨跌停板制度源于国外早期证券市场，是对每只股票当天价格的涨跌幅度予以适当限制的一种交易制度，即规定交易价格在一个交易日中的最大波动幅度为前一交易日收盘价的一个比例，超过该比例后停止交易。

我国证券市场现行的涨跌停板制度于 1996 年 12 月 13 日发布，1996 年 12 月 26 日开始实施。该制度规定，除上市首日之外，股票（含 A、B 股）、基金类证券在一个交易日内的交易价格相对上一交易日收盘价的涨跌幅度不得超过 10%，超过涨跌限价的委托为无效委托。

> **TIPS** 自 1998 年 4 月起，中国证监会对部分上市公司的股票实行特别处理，这类股票即 ST 股，该类股票涨跌幅限制为 5%。计算公式为：上一个交易日的收盘价×（1±5%）。

创业板股票上市前 5 个交易日不设涨跌幅限制，其后涨跌幅限制为 20%。北交所股票上市首日，对股票涨跌不设限制，次日起涨跌幅度限制为 30%。

2.2　购买我的第一只股票

现在交易股票，都在电脑终端或是手机终端进行，不需要用户去柜台交易。所以一切的交易流程，只需要手指动一动、鼠标滑一滑即可快速完成。但不论是电脑还是手机，都需要用户先下载一个交易软件。

2.2.1 下载和安装炒股软件

投资者若想进行网上炒股，必须从硬件和软件两方面进行配置。

1．硬件

硬件方面的需要如图 2-2-1 所示。

图 2-2-1　硬件的要求

2．软件

软件方面的需要如图 2-2-2 所示。

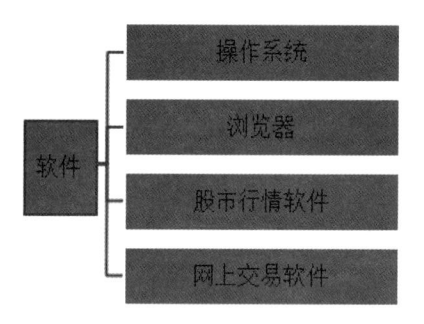

图 2-2-2　软件的要求

操作系统：绝大部分炒股软件都运行在微软的 Windows 系列操作系统中，投资者可根据自己的使用习惯安装相应的操作系统。

浏览器：在 Windows 操作系统中，有自带的 Edge 浏览器，使用浏览器的目的主要是能从网络中获取股市中的资信。

股市行情软件：用来查看股市即时行情。

网上交易软件：用来在网上进行股票买卖交易的软件。一般情况下，开户券商将提供一个软件，包括行情和交易两种功能。

2.2.2　使用网上交易下单程序

办好开户程序后，就可到券商指定的网站下载交易下单程序，一般交易下单程序与行情软件在一起下载。

国信证券的网上交易登录界面如图 2-2-3 所示，在图 2-2-3 所示的窗口中，输入在券商处开设的资金账号和交易密码，单击"登录"按钮即可进入网上交易窗口。下面简单介绍在该交易软件下买入和卖出的相关操作。

（1）买入：进入交易界面后，单击左侧功能列表中的"买入"，在右侧窗口中将显示买入股票的界面，在其中输入买入的证券代码，系统自动根据账户上的资金计算出可买最大数量。输入买入数量后，单击"买入下单"按钮即可完成买入操作。买入股票如图 2-2-4 所示。

图 2-2-3　登录网上交易

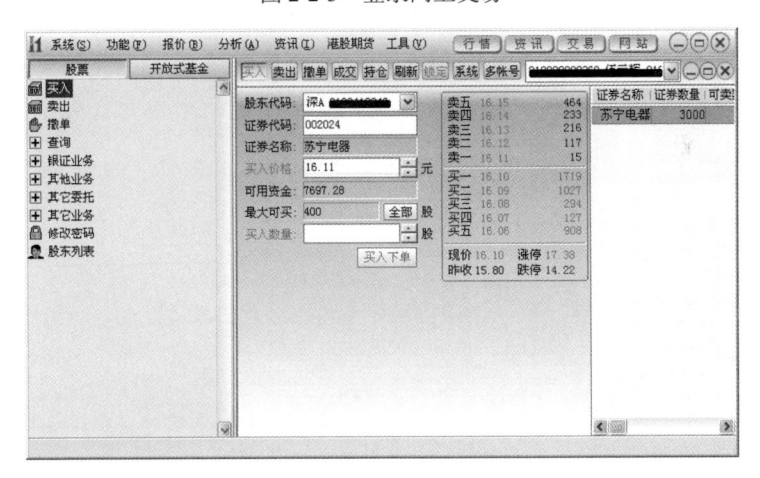

图 2-2-4　买入股票

（2）卖出：单击左侧功能列表中的"卖出"，在右侧窗口中将显示卖出的界面，在其中输入卖出的证券代码，系统自动将卖出股票当前实际价格填入到卖出价格框中，投资者可修改卖出价格，然后输入卖出数量，单击"卖出下单"按钮即可完成卖出操作。卖出股票如图 2-2-5 所示。

• 21 •

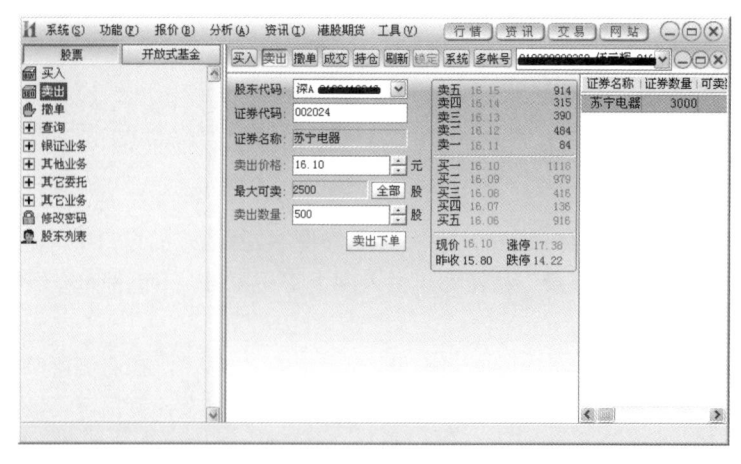

图 2-2-5　卖出股票

（3）查询：单击左侧功能列表中的"查询"菜单，将显示查询子菜单，其中可查询资金股份、当日委托、当日成交等多项账户数据。查询资金股份的界面如图 2-2-6 所示，可显示出账户中现有股份、可用资金等数据。

通过网上交易系统还可撤单（撤销还未成交的委托单），进行新股申购、银证转账等业务。

> 不同的券商提供的网上交易软件界面可能会不同，本节只演示了一种交易软件的操作界面。读者在实际操作时，可先咨询券商，了解相关注意事项。

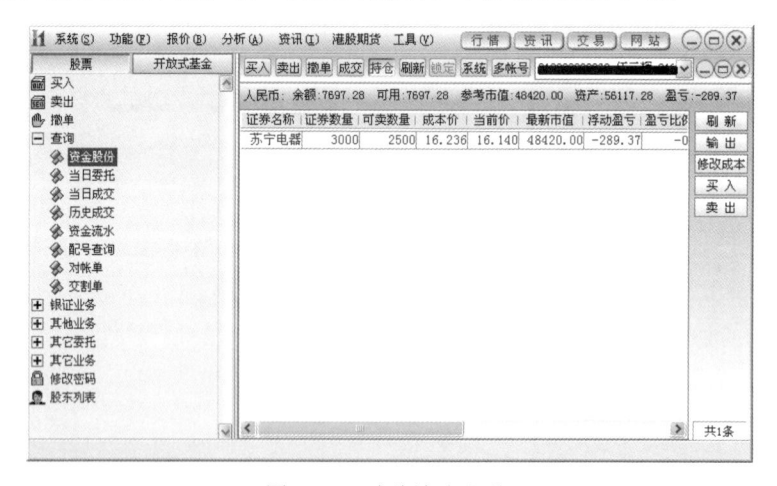

图 2-2-6　查询资金股份

2.2.3　常用网上炒股软件简介

随着网上炒股的兴起，网上炒股软件层出不穷，本节简单介绍被大多数投资者使用的 3 款软件的特点。

1. 大智慧

大智慧证券信息平台的作用如图 2-2-7 所示。它是一套超级证券信息平台。

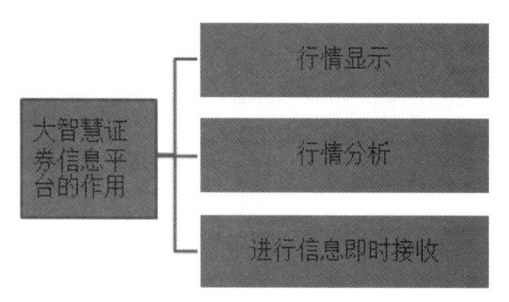

图 2-2-7　大智慧证券信息平台的作用

该软件可从大智慧官方网站下载。

大智慧软件除具有一般证券类软件的通用功能外，还具有如图 2-2-8 所示的额外功能。

图 2-2-8　大智慧软件的额外功能

（1）支持多市场。支持沪深老行情、上证所 Level-2 行情、上证所新一代行情、港股实时和延时行情、期货行情、外汇行情。用户不需要更换软件就可以根据自己的需要有选择地开通需要的市场。

（2）灵活的看盘工具。用户自定义界面和自定义快捷键，满足用户个性化的习惯以及各种交易品种对界面的特殊需求。

（3）快速全推送行情技术。全推送技术下的快速行情，前所未有的行情速度加上买十卖十、买卖队列、逐笔成交、总买总卖及加权均价等 Level-2 数据，帮助用户了解更加翔实和及时的盘口数据。

（4）创新的分析功能。除了公式编辑器、自编译技术指标、自编译交易系统、自编译条件选股、定位分析、模式匹配分析、预测分析、交易系统评测和成功率测试、任意分析周期、盘中及时预警、时空隧道与模拟 K 线、分笔成交再现、历史分时图系统指示等，更有反复得到市场验证的逐单分析功能。

（5）扩展分析功能。扩展数据库和用户自定义数据库。利用大智慧的扩展数据库功能，可以将每天交易细节中的一些重要数据在收盘时一起收录，随日线档案永久保存。自定义数据库可以提供自己需要而软件中又无法及时调用的数据。

（6）强大的统计计算功能。包括阶段统计、板块分析、指标横向统计、万用数据表、自定义指数等。大智慧的阶段统计排序功能，可以方便快捷地看到历史上任意一段时间内的换手率、涨幅、振幅、成交量和成交额并进行排序。从不同的角度进行板块分析,并形象利用图形方式进行对比,可以了解各类板块的最新变动情况。

(7)强大的盘中资讯。包括实时解盘、专业 F10、精品资讯。实时解盘是一种即时的信息发布形式,专业 F10、精品资讯提供了专业的财务数据、公告新闻、历史资料及其他资讯内容。

大智慧提供的短线精灵可实时监控沪深 A 股的涨跌、成交、盘口、资金流动及板块热点,迅速给出异动信息,帮助投资者及时把握市场机会。

2. 通达信

通达信行情交易软件集各类证券分析软件之所长,是一套 Windows 平台上进行各种证券分析的系统,功能强大、操作方便、界面友好,支持互联网接收实时行情,适合各类证券投资者使用。

> **TIPS** 许多证券公司提供给投资者使用的都是通达信软件的改版,一般在该软件基础上添加该证券公司的交易系统即可。

登录通达信行情分析软件后,首先看到是行情报价界面。界面正中间是多只股票的行情报价,分别由上面的菜单栏、右侧的工具栏和下方状态栏组成。通达信软件界面如图 2-2-9 所示。

图 2-2-9　通达信软件界面

状态栏中显示了如图 2-2-10 所示的情况。

图 2-2-10　状态栏中显示的情况

3. 同花顺

"同花顺"是一个强大的资讯平台，能为投资者提供如图 2-2-11 所示多种形式的资讯。能同时提供多种不同的资讯产品（如大智慧资讯、巨灵资讯等），能与券商网站紧密衔接，向投资者提供券商网站的各种资讯。

图 2-2-11 同花顺能为投资者提供的资讯形式

2.2.4 通过网站看实时行情

如果投资者没有安装行情分析软件，也可以登录到证券网站，通过网页浏览器收看实时行情。

例如，在浏览器中输入东方财富网的网址，将打开如图 2-2-12 所示的主页。

图 2-2-12 东方财富网网站的主页

在图 2-2-12 所示的网站主页搜索栏中输入股票代码，单击右侧的"查行情"按钮，将打开如图 2-2-13 所示的网页，在该页中显示了所查股票的分时图和 K 线图，在页面右侧还显示了买卖报价数据。将网页向下拖动，还可查看到该股的公司资料、相关股评等信息。

TIPS 现在国内约有上千个涉足金融证券的网站，一般都提供大量的证券资讯、与大盘同步的行情等。

图 2-2-13　实时行情数据

2.3　沪港通和深港通

沪港通是沪港股票市场交易互联互通机制的简称，通过该机制，上海证券交易所和香港联合交易所允许两地投资者通过当地证券公司或经纪商买卖规定范围内的对方交易所上市的股票。

深港通是深港股票市场交易互联互通机制的简称，通过该机制，深圳证券交易所和香港联合交易所允许两地投资者通过当地证券公司或经纪商买卖规定范围内的对方交易所上市的股票。

2.3.1　如何开通沪港通和深港通

目前对内地投资者开通港股的要求仅有一条，即证券保证金账户内的股票市值及现金资产总计不少于 50 万元，符合该条件，即可开户。

现在我国每个证券经纪公司都有条件开通港股交易，投资者们可以通过自己已经开户的经纪公司进行开通，不过在开通前需要在网上做一份有关港股知识的测试。

2.3.2 如何买卖港股

在各大分析软件中，都可以查看港股的走势和相应公司的详细信息。但有些术语与我们深交所和上交所不同。例如，我们将买入称为开仓，而香港称为好仓；我们将卖出称为平仓，而香港称为淡仓。

在平时的交易软件中，有针对于港股通的专门委托项。需要注意的是，港股的交易数量与我们不同，内地市场每笔交易最少为 100 股，交易的数额也是 100 的倍数。而港股每个上市公司的规定不同，一般为最少交易量为 1000 股或 2000 股的整数倍。

2.4 打新股

除了在二级市场进行股票交易以外，投资者还可以在一级市场申购新发行的股票，即打新股，与在二级市场进行股票交易的风险相比，打新股的股票风险相对较低。与在二级市场进行股票交易需要大量的技术分析不同，在一级市场申购新股十分简单，只要有充足的资金，一般就可以获得较大的利润，但是我们应该了解新股发行及申购的具体程序，这样我们才能更好地按照这些规则操作，获得更大的利润。

2.4.1 如何获取新股资料

几乎每个星期都有新股发行，因此几乎每个星期，投资者都有机会去打新股。但是也不是说只要买到了新股，就一定可以在二级市场上获利。随着投资者越来越理性，有些新股在上市头一天就可能跌破发行价，也就是说投资者打新股也有可能亏损。但是目前，依然有很多新股在二级市场上有较大的上涨空间，因此如果投资者在一级市场成功申购新股，就可以获得巨大的利润空间。但是作为普通的投资者，我们应该如何去鉴别哪些新股具有较大的潜力，在上市时破发的可能性较小呢？这就需要我们及时地关注想要申购的新股的一些具体资料，对企业进行具体深入的分析，最终决定我们是否申购。

目前，我国要求发行新股的公司必须要先经过相关机构的审核、审批。通过审核后，将要发行新股的上市公司需要发布招股说明书，并发布一系列关于新股发行的日程安排。作为普通的交易投资者，我们只能参与新股的网上发行，因此首先需要关注在网上申购新股的日期，因为只有在这一天申购才有效。

> 除发行日期外，我们还要关注新股的一些其他信息，比如发行新股的公司的经营项目、股票的市盈率、公司的前景、财务数据等。只有全面地了解发行新股的上市公司的数据，我们才有更大的把握来获得更大的利润。

获取新股的方式有很多，同花顺交易软件的官方网站首页上就专门有一个"新股"频道，如图 2-4-1 所示。我们打开同花顺金融服务网的首页，就可以看到上方列举了多个频道名称，例如股票、基金、外汇等。在图 2-4-1 中，单击标注的"新股"链接，即可进入"新股"频道的主页面。

图 2-4-1 同花顺的"新股"频道

新股频道的主页如图 2-4-2 所示。我们发现网页中含有关于新股的各类栏目，投资者可以单击相应的链接，查看相关信息。

图 2-4-2 "新股"频道的主页

2.4.2 新股申购流程

每次发行新股和投资人申购新股都有固定的流程。投资者只能在特定的时间进行申购，而其他时间申购无效。因此，投资者如果选择新股申购这一投资项目，就必须了解新股申购的流程。具体而言，新股申购的流程如图 2-4-3 所示。

图 2-4-3 新股申购的流程

T 日，也就是申购日，我们按买入主板 A 股的常规方法，提交申购委托指令。买卖方向一定要写买入，申购价格为企业公告的《股票发行公告》中的规定价格。申购数量是有限制的，而不是随意的。上海证券交易所申购数量限制如图 2-4-4 所示。

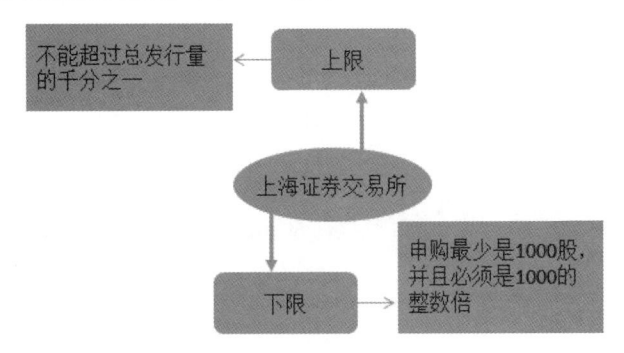

图 2-4-4 上海证券交易所申购数量限制

深圳证券交易所申购数量限制如图 2-4-5 所示。

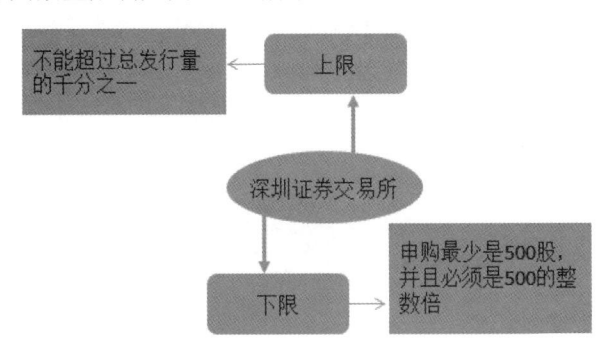

图 2-4-5 深圳证券交易所申购数量限制

申购新股若已报入，既不能撤单，也不能再次申购。因为每一个交易账号只能申购一次，如果多次申购，只有第一次为有效申购，其后的几次都是无效申购。并且其后几次申购时的资金也会被冻结，直到第二天才能解冻。申购新股不收取任何手续费、印花税、过户费。但只是交易所不收费，有些券商还是要收费的，上海、深圳本地的投资者收1元，其他地区的投资者收5元。

T+1日资金冻结，券商负责将申购资金转入交易所指定的账户，这一天如果打印交割单，第二天交割单上的成交编号不是配号，这一点要注意。T+2日，发行新股的企业和主承销商进行验资，并且沪市以1000股、深市以500股为单位，按委托时间顺序生成配号，同时确定中签率。当日交易结束后，交易所将配号传送给券商。

新股配号是每1000股或500股配一个号，按时间顺序连续配号，号码不间断。每个股票账户在交割时只打印申购配号的起始号码，同时打印有效申购股数。比如，交割配号为10005605，有效申购股数为5000股，则该账户全部申购配号为5个，如图2-4-6所示。

图2-4-6　该账户全部申购配号

T+3日，投资者可以通过几种方式查询新股配号，如图2-4-7所示。

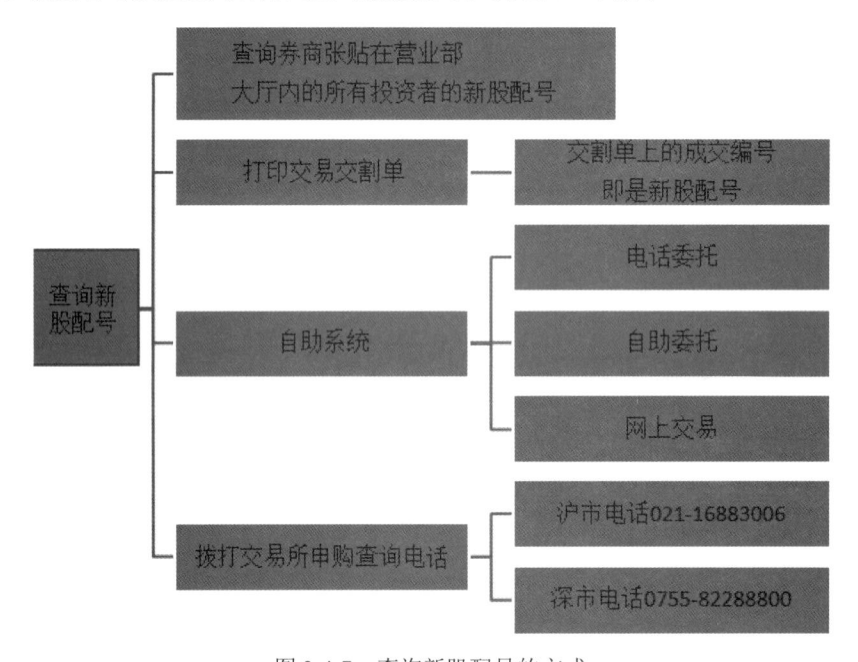

图2-4-7　查询新股配号的方式

T+4 日，证券部将在当天对未中签的申购的资金进行解冻。还可在当天查询中签情况，查询方式有两种。一是投资者根据 T+3 日得到的配号，查询证监会指定报刊上由主承销商刊登的中签号码，如果自己配号的后几位与中签号码相同，则为中签，不同则表示未中。每一个中签号码可以认购 1000 股或 500 股新股。二是直接查询自己账户内解冻后的资金是否有减少，或者查询股份余额中是否有所申购的新股数额，凭此来确定自己是否中签。

还需要注意的是，新股申购 T+4 日的资金解冻后，交割单上显示如图 2-4-8 所示。

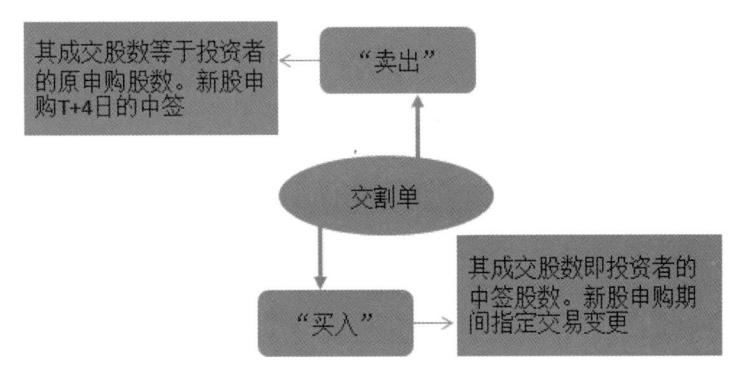

图 2-4-8　交割单上显示

2.4.3　新股申购规则

一个资金账户在申购同一新股时只能申购一次，不能重复申购。例如，今天有三只新股可以认购，投资者可以根据新股的相关情况和自己资金的情况来作相应的选择。可以同时申购三只新股，也可以选择其中的一只新股来申购。但是在这里要注意，如果选择申购三只股票，则平均到每一只股票上的资金就是有限的，因此获得的配号也较少，中签的概率也就自然会很低。

TIPS　在申购新股时，不能撤销申购委托单。这一点和在普通股票交易时不一样，投资者应该给予注意。

在上海证券交易所上市的新股，1000 股是最小单位；在深圳证券交易所上市的新股，500 股是最小单位。申购新股的最小单位如图 2-4-9 所示。

投资者在申购新股时，首先应该注意新股是在哪个交易所发行的。这也和投资者自己的资金情况有关。因为如果有两个新股的申购价格是相同的，在不同的交易所获得配号的数量不同，中签的概率也会不同。不同交易所新股申购对比如图 2-4-10 所示。

在申购新股时，只能交易新股最小单位的整数倍。比如，在上海证券交易所发行的新股最小交易单位是 1000 股，因此只能申购 1000 股、2000 股、3000 股等，而不能申购 1500 股。而在深圳证券交易所上市发行的新股，最小的交易单位是 500 股，因此可以申购 1000 股、1500 股、2000 股等。

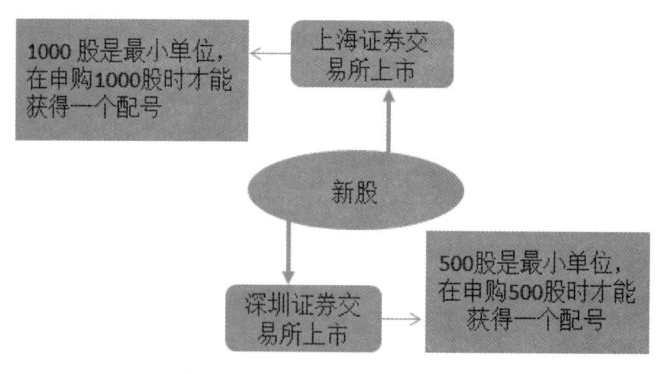

图 2-4-9　申购新股的最小单位

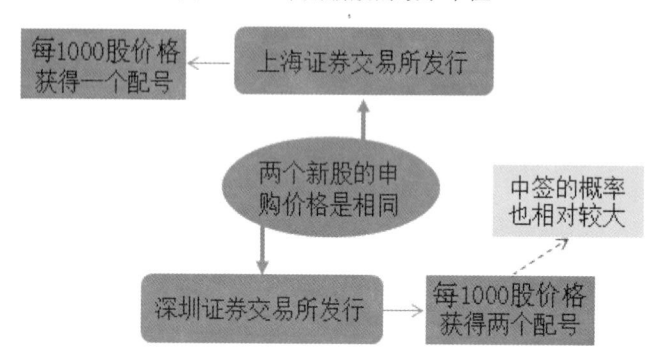

图 2-4-10　不同交易所新股申购对比

T 日有多只新股发行的，同一投资者参与当日每只新股网上可申购的额度均按其 T-2 日日终持有的市值确定。T-2 日持有、T-1 日卖出不会影响新股申购。市值计算的时间是一个时点，只要在 T-2 日收盘时持有足额的非限售 A 股股份，就可以参与相应份额的申购。

对于同一个工作日多只新股同时发行的情况，如果投资者参与多只新股申购，申购额度可重复使用。比如，当天有多只新股发行的情况，如图 2-4-11 所示。

图 2-4-11　当天有多只新股发行的情况

投资者的同一证券账户在不同证券营业部托管的，其市值合并计算。投资者持有多个证券账户的，根据账户持有人姓名、有效身份证号码进行市值合并计算。

对于每只新股发行，有多个证券账户的投资者只能使用一个有市值的账户申购一次，如多次申购，仅第一笔申购有效。

深圳证券交易所还强调，沪深两市的市值不能合并计算，申购深市新股只能用深圳市场的市值。但是市值可以重复使用。

融资融券信用证券账户市值与普通证券账户合并计算。但是信用账户不能进行新股申购。

新股上市首日，沪深两个交易所的规定并不相同。上海证券交易所首日上市交易规则如图 2-4-12 所示。

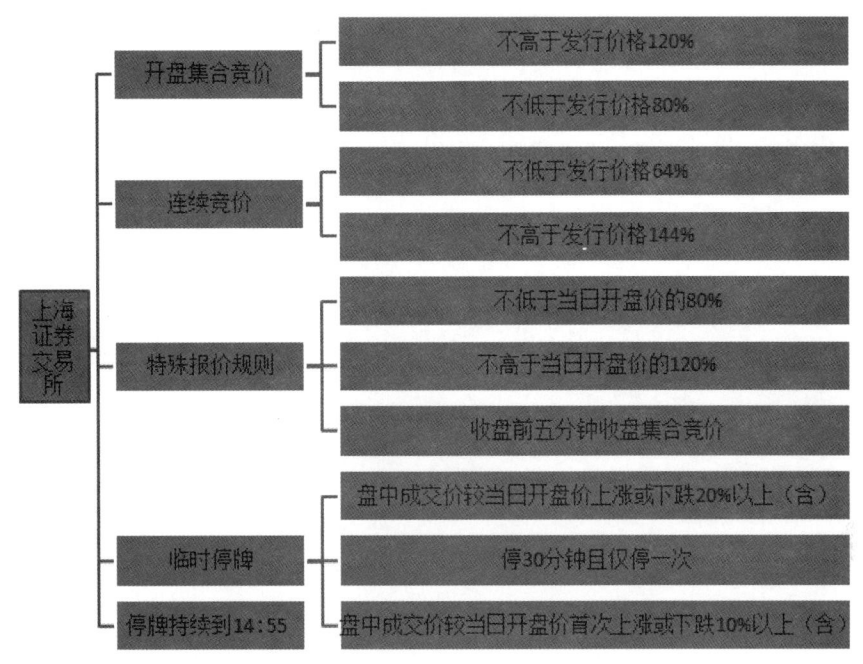

```
上海证券交易所
├── 开盘集合竞价
│   ├── 不高于发行价格120%
│   └── 不低于发行价格80%
├── 连续竞价
│   ├── 不低于发行价格64%
│   └── 不高于发行价格144%
├── 特殊报价规则
│   ├── 不低于当日开盘价的80%
│   ├── 不高于当日开盘价的120%
│   └── 收盘前五分钟收盘集合竞价
└── 临时停牌
    ├── 盘中成交价较当日开盘价上涨或下跌20%以上（含）
    ├── 停30分钟且仅停一次
    └── 停牌持续到14:55  盘中成交价较当日开盘价首次上涨或下跌10%以上（含）
```

图 2-4-12　上海证券交易所首日上市交易规则

深圳证券交易所首日上市交易规则如图 2-4-13 所示。

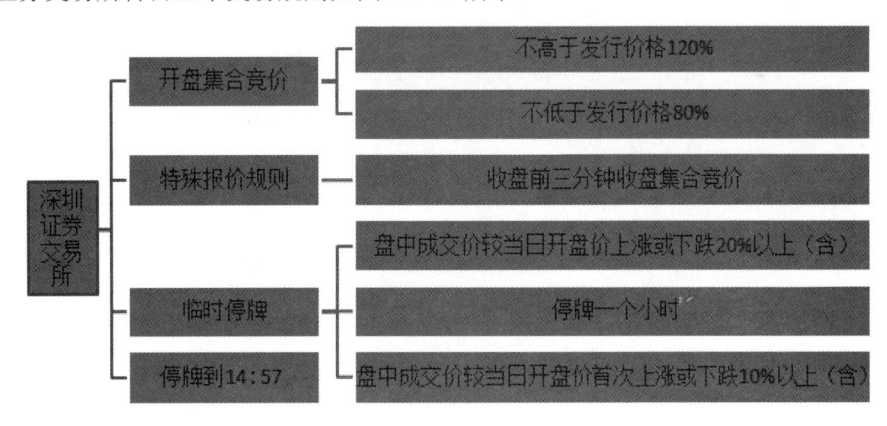

```
深圳证券交易所
├── 开盘集合竞价
│   ├── 不高于发行价格120%
│   └── 不低于发行价格80%
├── 特殊报价规则
│   └── 收盘前三分钟收盘集合竞价
└── 临时停牌
    ├── 盘中成交价较当日开盘价上涨或下跌20%以上（含）
    ├── 停牌一个小时
    └── 停牌到14:57  盘中成交价较当日开盘价首次上涨或下跌10%以上（含）
```

图 2-4-13　深圳证券交易所首日上市交易规则

北京证券交易所上市首日不设置涨跌幅限制，从第二个交易日开始实施 30%的涨跌幅限制。盘中股票成交价格较开盘价格上涨/下跌 30%或者 60%时，各临时停牌 10 分钟，复牌时进行集合竞价，两次临时停牌后，不再设置其他临时停牌。

2.4.4 申购实例

假设我们想要打新股,可以按照下面的步骤进行。

(1)首先登录同花顺的网站,然后单击上方的"新股"链接。

(2)假设我们选择在 2021 年 12 月 14 日申购新股。可以看到,在 12 月 14 日只有 1 只新股"凯旺科技"可以申购,如图 2-4-14 所示。从图 2-4-14 中可以看到申购的价格和日期,我们也可以单击"凯旺科技",查看其相应的具体信息。

同理,也可以采用同样的办法查询其他新股的具体信息,最后再决定是否申购,或是申购哪一只新股。

股票代码	股票简称	申购代码	发行总数(万股)	网上发行(万股)	申购上限(万股)	顶格申购需配市值(万元)	发行价格	发行市盈率	行业市盈率	申购日期	中签率(%)	中签号	中签缴款日期
301190	善水科技	301190	5366	1529.3	1.50	15.00	27.85	58.47	44.80	12-15周三	-	12-17	12-17
688167	炬光科技	787167	2249	573.45	0.55	5.50	78.69	362.33	49.60	12-15周三	-	12-17	12-17
301182	凯旺科技	301182	2396	682.85	0.65	6.50	27.12	79.93	49.60	12-14周二	-	12-16	12-16
301221	光庭信息	301221	2315.56	1041.35	0.55	5.50	69.89	99.42	60.59	12-13周一	0.02	12-15	12-15
301186	超达装备	301186	1820	1820	1.80	18.00	28.12	35.83	43.21	12-13周一	0.01	12-15	12-15

图 2-4-14 新股申购

(3)我们假定申购"凯旺科技"这只新股。首先看到,申购日期在 12 月 14 日,那么,我们就需要在 12 月 14 日的交易时间内,登录我们的交易软件。不同证券公司的交易软件界面不同,但是大体功能相近。在如图 2-4-15 所示的登录对话框中,输入交易密码和资金账号。输入完成后单击"确定"按钮,进入如图 2-4-16 所示的交易软件页面。

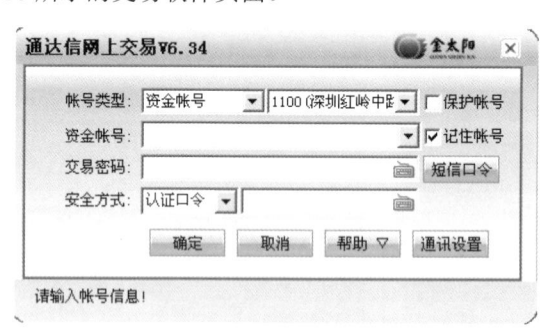

图 2-4-15 登录对话框

(4)选择最左边的"买入"命令,在"买入价格"中填入新股的申购价,在"买入数量"中选择申购的数量,填写好后单击"买入下单"按钮即可申购。到此我们的申购任务完成了。

之后等待几天,等待整个新股申购流程结束后,查看资金情况,以确定是否申购成功。申购情况如图 2-4-17 所示。

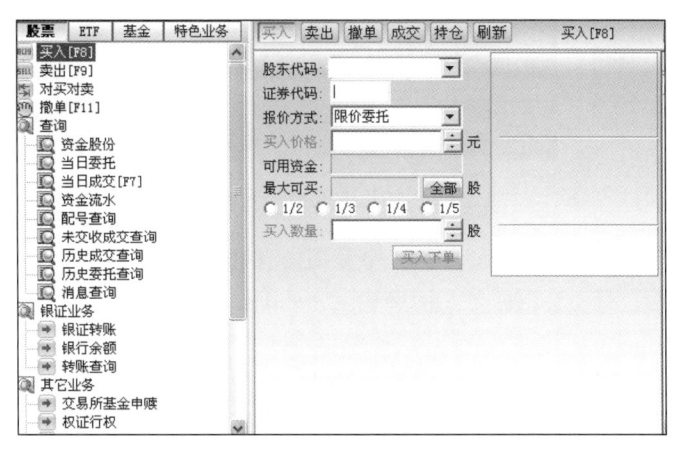

图 2-4-16　交易软件页面

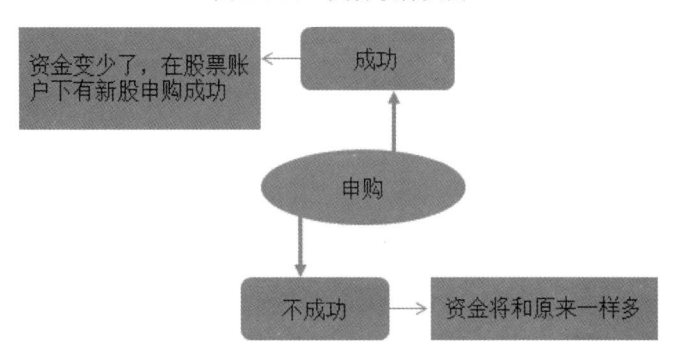

图 2-4-17　申购情况

2.4.5　申购技巧

既然新股申购成功可以获得较大的利润，而且风险也相对较低，那么新股申购如何才能成功中签呢？当然，充足的资金量是最好的保障，但是对于一些资金量较小的投资者来说，成功申购新股需要有一定的技巧。

集中资金进行一只新股申购。如果投资者同时购买多只新股，势必会将有限的资金分摊到多只股票上，那么均摊到每一只股票上的资金就很有限，获得的配号也就少，中签的概率也就小。因此，如果在相同的条件下，有多只新股可以申购，建议选择发行价格低的股票，其原因如图 2-4-18 所示。

图 2-4-18　选择发行价格低的股票的原因

在新股申购过程中，投资者获得的配号不是我们可以选择的，而是由电脑自动排列产生的，具有随机性。中签概率分析如图 2-4-19 所示。

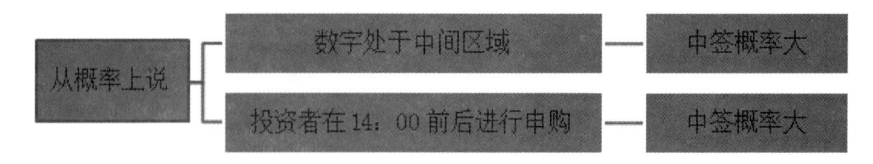

```
从概率上说 ── 数字处于中间区域 ── 中签概率大
          └─ 投资者在14:00前后进行申购 ── 中签概率大
```

图 2-4-19　中签概率分析

　　购买一周内发行时间靠后的新股。如果一个星期内有几只新股同时发行，前面的新股往往已经有大量的资金参与申购，竞争会很激烈。而资金因为被冻结，后面的新股往往没有大量资金参与，成功率会高。

　　一般来说，股市行情差时，新股申购中签率较低。新股发行规模越大，申购中签率会越高，但中签率越高，首日涨幅也越低。新股发行市盈率越高，表明投资者对其未来的业绩成长性看好，IPO首日涨幅越高。

第3章

如何查看股票数据

炒股需要投资者解读股票价格走势,股票行情软件是我们实时获取股票信息的重要工具,"工欲善其事,必先利其器",快速学会股票行情软件的使用,是我们炒股过程中的重要一步。虽然股票行情软件种类繁多,但它们的基本操作方法却是一致的。在本章中,我们将结合股票行情软件中的看盘界面,全面讲解股票行情软件的基本使用方法,并利用股票行情软件介绍看盘时所接触到的一些常见概念和图形等。

3.1 基本认识

对一个股票投资者而言，看盘水平的高低会直接影响其进行股票投资的效果，即使是中线投资者也不能忽视其存在价值。透过盘中的股指及个股走势，可以研判出多空双方力量的强弱，把握股票的节奏，从而实现盈利的目标。

3.1.1 为什么要看盘

把握市场的动向，就要学会看大盘。看盘俗称"盯盘"，是股票投资者主要的日常工作。许多证券公司都在其营业大厅的墙上挂有大型彩色显示屏幕，显示出基本看盘内容，如图 3-1-1 所示。

图 3-1-1 看盘内容

股民在看盘时也主要看这些内容。另外，大盘除了显示各只上市股票的行情之外，还显示整个市场行情的股价指数，也就是常说的上证指数和深成指数等。

> **TIPS**
> 看盘主要应着眼于股指及个股未来趋向的判断，通常从以下 3 个方面来思考。
> （1）股指与个股方面选择的研判，观察股指与大部分个股运行趋向是否一致。
> （2）盘面股指走弱或走强的背后隐性信息。
> （3）掌握市场节奏，高抛低吸，降低持仓成本。

3.1.2 盘口最重要的 6 个信息

了解了什么是看盘之后，还要掌握看盘时应该关注的问题，看盘时应该关注的问题如图 3-1-2 所示。

```
                ┌─── 开盘时集合竞价的股价和成交额
                │
                ├─── 开盘价
  看盘时应       │
  该关注的      ├─── 开盘后半小时内股价变动的方向
  问题          │
                ├─── 现手和总手数
                │
                ├─── 买盘的变化
                │
                └─── 开盘后股票涨跌停板情况
```

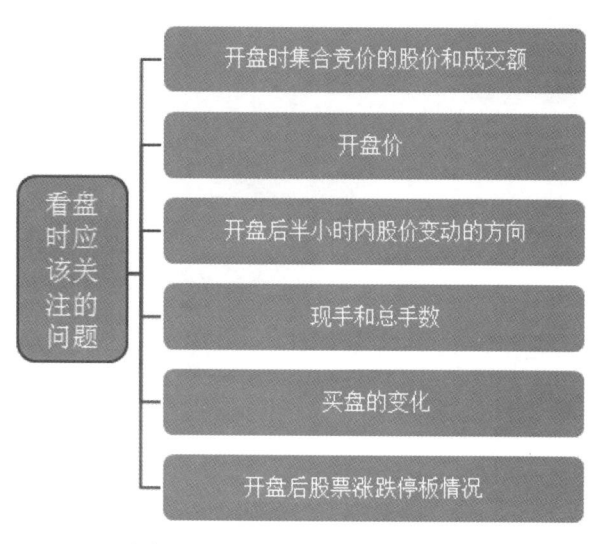

图 3-1-2　看盘时应该关注的问题

1．开盘时集合竞价的股价和成交额

开盘时首先要看今日大盘是高开还是低开，即与昨天的收盘价相比价格是高了还是低了，大盘高开或低开能够表示出市场的意愿，是多头占主导地位还是空头占绝大多数。成交量的大小则表示参与买卖的投资者的多少，它往往对一天之内成交的活跃程度有很大的影响。

2．开盘价

在看盘中，开盘价是非常关键的，对于一只股票来讲，低开、高开和平开都是有一定含义的。一般来讲，开盘价预示这只股票一天的整体走势，高开、平开、低开的预示如图 3-1-3 所示。

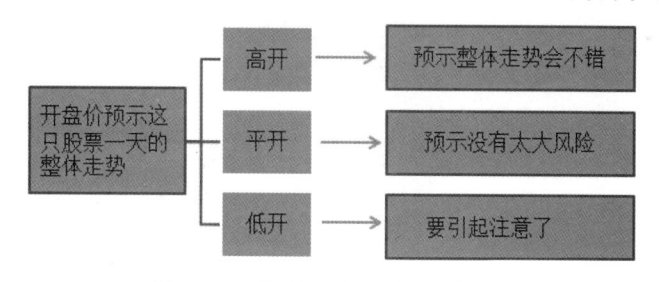

```
                      ┌── 高开 ──→ 预示整体走势会不错
  开盘价预示这         │
  只股票一天的    ────┼── 平开 ──→ 预示没有太大风险
  整体走势            │
                      └── 低开 ──→ 要引起注意了
```

图 3-1-3　高开、平开、低开的预示

一只正处于上升趋势的股票，在上涨了一定的幅度之后，一个低开可能就是致命的。

3．开盘后半小时内股价变动的方向

经过上一个交易日后十多个小时的思考，投资者所作的投资决策一般会较为坚决并接近于理性，所以，在这半个小时中，最能反映出投资者的多空力量对比，可以判断出全天的大致走势。股价开盘价在半小时内可能会出现的情况如图 3-1-4 所示。

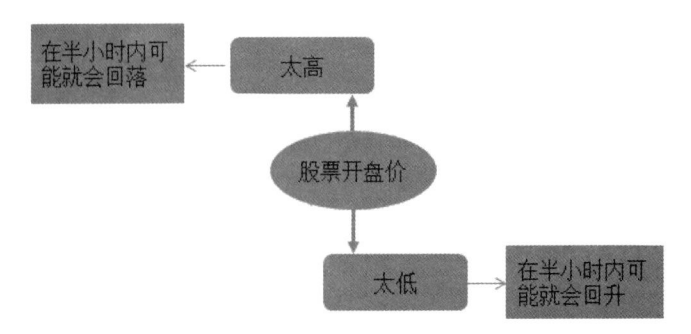

图 3-1-4　股票开盘价在半小时内可能会出现的情况

这种情况也要看成交量的大小，如果高开又不回落，而且成交量放大，那么这只股票就很可能要上涨。

4．现手和总手数

现手指的是股市中刚刚成交的一次成交量的大小。如果某只股票连续出现大涨，就表示有很多投资者在买卖该股，交易非常活跃，其股价很有可能创出新高。而如果很久没人买，则不大可能成为好股。总手数也叫作成交量，就是指现手的累计数。有时总手数是比股价更为重要的指标。总手数与流通股数的比称为换手率，它表明持股人中有多少人是在当天买入的。换手率的意义如图 3-1-5 所示，换手率高，说明该股买卖的人多，股价容易上涨。这样的个股，股性特别活跃，也是目前热门题材的个股。

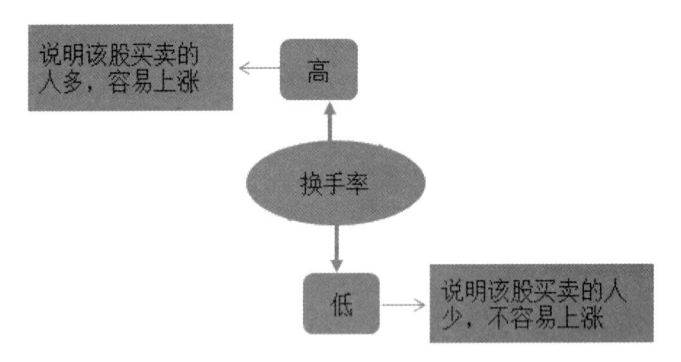

图 3-1-5　换手率的意义

5．买盘的变化

例如，某股冲高回落，之前买的 300 手（即 30000 股），瞬间变为 220 手，减少了 80 手，随后又变为 290 手，增加了 70 手，接着又减少，又增加……但在经过了若干次的变动以后，这一价位上的接盘数量与原来的差不多。在这几十秒钟的时间里几乎有相同的单子既出又进，这绝非市场所为，一定是有人故意为之。那么这样做的目的是什么呢？一个价位上的接单数量一般是由几张单子组成的，而成交的原则是按时间优先，因此排在最前面的单子会先成交。将前面的单子撤下来，后面的单子会往前移，成交的就是后面的单子。因此，这样做的目的是让后面的单子成交。那么，为什么又重新将单子挂上去呢？肯定是希望能在此价位卖掉一些，但又不愿意股价回落过多，因此增加一些接盘以壮声势。同理，股价在涨停板上，买盘如有类似的变化，就要注意了，可能是主力希望市场接走一些，也可能是主力觉得目前价位合适，自己先出一部分货。

6. 开盘后股票涨停板和跌停板的情况

开盘后涨停板和跌停板的情况会对大盘产生直接的影响，如图 3-1-6 所示。

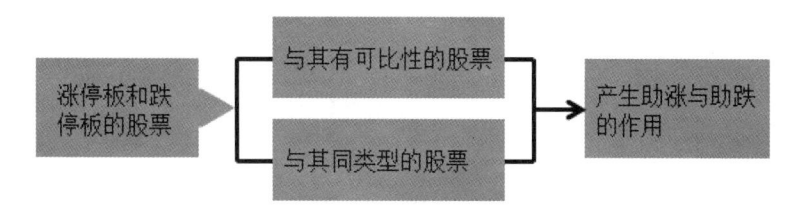

图 3-1-6 开盘后股票涨停板和跌停板的情况

TIPS：例如，大盘开盘后某只黄金股涨停，在其做多示范效应的影响下，其他的与之相近的或者有可比性的股票也会有走强的趋势。投资者通过自己的观察，可以找出一些经常联动的股票，在某只股票大幅攀升时，可以跟踪它的联动股票，从而获取收益。

3.1.3 如何利用软件看盘

行情窗口显示信息的方式有很多，具体方式如图 3-1-7 所示。

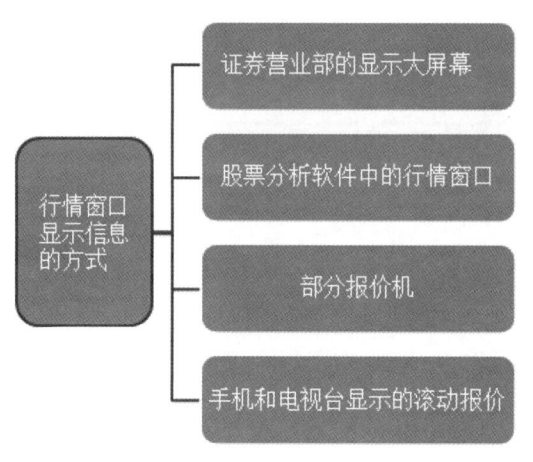

图 3-1-7 行情窗口显示信息的方式

这种盘面信息的最大特点是：只有各种各样的数据，而没有走势图形。行情窗口看盘比较简单，只要明白那些数据的含义就可以了，如现价、涨幅、日涨跌、开盘、收盘、最高价、最低价、成交量、成交金额、委买与委卖、成交笔数、每笔手数等，行情窗口如图 3-1-8 所示。

从零开始学炒股

	代码	名称	涨幅%	现价	涨跌	买价	卖价	总量	现量	涨速%	换手%	今开	最高	最低	说明
1	000001	平安银行 R	-3.78	17.58	-0.69	17.58	17.59	193.7万	18368	-0.33	1.00	18.16	18.17	17.52	
2	000002	万科A R	-2.01	19.50	-0.40	19.49	19.50	779665	8596	0.00	0.80	19.91	19.95	19.43	
3	000004	国华网安	2.18	19.26	0.41	19.26	19.27	43425	467	0.00	3.73	18.86	19.30	18.77	
4	000005	ST星源	0.45	2.21	0.01	2.21	2.22	76052	819	0.00	0.72	2.20	2.22	2.18	
5	000006	深振业A R	-0.94	4.23	-0.04	4.22	4.23	79408	674	0.00	0.59	4.25	4.26	4.20	
6	000007	*ST全新	-1.54	5.76	-0.09	5.75	5.76	0.00	0.17	2.30	5.82	5.91	5.61		
7	000008	神州高铁 R	0.46	2.19	0.01	2.18	2.19	74303	1755	0.00	0.28	2.18	2.19	2.17	
8	000009	中国宝安	-2.65	16.54	-0.45	16.54	16.55	722829	4956	0.12	2.83	16.86	16.96	16.48	
9	000010	美丽生态	-0.26	3.78	-0.01	3.77	3.78	53163	628	0.00	1.02	3.78	3.79	3.76	
10	000011	深物业A	1.98	11.32	0.22	11.31	11.32	72717	1153	0.09	1.38	11.11	11.45	10.99	
11	000012	南玻A	-3.44	10.11	-0.36	10.11	10.12	387772	3682	0.00	1.98	10.47	10.48	10.10	
12	000014	沙河股份	-0.40	7.41	-0.03	7.40	7.41	23059	21	0.14	1.14	7.54	7.54	7.35	
13	000016	深康佳A R	-0.46	6.46	-0.03	6.46	6.47	90493	1427	0.16	0.57	6.43	6.52	6.43	
14	000017	深中华A	-1.38	3.57	-0.05	3.57	3.58	30264	490	-0.27	1.00	3.62	3.62	3.57	
15	000019	深粮控股	1.49	6.81	0.10	6.81	6.82	54881	4085	0.00	1.32	6.68	6.81	6.67	
16	000020	深华发A	1.00	9.10	0.09	9.10	9.11	8599	172	-0.32	0.47	8.95	9.15	8.95	
17	000021	深科技	0.19	16.16	0.03	16.16	16.17	159010	2363	0.19	1.02	16.13	16.19	15.90	
18	000023	深天地A	0.24	12.44	0.03	12.42	12.44	8459	116	0.16	0.61	12.30	12.46	12.18	
19	000025	特力A	1.01	14.97	0.15	14.97	14.98	34783	936	0.07	0.89	14.79	15.05	14.65	

图 3-1-8 行情窗口

图形窗口显示的内容如图 3-1-9 所示，不仅会显示交易信息数据，还会显示走势图形，使得投资分析更加方便。

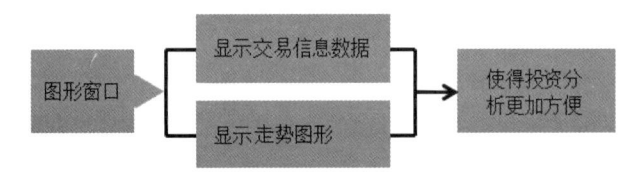

图 3-1-9 图形窗口显示的内容

其实应该先学些形态分析和均线分析的基础知识，然后在日常交易的过程中不断地对照分析，摸索规律，时间长了就能看明白图形背后的真实含义了。图形窗口如图 3-1-10 所示。

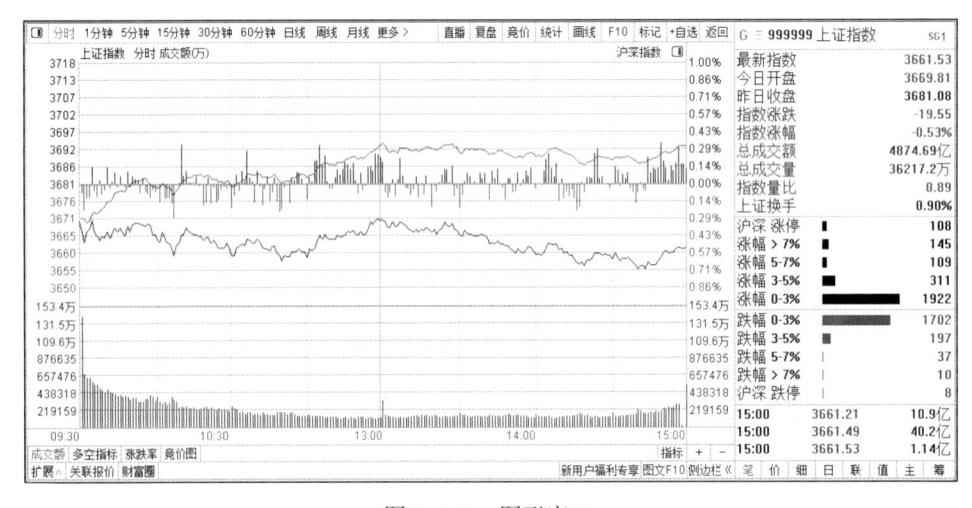

图 3-1-10 图形窗口

3.1.4 大盘指数的意义和操作

大盘 K 线技术走势图按周期可以分为以下几种，如图 3-1-11 所示。

图 3-1-11　大盘 K 线技术走势图分类

由于所取的时间段不同，各种 K 线图所代表的意义是不相同的。不过，各种 K 线图所采用的绘制方法是相同的，只要能够看懂其中的一种，其余的就可触类旁通了。下面以比较常用的日 K 线图为例介绍怎样去看 K 线技术走势图。

1. 大盘 K 线图的基本内容

一般的股票分析软件所显示的大盘 K 线技术走势图都是由 3 个画面组成的，如图 3-1-12 所示。

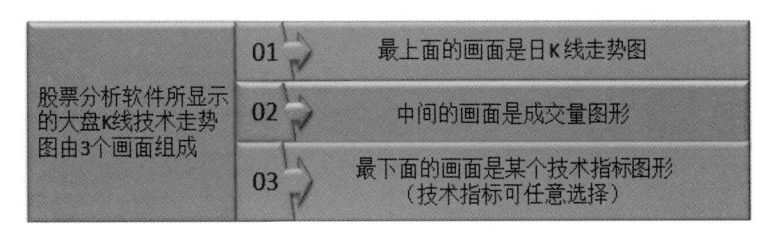

图 3-1-12　大盘 K 线技术走势图的组成画面

上证指数 2021 年 4—12 月的日 K 线图如图 3-1-13 所示。

（1）移动平均线采样显示栏。本栏可以显示不同时间周期的移动平均线在某一天的数值。例如，本栏的"MA5：3663.91"表明该图所显示的最后一个交易日的上证指数 5 日移动平均线位于 3663.91 点；"MA10：3626.21"表明该图所显示的最后一个交易日的上证指数 10 日移动平均线位于 3626.21 点；同理，MA20、MA60 分别表示的是最后一个交易日的上证指数 20 日、60 日移动平均线所处的位置。

图 3-1-13　上证指数 2021 年 4—12 月的日 K 线图

（2）移动平均线走势图。移动平均线分别用不同颜色表示。图 3-1-13 中所示的 5 条移动平均线分别是 5 日、10 日、20 日、30 日、60 日的移动平均线，其表示颜色在"移动平均线采样显示栏"有明确提示，其中时间最短的 5 日均线用蓝色表示，10 日均线用紫色表示，20 日均线用粉色表示，30 日均线用绿色表示等。

> 颜色和参数都可重新自定义。

（3）均量线采样显示栏。该栏中显示不同时间周期的均量线在某个交易日的数值。如果该栏显示为"MAVOL5：1.73"，则表示图中最后一个交易日的 5 日平均量为 1.73 手。

（4）均量线。均量线是以一定时期成交量的算术平均值在图形中形成的曲线。它是参照移动平均线的原理，以成交量平均数来研判行情趋势的一种技术指标，又称为成交量均线指标。

（5）成交量柱体。成交量柱体所表示的含义如图 3-1-14 所示。一条柱状线就表示一天的成交量。

（6）常用技术指标图形显示栏。本栏可以根据每个用户的需要任意选择技术指标，如图 3-1-15 所示。

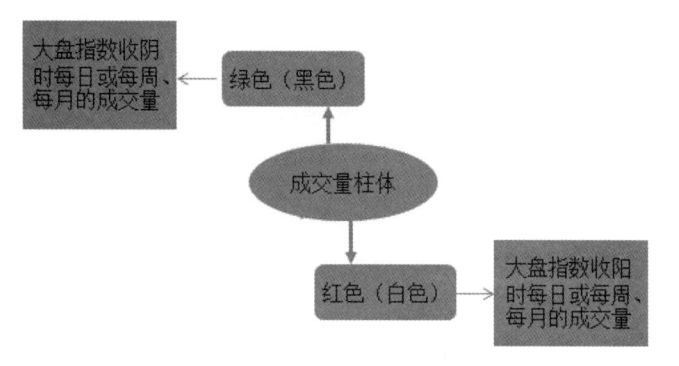

图 3-1-14　成交量柱体

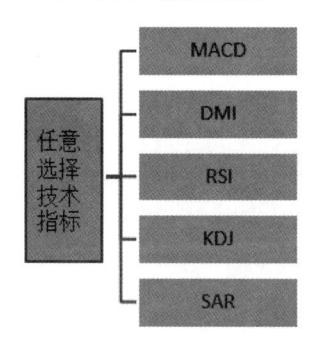

图 3-1-15　根据用户的需要可选择的技术指标

2．大盘 K 线图的基本操作

进入"K 线图"界面后，用户可以查看的内容如图 3-1-16 所示。

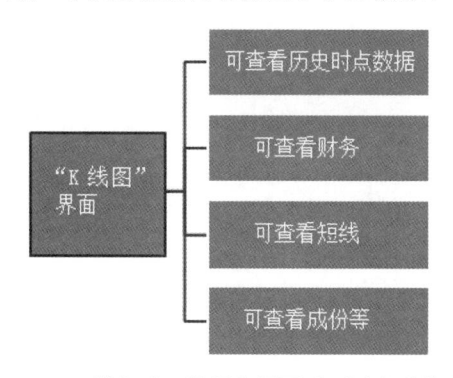

图 3-1-16　进入"K 线图"界面后可以查看的内容

下面以通达信软件为例介绍大盘 K 线图，其他软件操作类似。

（1）查看历史时点数据。在大盘的 K 线图中，按键盘上的方向键"←"和"→"可以分别向前和向后查看大盘的历史数据信息。左侧浮动窗口中显示的历史数据信息为横竖两条线交点处的 K 线数据，此时用户也可以单击某根 K 线来查看其数据信息，如图 3-1-17 所示，按 Esc 键可以取消显示。

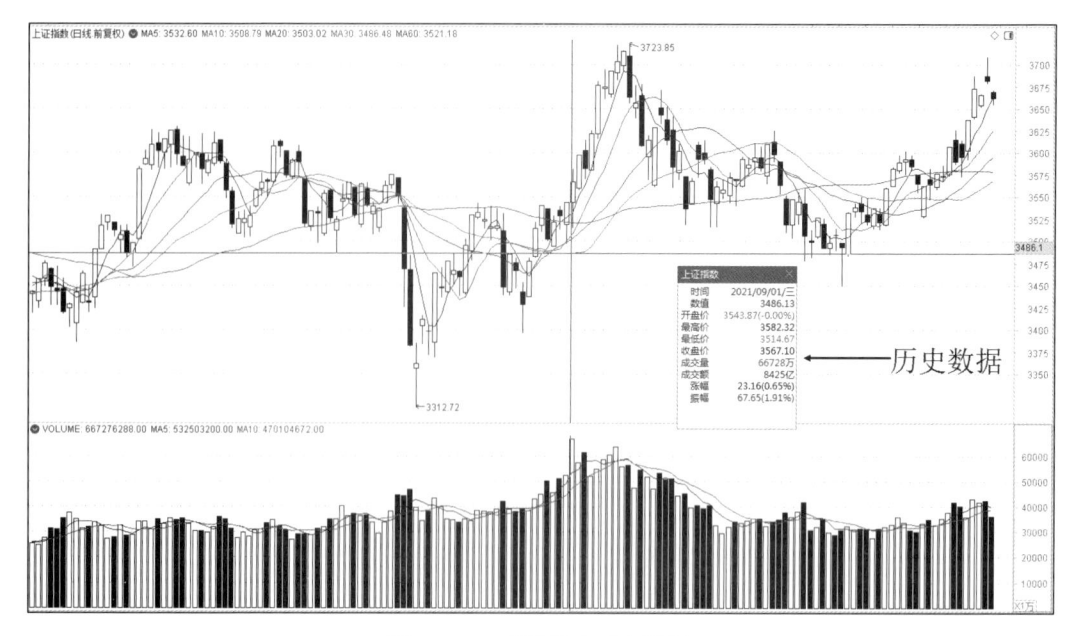

图 3-1-17　查看历史时点数据

（2）切换 K 线图的分析周期。在默认情况下，K 线图的分析周期按日线显示，即每一根 K 线表示一个交易日的情况，如果需要分析其他时间周期，可以在 K 线窗口左上角选择需要的周期，如图 3-1-18 所示。

图 3-1-18　选择不同的分析周期

（3）画面组合。默认情况下，大盘 K 线技术走势图中显示的内容如图 3-1-19 所示。

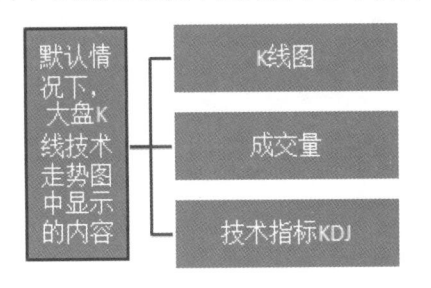

图 3-1-19　大盘 K 线技术走势图显示的内容

如果想只查看 K 线图，隐藏其他两个子窗口，或者是增加一些技术指标来辅助分析，可以使用画面组合功能。在键盘上按"Alt+4"即可变为 4 图组合，如图 3-1-20 所示。

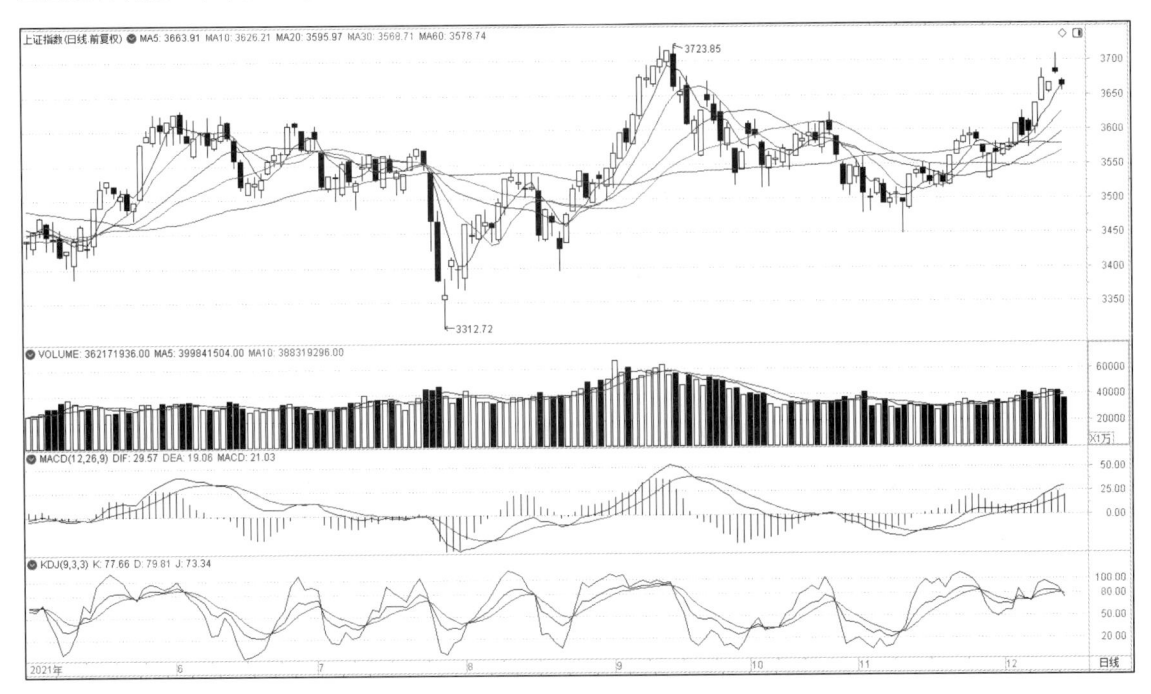

图 3-1-20　4 图组合

（4）多周期分析。对于大盘指数，还可以同时查看不同周期的图形。在 K 线图窗口中，在键盘中按"Ctrl+X+数字"即可进行多周期分析，如图 3-1-21 所示。

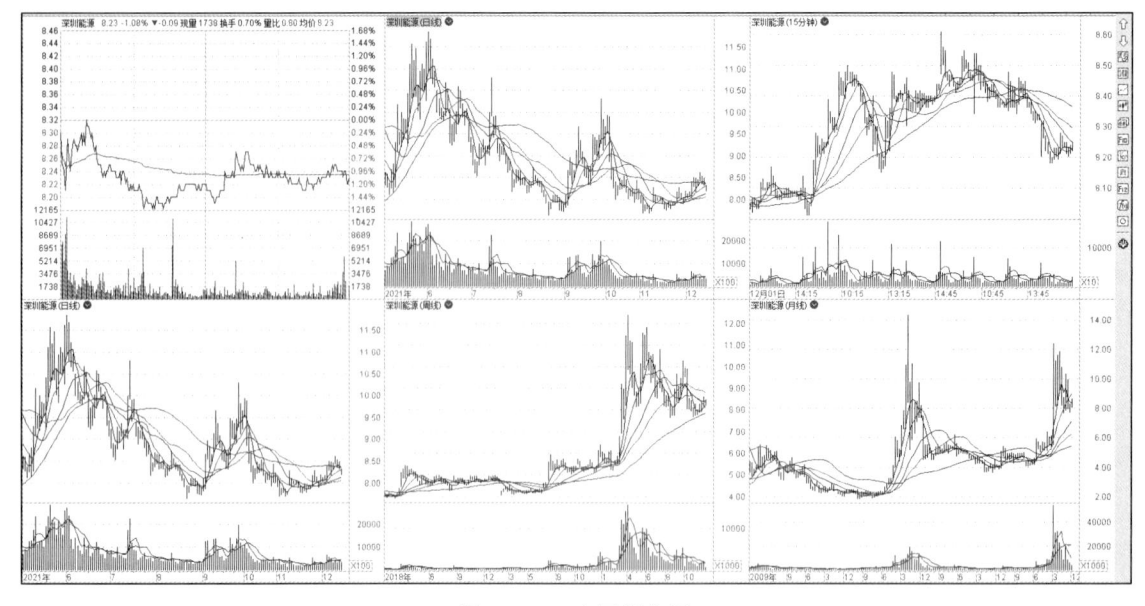

图 3-1-21　多周期分析

3.1.5　如何看个股

个股 K 线技术走势图按周期可以分为 7 种,如图 3-1-22 所示。深康佳 A 的日 K 线技术走势图如图 3-1-23 所示。

图 3-1-22　个股 K 线技术走势图分类

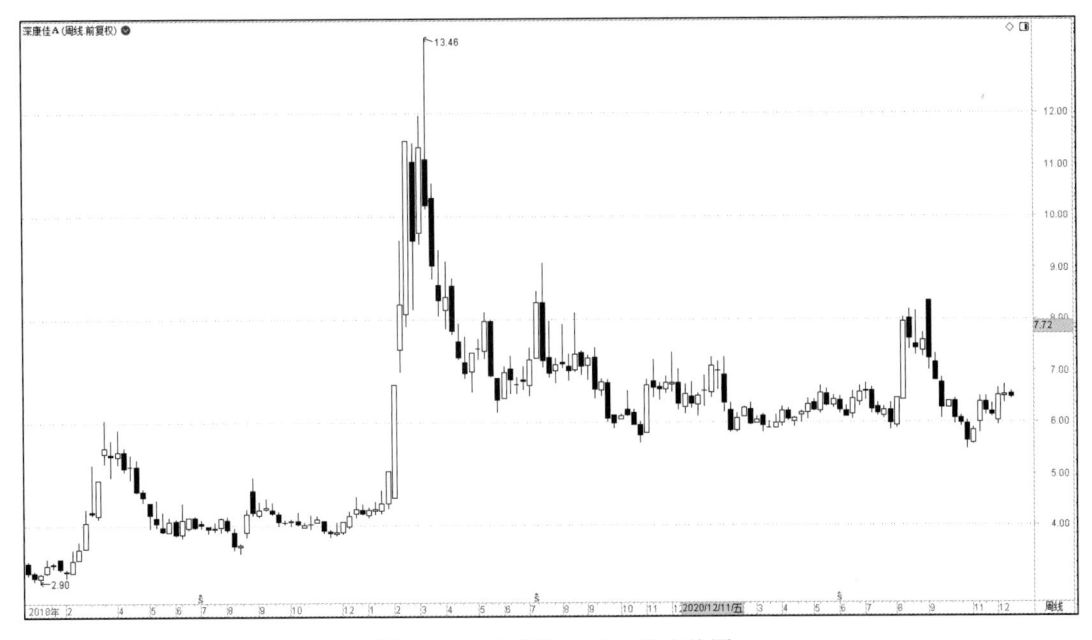

图 3-1-23　深康佳 A 日 K 线走势图

1．进入个股 K 线图

用户进入个股 K 线图有以下几种不同的方法。如图 3-1-24 所示。

图 3-1-24　用户进入个股 K 线图的方法

2．个股动态 K 线图的主要操作

（1）按 Enter 键循环切换，如图 3-1-25 所示。

（2）在个股 K 线图画面中直接输入指标名称，即可更换原有的指标显示，如 KDJ、MACD、RSI 等指标。按数字键盘中的"/"键或"*"键，可依次快速切换分析指标。

（3）在个股 K 线图画面中按"↑"或"↓"键的作用如图 3-1-26 所示。

（4）双击某根 K 线的实体，在弹出窗口中，可以查看该 K 线的历史分时走势（需要保存当日的历史数据）。

（5）在指标线过多的情况下，可以显示或隐藏一个或几个指标线，显示或隐藏指标线的方法如图 3-1-27 所示。

图 3-1-25　按 Enter 键循环切换　　　　图 3-1-26　"↑"或"↓"键的作用

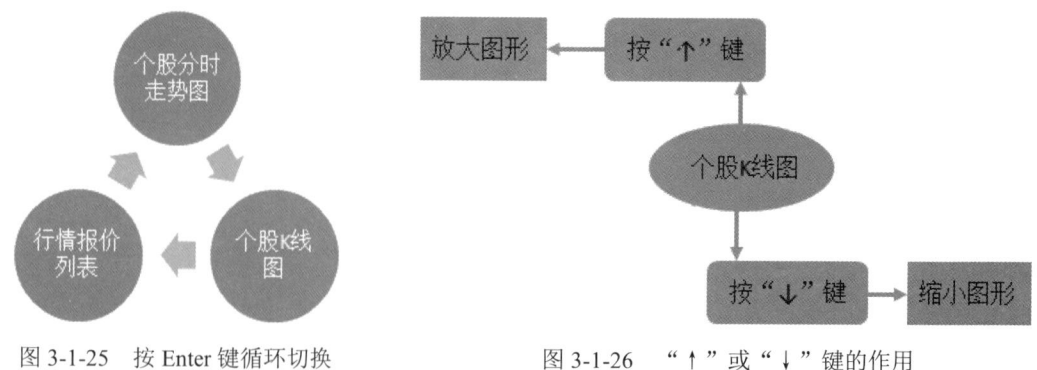

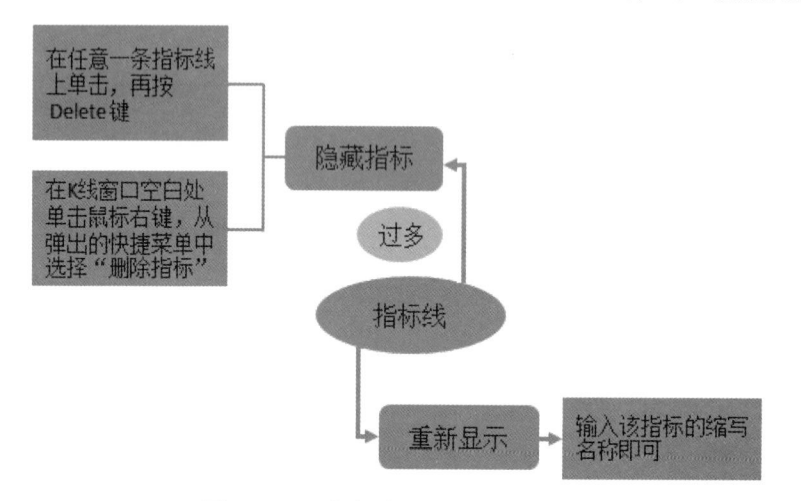

图 3-1-27　指标线显示或隐藏的方法

（6）在 K 线图中，单击鼠标右键，在弹出的快捷菜单中选择"加入自选股"可把该股选入自选股栏。

3.1.6　如何看板块

在股票投资中，根据市场的热点不同，不同板块股票会出现不同的涨势。

> 在美国金融危机期间，由于受国际形势的影响，黄金板块出现了不小的涨势，几乎所有的黄金股都有或大或小的涨幅。因此，适当地关注板块，通常会有一些惊喜的发现。

下面以通达信软件为例，介绍如何看板块的涨幅情况，其具体的操作步骤如下：

步骤1：首先打开通达信软件，进入 A 股行情页面，如图 3-1-28 所示。

步骤2：在该页面中下面单击"板块指数"选项卡，即可在不同板块中切换，如图 3-1-29 所示。左侧是板块指数，右侧是该板块下的概念股。

图 3-1-28　A 股行情页面

图 3-1-29　单击"板块指数"选项卡

3.1.7　盯盘与复盘

看盘中有两个概念：盯盘和复盘。盯盘指的是在正常的交易时间对盘面进行分析；复盘则是指对当天的盘面走势进行回顾和总结。如图 3-1-30 所示。

盯盘 —— 在正常的交易时间对盘面进行分析

复盘 —— 对当天的盘面走势进行回顾和总结

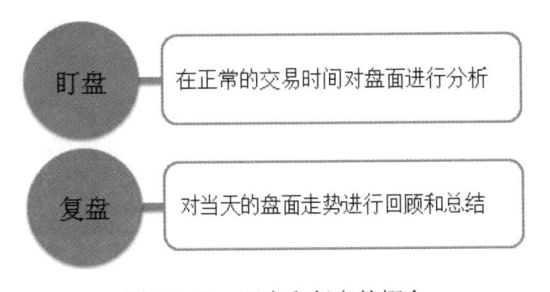

图 3-1-30　盯盘和复盘的概念

· 51 ·

前面章节介绍了盯大盘和个股的方法，此处不再赘述。现在主要说明复盘的步骤和技巧。复盘的目的如图3-1-31所示。

图 3-1-31　复盘的目的

复盘可以从热点和风险板块的挖掘开始。在通达信股票分析软件中输入81或83，可以看到沪市或深市A股中股票的排名，从中可以逆推到涨跌幅靠前的板块，看股票池中的股票是否属于这些板块以及是否与板块联动。这样可以通过板块的趋势来拟定手头个股的操作策略。板块的趋势分析如图3-1-32所示。

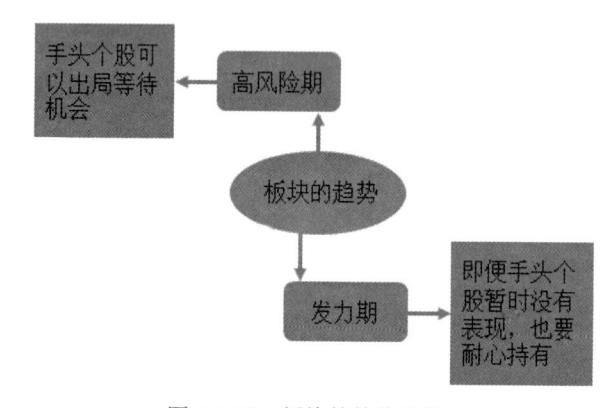

图 3-1-32　板块的趋势分析

TIPS　对板块研究的同时需要对大盘走势进行回顾。大盘走势是整体趋势，要查看大盘目前处于什么位置，量能配合关系是否正常，是否有背离现象出现等。

大盘和板块回顾完后，再进行个股的分析。个股分析的对象首先是投资者持仓的股票，接着分析股票池中的个股。投资者当天感兴趣的股票可以放在持仓股中一起分析。

个股研判时首先要看分时线，此处可参考同花顺的分时分笔成交功能，看当天是否有异常情况出现，多空双方动能如何，以及股价走势是否与前期制定的策略符合。

通达信提供的分时分笔成交功能对进行个股分时的复盘帮助非常大。投资者可以通过此功能了解一天的买卖单在什么价位和数量，从中可以看到是否有主力资金。通过挂单及撤销功能可以看到主力是否在做假盘。

除了对当天股价走势进行分时分析外，通达信提供的多日分时线功能也是非常有用的复盘工具。多日分时线的作用如图3-1-33所示。

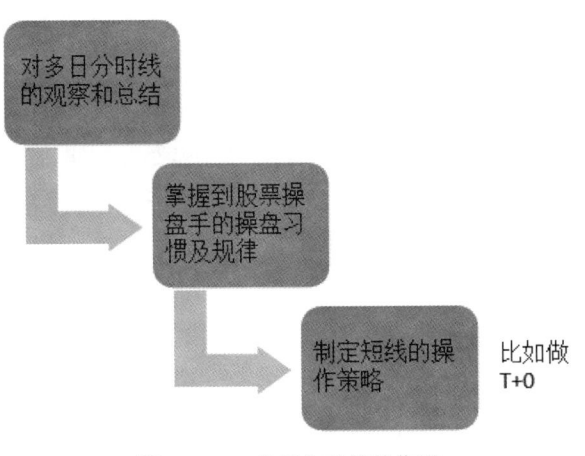

图 3-1-33　多日分时线的作用

如果股价的分时走势不符合平时的习惯，出现较大波动，则意味着主力的意愿发生变化。另外，多日分时线也会反映出主力拉升或出货的习惯，投资者从中可以看出股票是台阶式拉升、先整理后拉升、逐步上扬方式还是脉冲式爆发等。

对分时分笔走势判断之后需要转到日线和周线进行分析。日线对中短线投资者较有用，但对中长线投资者来说，周线甚至月线准确率更高。日、周、月线的研判重点如图 3-1-34 所示。

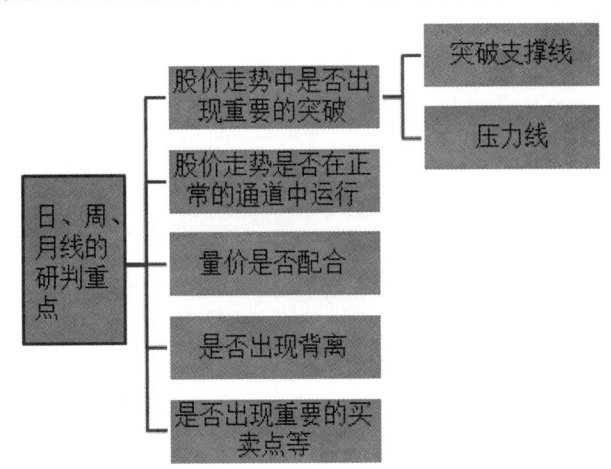

图 3-1-34　日、周、月线的研判重点

3.2　盘口的 6 个核心概念

在看盘软件中，盘口往往会透露出非常多的秘密。本节通过对盘口语言的分析，帮助读者正确理解盘口信息的真正含义，从而快速判断主力的意图，准确分析股价的未来趋势，及时作出正确的策略，更好地把握买卖的时机。

3.2.1 换手率

所谓换手率是指在单位时间内，某只股票的累计成交量与其流通股本之间的比率，一般是以日为单位，平常所说的换手率也都是指日换手率。换手率是衡量一只股票流通换手情况的指标，该指标既可以帮助我们判断一只股票的换手情况，也可以帮助我们分析它的股性是否活跃。

1．低换手率与高换手率

由于大股东所持有的流通股数量不同，因而，不同类型的股票，其换手率的高低标准并不在同一个水平线上。上市公司的控股股东其持有的流通股一般不会在市场上卖出，如果控股股东持有大量的流通股，则这类股票的换手率自然较低；反之，那些控股股东持股比例较低、多路资金入注的个股，其换手率就会相对较高一些。

在实盘操作中，对于那些控股股东持股比例相对较低的个股，我们可以重点关注它们中的换手率（注：默认指日换手率）较低或较高的个股，那么，什么标准属于"低"，什么标准属于"高"呢？日换手率标准如图 3-2-1 所示。

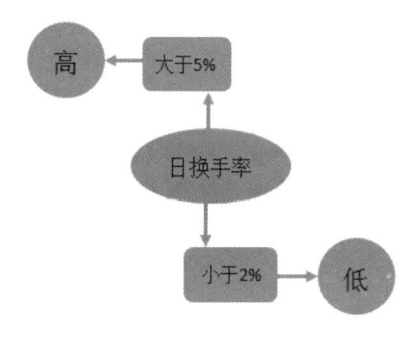

图 3-2-1　日换手率

换手率的高低情况说明如图 3-2-2 所示。

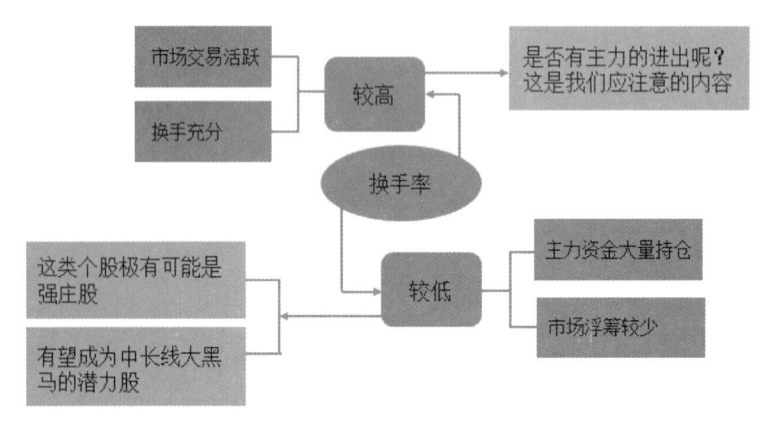

图 3-2-2　换手率的高低

2. 区间换手率

虽然换手率常常以日为时间单位进行解读，但计算个股在某一定时间段（多个交易日）内的累计换手率也具有重要的实战意义，这可以称为区间换手率。当个股处于横盘震荡走势中时，运用区间换手率，可以进一步揣测主力的市场行为。区间换手率的作用如图 3-2-3 所示。

图 3-2-3　区间换手率的作用

TIPS　一般来说，区间换手率更多地用于分析主力的建仓行为。在低位区，如果个股有新主力强力建仓的话，一般来说，在最理想的情况下，成交量的 1/4～1/3 会落入主力的手中，它至少需要 50%的流通盘，这意味着如果个股在低位区出现了接近 200%的换手率，而分时图中又经常出现异动的话，那很有可能是有主力参与此股了。当然，低位区并不意味着个股一定处于深跌后的底部区，只要主力认为个股后期仍有较大的上涨空间，就会积极地建仓个股。

3. 新股换手率

国内的 A 股市场中，惯有"炒新"的氛围，每周都会有一些新股排队上市，而上市的新股中，总有一些会获得主力资金的青睐，从而出现新股上市后的飙升行情。那么，如何发现新股在上市后是否会有行情出现呢？通过换手率来分析，就是一种很好的方法。

主力资金一般都是在新股上市首日参与的，为了满足主力建仓的需要，新股必然在上市当天有较高的换手率，否则难有新股行情的出现。新股换手率分析如图 3-2-4 所示。

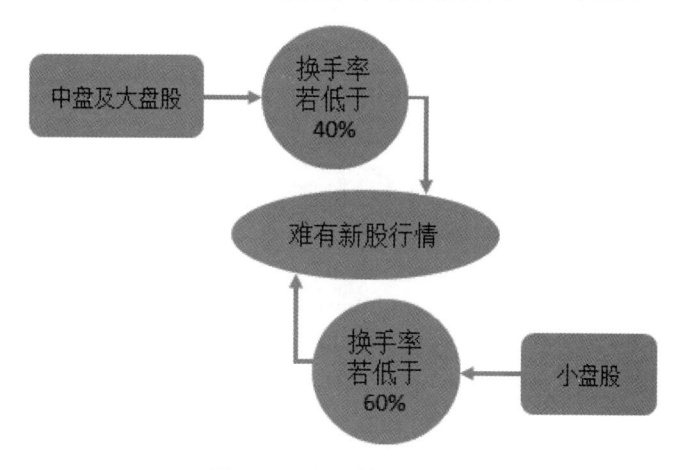

图 3-2-4　新股换手率分析

相对而言，中小盘股获得主力资金参与的机会更大一些，因为大盘股的股本过大，很难有哪家主力资金有足够的实力。

在实盘分析中，换手率仅仅是我们分析新股的一个要素，除此之外，新股的题材面、新股上市的定价等方面也是我们应关注的焦点，如图3-2-5所示。

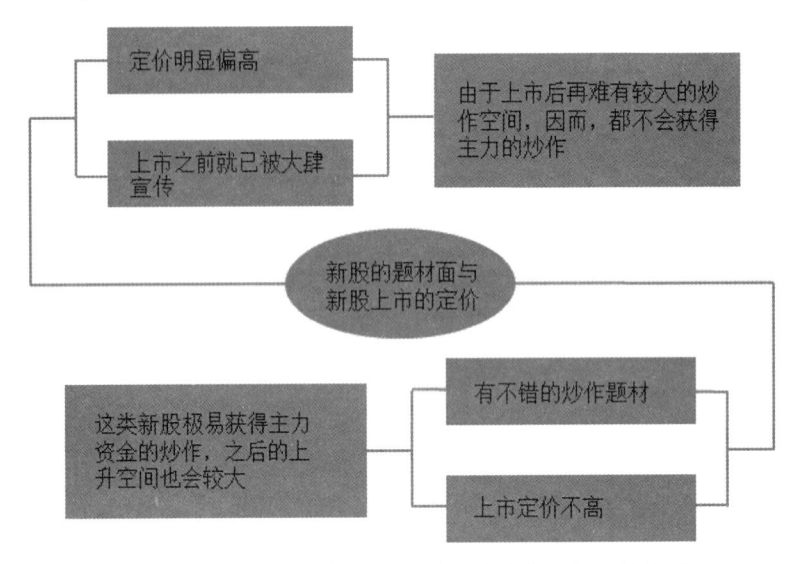

图 3-2-5　新股的题材面、新股上市的定价与新股的关系

3.2.2　买盘与卖盘

市场中，投资者经常谈论的热门话题之一便是主力的动向，把好"主力脉"，便有了收益的保障。探寻主力动向的方法很多，从个股交易的买卖盘，就可以准确观察主力的动向。观察主力动向的具体表现如图3-2-6所示。具体表现就是一只股票委托买入或卖出的价格和数量的反映。

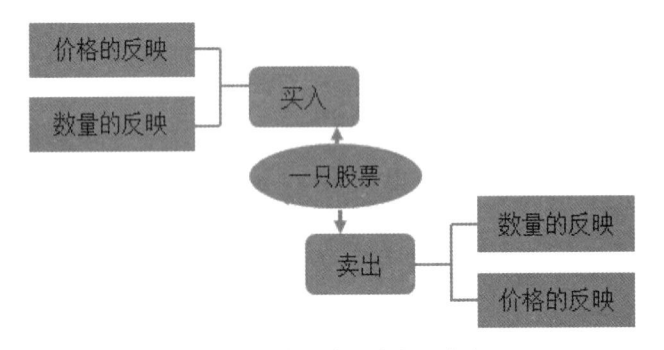

图 3-2-6　观察主力动向的具体表现

当某个投资者委托买入的价格与另一个投资者委托卖出的价格相同时，则成交；当委托买入价格与卖出价格达不到成交条件时，就排队等候。排队顺序如图3-2-7所示。

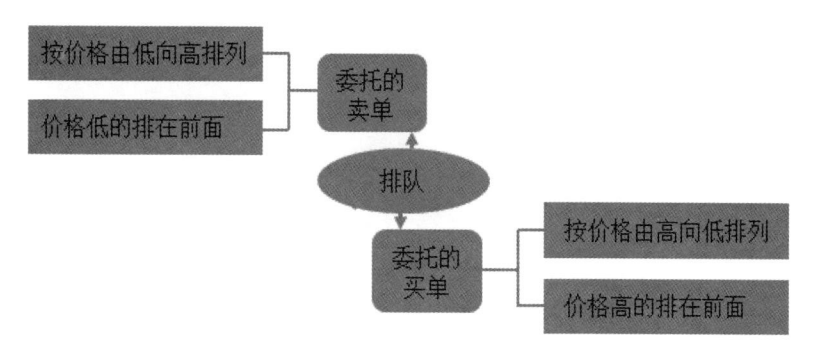

图 3-2-7　排队顺序

在一般的交易软件中，可以显示前 5 档价格最低的卖单和前 5 档价格最高的买单，一般简称为买一、买二、买三……，或卖一、卖二、卖三……通达信的某个买卖盘如图 3-2-8 所示。

委比	-8.33% 委差	-1010
卖五	3.76	546
卖四	3.75	586
卖三	3.74	1078
卖二	3.73	1296
卖一	3.72	3064
买一	3.71	1659
买二	3.70	2000
买三	3.69	433
买四	3.68	883
买五	3.67	585

图 3-2-8　通达信的某个买卖盘

一般来讲，当某只股票长期在低迷状况中运行，某日股价有所启动，并且在卖盘上挂出巨大抛单（每笔经常上百手，甚至上千手），买单则比较少，此时如果有资金进场，就会被挂在卖一、卖二、卖三档的压单吃掉，这可以看作主力建仓动作。

TIPS　投资者要注意，如果想参与，千万不要跟风追买卖盘，待到大抛单不见了，股价在盘中回调时再参与，避免当日追高被套。在低位出现上述情况，参与风险一般不大，主力向上拉升意图明显，短线有被浅套可能，但定会有所收益。与之相反，如果在个股被炒高之后，盘中出现巨大抛单，卖盘一、二、三档总有成百上千手压单，而买盘不行，此时一定要提高警惕，注意风险。

当某只股票在正常平稳的运行中，股价突然被盘中出现的上千手的大抛单砸至跌停板或跌停板附近，随后又被快速拉起，或者股价被盘中突然出现的上千手的大买单拉升然后又快速归位，这些情况表明有主力在其中试盘，主力向下砸盘，是在试探基础的牢固程度，然后决定是否拉升。推测主力如图 3-2-9 所示。

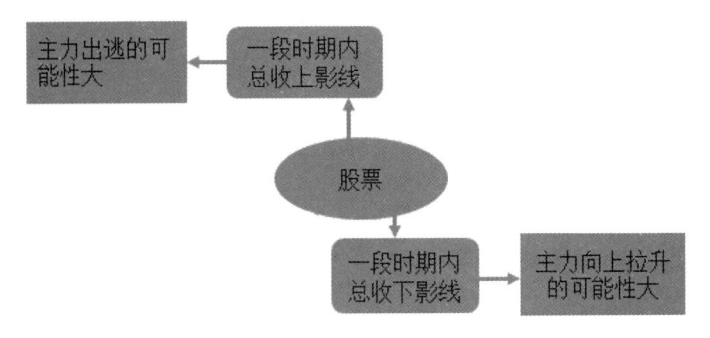

图 3-2-9　推测主力

当某只个股经过连续下跌后,会出现护盘动作,如果发现在其买一、买二、买三档有大手笔买单挂出,这是绝对的护盘动作,但这不意味着该股后市会止跌。因为在市场中,股价护是护不住的,主力护盘,证明其实力欠缺,否则可以推升股价。此时,该股股价往往还有下降空间。但投资者可留意该股,一旦市场转强,这种股票往往能快速回升。

3.2.3　内盘与外盘

外盘是指主动性买入的股票数值,即买方以委卖盘中事先挂出的委卖价来进行买入的股票数值,这是一种主动性的买入;内盘是指主动性卖出的股票数值,即卖方以委买盘中事先挂出的委买价来进行卖出的股票数值,这是一种主动性的卖出。内盘与外盘之和正好就是成交量,如图 3-2-10 所示。

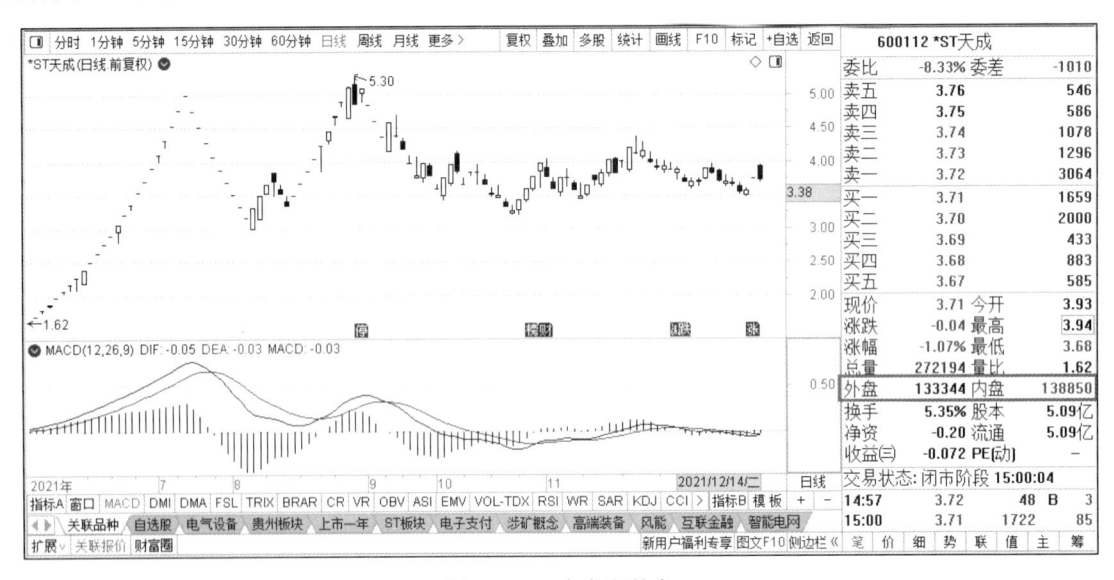

图 3-2-10　内盘和外盘

由于内盘、外盘显示的是开市后至现时以委卖价和委买价各自成交的累计量,所以对判断股价目前的走势非常有帮助。内盘和外盘大小可反映场中情况,如图 3-2-11 所示。

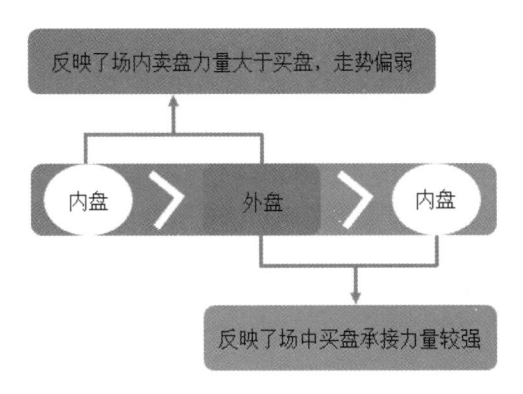

图 3-2-11　内盘和外盘大小可反映场中情况

如果主动性买盘与主动性卖盘价格相差很大，说明买方追高意愿不强，同时卖方也有较强的惜售心理，多空双方处于僵持状态。

内盘和外盘的数值能够反映出主动卖出和主动买入量的大小，通常被投资者作为短线操作的重要参考依据，但内盘或外盘的数值有时并不真实，真实的市场中内盘和外盘的反映如图 3-2-12 所示。

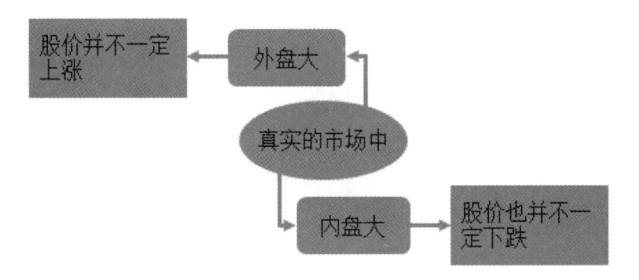

图 3-2-12　真实市场中内盘和外盘的反映

一般来讲，有以下几种情况需要注意：
（1）第一种情况如图 3-2-13 所示。

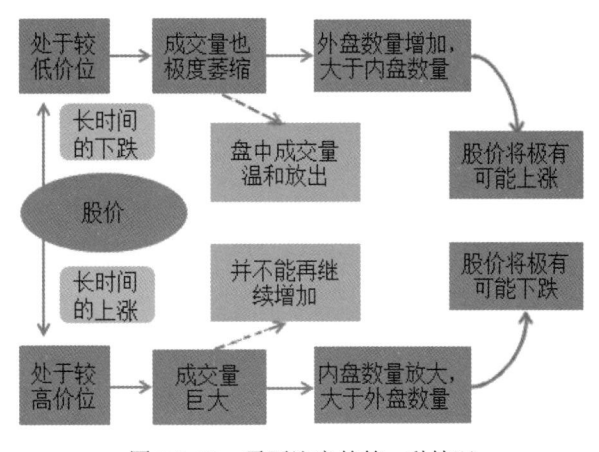

图 3-2-13　需要注意的第一种情况

（2）第二种情况，在股价持续阴跌过程中，时常会出现外盘大、内盘小的情况，这并不表示股价一定会上涨。因为主力资金用几笔抛单将股价打至较低位置，然后在卖一、卖二挂卖单，并自己吃掉卖单，造成股价小幅上升。

（3）第三种情况，在股价持续上涨过程中，时常会发现内盘大、外盘小的情况，这并不表示股价一定会下跌。因为主力资金用几笔买单将股价拉至一个相对的高位，然后在股价小跌后，在买一、买二挂买单，让投资者认为主力在出货，纷纷卖出股票，此时主力资金再挂出小单，将抛单通通接走。这种先拉高后低位挂买单的手法，常会显示为内盘大、外盘小。

（4）第四种情况，如图3-2-14所示。

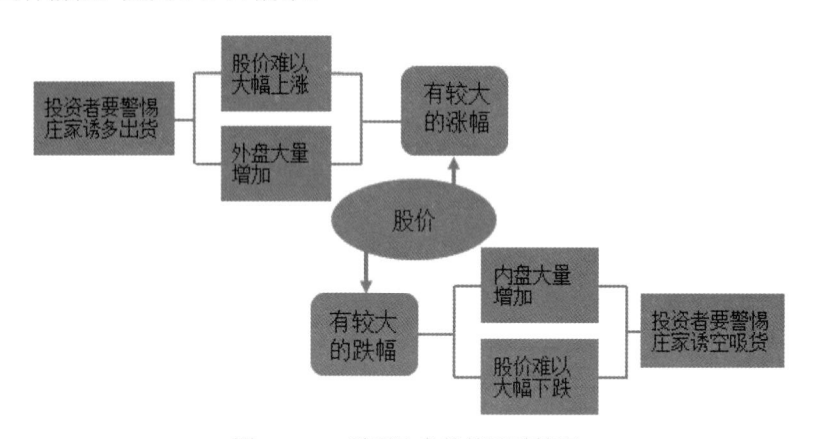

图3-2-14 需要注意的第四种情况

3.2.4 委比

委比是衡量某一时段买卖盘相对强度的指标，委比的取值自-100到+100，涨停的股票的委比一般是+100，如图3-2-15所示。而跌停股票的委比是-100，如图3-2-16所示。委比为0，意思是买入（托单）和卖出（压单）的数量相等，即委买：委卖=5：5。

图3-2-15 涨停股票的委比

图3-2-16 跌停股票的委比

委比的计算公式为：委比=(委买手数-委卖手数)/(委买手数+委卖手数)×100%，其中，委买手数是指现在所有个股委托买入下三档的总数量。委卖手数是指现在所有个股委托卖出上三档的总数量。委比值的变化范围为-100%～+100%，当委比值为-100%或+100%时的表示意义如图3-2-17所示。

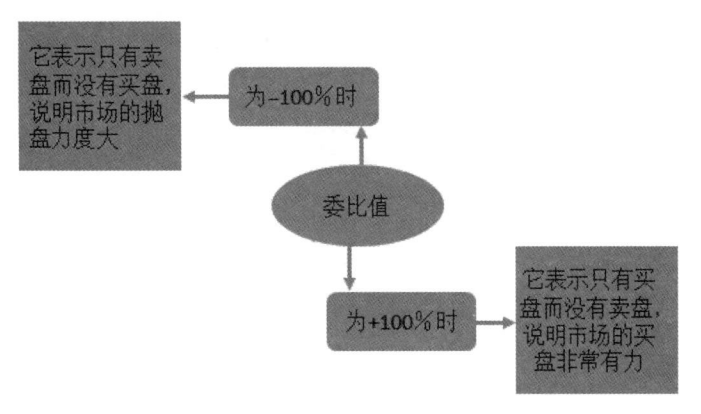

图 3-2-17　委比值为-100%或+100%的表示意义

委比值从-100%到+100%的变化是卖盘逐渐减弱、买盘逐渐强劲的一个过程。委比值为正或负时，市场情况如图3-2-18所示。

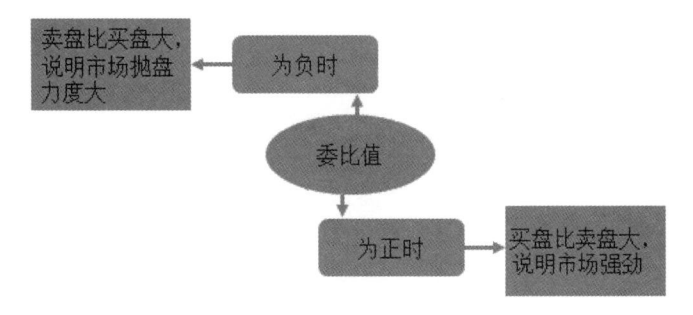

图 3-2-18　委比值与市场情况的关系

TIPS　反之，从+100%至-100%，说明是买盘逐渐减弱、卖盘逐渐增强的一个过程。

3.2.5　量比

量比是衡量相对成交量的指标，是指股市开市后平均每分钟的成交量与过去 5 个交易日平均每分钟成交量之比。其计算公式为：量比＝现成交总手/[过去 5 日平均每分钟成交量×当日累计开市时间（分钟）]。量比大于或小于1，量比与市场情况的关系如图3-2-19所示。

量比是将某只股票在某个时点上的成交量与一段时间内的成交量平均值进行比较得出的指标，它能够排除因股本不同造成的不可比情况，是发现成交量异动的重要分析工具。在看盘软件中，量比就在中间给出的依据买卖盘与成交明细作出的阶段性总结的各项动态资料中，如图3-2-20所示。

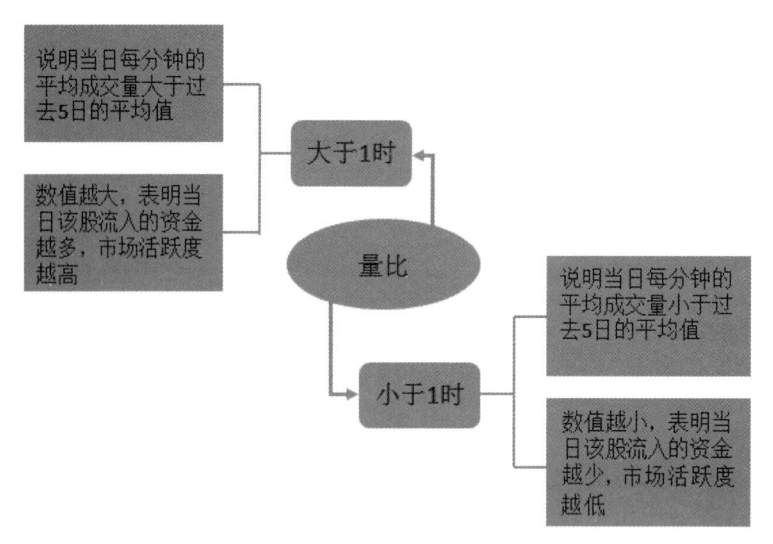

图 3-2-19 量比与市场情况的关系

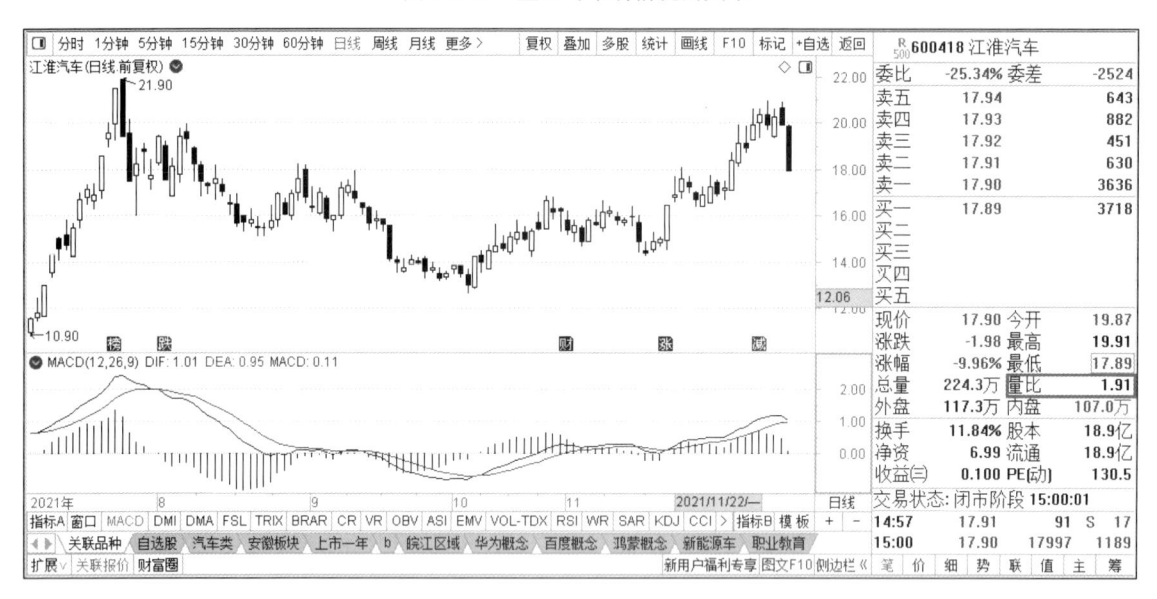

图 3-2-20 量比在看盘软件中

通常，量比的值应该有一个合理的区间，下面列出量比值在各区间所表示的意义。

（1）量比为 0.8～1.5 倍时，表示成交量处于正常水平。

（2）量比为 1.5～2.5 倍时，为温和放量，所表示的意义如图 3-2-21 所示。

（3）量比为 2.5～5 倍时，为明显放量，如果此时股价也相应地突破重要支撑或跌穿阻力位置，则突破的成功概率很高，投资者可以相应地采取行动。

（4）量比达到 5～10 倍时，为剧烈放量，所表示的意义如图 3-2-22 所示。

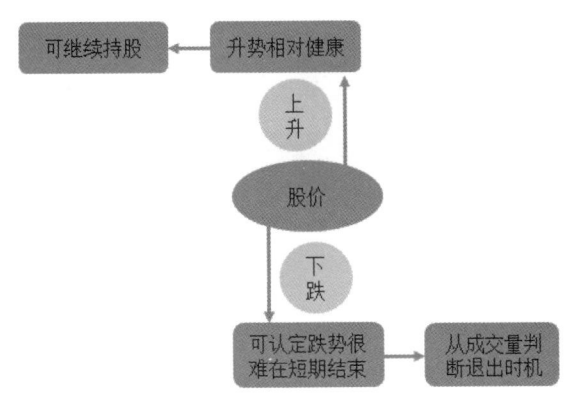

图 3-2-21　量比为 1.5～2.5 倍时

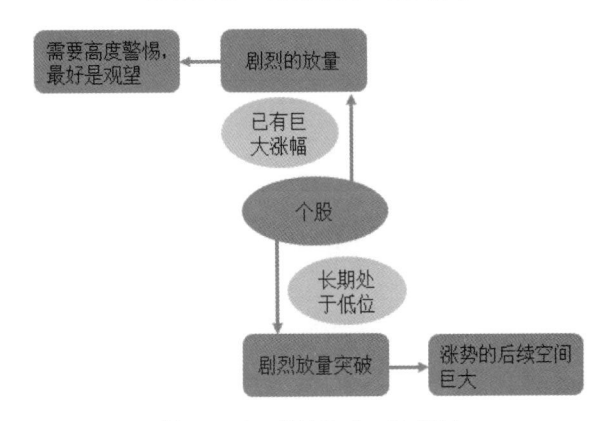

图 3-2-22　量比为 5～10 倍时

（5）量比达到 10 倍以上的股票，一般应该反向操作，所表示的意义如图 3-2-23 所示。

图 3-2-23　量比为 10 倍以上

（6）量比达到 20 倍以上，是极端放量的一种表现，这种情况的反转意义特别强烈，如果在连续的上涨之后，出现这种情况，是涨势结束的强烈信号。如果某只股票在跌势中出现极端放量，则是建仓的大好时机。

（7）量比在 0.5 倍以下的缩量情形为严重缩量，是市场交易极度不活跃的一种表现，但也蕴藏着一定的市场机会。有主力资金存在的股票，一般都是缩量创新高的股票，而且缩量创出新高。缩量调整的股票，特别是放量突破某个重要阻力位之后缩量回调的个股，常常是不可多得的买入对象。

（8）位于涨停板且量比为 1 或 1 倍以下的股票，其上涨的空间是不可估量的，且在第二天开盘就立刻涨停的可能性极高。如图 3-2-24 所示。

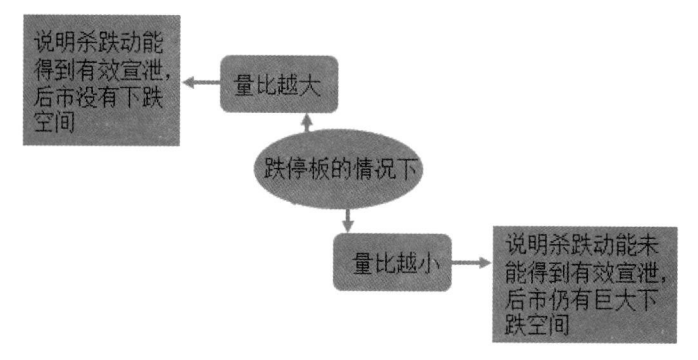

图 3-2-24　位于跌停板且量比为 1 或 1 倍以下

3.2.6　大单

大单，是指每笔成交中的大手笔单子。一般情况下，股价的大幅上升或下跌都是由主力使用大笔资金推动的，这些主力资金不可能是一手两手地进行交易，因此，一旦有主力资金进入，个股应该出现盘中大买卖单成交活跃的现象。例如，一只股票长期极少出现连续大手成交买卖单，近期突然在委托买卖中出现大量买卖盘，且成交大单不断时，这就表明主力资金开始进入，很快就会上涨。正确判别单笔主动性大买单的真伪是看盘的基本功夫，也是看盘的基本要求。下面根据实际经验，对不同情况下的大单进行分析。

1. 出现大买单

出现连续的大买单，且这些大买单的数量多是以整数居多，但也有可能会出现零数，例如 6666 手、8888 手等，显然这些绝对不是中小投资者的交易，一般的投资者也不会这样挂单的。这说明是主力资金在活动。通过主力使用的大买单或大卖单可以判断出他们的意图，如果大单相对挂单较小且成交量并不因此有大幅改变，一般为主力对敲所致。成交稀少得较为明显，此时应是处于吸货末期。大单相对挂单情况说明如图 3-2-25 所示。

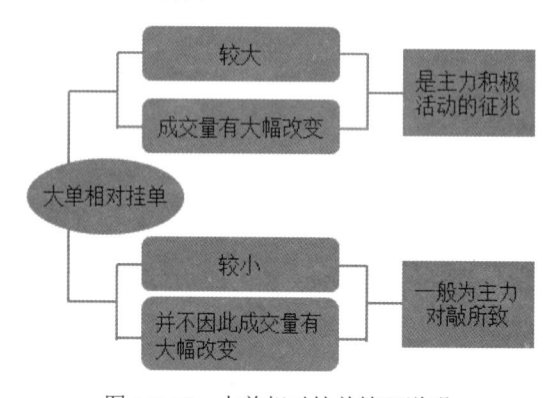

图 3-2-25　大单相对挂单情况说明

2. 扫盘

扫盘是指在涨势中突然出现大买单，将所有卖盘的挂单连续吞进。如果前期股价比较低，并且均线形成多头排列，涨势初起之际，如果有大单一下子连续地横扫了多笔卖盘时，表明主力正大举进场建仓，是投资者跟进的绝好时机。

3. 隐性买卖盘

隐性买卖盘是指在买卖成交中，有的价位并未在委托买卖的挂单中出现，而是在成交一栏里出现了，这里面往往隐藏着踪迹。如果是单向整数连续隐性买单出现，而挂盘并无明显变化，一般是主力拉升初期的试盘动作或派发初期激活追涨跟风盘的启动盘口。如果是上有压板，而出现大量隐性主动性买盘（特别是大手笔），股价不跌，则是大幅上涨的先兆。隐性买卖盘如图 3-2-26 所示。

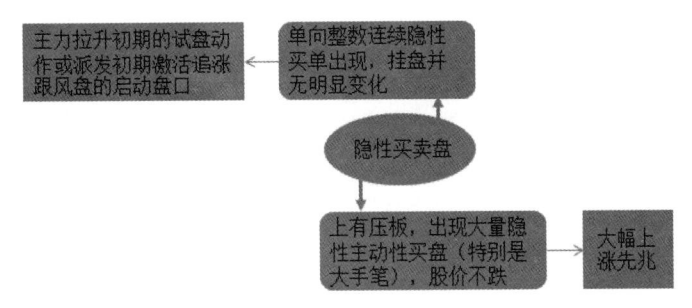

图 3-2-26　隐性买卖盘

4. 低迷期的大单

当某只股票长期低迷，某日股价启动，卖盘上挂出巨大抛单（每笔经常上千、上万手），买单则比较少，此时如果有资金进场，将挂在卖一、卖二、卖三档的压单吃掉，可视为是主力建仓动作。大牛股在启动前时常会出现这种情况。

5. 盘整时的大单

当某股某日在正常平稳运行中时，股价突然被盘中出现的上千手大抛单砸至跌停板附近，随后又被快速拉起，或者股价被突然出现的上千手大买单拉升，随后又快速归位，这表明有主力在试盘，主力向下砸盘，是在试探基础的牢固程度，然后决定是否拉升。如果某只个股在一段时期内总收下影线，则向上拉升的可能大。上下影线的推测情况如图 3-2-27 所示。

图 3-2-27　上下影线的推测情况

6. 无征兆的大单

一般来讲，无征兆的大单多为主力对股价运行状态实施干预造成的，如果是连续出现大单个股，现行的状态极有可能被改变。如果是不连续的大单，也有可能是资金大的个人大户或小机构所为，那样的话，其实际研判意义就不太大。

7. 大单吸货

如果个股的股价处于低位，盘口出现层层大买单，而只有零星小卖单，但突然盘中不时出现大单吞掉下方买单，然后又快速扫光上方抛单，此时可理解为主力在吸货。

3.3 解读不同时段的盘口语言

看盘的时间非常重要，一般来讲，早盘和尾盘的变化对趋势的分析更加重要，开盘半小时之间往往可以定下一天的行情趋势，收盘半个小时之间经常会发生较大的变化，例如尾盘拉升，或者是尾盘暴跌，也能预示出明天的行情走势。

3.3.1 开盘的关注重点

开盘是一个新的交易日的开始，开盘的表现往往能够定出大盘一天走势的基调，除非出现特别大的利多或利空消息，否则，当日内一般不会发生高强度的震动和大比例的逆反走向。

1. 集合竞价

集合竞价就是在当天还没有成交价的时候，投资者可根据前一天的收盘价和对当日股市的预测来输入股票价格，而在这段时间里输入计算机主机的所有价格都是平等的，不需要按照时间优先和价格优先的原则交易，而是按最大成交量的原则来定出股票的价位，这个价位就被称为集合竞价的价位，而这个过程被称为集合竞价。集合竞价的时间如图 3-3-1 所示。

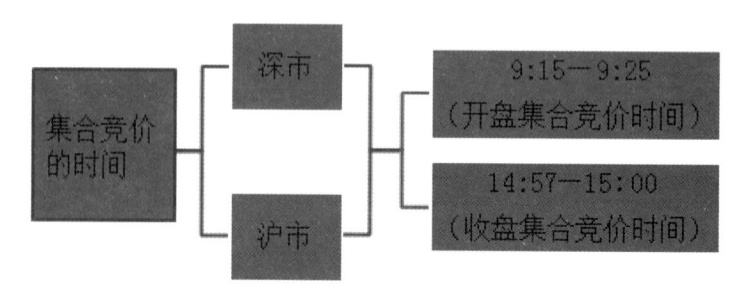

图 3-3-1 集合竞价时间

集合竞价是大盘一天走势的预演，在开盘前可以先看集合竞价的股价和成交额，是高开还是低开，它显示出市场的意愿，预期今天的股价是上涨还是下跌，成交量的大小则表示参与买卖的人的多少，它往往对一天之内的成交活跃度有较大的影响。

> **TIPS** 一般来讲，"高开＋放量"说明做多意愿较强，则大盘当日收阳的概率较大；"低开＋缩量"说明做空意愿较强，则大盘当日收阴的概率较大。

2．开盘

每天股市开始交易称为开盘。中国的股市开盘时间所有地方都一样，具体如图 3-3-2 所示。

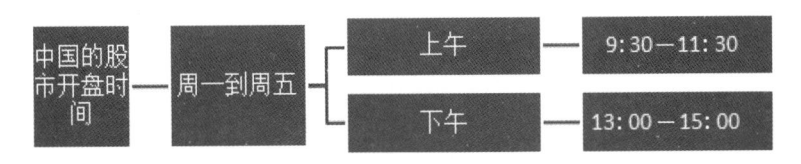

中国的股市开盘时间 — 周一到周五 — 上午 — 9:30—11:30
　　　　　　　　　　　　　　　　　下午 — 13:00—15:00

图 3-3-2　中国的股市开盘时间

"开盘价"指每个交易日开市后，每只股票的第一笔成交价为该股票的开盘价。

（1）开盘的三种状态。

开盘的三种状态如图 3-3-3 所示。

开盘的三种状态 — 平开
　　　　　　　　低开
　　　　　　　　高开

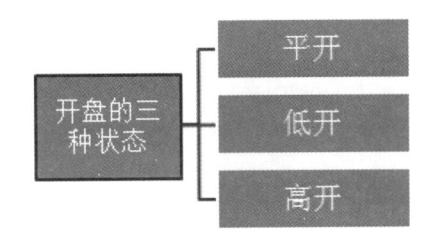

图 3-3-3　开盘的三种状态

平开表示市场与上一交易日收盘结果一致，认同上一个交易日的收盘价，多方和空方处在平衡状态中，没有特别明显的上攻和下跌方向。

低开表示目前空方占据主动地位，如果股价在顶部大幅跳空低开表明人气不旺，往往是多方力量衰弱、空方力量增长的征兆。如果股价在底部跳空低开，表示市场转暖，而且，低开很有可能是主力机构在建仓，这时是投资者抄底吸筹的良机。

高开表示多方力量较大，股市人气旺盛。如果股价在底部大幅跳空高开表示有人抢筹码，往往是多空双方力量发生根本性逆转的时机，多方坚决上攻，主力做多意愿强烈，股价后期上涨的可能性非常大。如果股价处在高位高开，则极有可能是主力拉高出货。

（2）重视开盘后的 30 分钟。

中国股市实行 T+1 交易制度，开盘与收盘的时段多空双方都进行激烈的搏杀，在总趋势一定的情况下，盘中走势反而相对平缓，因此，当日开盘后的 30 分钟内大盘与个股的走势对全天的影响非常大。看盘高手从当日开盘细节中就可以看出当日股市运行趋势，并相应作出正确的交易策略。

一般来讲，短线散户股票买卖时间如图3-3-4所示。

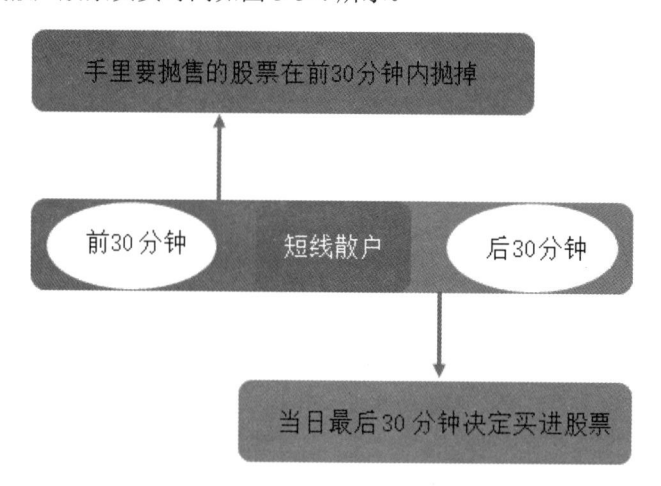

图3-3-4　短线股票买卖时间

开盘后的前10分钟是多空双方非常关注的时间段，也是股民应该注意的时间段。此时盘中的成交量不是太大，使用较少的资金就能达到目的。开盘后的前10分钟股票走势分析如图3-3-5所示。

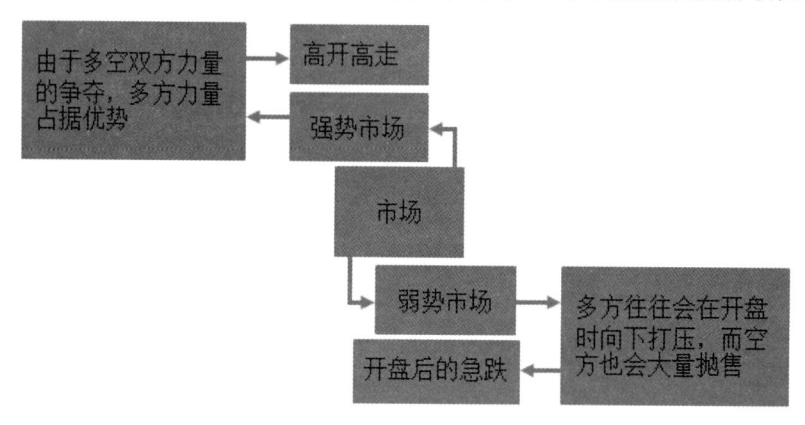

图3-3-5　开盘后的前10分钟股票走势分析

因此，开盘后的前10分钟的市场表现有助于正确地判断市场走势的强弱。

开盘后的第2个10分钟，多空双方通常会进入休整阶段。此时，往往会对原有的趋势进行修正，如果高开高走得太猛，获利盘就会回吐；如果下跌得过猛，就可能会有所回升。因此，这一时间投资者可以仔细观察，选择准确的买卖点。

开盘后的第3个10分钟，多空双方经过前面的较量，已经互相了解对方的情况，买卖盘会变得可信度更大，这段时间大盘和个股的走势基本上是全天走向的基础，投资者可以根据这时显示出来的趋势推断出全天的大概情况，从而作出自己的判断。

3. 开盘三线

开盘三线是以开盘为起点，以第 10、20、30 分钟指数为移动点连成三条线段，从这三线中可以推断出大盘和个股一天走势的相关信息。一般来讲，开盘三线的典型形态如图 3-3-6 所示。

```
              ┌── 开盘三线连三上
              ├── 开盘三线连三下
   开盘三线 ──┤── 开盘三线二上一下
              ├── 开盘三线一上二下
              ├── 开盘三线二下一上
              └── 开盘三线一下二上
```

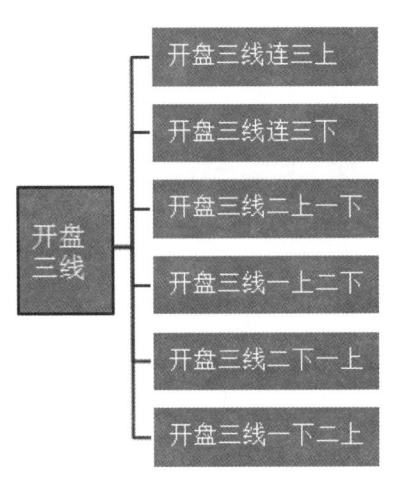

图 3-3-6　开盘三线的典型形态

（1）开盘三线连三上。开盘三线连三上是指 9 点 40 分、9 点 50 分和 10 点的点位都比 9 点 30 分开盘的点位高的形态，表明当天的行情趋好的可能性较大，但是，如果 10 点 30 分以前出现成交量持续异常放量的情况，则可能为主力资金或机构拉高出货，此时应以抛出为主。

（2）开盘三线连三下。开盘三线连三下是指 9 点 40 分、9 点 50 分和 10 点的点位都比 9 点 30 分开盘的点位低的形态，表明当天的行情趋坏的可能性较大，空头力量过于强大，当天收阴线概率大于 80%。

（3）开盘三线二上一下。开盘三线二上一下是指 9 点 40 分、9 点 50 分和 10 点的点位与 9 点 30 分开盘的点位相比，9 点 40 分、9 点 50 分两个移动点比原始起点高，而另一个移动点比原始起点低，表示当天买卖双方的势力均强，行情将以大幅震荡为主，如多方逐步占据优势，则会向上爬行。

（4）开盘三线一上二下。开盘三线一上二下是指 9 点 40 分、9 点 50 分和 10 点的点位与 9 点 30 分开盘的点位相比，9 点 40 分、9 点 50 分两个移动点比原始起点低，而另一个移动点比原始起点高，表明当天买卖双方的势力比较均衡，但空方比多方有利，大盘是拉高调整的趋势。

（5）开盘三线二下一上。开盘三线二下一上是指 9 点 40 分、9 点 50 分和 10 点的点位与 9 点 30 分开盘的点位相比，9 点 40 分、9 点 50 分两个移动点比原始起点低，而另一个移动点比原始起点高，表示空方力量大于多方，多方进行积极反击，出现了底部支撑，一般收盘为探底的阴线。

（6）开盘三线一下二上。开盘三线一下二上是指 9 点 40 分、9 点 50 分和 10 点的点位与 9 点 30 分开盘的点位相比，9 点 40 分这个移动点比原始起点低，而另外两个移动点比原始起点高，表示今日空方的线被多方击破，反弹成功，并且将是逐步震荡向上的趋势。

3.3.2 盘中信息解读

沪、深两市每个交易日的时间为 4 小时，除掉首尾各半小时为开盘和尾盘时间，其余 3 小时均为盘中时间。在这 3 小时中，分为下列 3 个阶段，如图 3-3-7 所示。

图 3-3-7　盘中时间分为 3 个阶段

1. 多空搏斗

开盘仅仅是拉开一日股市的序幕，多空之间只是相互试探，还没有正面交锋。盘中则是多空双方正式交手的开始，也是潜伏的黑马股启动的时刻，需重点关注启动个股。指数、股价波动的频率越高，表明多空双方的搏斗越激烈。若指数、股价长时间平行，则表明多空双方持续观望，无意恋战。多空双方的胜败除依赖自身的实力（资金、信心、技巧）外，还要考虑消息和人气两个因素。

> TIPS　这个阶段，股民应慎重判断，不必急于出手。

2. 多空决胜

经过多空双方的较量，此时胜负趋势会逐渐明朗。如果多方占据优势，股价会不断推高；如果空方占据优势，股价则会不断跌落。此时，投资者可以通过关注不同类型和板块的强弱变化选择买卖的最佳时机。

多空决胜的因素如图 3-3-8 所示。

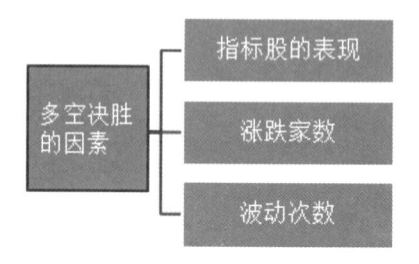

图 3-3-8　多空决胜的因素

（1）指标股的表现。指标股涨势强劲，大盘一般不会下跌；指标股萎靡不振，大盘必将下跌。多头指标股沦为空头指标股，则大盘跌速加快。

（2）涨跌家数。大盘普跌，个股飙升是不祥之兆，对大盘走势有害无益。个股与大盘表现形成极大反差，资金过于集中个股，使大盘失血，将造成恶性循环。涨家数量大于跌家数量，收盘指数上涨；反之，跌家数量大于涨家数量，收盘指数下跌。观察涨跌家数，辨别多空力量的最佳时间为收盘前一小时。

（3）波动次数。如果股指的波动振幅大，波动次数多，在跌势中则说明趋于上涨，在涨势中则说明趋于下跌。一般情况下，一个交易日中，有 7 次以上的较大波动，则有反转契机。

3．多空强化

多空强化是盘中的最后阶段，在经过多空双方激烈的较量之后，盘末往往会出现强者更强，弱者更弱的局面。多空强化股价走势如图 3-3-9 所示。

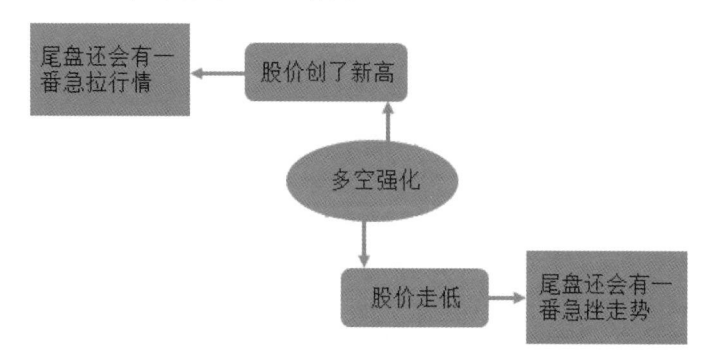

图 3-3-9　多空强化股价走势

实战中将 14:30 前盘中出现的最高和最低点描出，并取其中间值为标准，进行指数分析，如图 3-3-10 所示。如果此时指数在中间值和最高点中间，则涨势会进一步强化，尾盘有望高收。

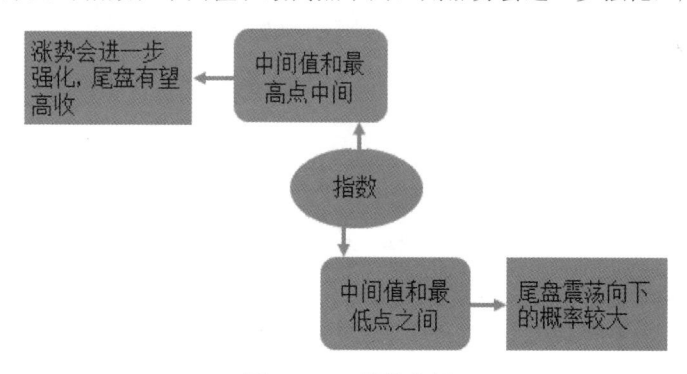

图 3-3-10　指数分析

另外，在休盘和复盘时还会有比较不错的短线机会。在中盘过程中，临近休盘和午后复盘，承前启后，是应重点关注的时间段。上午休市前的走势一般具有指导意义，如图 3-3-11 所示。

临近休盘时候的走势也是多空双方争夺的要点。由于中午有个休盘时段，投资者会有充裕的时间分析前市的走向，预测后市的趋势，从而修改自己的投资决策，因此主力往往会利用休市前的机会抢先制造一个有利于自己的走势，例如在升势中，上午收于低点，在跌势中，上午收于高点，以达到引诱广大中小投资者跟风的效果。

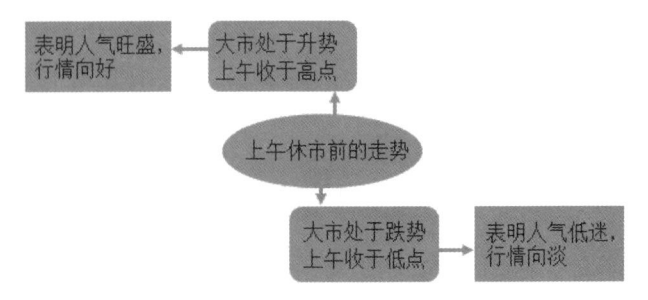

图 3-3-11　上午休市前的走势分析

TIPS　通常情况下，在下午复盘之后，如果有冲动性买盘进场，大盘有可能快速冲高，即使回落后也有向好机会，可以择机买入。如果指数几乎不动，或者轻微上攻，则可能是主力故意拉高以掩护出货。

看盘时，如果能把休盘前和复盘后的走势进行相互印证，将会对下午的走势作出更准确的判断。例如在大盘连续下跌，反弹在即的时候，主力往往会作出跌势未尽的假象，在上午休市前使之以最低价报收。下午复盘后，中午经过思考下定决心斩仓的人会迫不及待地卖出，指数急挫，但往往在这最后一跌中，主力会趁机吃进，然后拉高，还能提高此时追进者的持股成本。于是，中午休盘前的下跌便成了最佳的短线建仓良机。

3.3.3　收盘的关注重点

开盘是序幕，盘中是过程，收盘才是定论。通常情况下，尾盘是多空双方在一日拼斗之后的总结。收盘分析如图 3-3-12 所示。

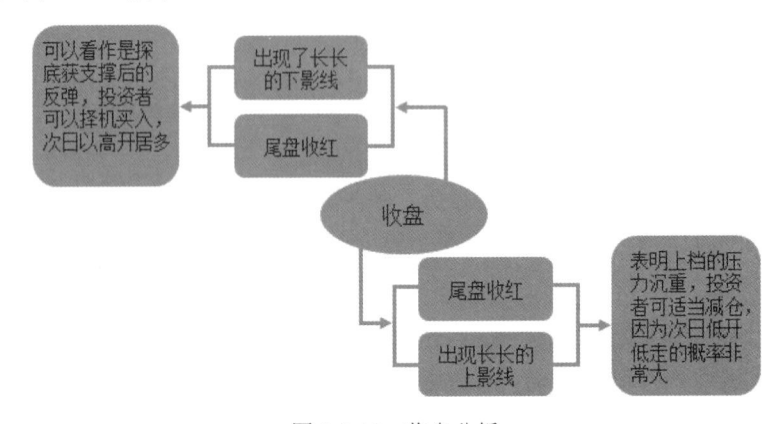

图 3-3-12　收盘分析

买在最后时刻,能够有效地规避当日风险。股票市场波动最大的时间段就是在收盘前的半小时左右。此时股价常常会有异动,这种异动也被称为尾盘效应,是主力操作的一种典型手法。如果当日盘口强劲,会在尾市半小时左右引发跟风盘的涌入,使股价脱离当日走势斜率,单边上行,此时主力资金会借机大笔拉高,以封死下一个交易日的下跌空间。由于此时跟进的买盘都有强烈的短线利润的兑现心理,所以尾盘若在抢盘时出现 5%以上的升幅,就要小心次日获利盘兑现对股价造成的抛压,以及主力资金次日开盘借势震荡所带来的被动,投资者最好不要在尾盘过分追高抢货,以免陷入主力资金次日短期震荡带来的被动局面。

在不同的情况下,收盘价所表现出来的形态有不同的含义。正常情况下,尾盘有小幅拉升或小幅回落,属于修正尾盘,并没有太大的实际意义。如果是某只股票并不在上升阶段,成交量也没什么异常的表现,但在尾盘的最后一刻突然出现一笔或几笔明显的大单,导致股价大幅上升,则表示主力在做收盘价,其目的如图 3-3-13 所示。

| 1.如果该股当天成交平淡,表明市场很少有人注意该股,此时尾盘急拉,则很有可能是主力护盘,以引起投资者的注意 | 2.如果该股盘中在某一低价区,出现一些较大成交量,而股价却没有因为大量抛单继续下跌,则说明该股极有可能存在主力对敲的现象,则主力尾盘急拉的目的也是护盘 | 3.如果该股盘中股价不断走低,并伴随着较大的成交量,走势明显弱于大盘,则尾盘拉升有两种可能:一是主力在尾市做收盘价,借机出逃;二是主力不得不在尾市拉升以护盘 |

图 3-3-13　主力在做收盘价的目的

3.4　不同阶段的炒股策略

通俗说法中,股市有牛市、熊市,甚至牛皮市等说法。事实上并非只有在牛市,投资者才可以进行股票的投资。投资者在不同的行情下进行股票投资时,可参考下面的方法。

3.4.1　牛市发展的几个阶段

所谓多头市场,即通常所说的"牛市",是指股价长期保持上涨趋势时的股票市场。其特征是无论大盘 K 线还是绝大多数个股的 K 线都是倾斜向上,即便中间有回调,但总体股价呈向上趋势。

多头市场可以分为四个阶段,投资者在进行股票操作时,需要分清市场具体处于哪个阶段。不同阶段的操作策略是不同的。多头市场的四个阶段如图 3-4-1 所示。

第一个阶段，绝大多数股票会呈现快速上涨的趋势，A股市场的指数上升很快

第二个阶段，指数拉升得可能更快，但选股变得更艰难

第三个阶段，大盘指数还在上涨，但实际股价上涨的股票占的比例却少于40%

第四个阶段，指数依然在上涨，但上涨的股票比例不多于20%，即出现所谓的"二八现象"

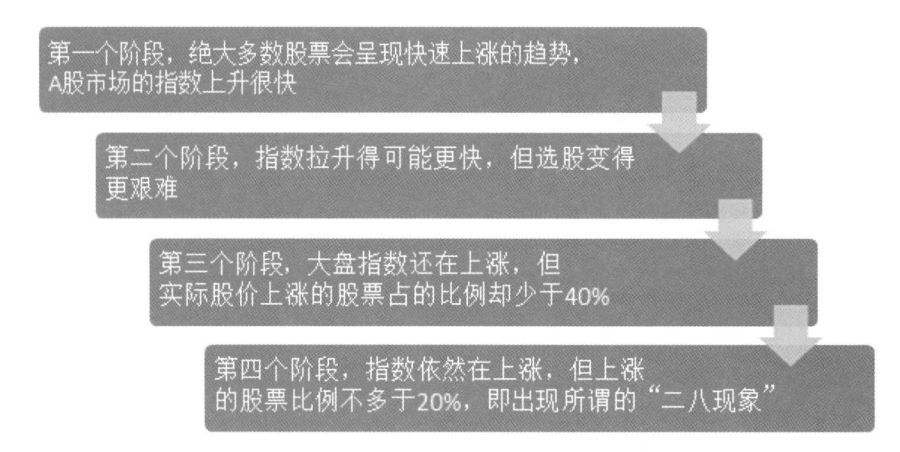

图 3-4-1　多头市场的四个阶段

在多头市场的第一个阶段，绝大多数股票会呈现快速上涨的趋势，A 股市场的指数上升很快。在此行情下，投资者可以将可用资金全部放入增长速度较快的股票品种或股票组合中，即所谓的满仓操作。至于操作对象，在多头市场的第一个阶段，最合适的股票是那些风险较高的股票和中小板股票。这些股票在空头市场上股价跌幅较大，且由于资金量小，在多头市场上往往可以获得更快的上涨速度。多头市场特征如图 3-4-2 所示。

图 3-4-2 多头市场特征

多头市场第一阶段的明显例子就是金融危机后的大反转。从这一天开始，大盘指数和个股在很长一段时间都呈倾斜向上的趋势。即便中间有回调，但总的向上趋势不改。在多头市场中，耐心持

有优质股票往往比追涨杀跌可以获得更高的收益率。

多头市场的第二个阶段中，指数拉升得可能更快，但选股变得更艰难。在这个阶段中大多数股票已经达到其合理的股价，继续上涨的空间有限。此时选股更应该考虑中长期因素，基本面良好的中小板股票比较适合这个阶段的投资。因其资金量小，股价比较容易拉升，从而成为投资者的偏爱。

多头市场第三个阶段的特征是，大盘指数还是在上涨，但实际股价上涨的股票占的比例却少于40%。在此阶段中，投资者需要进行调仓换股，如图3-4-3所示。

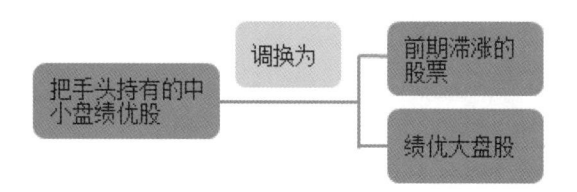

图 3-4-3 调仓换股

谨慎的投资者在此阶段时可以将部分资金回笼，不再进行满仓操作。在此阶段时投资者要保持谨慎心态，随时应对空头市场带来的风险。

多头市场第四个阶段的特点是，指数依然在上涨，但上涨的股票比例不多于20%，即出现所谓的"二八现象"。在此阶段中，只有极少数的绩优股和风险抵抗性强的股票仍在上涨。此时投资者要密切关注大盘变化，谨慎的投资者可以提前出局，落袋为安。时刻谨记，本金安全是股票投资的第一目标。

> **TIPS** 投资者在多头市场的第四个阶段中最好把股票出净，耐心等待空头市场的结束，等待下一波机会。空头市场中投资者以空仓观望为佳，不建议参与操作。

3.4.2 消息行情要注意的事情

方向未明时的行情，又叫作消息行情，其特征是市场对消息极为敏感，如图3-4-4所示。

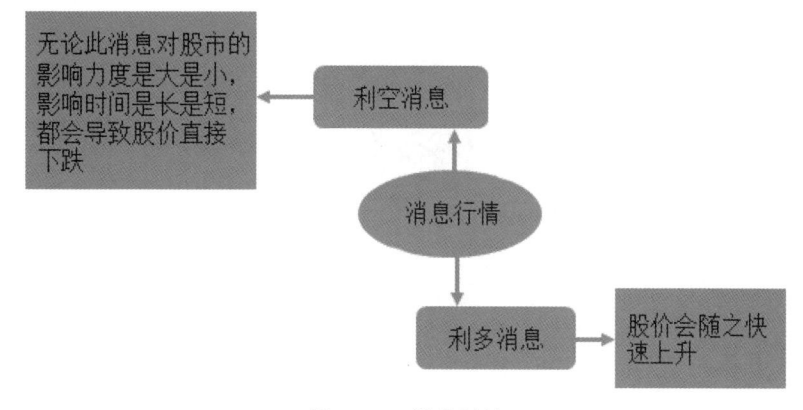

图 3-4-4 消息行情

消息行情的产生往往是由于多空双方力量达到一个平衡的结果，此时，消息会成为决定双方力量的直接因素，而上市公司的基本面和技术面因素反而影响较小。

消息行情中，建议投资者控制仓位，谨慎为主。有消息产生时，需要对消息的真实性及其影响力度、影响时间作一个判断，不要跟风操作，以免被套。

在分析消息时，投资者需要注意消息的反向效应，这是消息对股价走势隐含的影响。忽略消息的这个作用，往往使投资者的操作事倍功半。

消息的反向效应包含两重含义，如图 3-4-5 所示。

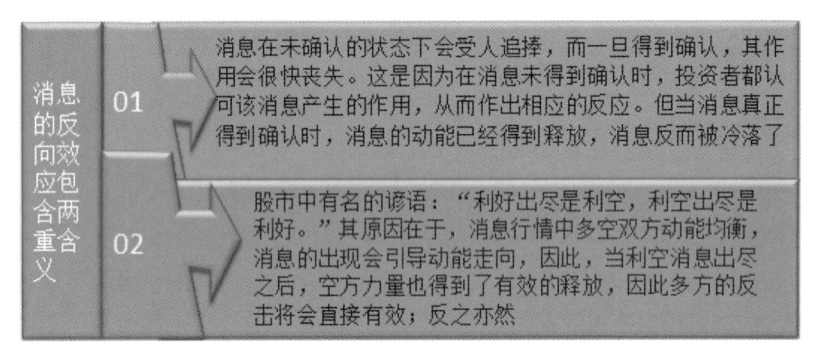

图 3-4-5　消息的反向效应包含两重含义

3.4.3　新股发行频繁会导致大盘下跌

新股的发行会对股价走势产生一定程度的影响，因为新股申购时会冻结一定程度的资金。因此，当同时发行股票的上市公司较多时，场内的资金量会明显减少，此时股票市场的供求关系会发生变化。新股冻结的资金量越大，则股价下跌的可能性就越大。

与之相反，申购新股的资金解冻时，又会再一次改变股票市场的供求关系。新股的发行对大盘的影响分析如图 3-4-6 所示。

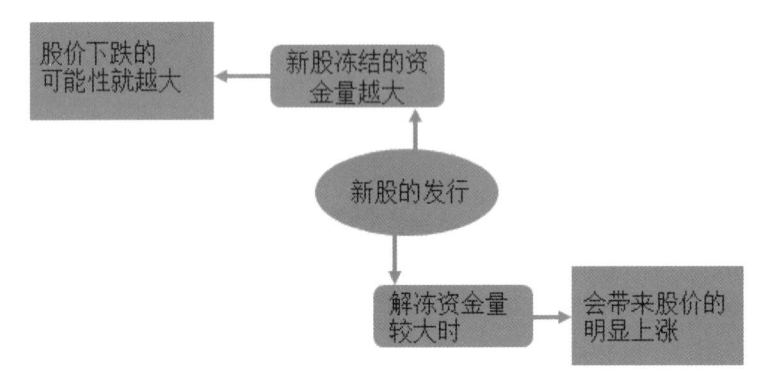

图 3-4-6　新股的发行对大盘的影响分析

新股申购对市场影响的一个例子是中国石油的申购。在申购前，市场普遍看好中国石油发行价给予投资者的收益空间。因此大量资金出局，导致上证 K 线出现大阴线。而从技术角度来讲，这根大阴线是不合理的。这就是新股上市给市场带来的影响。

一般来讲，社会上的游资充裕，而市场不明朗时，投资者会乐于申购新股。因为新股上市一般不会出现跌破发行价的情况，风险小。但股票处于多方市场时，申购新股的投资者相对要少得多，因为新股的中签率一般比较低，投资者更乐于通过购买已上市的股票获得成功率更高的收益。

投资者在这种情况下，首先要看发行新股的公司是否较多，同时要看其能够吸引的资金是否较多。如果新股冻结资金较多时，可以把新股发行作为一个短线利空，在资金解冻前作一个短线。否则，不要把新股发行带来的影响看得过重。

3.4.4 股价回档及下跌反弹时怎么办

股价回档出现在多头市场中，指的是由于股价快速上涨而带来的向下回跌。这种情况下股价的下跌幅度要小于上涨幅度。

股价回档的原因如图 3-4-7 所示。

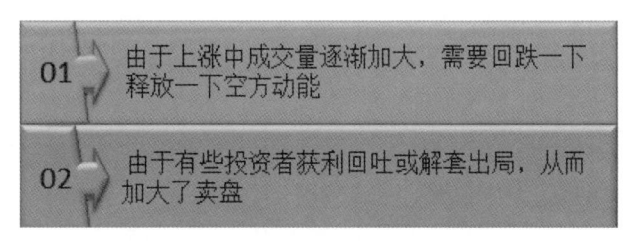

01 由于上涨中成交量逐渐加大，需要回跌一下释放一下空方动能

02 由于有些投资者获利回吐或解套出局，从而加大了卖盘

图 3-4-7 股价回档的原因

多头市场中的股价回档为没有进入的投资者带来了难得的机会，即俗话说的"有钱难买牛回头"。投资者可以参考股票的消息进行技术分析，如果确认股价回档是上涨中继，可以在回档结束时果断杀入。而已经持有股票的投资者，可以在回档前兑换收益，等待回档结束再进入。

> **TIPS** 下跌反弹与股价回档相反，它出现在空方市场，是多方力量释放的一个过程。下跌反弹为投资者带来了止损的机会。投资者在确认形势很难反转时，要果断地止损出局，等待股市形势反转后再进入。

股价回档的例子可以参考个股共达电声（002655）2020 年 12 月 25 日至 2021 年 12 月 14 日的走势图，如图 3-4-8 所示。从图中可以看出，该股总体走势是向上的，但每向上运行一段时间总会回档一定的幅度。对于中短线投资者来说，在回档前出局，然后在回档结束时进入，可以收获比长线更大的利益。

判断股价回档开始及结束可以通过技术分析阶段的底部和顶部分析进行，本书在后面分析中会有对于底部、顶部的详细方法说明，在此不再赘述。

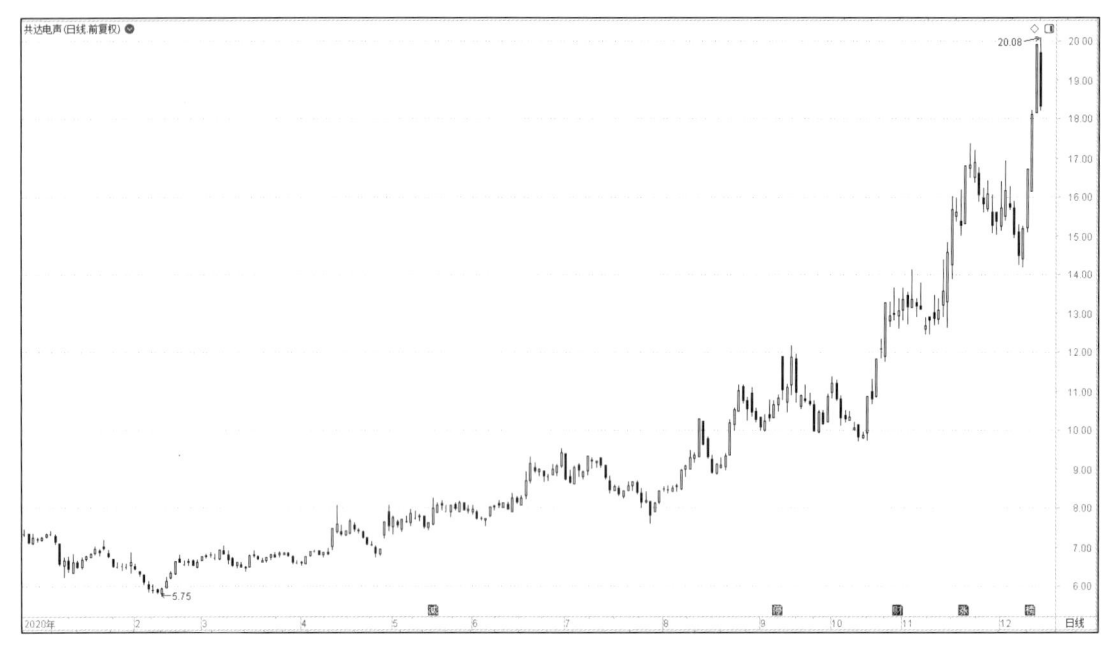

图 3-4-8 共达电声股价回档示意图

第 4 章

买股之前先看基本面

在开始准备买入股票的时候，在技术分析知识不是很全面时，应该从什么地方入手对股票进行选择呢？答案是股票的基本面。简单地说，就是要先了解股票所在的公司、公司的经营范围、主营业务、当期的经济状态等信息。在完成了对这些信息的查看后，就可以决定是否买入该股票了。本章将对股票的基本面进行简要的介绍，并提供一些基本面选股的思路。

4.1 了解基本面

股民在选股前需要对股票的基本面进行了解，目前对中国 A 股市场中股票的基本面需要了解哪些内容呢？本节将采用通俗易懂的文字从基本面开始讲解，然后逐步深入。

4.1.1 认识基本面

基本面是指对宏观经济、行业和公司基本情况的分析，包括对公司经营理念策略、公司报表等的分析。基本面包括国家宏观经济的各个方面，以及上市公司的基本背景与基础信息。宏观经济的整体情况与上市公司的整体经营业绩密切相关，同时也为上市公司的下一步发展指明了方向，因此宏观经济同上市公司可以说是唇齿相依的关系。上市公司的基本面包含的内容如图 4-1-1 所示。

图 4-1-1 上市公司的基本面包含的内容

4.1.2 基本面中包括的因素

在股民把自己辛苦赚来的钱拿出来投资股票之前，一定要分析研究这只股票是否具有投资的价值。以下的步骤，将教你如何进行股票的基本面分析。

（1）了解该公司。多花时间，弄清楚这家公司的经营状况。获得公司经营状况资料的途径如图 4-1-2 所示。

图 4-1-2 获得公司经营状况资料的途径

五粮液股票的公司网站如图 4-1-3 所示，该网站有很多信息，可以单击相关信息进行查看。

图 4-1-3　五粮液股票的公司网站

（2）研究发展潜力、无形资产、实物资产和生产能力。这时，还必须详细研究该公司在发展潜力、无形资产、实物资产和生产能力等方面的表现。发展潜力可参考图 4-1-4 进行衡量。

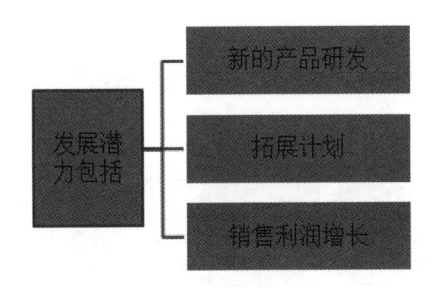

图 4-1-4　发展潜力

无形资产也就是通常说的知识产权、专利、民众口碑等。实物资产包括不动产，这里主要是指房屋和土地，以及机器设备的先进程度与老化程度。生产能力主要指产量是否与销售成正比，库存数有多少，是否有停工或产能过大的问题。

（3）进行对比。与同类竞争对手相比，该公司的经营策略、市场份额是否有优势，其优势在什么地方，弱点在什么地方。

（4）了解财务状况。这些信息在股票类报纸或财经网站都可以找到。比较公司和竞争对手的财务比率如图 4-1-5 所示。

图 4-1-5　比较公司和竞争对手的财务比率

（5）注意内幕消息。虽然笔者并不提倡股民打探内幕消息，但是在股市中又的确存在这样的现象。当一个好的内幕消息出现时，股价会一路狂飙。而一个利空的内幕消息，会使股价一泻千里。对于基本面中的这个环节，股民需要在得到内幕消息后自己判断其真假，避免被假消息所骗。

> **TIPS** 在此，笔者严肃地告诫股民，在股市中通过打听消息进行交易的投资者，一般下场都很惨烈。

4.1.3 基本面中常用术语

在进行基本面分析的时候，对于新股民来说，很多术语是以前从来没有听过的，但是这些术语又经常出现在电视或相关资料中。为了给股民扫清路障，下面对这些术语进行讲解。

- 每股收益：每股收益（EPS）=净利润/普通股总股数，简单地说就是将公司的盈利折算到每一股中，其每一股占有多少利润。
- 市盈率：市盈率=普通股每股市价/普通股每股收益，该结果体现的是股票与公司实际收益的差异。
- 每股净资产：每股净资产=年度末股东权益/年度末普通股数，简单地说就是将公司的所有资产折算到股票中，其每一股代表的资产单价。
- 市净率：市净率=每股市价/每股净资产。净资产包含的项目如图4-1-6所示，这些项目的合计，称为净资产。该数字越高就表明公司经营得越好，其股东收益就越多。

公司资本金	资本公积金	资本公益金
法定公积金	任意公积金	未分配盈余

图 4-1-6 净资产包含的项目

- 净资产收益率：净资产收益率=净利润/平均净资产，该指标表明上市公司运用自有资金的盈利状态。其数值越高，说明上市公司的收益越高。

以上指标是股民进行基本面分析的关键，除了这些指标数据以外，还有一些财务数据。不过由于财务数据的特有性，需要股民具备财务知识，另外这些财务数据对普通股民来说意义不大，所以这里就不讲解了。

> **TIPS** 如果对财务数据感兴趣的话，股民可以重点查看利润增长率、资产负债率、流动比率、速动比率、存货周转率、应收账款周转率、现金流动负债比等财务指标。

4.1.4 预测数据

在进行股票基本面分析和查看相关的股评资料时,很多股民会看到"每股收益预测"这个指标,通过该指标来进行对股市后期价格的预测。该指标通常是由专业的分析机构,在对股票所在公司进行专业调查后,根据调查结果得出的,根据该指标可以推断后市的价格。

对于该指标应该如何解读呢?当看到这个指标时,股民应该与当前指标进行对比,如果此时的EPS是1.5,而股票的价格在18元/股附近,那么预测数据如图4-1-7所示。

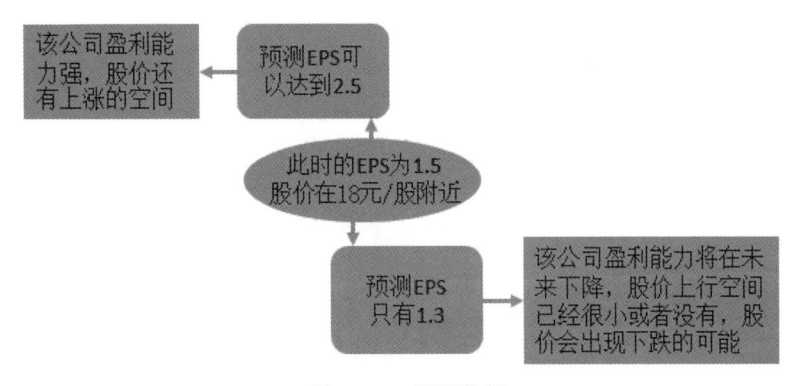

图 4-1-7 预测数据

4.1.5 关于增发

在股市中经常听到一个术语叫作"增发",对于股民,特别是新股民可能不懂这个术语,不知道增发对股价有什么样的影响。下面对增发进行解释。

在中国A股市场,增发包括两种类型,具体如图4-1-8所示。

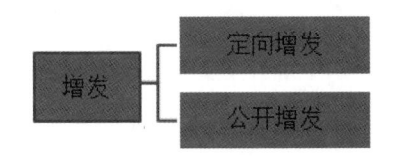

图 4-1-8 增发分类

增发就是在已发行的股票基础上再次发行股票。比如某股票已经发行了4000万股,此时股票所对应的公司提出,将在1个月后增发100万股。也就是在其后的一个月股票的总量将是4100万股,这就是增发。增发对股价的影响,要看增发的方式。

如果增发是定向增发,即向特定对象增发股票进行资产收购,一般属于利好消息,原因是收购得来的资产一般属于优质资产,能增厚上市公司的业绩。

如果是公开增发,就是在市场圈钱,一般属于利空消息。

> 特别是在 A 股市场中，如果出现诸如银行、地产以及流通盘很大的股票方发布公开增发的消息时，整个股市通常都会出现下跌。

在了解了增发的概念后，股民在进行基本面查看时，还应注意的是定向增发时股票的价格。如果在定向增发时，股价远离了增发价，那么主力资金很可能利用该利好消息大量出货；如果股价恰好在增发价格附近，那么此时股民应该果断买入股票，等待主力资金的拉升。

4.2 在软件中查看基本面资料

4.1 节介绍了关于基本面的知识，除了从网站上查看基本面外，还可以通过行情软件查看基本面资料。本节讲解在行情软件中查看基本面资料的操作方法以及查看的要点。通过对这些要点的分析，可以推断股票的后市运行情况。

4.2.1 使用 F10 键查看资料

在所有的行情软件中，股民都可以通过按下键盘上的 F10 键进行资料查看，其具体方法是，在显示要查看的股票的界面按下 F10 键，随后将调出资料界面，如图 4-2-1 所示。

图 4-2-1　信息界面

- 最新动态：该标签页中包括了每股的基本数据，比如前面提到的每股收益等数据，同时还对当前公司的最新信息进行报道。
- 公司资料：主要是对股票所属公司进行介绍。
- 股东研究：列举了当前该股排名前 10 位的股票持有者。
- 经营分析：列出了公司相关的业务数据。
- 股本结构：是对股改信息的记录。
- 资本运作：关于股本变动的详细数据与资金动向。
- 盈利预测：各机构对该股盈利预测的数据。
- 新闻公告：对公司的投资等信息进行直接的披露，便于投资者掌握相关消息。
- 概念题材：公司相关概念介绍，与该概述相关的个股。
- 主力持仓：对该股的股东变化进行分析，也就是股民通常说的主力资金和机构的进出情况。
- 财务概况：包括了公司的财务状态，以及相关财务报表。
- 分红融资：公司历年分红、转增配股或增发股票的数据。
- 公司大事：对公司的特大事件进行披露。
- 行业对比：对公司所在行业的情况记录与对比信息。

对于上面的这些内容，其中最值得股民重视的是最新动态、公司资料、新闻公告、公司大事、行业对比和主力持仓。后面将对这几个重点内容进行详细讲解。

4.2.2 "最新动态"看点

在进入"最新动态"页面后，股民将可以直接看到最新动态表，图 4-2-2 所示为晨鸣纸业公司的概要。在该表中股民重点需要查看的是"每股收益"，该数字代表的是每个季度公司每股的盈利。

接着应该关注的是"每股净资产"，该数字主要是用来与当前股价对比，通常来说股价应该为该数字的 2～3 倍。当低于该范围时，股民可以不用在意其股价的具体价格，完全可以大胆买入并长线持有。

> **TIPS**　在股市下跌时，有时候股价会低于每股净资产，当遇到这种情况时，可以说是天赐良机，只管买入即可。

在对图 4-2-2 中的数字方面介绍完后，就该介绍信息发布区，该区将显示该公司发布信息的简要介绍，而且在很多时候是即时信息。信息区中的即时信息，通常来说都会对股价产生影响，至于是利好还是利空就看信息的具体内容了。

对于几个季度的收益表而言，主要是给股民提供以年度为单位的股票收益记录。以便股民在进行基本面选股时，可以对照历史业绩，进行更多的判断。平煤股份若干季度的财务指标如图 4-2-3 所示。

图 4-2-2　公司概要和近期重要事件

报告期\指标	基本每股收益（元）	每股净资产（元）	每股资本公积金（元）	每股未分配利润（元）	每股经营现金流（元）	营业总收入（元）	净利润（元）	净资产收益率	变动原因
2021-09-30	0.61	6.70	1.76	3.76	2.42	257.62亿	21.82亿	9.17%	三季报
2021-06-30	0.60	6.72	1.76	3.77	1.59	171.73亿	20.21亿	8.94%	中报
2021-03-31	0.37	6.60	1.73	3.71	1.13	102.06亿	11.79亿	5.51%	一季报
2020-12-31	0.36	6.30	1.78	3.35	3.77	307.37亿	17.12亿	5.84%	年报
2020-09-30	0.19	5.99	1.76	3.14	2.44	220.73亿	10.77亿	3.07%	三季报

图 4-2-3　平煤股份若干季度的财务指标

4.2.3 "公司资料"看点

在"公司资料"页面中会显示公司的所有情况，其中股民最该关注的是经营范围和主营业务这两种信息。通过这两栏可以了解股票所属公司的经营范畴，从而判断该类公司所经营的业务是否有发展，是否可以获得利润，从而判断该股票是否具有买入价值。晨鸣集团"公司资料"页面内容如图 4-2-4 所示。

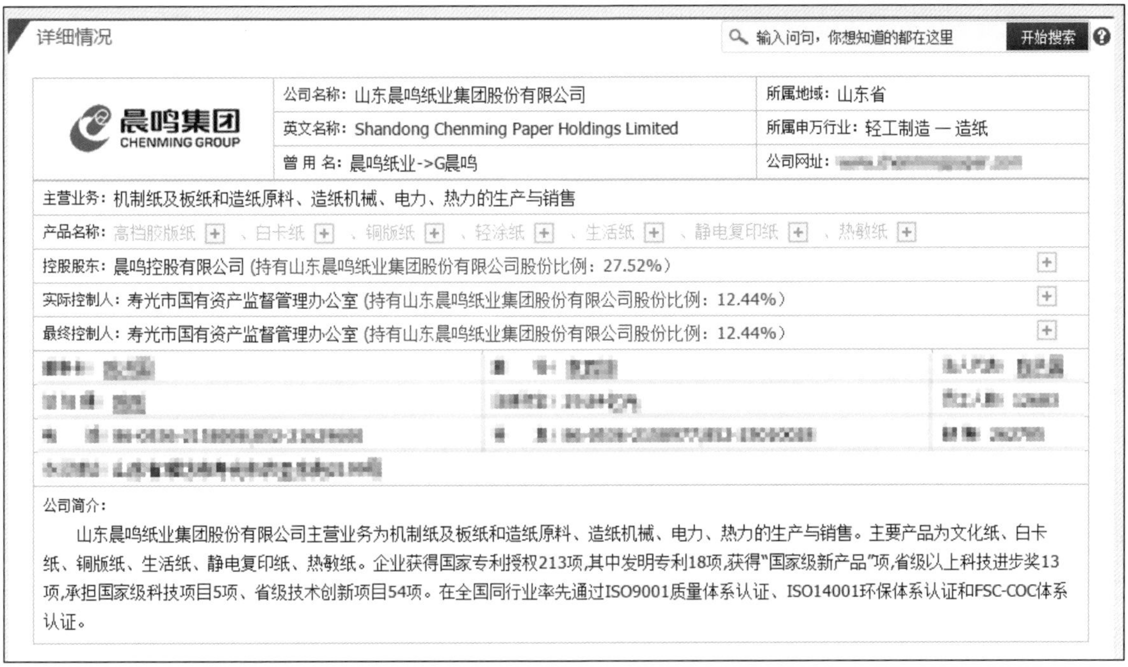

图 4-2-4 "公司资料"页面内容

4.2.4 "新闻公告""公司大事""行业对比"看点

这三个标签页将通过文字信息的方式提供公司大事信息和各个股评对该股的看法，可以说是股民获取股票基本面消息的重要途径。所以，当股民要研究股票基本面时应该详细查看这三个标签页中的内容，以便作出更好的抉择。

4.2.5 "主力持仓"看点

很多股民炒股时最喜欢的就是找主力，认为只要找到一只有主力进入的股票就能赚大钱。虽然这种想法有点片面和单纯，但是总比自己盲目选股要好一点。那么如何查看股票是否有主力进入、已经进入多少呢？

在"主力持仓"标签页中一共有三个表，但是最关键的是其中的两个表，下面分别进行介绍。

1. "机构持股汇总"表

该表显示了该股当前主力机构买入股票的数量，这些机构包括社保资金、基金、QFII 3 个大类。并且在表中明确显示了这 3 类各自所持有股票的数量，以及占该股整个流通盘的比例情况。晨鸣纸业的"机构持股汇总"表如图 4-2-5 所示。

图 4-2-5 晨鸣纸业"机构持股汇总"表

2. "机构持股明细"表

该表显示了所有不同的基金、社保、QFII 的持股情况,该表查看的关键点如图 4-2-6 所示。

图 4-2-6 机构持股明细查看的关键点

晨鸣纸业的"机构持股明细"表如图 4-2-7 所示。

图 4-2-7 晨鸣纸业"机构持股明细"表

4.3 在宏观状况变化时分析股票

在进行股票基本面研究时,除了对个股的基本面进行详细的分析与资料汇总外,还应该密切关注宏观方面的动向。因为股市的运行在一定程度上反映了一些宏观动向,宏观方面的动向如图 4-3-1 所示,这些动向都会导致股价起伏波动。

图 4-3-1 股市宏观方面的动向

4.3.1 行业变动对股市的影响

碳中和目标确立后,在风光电源的影响下,扩大了储能企业的利润空间,使得股价一路上涨,如阳光电源(股票代码 300274)2020 年 6 月 23 日至 2021 年 12 月 14 日的走势如图 4-3-2 所示。思源电气(股票代码 002028)2020 年 3 月 25 日至 2021 年 12 月 14 日的走势如图 4-3-3 所示。

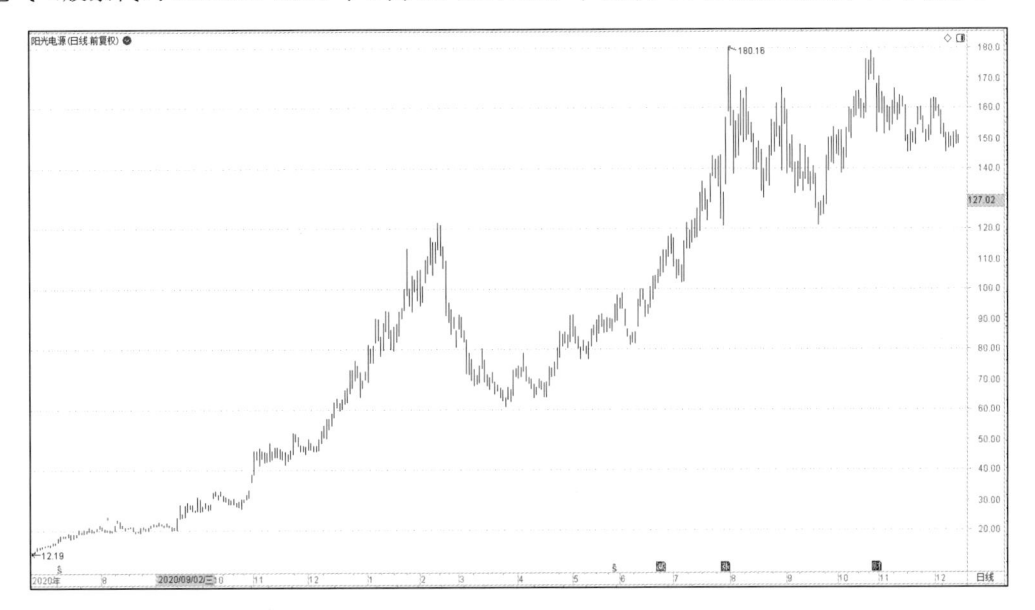

图 4-3-2 阳光电源走势图

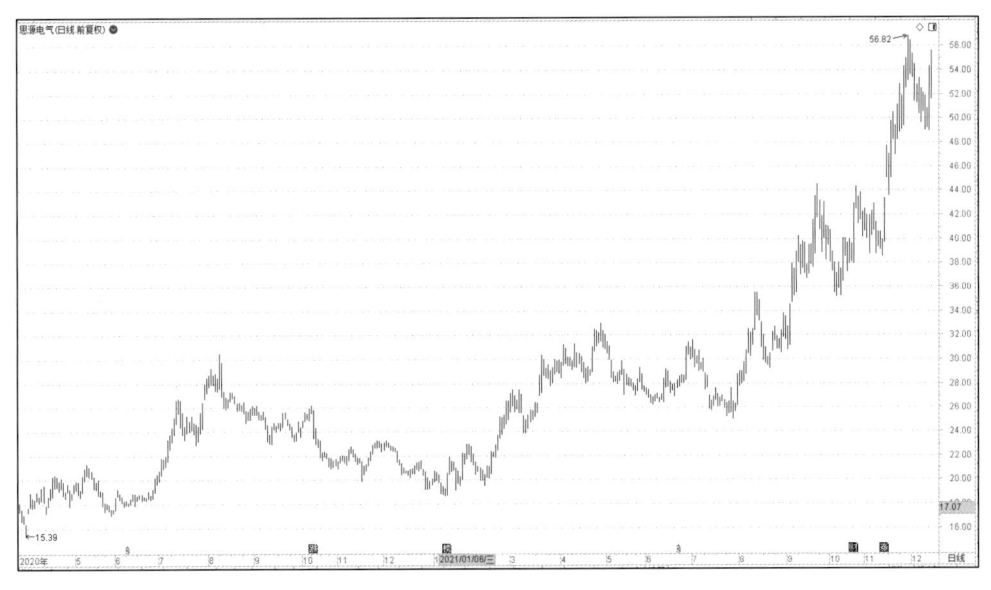

图 4-3-3 思源电气走势图

4.3.2 政策变动对股市的影响

坚朗五金的产品包括门窗五金、家居类、点支承玻璃幕墙构配件、门控五金、不锈钢护栏等。坚朗五金 2019 年 9 月 23 日至 2021 年 8 月 25 日的走势,一路上涨如图 4-3-4 所示。

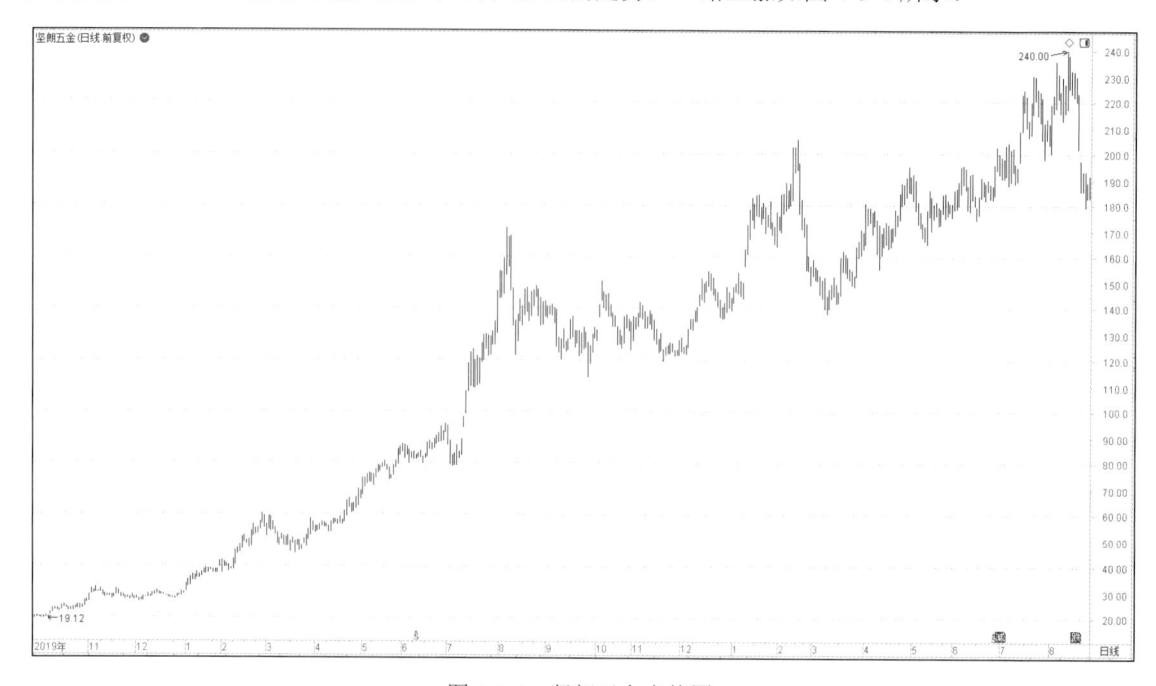

图 4-3-4 坚朗五金走势图

建筑业"十三五"规划中规定:"至 2020 年,新开工全装修成品住宅面积达到 30%。"第十三个五年规划的时间为 2016—2020 年,即 2016 年规划了 2020 年的事。2019 年 8 月,距离 2020 年仅剩几个月。所以这是坚朗五金在业绩并没有出现大幅向上跳空断层的情况下,在历史数据没有内驱力的前提下上涨的原因。

在这里,我们需要引入"提出+催化"的概念。如果从技术分析角度来解释,"提出"是筑底兼第一波上涨,随后市场进入冷静期,再看"提出"的力度是不是足够大。够大,回调后继续上涨,不够大就算了。例如第一次喊你起床或吃饭大多是和声细语,当叫到第二遍第三遍的时候,声音就大了。再次"提出",即是"催化",此时经过冷静期的缩量回调后,开启后续上涨。

建筑业"十三五"规划的发布时间是在 2016 年,全装修成品住宅面积达到 30% 的最后时限是 2020 年。所以"提出"是 2016 年,"催化"是 2020 年,这是最后期限。为什么选择在距离 2020 年还有四五个月的时候起涨?因为装修周期为三四个月,坚朗五金第一波起涨结束时间是 2019 年 7 月 3 日,前复权最高价为 18.75 元。至 2019 年 8 月中旬缩量下跌回踩半年均线。再过四五个月即为 2020 年。

4.3.3 利率变动对股市的影响

利率又称利息率，表示一定时期内本金的一个固定收益值，通常用百分比表示，按年计算则称为年利率。利率计算公式是：利息率=利息量÷本金÷时间×100%。

> **TIPS** 不管是在国内还是在国外，银行利率的调整总会使股价上下波动。但是波动的结果并不相同，有时会让股价放量上涨，有时会使股价放量下跌。对利率调整的反应，其关键是看当前股市所在的价位。

通常来说当股价运行在低位时，如果出现上调银行利率的消息，通常被视为利好。这是由于中国 A 股的前 10 大权重股几乎都为银行类股票，提高利率无疑是增加了银行贷款回报，提高了其盈利水平，对银行来说形成利好。于是银行股纷纷上涨，由于它们的上涨使得指数开始上涨，从而激发了市场人气，使得所有股票均出现上涨。

当股价在低位徘徊，而此时出现降低银行利率的消息时，那么该消息也被解读为利好。其原因在于，由于股价与国民经济相关，降低利率表明此时国民经济也在低位徘徊。为刺激生产、投资、消费，比较实在的方法就是鼓励大家不要将钱存入银行，而是投入到生产、投资、消费这 3 个环节中。当这 3 个环节开始从低位逐步恢复时，那么国民经济也开始恢复，其对应的上市公司就会出现很好的业绩，在业绩的推动下，一部分投资环节的资金就会进入股市市场，于是股市开始上涨。

当股市运行到上涨中途时，不管是上调利率还是下调利率都是短期利空，其原因如图 4-3-5 所示。无论利率上调还是下调，由于之前股市一直保持上涨趋势，所以在利率调整的消息出现后，都会出现短期的下跌，随后由于上涨惯性，股市会重新上涨，但是此时的上涨已是最后的冲顶阶段了。

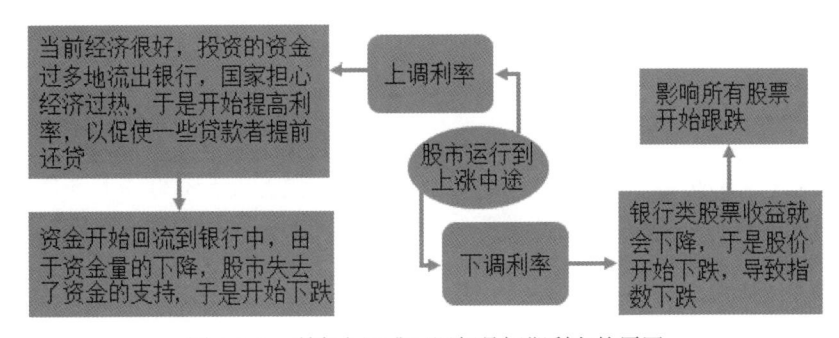

图 4-3-5 利率上调或下调都是短期利空的原因

当股市运行到顶部区间时，利率的变动，无论上调还是下调，都是利空消息。对于下调利率，其原理与前面讲的一样，这里不再重复。在股市运行到顶部时，通常利率已经上调多次，连续上调，已经使股市失去了大量的资金，所以当再度上调利率时，就成为压垮股市的最后一根稻草。

4.4 行业分析

对于目前 A 股市场中交易的所有股票都有对应的行业,当股民在进行初步选股时,首先,应该思考购买什么行业的股票;其次,是对该行业进行信息收集,根据收集的资料来判断该行业的前景和盈利;最后在该行业中选择 1~3 只股票进行重点研究。本节将从行业分析方面讲解一些分析技能,以帮助股民选股。

4.4.1 行业结构选股

在进行行业结构分析时,最需要关注的就是行业市场结构,简单地说就是该行业生产的产品种类、产品性质、消费人群,以及市场竞争的方式。其中,市场竞争方式尤为关键,可分为 4 大类别,如图 4-4-1 所示。

图 4-4-1 市场竞争方式分类

在确定购买股票的行业时,最好选择市场竞争方式为后 3 个竞争类别的行业,道理很简单,哪个行业的市场越大,就越能创造高额的盈利。此外在选定这 3 个类别中的行业后,还要再具体看看所选股票是否是行业中排名前 3 位的,并且是否是受到国家大力扶持的公司。当满足这两个条件后,最后再查看相关的业务和财务数据作最后的确定。

不过对于中国 A 股市场来说,有一个特殊情况,当该股票属于行业垄断性质的股票时,其流通盘都很大。在购买该类股票时,还要注意其流通盘的大小,因为流通盘越小,其主力资金操作起来就越容易。

4.4.2 周期与股市

某些行业具有一定的周期性特性,简单地说,就是该类行业会有旺季和淡季这两个销售时间段。进行周期性分析,其实就是对股票买入或卖出时间的把握,以便在适当的时候进行调仓换股。下面就来看看一些在 A 股市场中占比比较大的周期性股票的特点,以便帮助股民判断买卖股票的时间。

- 能源类股票:这里主要指煤炭行业,该行业股票是明显的周期性股票,如图 4-4-2 所示。
- 酒类股票:酒类股票分为有色酒和白酒两类,其特点如图 4-4-3 所示。
- 电力类股票:将在夏季和冬季出现电力供应的旺季,因为这两个季节是传统的用电高峰。

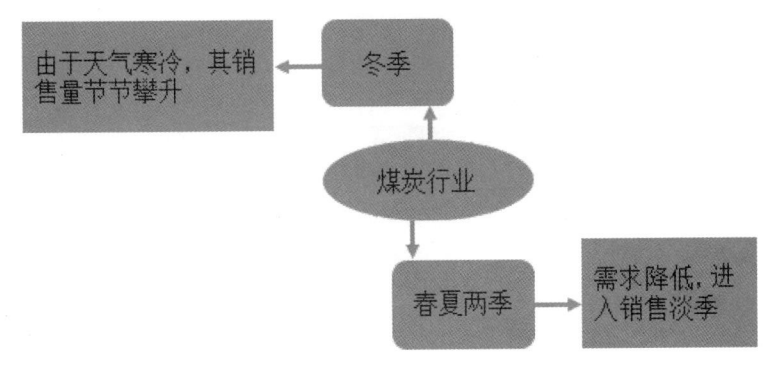

图 4-4-2　煤炭行业股票的特点

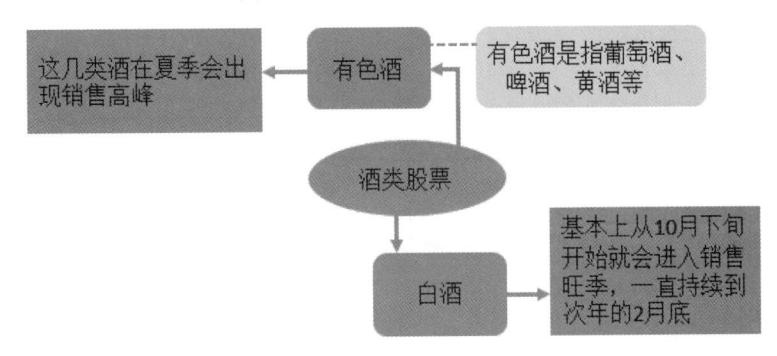

图 4-4-3　酒类股票的特点

- 银行类股票：盈利主要来源于贷款利息收益，在每年的年初，银行会大量发出贷款，然后在年末收回贷款。其效益通常会出现在年末。
- 房地产类股票：房屋作为特殊的商品，其销售旺季通常出现在 3 月、4 月、9 月、10 月这 4 个月。
- 航空类股票：业绩与旅客的多少密切相关，旅客最多的几个时间段是 6—10 月、12—次年 2 月。

TIPS　对于本节没有谈及的板块，并不是没有周期性，只是其周期性不强而已，所以可以将其周期性因素忽略掉。

4.4.3　稳定性与股市

行业稳定性，是指该行业在未来其盈利能力是否稳定。比如对一些奢侈品行业来说，其盈利能力如图 4-4-4 所示。这类股票对于普通股民来说最好回避。下面就对 A 股中一些盈利能力比较稳定的板块进行介绍。

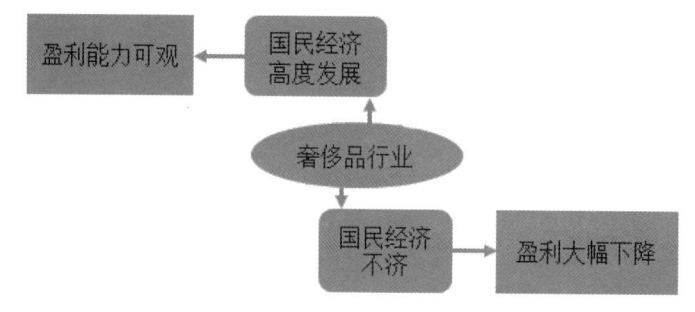

图 4-4-4　奢侈品行业的盈利能力

- 医疗行业：该行业的盈利能力是最稳定的，因为生病不会受国民经济状况好坏的影响。
- 铁路运输业：也是盈利能力稳定的行业，该行业受经济影响相当小。
- 通信行业：由于手机的普及，通信已经成为人们生活中的一部分，并不会因为经济状况发生变化就突然减少或增加对外的联系。
- 食品行业：食物是维持人体生命的必需品。属于该行业的企业，只要不是生产高端奢侈食品，则经济状况的好坏对其销售构成的影响比较小。
- 自来水行业：水是人类的生命之源，即使经济再不好，人也离不开水。

> **TIPS**　对于本节没有谈及的行业板块，并不是说其盈利能力就不稳定了，只是其稳定性与上面行业板块对比起来要差一些，所以可以将其忽略掉。

4.5　几种常见基本面选股案例

基本面涵盖的范围非常广泛，包括财务分析、当时的政策、传统习惯等。从广义上来理解，可以说除了技术分析以外的分析都属于基本面分析。

4.5.1　财务分析

财务分析是基本面分析中最重要的一环。股票市场其实是一个投资市场，而并非一个投机市场。投机的心态与股票交易的实质并不契合，如果想做刺激的交易、灵活的交易，倒不如直接去做外汇和期货。

如果将股票交易看成是投资的话，那么财务分析走的是价值投资的路线，价值投资的流程如图 4-5-1 所示。

例如，我们通过企业披露的财务报表计算得出每股资产的合理价值为 10 元/股，而现在市场的股价只有 5 元/股。在 5 元/股处买入，待到价值回归至 10 元/股时，就是百分之百的利润。

价值投资 → 被低估的股票 → 逢低买入逢高卖出

图 4-5-1　价值投资流程

进行财务分析，最关键的就是如何估值，而如何通过财务报表来合理估值是一门大学问，需要付出时间和精力来学习，才能得到回报。这个问题不是我们通过短短一章或一节就能说清楚的。在本书中我们仅列举出几个重要的财务指标。

通过软件打开任何一只股票的财务资料。在这些资料中，我们能看到各种财务指标的数据，在更细致的表格中，还能看到利润表、资产负债表和现金流量表的数据。深圳机场的重要财务数据表如图 4-5-2 所示。

科目\年度	2021-09-30	2021-06-30	2021-03-31	2020-12-31	2020-09-30	2020-06-30
成长能力指标						
净利润(元)	1204.68万	9013.13万	4996.57万	2807.24万	-6156.67万	-1.51亿
净利润同比增长率	119.57%	159.56%	141.24%	-95.27%	-112.83%	-149.16%
扣非净利润(元)	-1287.49万	6909.99万	3800.81万	1134.69万	-4797.38万	-1.40亿
扣非净利润同比增长率	73.16%	149.40%	132.57%	-98.17%	-108.88%	-137.82%
营业总收入(元)	23.61亿	15.81亿	7.87亿	29.97亿	21.32亿	12.81亿
营业总收入同比增长率	10.74%	23.47%	39.76%	-21.27%	-24.11%	-31.03%
每股指标						
基本每股收益(元)	0.0059	0.0440	0.0244	0.0137	-0.0300	-0.0738
每股净资产(元)	5.82	5.86	5.84	5.81	5.77	5.73
每股资本公积金(元)	1.36	1.36	1.36	1.36	1.36	1.36
每股未分配利润(元)	2.97	3.01	2.99	2.96	2.93	2.88
每股经营现金流(元)	0.37	0.34	0.19	0.24	0.22	0.09

图 4-5-2　深圳机场的重要财务数据表

财务分析有几个重要的指标，如图 4-5-3 所示。

毛利率要高　　净利润要持续增长　　资产负债率要低　　现金流要高

图 4-5-3　财务分析的重要指标

毛利率与行业有关，如果是普通企业，毛利率越高越好，但零售业却是毛利率越低越好，这需要具体问题具体分析。

第5章

股价依托公司实力

格雷厄姆曾说：短期来看，股市是投票机；长期来看，股市是称重仪。一个公司的股票价格，短期可能会受到市场的影响，被高估或低估。但市场总有一天会把合理的价格还给它。

如果你担心这个时间过长，我们可以算一笔账。如果我们以公司的内在价值为标准，低估50%的时候买进，待股票价格回归正常价值后卖出，便可获利100%的利润。那么，如果1年之内股票价格回归正常价值，年收益率100%；如果2年之内回归正常价值，年平均收益率50%，年复合平均收益率41.42%；如果3年之内回归正常价值，年平均收益率33.33%，年复合收益率25.99%；如果4年之内回归正常价值，年平均收益率25%，年复合收益率18.92%。

以我国股市的特性，几年之内，便可从牛市到熊市，或从熊市到牛市，确实可以达到我们所预算的效果。

5.1 实力差距

我们要以净资产收益率进行对比。首先要弄清楚什么是净资产收益率。净资产收益率（Return on Equity，ROE）是净利润与平均股东权益的百分比，是公司税后利润除以净资产得到的百分比，该指标反映股东权益的收益水平，用以衡量公司运用自有资本的效率。净资产收益率越高，说明投资带来的收益就越高。该指标体现了自有资本获得净收益的能力。

5.1.1 净资产收益率是驱动股价上涨的因素

2007年10月16日，上证综指达到6124点，历史高点，至今未破。那么比较一下，从历史最高点至2021年12月10日，也就是在指数没有破高的情况下，哪些股票涨得多，哪些股票涨得少，甚至下跌。

2015—2020年股票涨幅排名前20名的见表5-1，涨幅排名后20名的见表5-2。

表5-1 涨幅排名前20名的股票

涨幅排名	股票简称	6年平均净资产收益率（2015—2020年）
1	贵州茅台	30.43%
2	格力电器	28.53%
3	泸州老窖	21.4%
4	五粮液	20.39%
5	伊利股份	25.26%
6	恒瑞医药	23.5%
7	长春高新	22.69%
8	片仔癀	20.75%
9	万华化学	29.65%
10	福耀玻璃	16.94%
11	恒生电子	21.31%
12	山西汾酒	22.07%
13	云南白药	17.19%
14	用友网络	10.08%
15	舍得酒业	9.69%
16	国电南瑞	16.25%
17	北方稀土	5.16%

续表

涨幅排名	股票简称	6年平均净资产收益率（2015—2020年）
18	平安银行	12.02%
19	杉杉股份	7.12%
20	华域汽车	15.83%

表5-2 涨幅排名后20名的股票

涨幅倒数排名	股票简称	6年平均净资产收益率（2015—2020年）
1	申华控股	-11.23%
2	*ST游久	-13.84%
3	飞乐音响	-28.5%
4	ST方科	-5.99%
5	ST中安	-38.97%
6	亚泰集团	0.89%
7	云赛智联	6.44%
8	大众公用	7.42%
9	辽宁成大	6.28%
10	苏宁易购	5.59%
11	金枫酒业	1.47%
12	吉林敖东	9.14%
13	泛海控股	6.68%
14	中金岭南	7.49%
15	天津港	5.53%
16	泰达股份	7.58%
17	新世界	5.01%
18	东北证券	9.45%
19	梅雁吉祥	2.35%
20	新黄浦	8.14%

涨幅前20名企业的平均净资产收益率18.81%，涨幅后20名企业的平均净资产收益率为-0.45%。如果将这个名额扩大到30名、50名，可能它体现的效果更明显一些。根据以上分析，是否可以推导出高净资产收益率是引领股价上涨的原动力？我不敢说它是最主要原因，但它肯定是最主要原因之一。

5.1.2 杜邦分析

如果将净资产收益率的公式展开，公式会变为：净资产收益率=净利润/营业收入×营业收入/总资产×总资产/净资产。

其中，净利润/营业收入为销售净利率，营业收入/总资产为总资产周转率，总资产/净资产为权益乘数。

什么是销售净利率？销售净利率=净利润/营业收入。看起来像什么？像毛利率。毛利率怎么算的？毛利率=(营业收入-营业成本) / 营业收入。销售净利率与毛利率的计算公式，分母相同，分子略有不同。毛利率的分子为营业收入减去营业成本，怎么才能变成净利润？营业收入减去营业成本，减去费用，减去资产减值，减去税，再减一些杂七杂八的小项，就是净利润了。也就是说，我们可以把毛利率近似地看成销售净利率。那问题来了，毛利率也好，销售净利率也好，反映的是企业的什么能力？是盈利能力！

总资产周转率=营业收入/总资产，其反映的是企业的营运能力。

权益乘数是什么？股东权益比例的倒数就是权益乘数。就是资产总额是净资产的多少倍，权益乘数反映了企业财务杠杆的大小，权益乘数越大，净资产所占比重越小，财务杠杆就越大。权益乘数越大，说明企业偿债压力越大。权益乘数反映的是企业的偿债能力。

再看等式左边的项目，净资产收益率（净利润除以净资产），也就是股东投入的资金，一年能赚多少钱，这是股东们最关心的事。

那么整个等式就是用股东们最关心的一个数据来考查企业的盈利能力、营运能力和偿债能力。一个等式考查三种能力，包含了股东在意的全部信息。这个等式就是杜邦分析的精髓。在这个等式中，哪个对净资产收益率的贡献大，哪个贡献小，一目了然。如果净资产收益率降低了，可以直接找到到底是盈利能力出了问题，还是营运能力出了问题，还是偿债能力出了问题，这就是"顺藤摸瓜"。

5.1.3 对于杜邦分析的补充

杜邦分析可以考察企业的三大能力：盈利能力、营运能力和偿债能力。但这只涉及了三大报表中的两大报表：资产负债表和利润表，而没有现金流量表。也就是杜邦分析从未考虑过现金的问题，我们必须要把现金流量表给补上。

首先需查看的是盈余现金保障倍数。盈余现金保障倍数，又叫作利润现金保障倍数。盈余代表利润，归属于利润表，现金代表现金流量，归属于现金流量表。

假设我们开了一家超市，进货成本为50万元，货卖完了，收回的现金只有45万元，现金变少了，或者是亏损了，或者是赊销钱款没有追回来。但账面上还盈利了3万元。所以此时只看利润表，是盈利状态。再看现金流量表，是亏损状态。应收账款和应收票据的不同之处在于，应收票据有银行背书，而应收账款全凭良心，没有保障。

盈余现金保障倍数，又叫利润现金保障倍数，是指企业一定经营时期现金净流量同净利润的比值，反映了企业当期净利润中现金收益的保障程度，真实地反映了企业盈余的质量。盈余现金保障倍数从现金流入和流出的动态角度，对企业收益的质量进行评价，对企业的实际收益能力再一次修正。

其次要看应收账款，如果每年的应收账款都呈现巨额增加情况，并且相对于净利润来说占比过大，说明当年的利润基本没有收回。应收账款不同于应收票据，若应收账款无法收回，则很可能变成坏账，净利润的含金量下降。

最后还要查看一下自由现金流，企业的运行就像是人的身体一样。企业存在的目的就是不停地创造正向现金流。首先把现金变成设备、原材料，制成产品后出售，换成现金。然后再一次把现金变成设备、原材料，不断地轮回下去。

循环的起点是现金，终点还是现金。如果在循环的过程中出了问题，终点的现金少于起点的现金，那一定是亏损了。

所以这就是为什么我们在看利润表的同时，还要注意现金流量表。利润表只告诉你账面上赚了多少钱，而现金流量表才是真正告诉你拿到了多少钱。就好像你跟三个没有现金的人玩麻将，虽然你赢了，但是赢了一屁股的账，没有任何意义。

现金流意义非常大，但这里面意义最重大的还是自由现金流。自由现金流，是由企业产生的，在满足了再投资需要之后剩余的现金流量，这部分现金流量是在不影响公司持续发展的前提下，可供分配给企业资本供应者的最大现金额。它是经营现金流量净额与投资现金流量净额的和。

要理解自由现金流，还得从经营现金流量和投资现金流量说起。假设你是个做斧头的，需要木材、铁、一台机床，再雇两个伙计。买木材、机床、雇伙计，这是一次性成本，它就是经营活动，做这些花出去的钱，就是经营现金流出，假设经营现金流出一共1000元。斧头做成了，卖了，变成了钱，这就是经营活动现金流入，假设其为1800元。那经营活动现金流量净额就是800元（1800-1000）。剩余的800元就是自由现金流，为什么叫自由？就是你可以自由支配。

这是一个非常简单的例子，是一个人做小本生意的过程。我们再加一个条件，它就变成意义重大的复杂事件了。如果你买入一台机床，就可以少雇一个伙计。所以你花了2000元买了一台机床，并辞退了一个伙计，机床可用10年，平均一年的成本才200元。但你今年的自由现金流只有800元啊，根本买不起机床，那就去银行借1200元。买机床可用10年，不是一次性成本，是长期摊销成本，所以买机床就是投资现金流出。

第二年，因为少雇了一个伙计，而买了一台机床，你的经营现金流出为800元，现金流入还是1800元，而投资现金流出2000元。你的自由现金流是-1000元（1800-800-2000）。第三年，经营现金流出800元，经营现金流入1800元，投资现金流出0元。自由现金流1000元。

自由现金流就是这个意思了，它满足了你生产斧子的一切成本后，不论是一次性的经营成本，还是多周期摊销的投资成本，最后剩下的钱，就是自由现金流。这些钱可以由你自由支配，它可以还银行利息，它可以以红利的形式派发给股东。

请一定要注意这个前提，就是满足了一切生产成本后，还有剩余的钱。有些企业需要不停地更换设备，这些都是投资，数额相对非常大。经营过程中赚的钱，都拿来投资了。利润表上虽然有大额的收益，但只是表面光鲜，再看现金，没有。现金去哪儿了呢？变成厂房，变成设备了。

可是你会问，这有什么不好呢？企业赚了钱，变成设备，扩大再生产啊。对于初创型的企业，我们允许它这么做。对于处于成长中的企业，我们也允许它这么做。但作为一个平稳期的企业，你还这样干，那就真没什么意思了。

我们跨行业比较一下：为什么可口可乐、酒类企业有大量的自由现金流，而汽车、重工类企业几乎周期性地出现负的现金流？

因为饮料类企业，市场占有率几乎是固定的，喝百事可乐的几乎不买可口可乐，喝汾酒的几乎不买老白干，所以这类企业在达到平稳期后，它们的设备几乎不需要大规模地更换，只要按部就班地生产就可以了。特别是白酒类企业，酒窖可以用 10 年，甚至 20 年，投资现金流很少，几乎没有。

而汽车、重工类企业可以吗？代加工的流水线可以吗？这类企业技术更新太快，几年就得大规模更换一次设备，原有设备只能淘汰后贱价处理。所以像饮料类企业才能给投资者带来大量的现金回报，而设备制造商企业大部分利润都湮没在了设备更换上了。

回到我们的主题，要选股票的时候，除了每股收益还要看什么？一定要记住，企业的生存以正向现金流为目的，你一定要计算一下这长期的自由现金流量数据，这对于给一个企业作定性分析是非常有必要的。

5.2 价值投资负责你的安全

价值投资先谈安全，再谈收益。如果连安全都无法保证，再多的收益终有一天会归零。

5.2.1 简单的价值投资流程

首先，我们要确认企业是否有价值；其次我们要给这个价值大概地估一下值；最后，给价值打折，衡量一下我们在什么位置买进更合适。

我们在 5.1.1 小节用净资产收益率对 2007 年最高点至 2020 年的涨幅进行了对比，说明净资产收益是驱动股价上涨的重要因素。如果把 4000 多只股票按净资产收益率做一个排序的话，发现净资产收益率的中位数位于 8% 左右。所以至少我们可以先将净资产收益率低于 8% 的股票全部排除。

8% 的净资产收益率是用中位数找出来的分界线，如果你认为这个标准太低了，也可以继续提高分界线水平。例如只选择净资产收益率达到 15% 以上的股票，或达到 20% 以上的股票。

展开净资产收益率公式，也就是展开杜邦分析公式，将权益乘数大于 2 的股票全部排除。为什么将权益乘数大于 2 的都排除呢？因为权益乘数的公式是总资产除以净资产。我们将这个公式反过来就是净资产除以总资产，如果权益乘数大于 2，就说明资产负债率大于 50%，抗风险的能力相对较小。

当然我们还要打个补丁，如果现金流情况比较好的话，资产负债率可以允许它达到 75% 左右，也就是权益乘数允许它达到 4 左右。

如果净资产收益率没问题，权益乘数也没问题，现金流还没问题。我们就可以给股票进行估值了。

企业是否有价值，全看它能否在未来创造现金流，如果一家企业的资产有 1000 亿元，但是闲置不动，并不创造新的价值，那么它本身也是没有价值的。所以，企业的资产在整体估值体系内，并不是最重要的一环。

如果一家企业每年能创造 1 亿元的利润，这家企业值多少钱呢？目前无风险收益率是长期国债利息率，在 3.98% 左右，我们按 4% 来计算。如果我们去经营一家企业，达不到 4% 的收益的话，还不如拿这些钱去买国债。所以 4% 的收益率就是是否投资企业的一个分水岭。

假设这家企业按 4% 的收益率来经营，并且每年能赚 1 亿元净利润，那么我们要投入多少钱呢？

1÷4%=25，即需要 25 亿元。所以这家企业的理论标准估值为 25 亿元。

但真实的情况是，企业不可能平均每年都会给你 1 亿元的利润，有可能比 1 亿元多一些，也可能比 1 亿元少一些。假设它最近 7 年的净利润分别为 0.8 亿元、1 亿元、1.2 亿元、0.9 亿元、0.8 亿元、1.1 亿元和 0.8 亿元，我们怎么给它估值呢？

类似于这种长期参差不齐的净利润，我们最好求它的平均净利润，该企业七年平均净利润为 0.94 亿元，那么 0.94÷4%=23.5，即估值为 23.5 亿元。

还有一种情况，企业每年净利润呈线性增长的趋势，我们可以直接用当期净利润直接估值。例如，某企业最近五年的净利润分别为 1 亿元、1.1 亿元、1.2 亿元、1.3 亿元、1.4 亿元，则可以直接用 1.4 亿元来计算。1.4÷4%=35，即估值为 35 亿元。

如果我们要买进某一只股票，还要给出相应的安全边际。例如我们计算某企业内在价值约为 35 亿元，至少要打一个对折，也就是至少要在 17.5 亿元以下的时候买进。当然这里的 17.5 亿元是企业全部的内在价值，再除以它的总股本，便为每股买进价格。例如该企业的总股本为 5 亿股，那么我们预计在 3.5 元/股以下买进（17.5÷5=3.5）。

5.2.2 筛选股票案例

莱特斯说，面向未来的行业就是好行业。VCD 是一个好行业吗？明显不是，因为它根本不面向未来。新能源汽车是个好行业吗？特斯拉汽车的 CEO 埃隆·马斯克说是，我想可能就是吧。

思源电气属于什么行业？输配电设备的研发、生产、销售及服务。产品包括：550kV 及以下 GIS，220kV 及以下变电站继电保护设备和监控系统，750kV 及以下 SF_6 断路器和隔离开关，1000kV 及以下电力电容器成套装置，1000kV 及以下电流和电压互感器，500kV 及以下直流断路器，220kV 及以下变压器，66kV 及以下中性点接地成套装置，66kV 及以下电抗器，动态无功补偿，有源滤波装置，充电桩、油色谱及在线监测系统等。

我们可能不懂上述这些产品的用途是什么，但在搜索思源电气时还会发现这样一句话：国内最大电力保护设备消弧线圈生产商。如果我们不了解更多细节，那么最大、唯一等关键词，就是我们需要的关键信息。

思源电气杜邦分析数据见表 5-3，2015 年以前，从它的净资产收益率来看，只是中位企业，不算高，也不算低。2017 年到 2020 年净资产收益率翻倍。周转率与权益乘数基本没有变化，销售净利率翻倍是主要诱因。这一年，思源电气靠着盈利能力上升为优质企业。

表 5-3 思源电气杜邦分析数据

年 份	2020 年	2019 年	2018 年	2017 年	2016 年	2015 年
销售净利率	12.65%	8.75%	6.14%	5.54%	7.97%	9.56%
总资产周转率	66.57%	72.13%	63.43%	66.2%	68.17%	97.18%
权 益 乘 数	1.65	1.7	1.61	1.51	1.48	0.66
净资产收益率	13.9%	10.73%	6.27%	5.52%	8.06%	6.17%

续表

年　份	2020 年	2019 年	2018 年	2017 年	2016 年	2015 年
盈利现金保障倍数	0.87	1.49	0.59	1.94	0.45	1.67
应收账款占比净利润	2.27	4.51	8.88	9.28	6.54	5.02

思源电气 2019 年和 2020 年净资产收益率开始增长至中位数水平以上，可以看到其权益乘数变化不大，即思源电气这两年并不是靠杠杆增加收益。总资产周转率的变化也不大，唯一增幅加大的是销售净利率，即单品利润率上升。有两种可能：一种是降低成本，一种是降低费用。具体是什么，可以从财务报表中一项一项对比。

需要注意的是应收账款占比净利润很高，虽然 2019 年和 2020 年已经开始快速下降，但还是分别高达 4.51 倍和 2.27 倍。再看盈利现金保障倍数，忽大忽小，说明思源电气现金回流情况并不稳定。

总体来说，由销售净利率提高而驱动净资产收益率的提高，还是比较良性的。我们进入最后一步：算账。

自 2017 年开始，思源电气的净利润便不断上升。在 2020 年，有 5 家机构预估 2021 年思源电气的净利润为 12.51 亿元，那么 1 年后（即 2021 年）的 12.51 亿元，按 3.98%的无风险收益率折现后为 12.03 亿元；5 家机构预估 2022 年思源电气的净利润为 15.93 亿元，那么 2 年后（即 2022 年）的 15.93 亿元，按 3.98%的无风险收益率折现后为 14.73 亿元；我们保守估计之后思源电气的净利润会保持在 15.93 亿元不变，那么永续折现就为 370.2 亿元。

将 2021 年、2022 年和永续折现的价值加总，即为思源电气理论上的总价值，为 396.96 亿元。思源电气共 7.66 亿股，每股粗略估值为 51.82 元。打个五折，即可在 25.9 元/股以下买进。

2021 年 7 月 23 日，思源电气收盘价为 25.21 元/股，低于 25.9 元/股，可买进。2021 年 7 月 28 日思源电气跌到最低价 25 元/股，一路上涨，至 2021 年 11 月 23 日，当日最高价 52.85 元/股，此处按我们计划可以平仓。至 2021 年 11 月 29 日达到最高价 56.82 元/股。至 2021 年 12 月 10 日，股价下跌至 49.6 元/股。

本节只是介绍一些价值投资分析的基本方法，真正的价值投资分析要更加复杂。

中篇

技术分析实战

- 第6章　K线图实战分析
- 第7章　量价：人气决定一切
- 第8章　分时图实战分析
- 第9章　指数平滑异同移动平均线 MACD
- 第10章　随机摆动指标 KDJ
- 第11章　其他技术指标

第6章

K线图实战分析

K线图是记录某只股票过去一个周期的行情图,它只记录开盘价、收盘价、最高价和最低价,这个周期既可以是年、月、日,也可以是分、时。K线图作为股票技术分析的基础,是股民看盘时最常用的一种分析技术,它的基本作用就是寻找最佳买卖点。在本章中笔者将对K线图进行分解,以便读者能轻松愉快地解读K线密码。

6.1　K线图的基本知识

K线图是根据股价在一定周期内的4个价位绘制而成的,这4个价位就是前面提到过的开盘价、收盘价、最高价和最低价。K线图由实体和影线构成,其绘制方法如图6-1-1所示。K线图最初源于日本,被当时日本米市的商人用来记录米市的行情与价格波动,后因其细腻、独到的标记方式而被引入股市及期货市场。经过长期的发展,K线分析技术已日趋成熟,它特别适合于东方人的文化和思维,因而主要流行于东方股市中,后来因其独特的方式和价值扩展到西方股市,成为国际股市中重要的看盘分析技术。要了解K线图的基本知识,可从两个方面入手:一是认识K线;二是掌握K线类型。

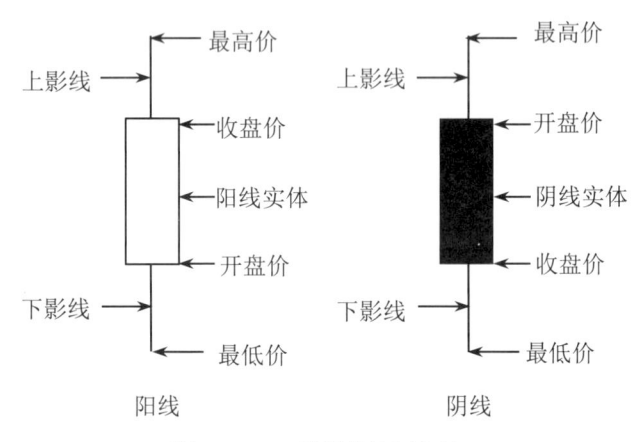

图 6-1-1　K线图的绘制方法

6.1.1　认识K线

认识K线就是认识K线图形,如图6-1-2所示。

图 6-1-2　认识K线

K线阴阳的不同、实体大小的不同和影线长短的不同,会显示出不同的K线形态,进而表示不同的意义。认识了K线就能区分不同的K线形态及其组合形态,从而依据形态作出合理的判断。

1. 看阴阳

阴阳代表股价趋势方向，如图 6-1-3 所示。

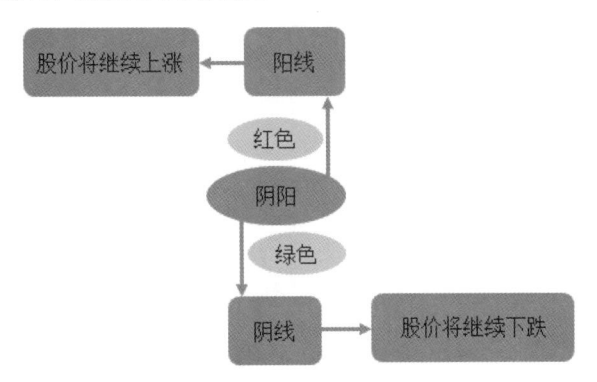

图 6-1-3　阴阳代表股价趋势方向

股价涨跌波动的本质是由股票买卖的供求关系决定的，也可以说是由多空双方的力量决定的。一般来讲，股价的运行趋势和物体运动一样具有惯性，股市经过多空双方力量的搏杀，如果 K 线显示为阳线，则股价将沿惯性趋势继续上涨，反之则继续下跌。K 线阴阳趋势如图 6-1-4 所示。

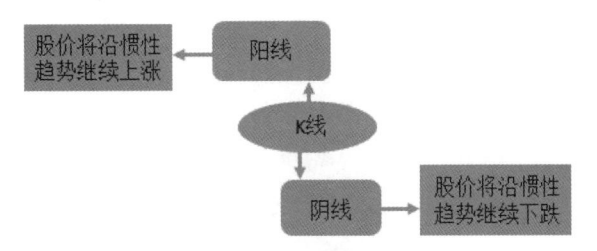

图 6-1-4　K 线阴阳趋势

这就是股价沿趋势波动的原理，而投资者的理性选择就是顺势而为。

盈峰环境（股票代码：000967）2021 年 6 月 17 日至 2017 年 11 月 26 日的走势如图 6-1-5 所示，阳线代表股价上涨的趋势，阴线代表股价下跌的趋势。虽然在图 6-1-5 中看到股价在上涨的过程中会出现反向下跌的阴线，同样股价在下跌的过程中会出现反向上涨的阳线，但这是股价涨跌波动小幅反向回调的正常情况，关注到整个趋势就能看出，上涨过程中的阴线远远少于阳线，且在阳线的包围中，这说明多方力量占据优势，股价继续上涨。同样，下跌过程中的阳线远小于阴线，且在阴线的包围中，这说明空方力量占据优势，股价将继续下跌。

> **TIPS**　注意以上说的顺势而为是指一般情况，但并不是绝对的。尤其是在股价的最高位和最低位附近，需要结合 K 线的实体大小和影线长短所形成的具体形态才能作出判定，所以股价沿趋势波动，而这种顺势而为虽然是一种合理的理性选择，但是需要避免羊群跟风效应。另外注意两种特殊情况的阴阳线，被阴线包围的阳线，股价将继续下跌；被阳线包围的阴线，股价将继续上涨。

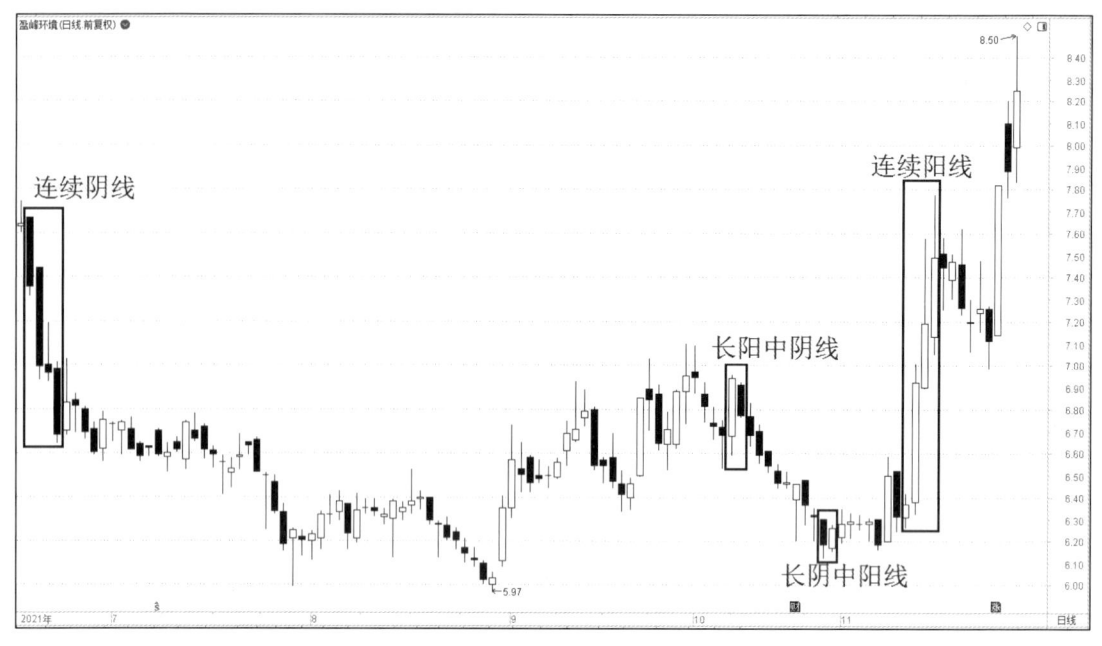

图 6-1-5　盈峰环境中的阴阳线与股价关系

2. 看实体大小

实体大小代表股价运行的内在动力，如图 6-1-6 所示。

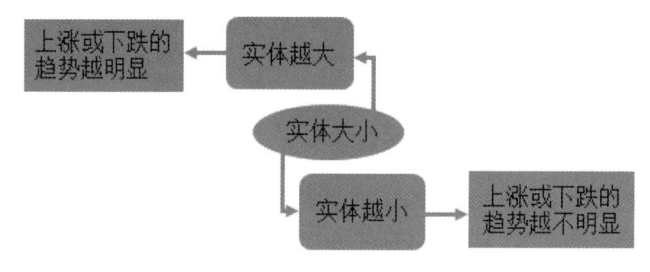

图 6-1-6　实体大小

阳线实体就是收盘价高于开盘价的那部分，阴线实体就是开盘价高于收盘价的那部分。阳线实体大小与上涨动力成正比，阴线实体大小与下跌动力成正比。实体跟阴阳一样，符合物理学的惯性原理。阳线实体越大代表其内在的上涨动力越大，其上涨的动力也就大于实体小的阳线，而阴线实体越大，其下跌动力也越大，并且大于实体小的阴线。

华工科技（股票代码：000988）2021 年 2 月 1 日至 2021 年 6 月 25 日的日 K 线图如图 6-1-7 所示，阳线实体成倍放大，说明股价上涨动力十足，股价上涨趋势加强，当阳线实体缩小后，股价开始蓄势反转下跌了。同时，从该图右边阴线的实体大小基本可以判断，该股股价将呈现长时的小幅下跌，由于其阴线实体很小且变化不大，该股下跌的动力当然就不是那么强有力的，股价持续的小幅下跌趋势就是自然的了。

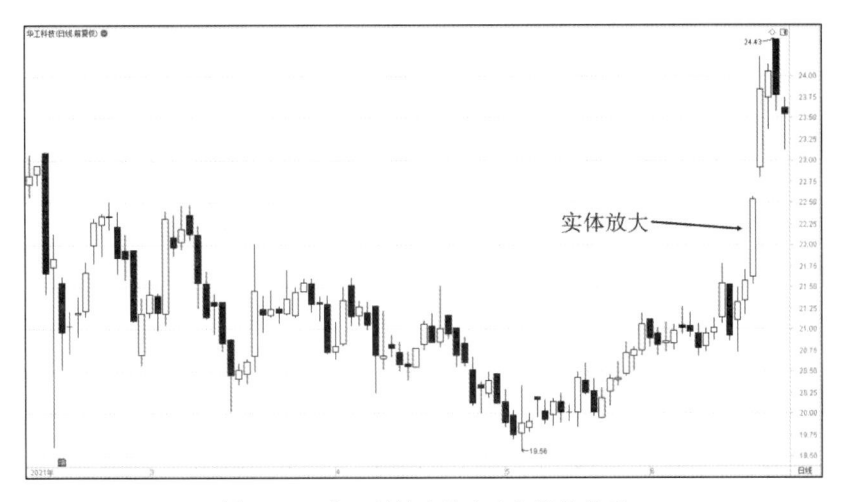

图 6-1-7　华工科技实体大小与股价关系

3. 看影线长短

影线代表股价反转信号，它构成下一阶段股价继续前行的阻力，无论 K 线是阳还是阴，向一个方向的影线越长，越不利于股价向这个方向变动。上影线越长，越不利于股价上涨，股价调整后将下行的可能性大；下影线越长，越不利于股价下跌，股价调整后将上行的可能性大。

诚志股份（股票代码：000990）2021 年 7 月 26 日至 2021 年 11 月 11 日的日 K 线图如图 6-1-8 所示，该 K 线图反复出现长上影线和长下影线，所以该股股价走势比较平衡，没有出现明显的涨跌趋势，图 6-1-8 左边标注的是下影线，说明下跌受阻，股价反转上涨，该股重复出现下影线好几次，都是如此。同样，图 6-1-8 右边标注的是上影线，说明上涨受阻，股价反转下跌，另外，无影线的情况图 6-1-8 中没有很好地反映，但是也需要特别关注。一般而言，如果实体的影线很短，或者几乎没有，则股价将按原趋势继续前行。

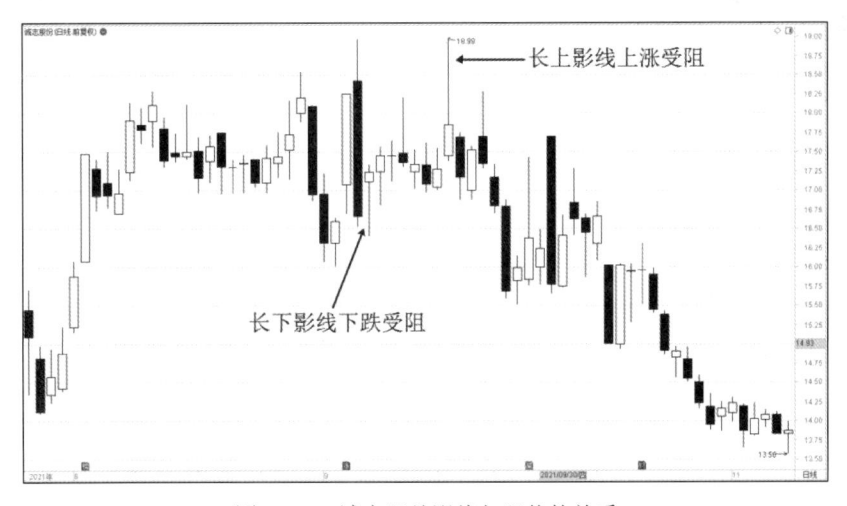

图 6-1-8　诚志股份影线与股价的关系

6.1.2 K 线类型

根据股票盘子的大小，K 线图也可以分为大盘 K 线图和个股 K 线图，而根据 K 线的计算周期，可以分为不同周期的 K 线。

1. 大盘 K 线图和个股 K 线图

大盘 K 线图和个股 K 线图就 K 线本身来说是一致的，判断方法也一致，只不过表达的对象不同而已。上证 A 股的大盘日 2021 年 8 月 19 日至 2021 年 11 月 26 日的 K 线图如图 6-1-9 所示，看盘软件的 K 线图一般由 3 部分组成，上面的是 K 线图，中间是成交量柱体图，下面的是技术指标图。

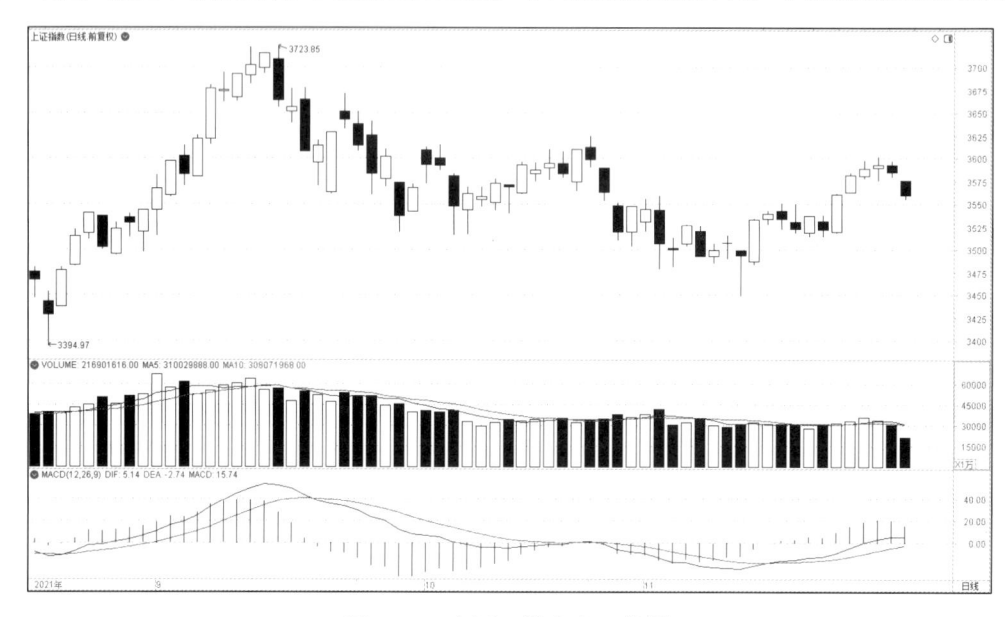

图 6-1-9　上证 A 股大盘 K 线图

一般在 K 线图中会有 3 条或 4 条不同颜色的曲线，这些曲线就是移动平均线（MACD），常见的是 5 日、10 日和 20 日的移动平均线，有的软件还有 60 日的移动平均线，分别用不同的颜色标识。不同颜色的移动平均线所代表的含义如图 6-1-10 所示。

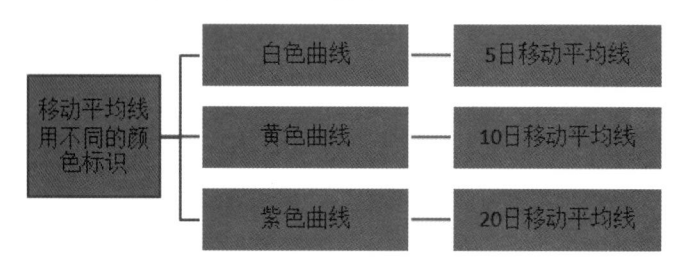

图 6-1-10　不同颜色标识的移动平均线所代表的含义

在中间成交量柱体图中的两条曲线分别是 5 日均量线（MAVOL1）和 10 日均量线（MAVOL2）。下面的技术指标图中两条曲线就是决定 MACD 值的 DIF 和 DEA，除了 MACD，也可以选取其他技术指标曲线（KDJ、BOLL、EXPMA 等）作为参考。

2. 日 K 线、周 K 线和月 K 线及其他

根据 K 线的计算周期，既可以把 K 线图分为年 K 线图、月 K 线图、周 K 线图和日 K 线图，还可以分为 60 分钟 K 线图、30 分钟 K 线图、15 分钟 K 线图和 5 分钟 K 线图，甚至还有 1 分钟 K 线图。每种 K 线图的适用范围是不同的，根据你选股的时间周期不同，各种周期的 K 线图代表不同的意义。

TIPS 这里选取几种常用的 K 线图进行分析，主要是月 K 线图、周 K 线图和日 K 线图这 3 种，其他周期 K 线类型大多作为一种辅助性的参考，为了便于比较，选取同一只股票不同周期的 K 线图。

月 K 线以一个月的第一个交易日的开盘价为开盘价，以这个月的最后一个交易日的收盘价为收盘价。深物业 A 2016 年 7 月至 2021 年 11 月的月 K 线图如图 6-1-11 所示，月 K 线图对该股中长期的历史行情记录最为直观和全面，容易准确把握该股的大势所趋，适合作为中长线投资者的看盘工具。

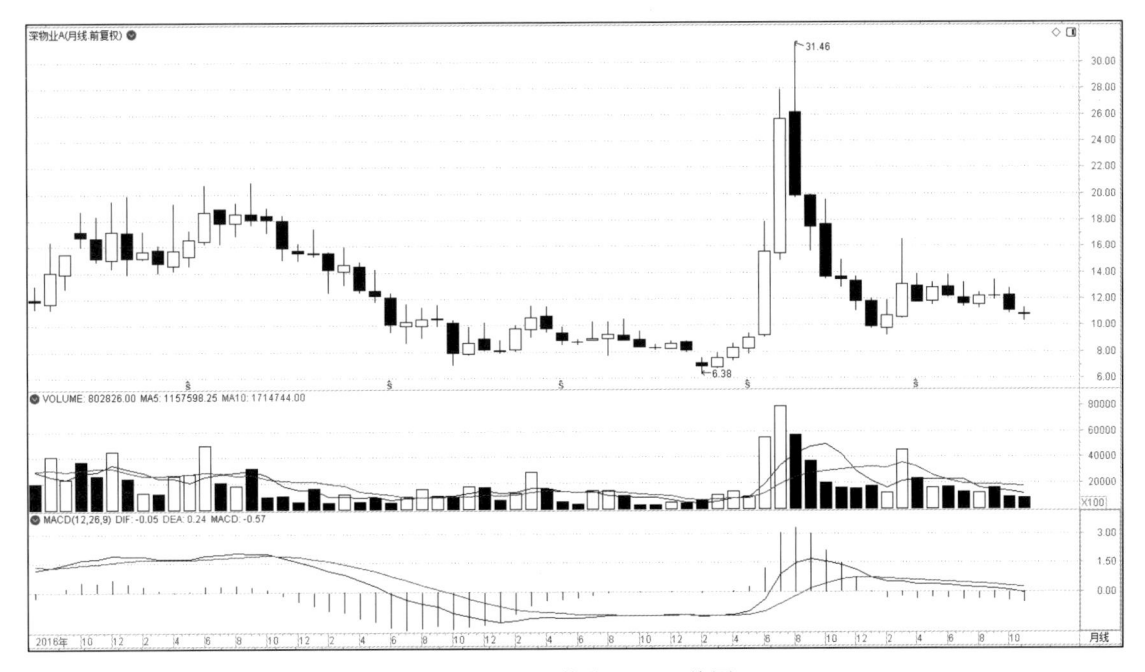

图 6-1-11　深物业 A 月 K 线图

周 K 线以周一的开盘价为开盘价，以同一周周五的收盘价为收盘价。深物业 A 2020 年 9 月至 2021 年 11 月的周 K 线图如图 6-1-12 所示，周 K 线图对该股中期的历史行情记录最为清晰明了，相对容易把握该股的大势所趋，适合作为中线投资者的看盘工具。

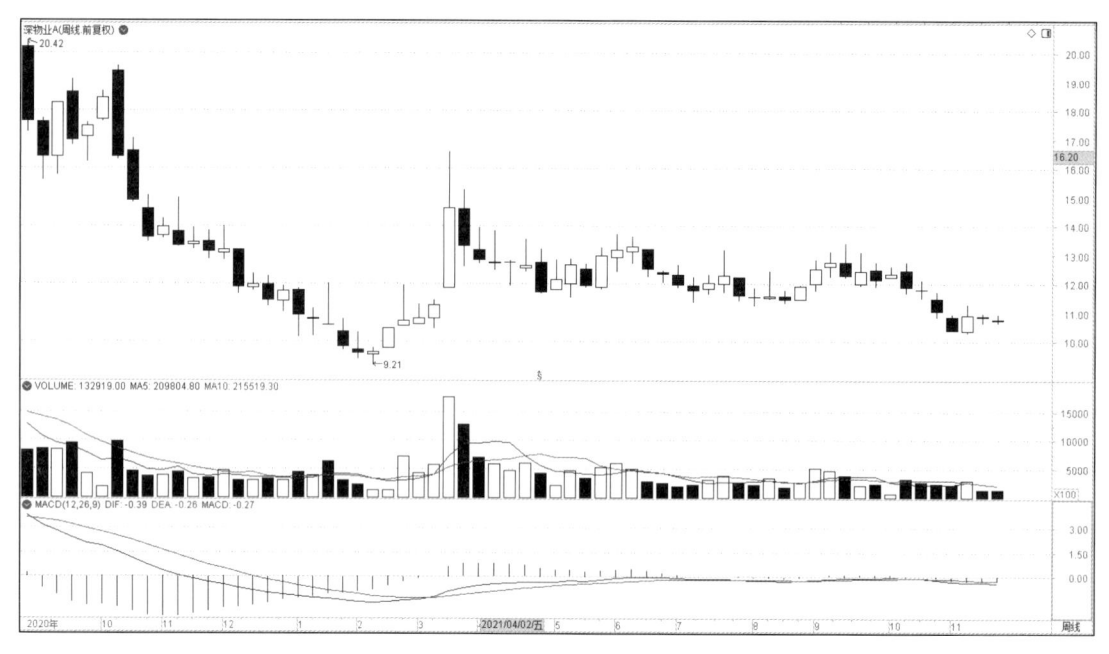

图 6-1-12 深物业 A 周 K 线图

日 K 线图以当天交易日的开盘价为开盘价,收盘价为收盘价。深物业 A 2021 年 8 月 19 日至 2021 年 11 月 26 日的日 K 线图如图 6-1-13 所示,日 K 线图对该股短期的历史行情记录最为准确和详尽,适合作为短线投资者的看盘工具。

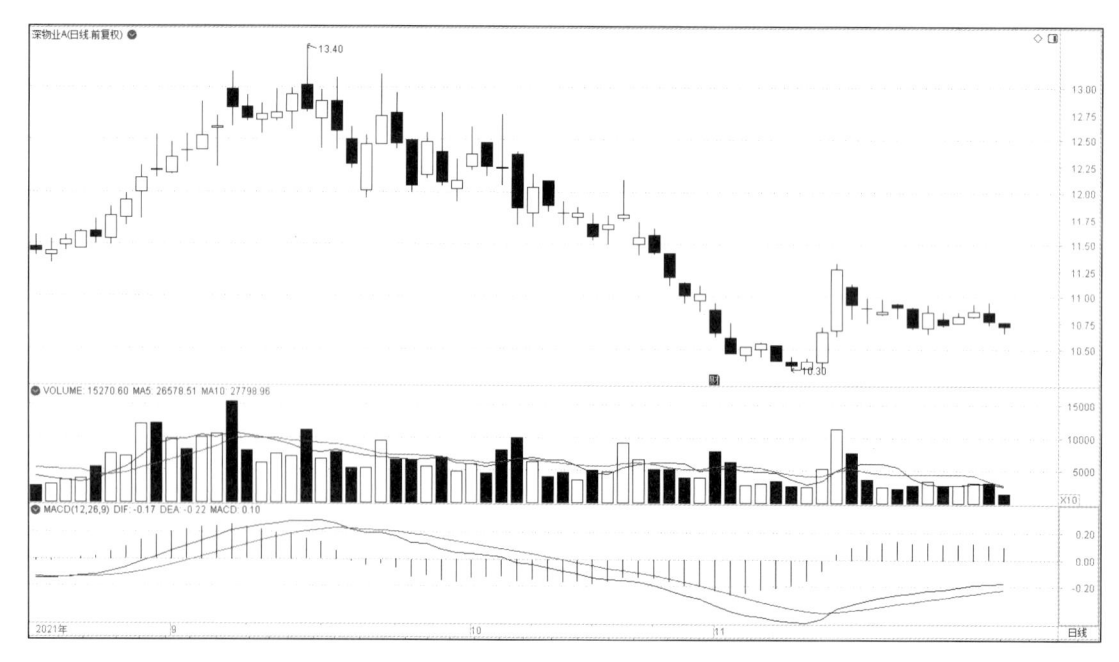

图 6-1-13 深物业 A 日 K 线图

6.2 单根 K 线形态买卖点分析

单根 K 线就是 K 线走势图中具体的一根根 K 线，6.1 节所说的 K 线基本上是指单根 K 线，由于 K 线的 4 个价位的不同，绘制成的 K 线的阴阳、实体大小和影线长短也就不同，这些不同也就形成了不同的单根 K 线形态。下面就对这些常见的和特别的单根 K 线形态及其应用进行分解，为了便于比较，我把阴阳不同而图形相同（实体影线相同）的单根 K 线形态放在一起。

6.2.1 小阳星、小阴星

小阳星的图形特点如图 6-2-1 所示。

开盘价和收盘价比较接近，实体小　　收盘价略高于开盘价　　略带上影线和下影线

图 6-2-1　小阳星的图形特点

阳线就是收盘价高于开盘价的 K 线，阴线就是收盘价低于开盘价的 K 线，后面出现的同样形态的阳线和阴线，不再一一说明。小阳星一般出现在股价行情混乱不明之时，无法预判股价的未来走势，只有根据前期的 K 线组合形态和整体趋势酌情分析。

国际医学（股票代码：000516）2021 年 6 月 9 日至 2021 年 10 月 13 日的日 K 线图如图 6-2-2 所示，其中出现了小阳星，此时的后市不好判断，而后市也确实波动幅度不大，基本上处于横盘状态。因此，出现小阳星形态，基本上赢取不了什么利润，可以放弃投资计划。小阴星和小阳星的图形特点一样，只是收盘价略低于开盘价，出现小阴星的策略和出现小阳星的一样，出现小阴星和出现小阳星几乎都在股价横盘的状态，后市也一样不太明朗，只有放弃对该股的投资。不过，根据前期的 K 线下跌走势综合判断还是可以猜测，该股后期将有继续下跌的苗头。

> **TIPS**　看某时的单根 K 线形态，有时候很难对后市作出判断，但是结合整体的趋势和其他 K 线形态，还是可以作一个大致可靠的判断，后面种种 K 线形态及其组合都是如此。

图 6-2-2　国际医学日 K 线图

6.2.2　小阳线、小阴线

小阳线的图形特点是：比小阳线实体大一点，其他特征一样。小阴线的图形特点也是比小阳线实体大点，其他也一样。小阳线、小阴线的图形特点如图 6-2-3 所示。

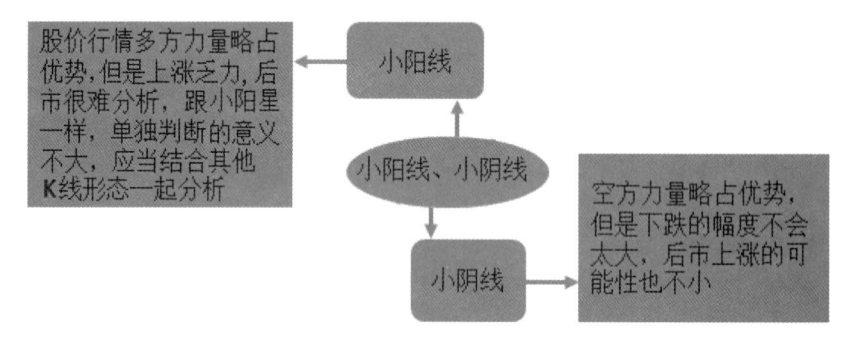

图 6-2-3　小阳线、小阴线的图形特点

出现小阳线、小阴线，大多在盘整时期，泸州老窖（股票代码：000568）2021 年 3 月 3 日至 2021 年 8 月 26 日的走势如图 6-2-4 所示，该股盘整时期横盘，出现了小阳线、小阴线，股价整体波动不大，后市不明，但是在该股后期出现了其他 K 线形态，即几近于光头阴线，说明该股即将突破下跌。

图 6-2-4 泸州老窖日 K 线图

6.2.3 大阳线、大阴线

大阳线的图形特征如图 6-2-5 所示。

图 6-2-5 大阳线的图形特征

大阳线出现很普遍，一般而言，实体越长也就越可靠。大阳线预示如图 6-2-6 所示。

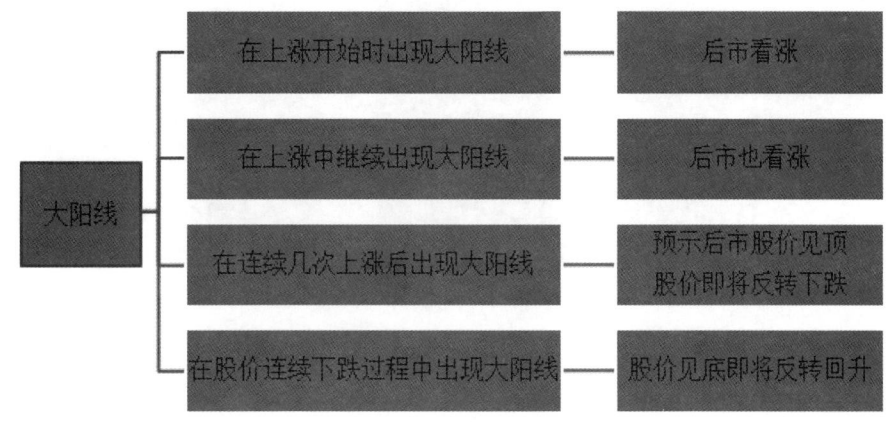

图 6-2-6 大阳线预示

· 115 ·

甘化科工（股票代码：000576）2021 年 7 月 21 日至 2021 年 11 月 3 日的日 K 线图如图 6-2-7 所示，股价在上涨中出现了大阳线，股价继续上涨，但是后期股价在顶端盘整的时候出现大阳线，能够预判该股明天及以后几天的股价将反转下跌。

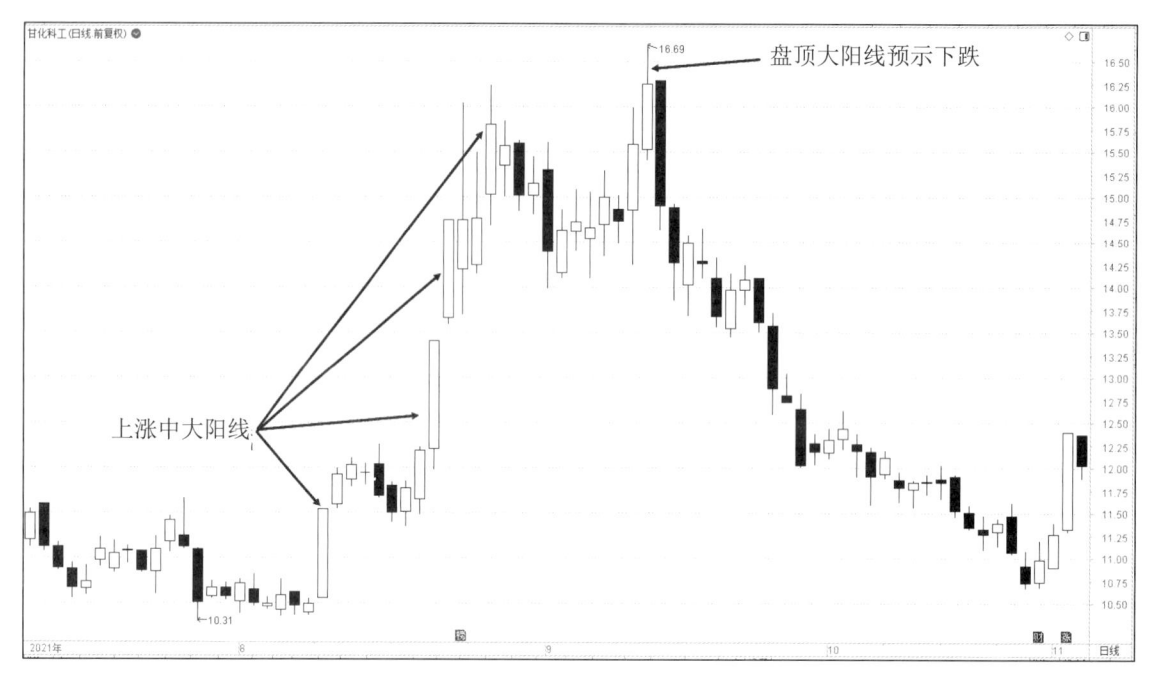

图 6-2-7　甘化科工日 K 线图

大阴线形态与大阳线一样，也是实体很长，略带上影线和下影线。大阴线预示如图 6-2-8 所示。

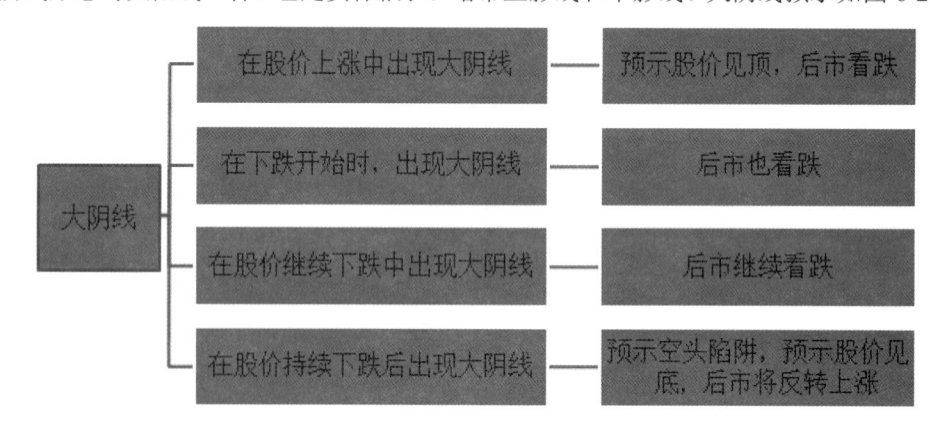

图 6-2-8　大阴线预示

大阴线和大阳线对股价行情的分析预测正好相反。如图北部湾港（股票代码：000582）2021 年 8 月 16 日至 2021 年 11 月 5 日的日 K 线图如图 6-2-9 所示，股价在下跌中出现大阴线，股价继续下跌；而股价在上涨中出现了大阴线，预示股价见顶，后市同样看跌。

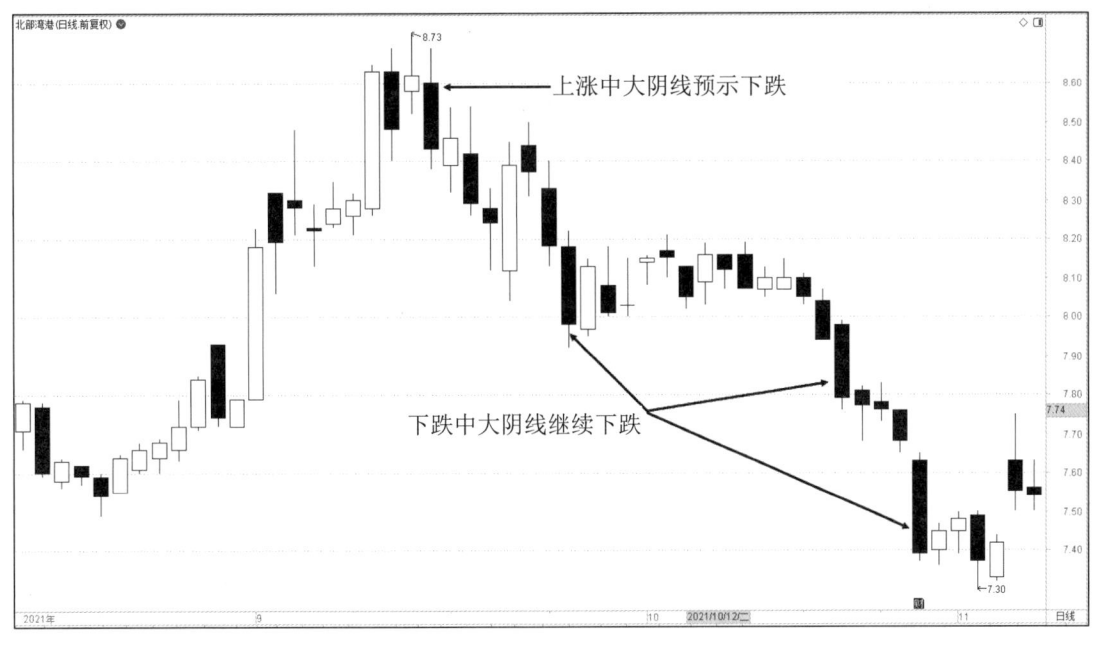

图 6-2-9 北部湾港日 K 线图

6.2.4 上影阳线、上影阴线

上影阳线的图形特征如图 6-2-10 所示。

图 6-2-10 上影阳线的图形特征

影线代表阻力，影线越长阻力越大，所以上影阳线多出现在股价上升受阻反转下跌之时。

出现上影阳线，一般是股价开始反转下跌的信号。威孚高科（股票代码：000581）2021 年 10 月 18 日至 2021 年 11 月 26 日的日 K 线图如图 6-2-11 所示，图中该股出现最低价 19.02 元/股，此后一路上涨，直到出现上影阳线，预示股价上涨见顶，果然，后市股价开始下跌。这说明该股股价上涨到一定高位后，抛盘压力很大，股价上升受阻，多空双方力量拼杀，空方占据一定优势，股价必然下跌。

> **TIPS** 上影阴线与上影阳线不仅图形一样，连判断方法也基本相同。在股价上涨过程中，出现上影阴线，跟出现上影阳线一样，股价将反转下跌，这种情况出现得比较多；在股价下跌过程中，出现上影阴线，后市难以判断，不过这种情况很少出现。

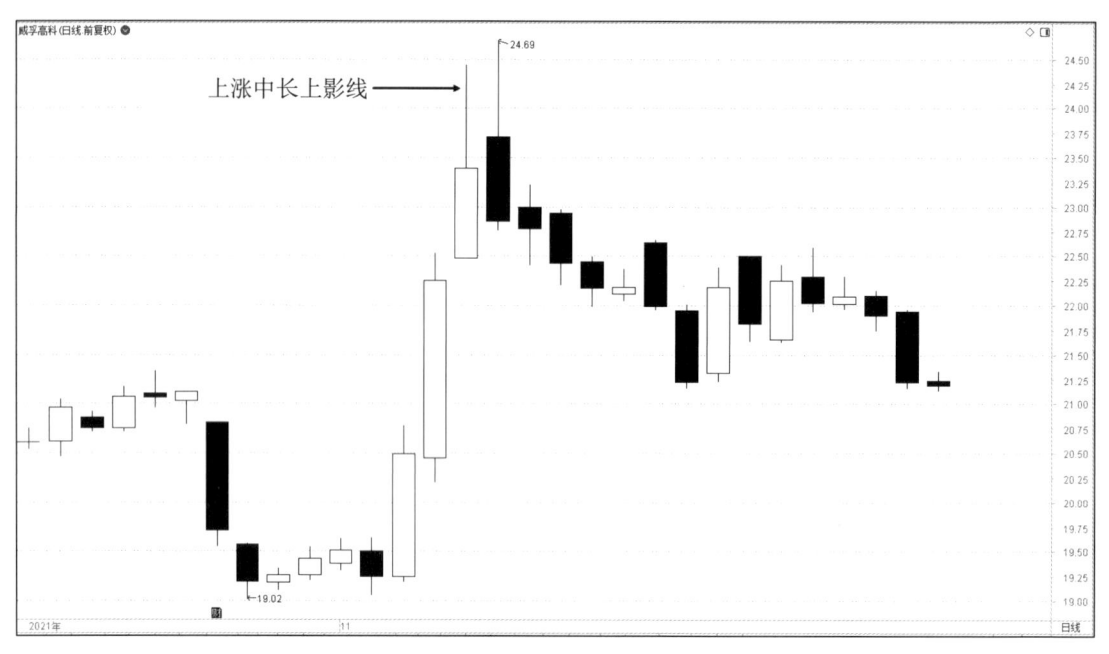

图 6-2-11　威孚高科日 K 线图

太阳能（股票代码：000591）2021 年 6 月 17 日至 2021 年 11 月 26 日的日 K 线图如图 6-2-12 所示，股价在一路上涨的过程中出现上影阴线，同图 6-2-11 中出现的上影阳线一样，都出现在同样的股价行情状况中，预示股价在这一阶段见顶，后市将反转下跌，事实上也正如此。

图 6-2-12　太阳能日 K 线图

6.2.5 下影阳线、下影阴线

下影阳线的图形特征如图 6-2-13 所示。

下影线很长　　略带上影线　　实体一般较小

图 6-2-13　下影阳线的图形特征

下影阴线和下影阳线图形特征一样。由图 6-2-10 和图 6-2-13 可知，下影阳线跟上影阳线的图形特征正好相反，下影阴线跟上影阴线的图形特征也正好相反，那么，是否下影阳线、下影阴线与上影阳线、上影阴线的判断方法也正好相反呢？答案是肯定的，这还是跟影线的原理相关，当实体较小时，可以忽略实体的影响，单看影线的长短，判断股价的走势。下影线越长，股价下跌的阻力就越大，所以下影线代表股价持续或反转上涨的信号。一般而言，无论是下影阳线还是下影阴线，如果出现在股价上涨过程中，股价将持续上涨，如果出现在股价下跌过程中，股价将反转上涨。

为了与上影阳线、上影阴线对比，选取的两个日 K 线图都包含了一个上影线和下影线。建投能源（股票代码：000600）2020 年 12 月 18 日至 2021 年 8 月 4 日的日 K 线图如图 6-2-14 所示，该股上涨过程中出现了下影阳线，股价持续上涨势头强劲，但上涨到一定价位，出现了上影阳线，预示股价见顶，股价开始反转下跌。

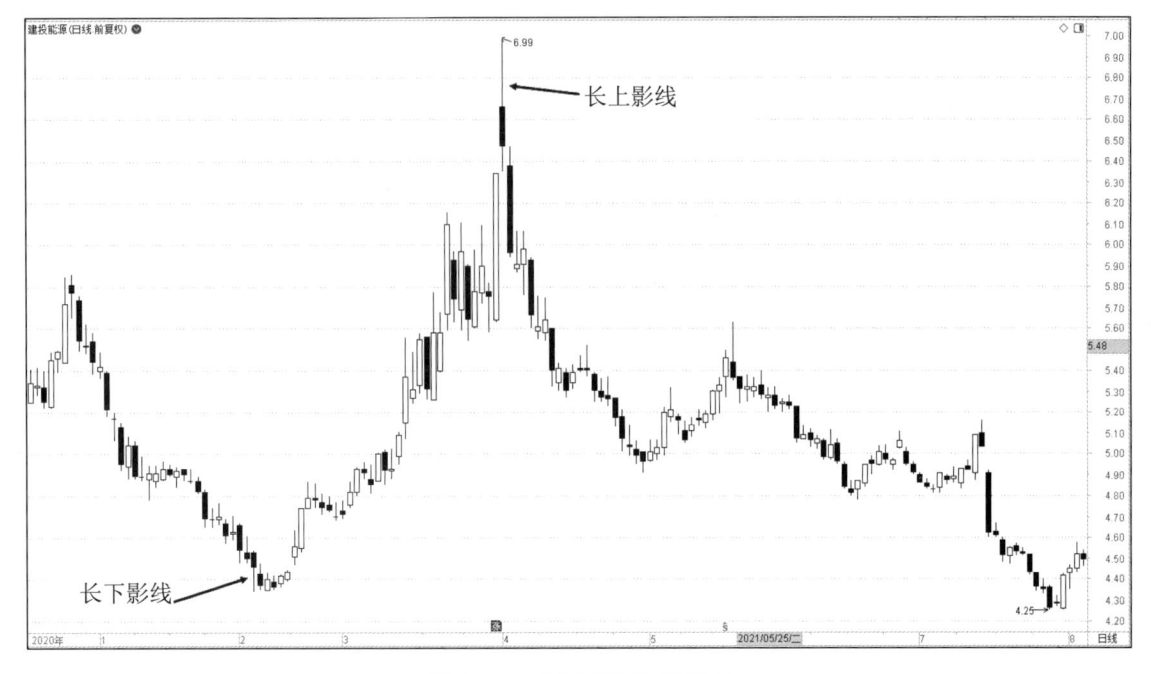

图 6-2-14　建投能源日 K 线图

风华高科（股票代码：000636）2021 年 4 月 19 日至 9 月 24 日的日 K 线图如图 6-2-15 所示，股价在持续上涨的过程中出现了上影阴线，说明股价上涨见顶受阻，开始反转下跌，但是股价下跌到一定价位出现了下影阴线，预示股价见底，股价开始反转上涨。

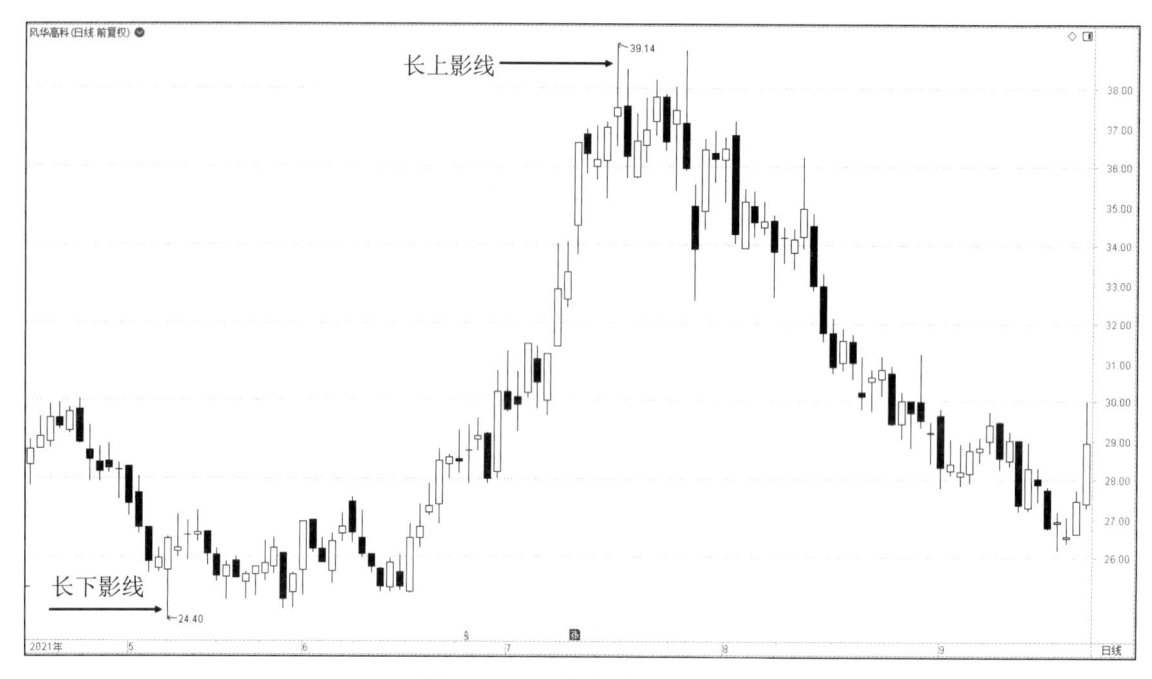

图 6-2-15 风华高科日 K 线图

6.2.6 光头阳线、光头阴线

光头阳线的图形特征如图 6-2-16 所示。

图 6-2-16 光头阳线的图形特征

一般而言，光头阳线常常出现在开盘后，空方力量强势，股价下跌，但股价下跌到一定价位后，空方转化为多方，多方力量变得强势，股价一路上涨超过开盘价，直至在最高价收盘结束。

茂化实华（股票代码：000637）2021 年 7 月 19 日至 9 月 30 日的日 K 线图如图 6-2-17 所示，左侧实体较小的光头阳线出现在低价位，出现光头阳线信号，预示下一波的上涨行情开始出现，结果也确实如此。而右侧的光头阳线出现在股价上涨过程中，加之实体也明显放大，预示下一阶段行情继续上涨，事实也正如此。

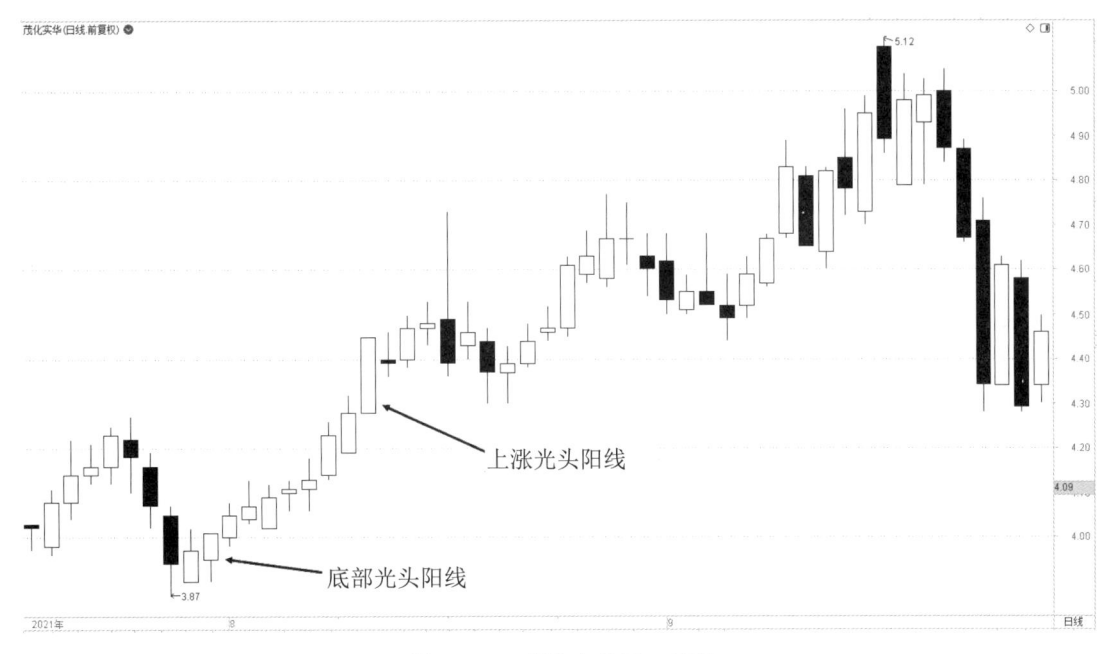

图 6-2-17　茂化实华日 K 线图

光头阴线是开盘价和最高价相同，其他和光头阳线一样。出现光头阴线，大多是看跌，但是光头阴线出现的位置不同，预示的结果也不完全一样。光头阴线预示如图 6-2-18 所示。

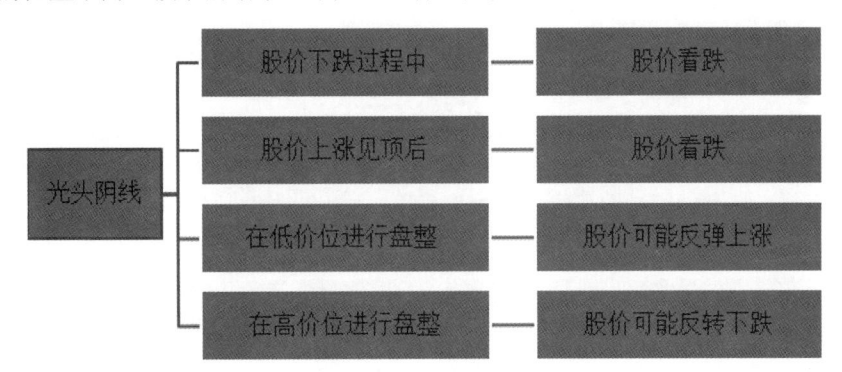

图 6-2-18　光头阴线预示

万科 A（股票代码：000002）2021 年 7 月 23 日至 2021 年 11 月 4 日的日 K 线图如图 6-2-19 所示，图中出现了光头阴线，覆盖了不同涨跌行情。出现光头阴线的行情结果与上面分析的基本一致，大多是看跌，只有在股价上涨过程中出现光头阴线，并且上下被阳线包围，股价有反弹上涨的可能。

> **TIPS**　光头阳线和下影阳线类似，而光头阴线和下影阴线类似。根据以上分析，可以把它们进行比较，注意它们之间的异同。

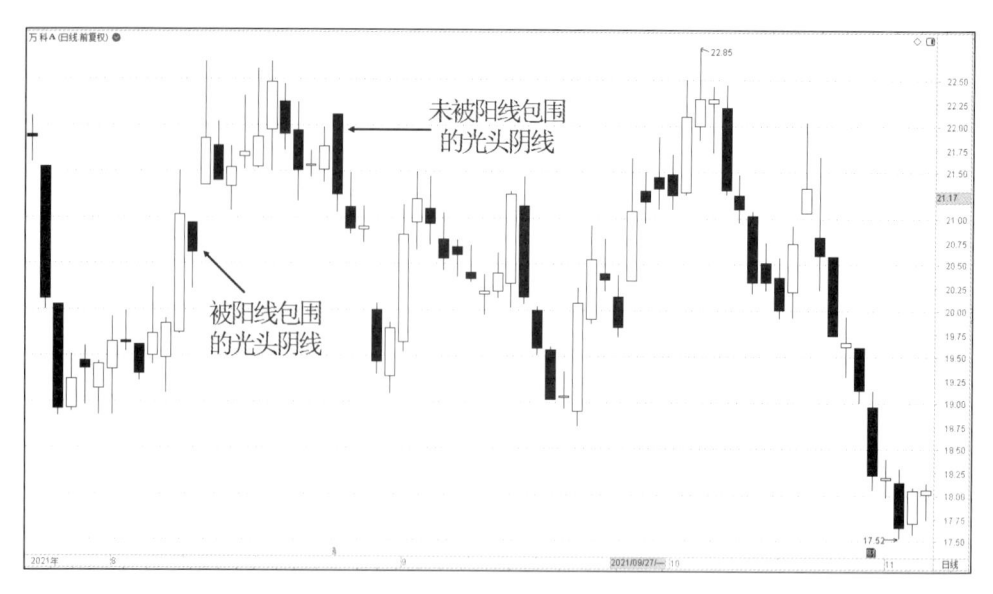

图 6-2-19　万科 A 日 K 线图

6.2.7　光脚阳线、光脚阴线

光脚阳线的图形特征如图 6-2-20 所示。

图 6-2-20　光脚阳线的图形特征

出现光脚阳线，很难准确判断股价的趋势，需要结合其实体的大小、影线的长短及当时行情的价位综合分析。光脚阳线预示如图 6-2-21 所示。

图 6-2-21　光脚阳线预示

创元科技（股票代码：000551）2021 年 6 月 28 日至 2021 年 10 月 29 日的日 K 线图如图 6-2-22 所示，低价位刚刚上涨后出现光脚阳线，且无上影线，说明上涨动力十足，基本无阻力，股价将继续上涨。在高价位出现光脚阳线，且实体要比上影线短，股价必然转势下跌。其他行情价位的光脚阳线不好判断，可以结合其他多种因素看趋势。

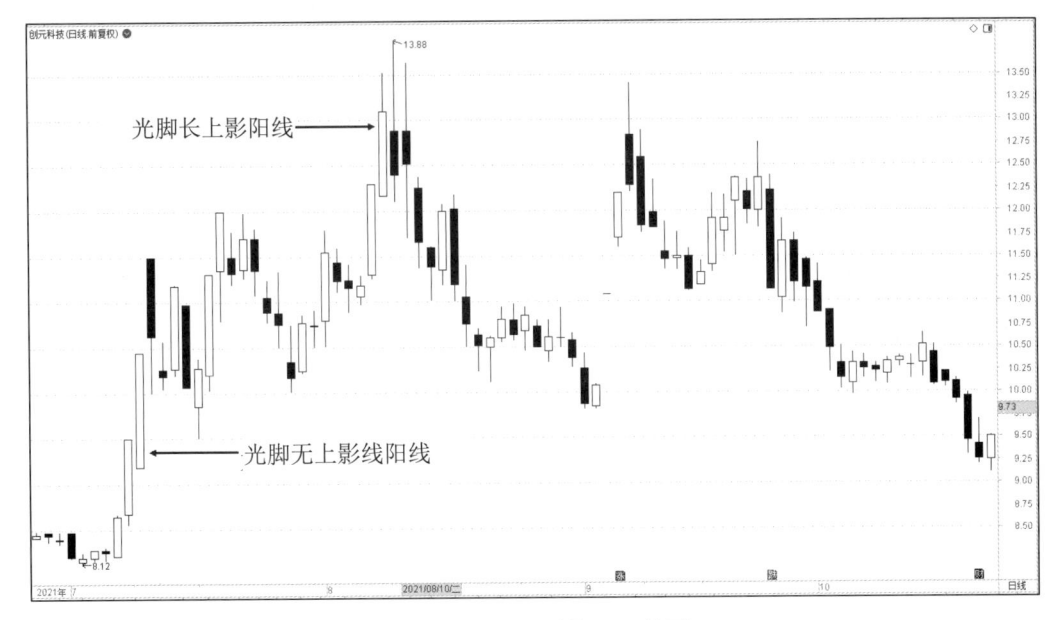

图 6-2-22　创元科技日 K 线图

光脚阴线的图形特征如图 6-2-23 所示。

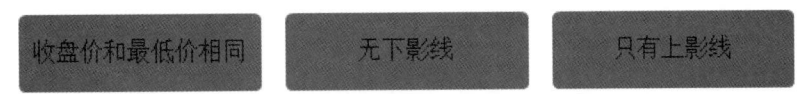

图 6-2-23　光脚阴线的图形特征

出现光脚阴线，说明该股上涨空间受限，最终以最低价收阴。一般而言，光脚阴线预示该股看跌的可能性大，尤其是高价位出现光脚大阴线，且上影线较短的时候，股价看跌可能性最大。

泰山石油（股票代码：000554）2021 年 7 月 29 日至 11 月 26 日的日 K 线图如图 6-2-24 所示，该股长期处在调整阶段，出现光脚阴线后，说明多方力量逐步衰弱，空方力量逐渐增强，所以后市股价一路持续下跌。

> 光脚阳线和上影阳线类似，光脚阴线和上影阴线类似。根据以上分析，可以把它们进行比较，注意它们之间的异同。另外，出现光脚阳线和光脚阴线，注意最有可能作出准确判断的几种情况，其他情况判断意义不大。

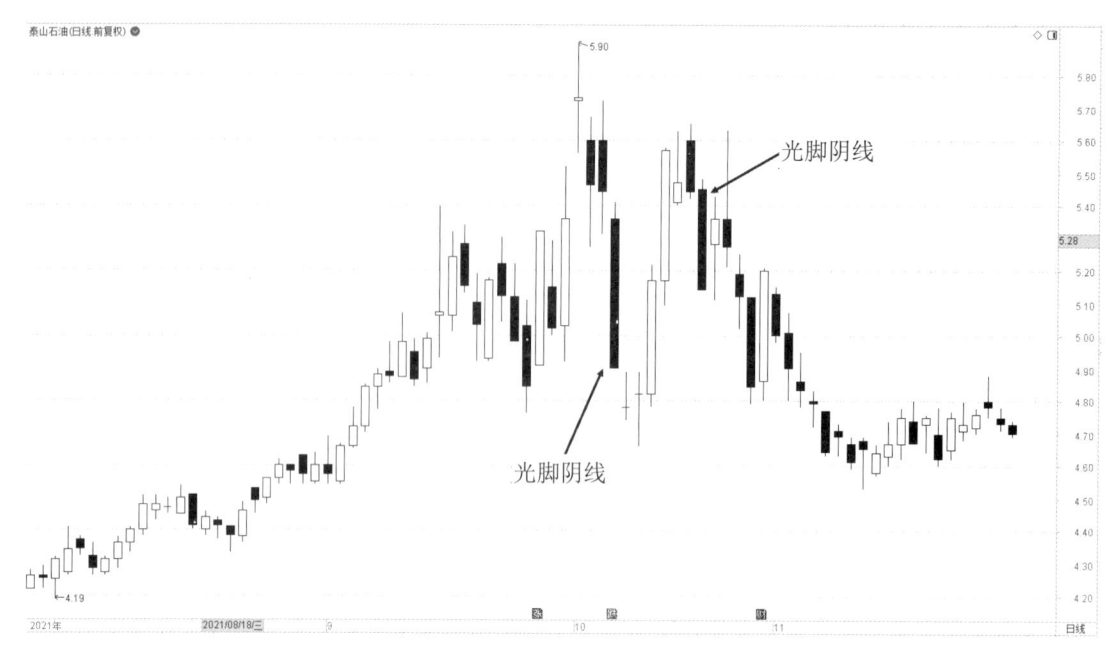

图 6-2-24 泰山石油日 K 线图

6.2.8 光头光脚阳线、光头光脚阴线

光头光脚阳线的图形特征如图 6-2-25 所示。

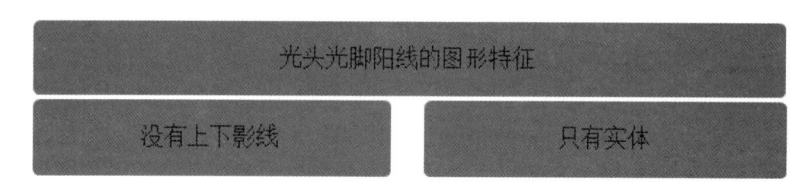

图 6-2-25 光头光脚阳线的图形特征

形成光头光脚阳线的原因是股价开盘后上涨，盘中如果下跌，也没有跌出开盘价，最低价在开盘价，最高价在收盘价。光头光脚阳线一般出现在股价上涨之初或股价上涨之中，出现共同光脚阳线，说明该股多方力量很强势，持续上涨能力足够，后市看涨。

瀚川智能（股票代码：688022）2021 年 10 月 12 日至 2021 年 11 月 26 日的日 K 线图如图 6-2-26 所示，图中两处出现了光头光脚阳线，不论在股价上涨中出现的，还是在刚刚突破震荡区间上涨一段时间后出现的，后市股价均继续上涨。

光头光脚阴线也没有上下影线，只有实体，但其开盘价为最高价，收盘价为最低价。形成光头光脚阴线的原因是股价开盘后下跌，盘中如果上涨，也没有涨出开盘价，最高价在开盘价，最低价在收盘价。光头光脚阴线一般多出现在股价下跌之初或下跌过程之中，出现光头光脚阴线，说明该股空方力量很强势，持续下跌可能性大，后市继续看跌。

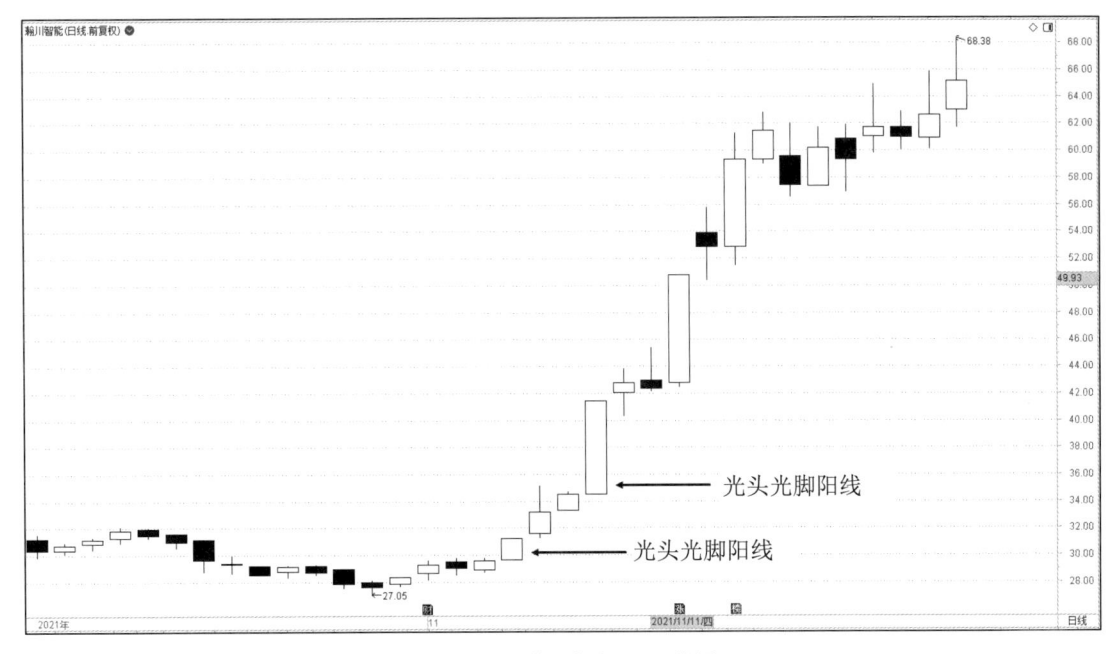

图 6-2-26　瀚川智能日 K 线图

中远海特（股票代码：600428）2021 年 7 月 26 日至 2021 年 11 月 26 日的日 K 线图如图 6-2-27 所示，股价在下跌之初出现光头光脚阴线，而且形成的实体较大，说明该股下跌的动力强劲，空方力量占据绝对优势，后市将继续看跌。

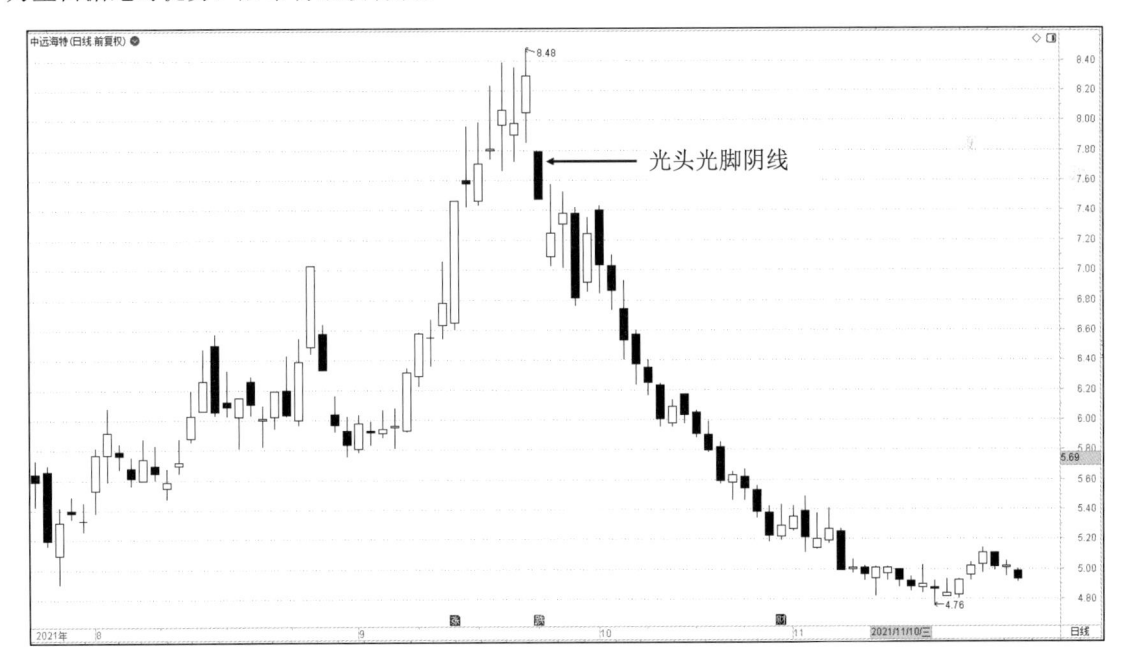

图 6-2-27　中远海特日 K 线图

6.2.9 十字星、一字线、T字线、倒T字线

十字星的图形特征就是"十"字形，开盘价和收盘价相同，所以实体呈"一"字形。如果上影线远远长于下影线，一般称为上影十字星，如果下影线远远长于上影线，一般称为下影十字星。十字星若出现在行情低价位或者高价位，一般预示转势信号，如图6-2-28所示。

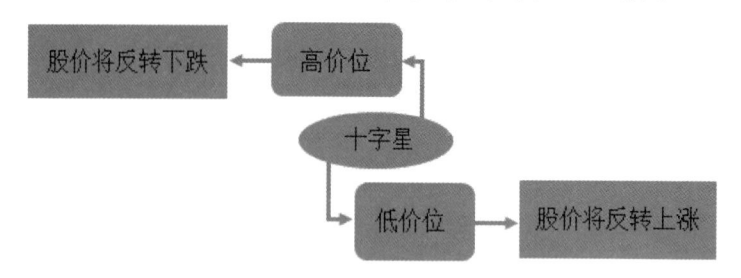

图 6-2-28 十字星预示转势信号

若出现上影十字星，股价一般有下跌趋势；若出现下影十字星，股价大多会上涨。

中源协和（股票代码：600645）2021年7月20日至11月3日的日K线图如图6-2-29所示，左侧的十字星出现在行情低价位时，随后一段时间，可以看到股价转势上涨很快，当股价上涨到一定价位后，又出现了十字星，而且是上影十字星，股价随后逐渐下跌。

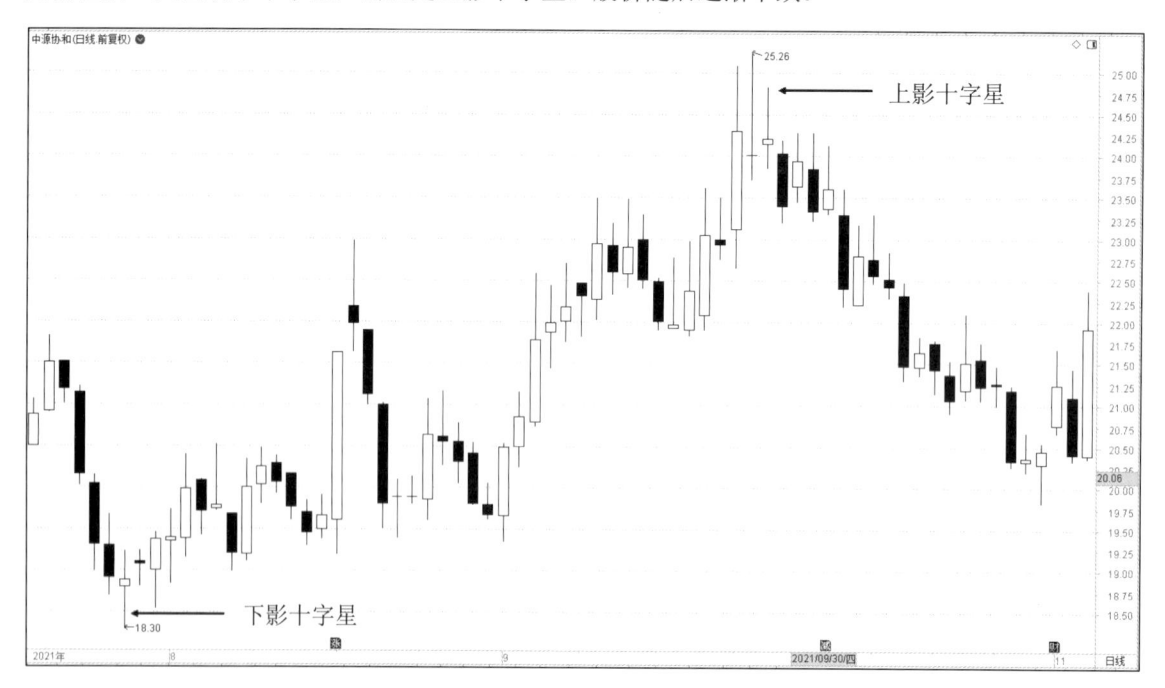

图 6-2-29 中源协和日K线图

一字线图形特征就是"一"字形，开盘价、收盘价、最高价和最低价几乎都相同，这是一种非常少见的 K 线形态，一般出现在涨停跌停的个股中。在上涨过程中出现一字线，就是买进信号；在下跌过程中出现一字线，就是卖出信号。

国光电器（股票代码：002045）2021 年 9 月 30 日至 11 月 26 日的日 K 线图如图 6-2-30 所示，该股在上涨过程中连续出现一字线，股价上涨幅度很大，说明该股封在涨停价上，多方力量极为强劲，该股日后必定大涨。相反，若是股价在下跌过程中出现一字线，那么情况就完全相反了。

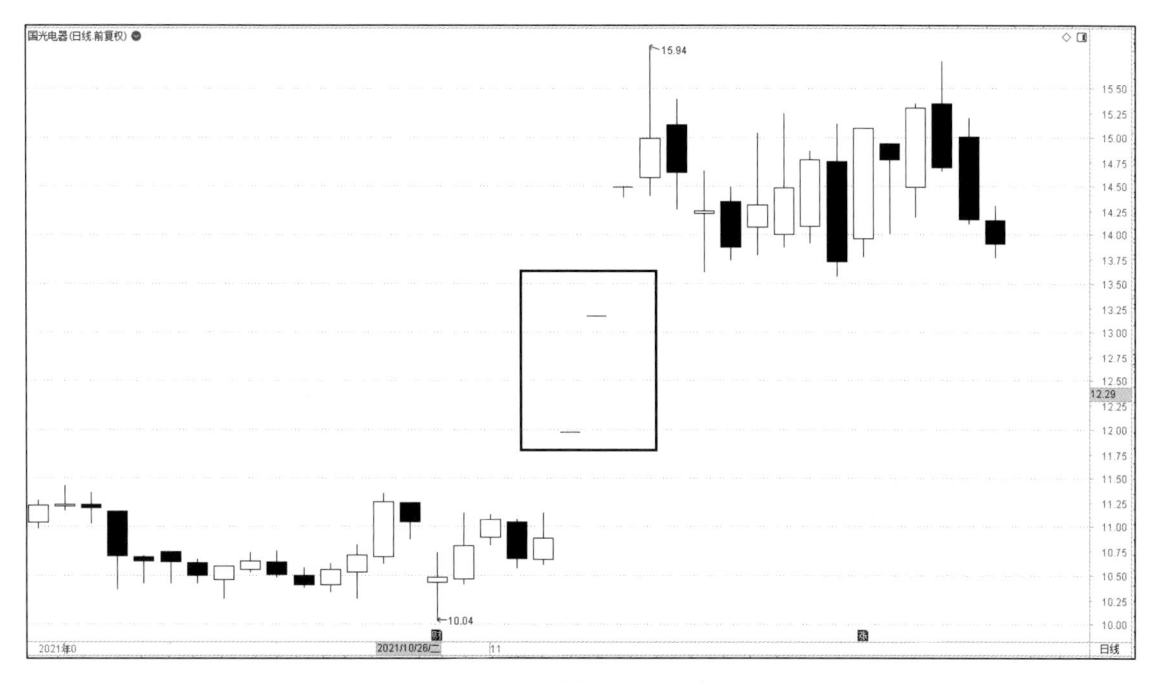

图 6-2-30　国光电器日 K 线图

T 字线的图形特征就是"T"字形，只有下影线没有上影线，开盘价、收盘价和最高价几乎相同，对 T 字线的分析跟上面讲的下影线十字星的分析一致。倒 T 字线是只有上影线没有下影线，开盘价、收盘价和最低价几乎相同，其分析与上影十字星的分析一致。因此 T 字线和倒 T 字线不再具体分析，详情见上面的讲解。

深大通（股票代码：000038）2021 年 9 月 1 日至 11 月 26 日的日 K 线图如图 6-2-31 所示，T 字线出现在低价位，其下影线代表股价下跌趋势受阻，日后股价反转上升的可能性大。

TIPS 除以上各种单根 K 线形态外，其他还有多种形态，但分析意义不大，实战分析中掌握以上常见和特殊意义的几种也就足够了。另外每种形态的分析都是由 3 个部分结合起来，即看阴阳、看实体大小和看影线长短，在具体的看盘实战中，还必须结合涨跌行情及其价位的高低，同时，有时候还必须结合分时走势图，才能看清多空双方力量的强弱优劣，这样才能对股价的未来走势作出更为准确的判断。

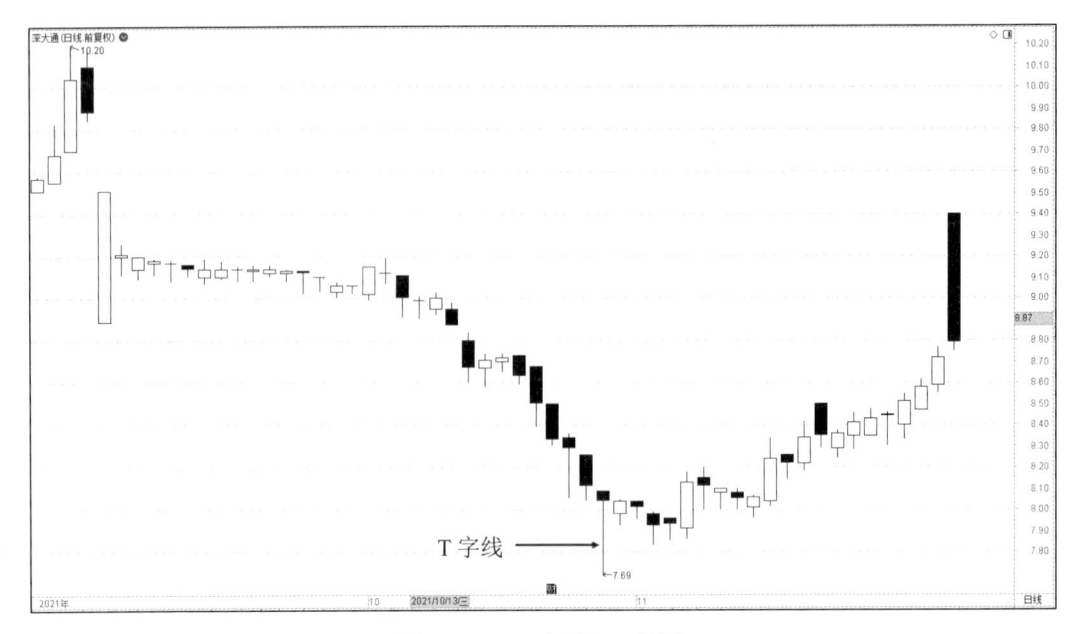

图 6-2-31 深大通日 K 线图

6.3 K 线组合形态

在实战看盘过程中,常常借助 K 线图来寻找买卖点,但是要想从单根 K 线形态中把握股价走势,必定要耗费大量的时间和精力,如果不是做短线和超短线,看单根 K 线形态意义不大。实际上,就算是看单根 K 线形态,也需要结合周边其他 K 线形态和所处的行情价位等其他因素综合分析,这点前面反复提示过。因此,看 K 线组合形态就显得意义重大,当然,反过来讲,熟练掌握单根 K 线形态的意义是基础和前提,这样看 K 线组合形态也就轻松多了。下面将介绍一些常见常用的经典 K 线组合形态,如果能够熟练掌握这些经常出现的 K 线组合形态,就可以快速直观地把握个股的买卖时机,趋利避害。

> **TIPS** 股价涨跌行情会因各种因素（如国家政策、国家政治经济关系、自然灾害等）千变万化,K 线组合形态当然难免会有误差,这就要求投资者不仅要熟练掌握这些经典 K 线形态,更要理解其形成的内在动因,同时捕捉各种信息应对出现的变局,从而作出更精准更合理的判断。

6.3.1 底部 K 线组合形态

一般而言,底部 K 线组合形态的意义在于给投资者提供抄底买进的机会,而显示这种信号的底部 K 线组合形态如图 6-3-1 所示。

图 6-3-1　底部 K 线组合形态

1. 超跌反弹 V 形底

超跌反弹 V 形底也称为"尖底",其行情底部走势像一个 V 字形。出现超跌反弹 V 形底,一般是由于股价经过长时间的大幅下跌后,多方卖盘的越来越少,在高价买进被套牢的投资者由于损失较大,不肯轻易卖盘,而股价已跌得相当低了,场外观望的散户投资者看到主力资金动向,跟着主力资金抄底的意愿也相当强烈,随着跟进买入的增多,成交量迅速放大,股价反弹上升。

东旭蓝天(股票代码:000040)2021 年 3 月 24 日至 9 月 22 日的日 K 线图如图 6-3-2 所示,此阶段的股价行情从前期高点的 3.4 元/股降到最低的 2.51 元/股,跌幅达到 26.18%,应该是比较大的跌幅了,这时候损失较小的基本上抛盘走人了,而损失较大的定会握盘不放,因此,随着成交量的缩小,股价没有再跌的可能,随后几天空方趁机大量买进,成交量迅速放大,股价反弹上升。

图 6-3-2　东旭蓝天日 K 线图

2. 震荡圆弧底

震荡圆弧底，其底部行情走势像一条圆弧线。出现震荡圆弧底，说明股价经过缓慢下降，长时间的徘徊后又慢慢上升。相比超跌反弹 V 形底，震荡圆弧底出现得比较多，因为大部分的股票，并不是下跌后直接拉升，而是经过一个漫长的调整过程，这才真实地反映了主力和散户之间的博弈。

农产品（股票代码：000061）2021 年 1 月 28 日至 11 月 8 日的日 K 线图如图 6-3-3 所示，股价在经过前期长时间的缓慢下跌后，快接近这段时间的最低点，随着卖盘的越来越少，在顶部买进被套的股民损失巨大，不愿意再放盘，股价止跌，随后主力采取各种手段逼迫散户放盘。股价不可能一下子就拉升，需要很漫长的一段过程，在圆弧底的后期，主力才吸收到了足够筹码，股价快速拉升。

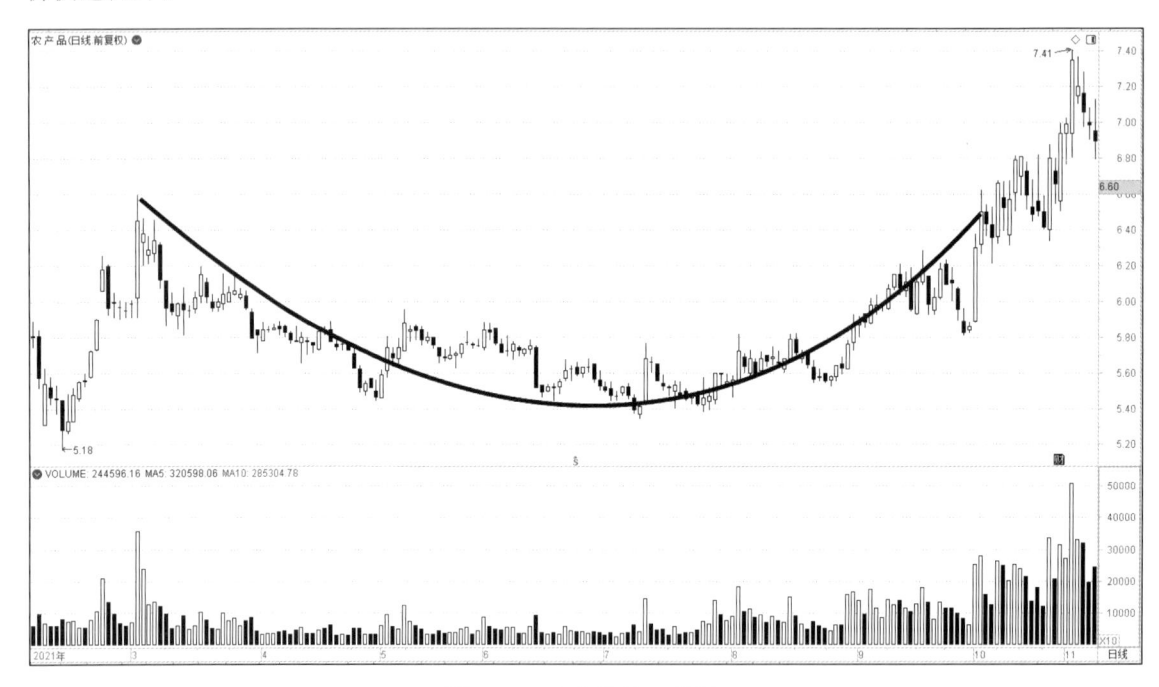

图 6-3-3　农产品日 K 线图

3. 二次探底双肩底

二次探底双肩底的底部行情走势呈现一个 W 字形。出现二次探底双肩底，一般是主力为了达到吸筹的目的，采用欺骗投资者最常用的手段，即股价在拉高后急速下跌，再次使股价跌到前期低点，并表现出股价还有创新低的可能，持股的投资者害怕股价再次大幅下跌，通常会慌忙卖出股票，在前期低点参与的短线投资者一见股价没涨多少，又要下跌了，就会全盘卖出股票，这样主力就可以吸到大量廉价的筹码。

常山北明（股票代码：000158）2020 年 6 月 22 日至 2021 年 7 月 2 日的日 K 线图如图 6-3-4 所

示，股价在第二次探底时非常接近前期低点，并没有创出新低。一般来讲，出现二次探底双肩底，散户会被主力套牢，成交量会有相应的放大，但是此 K 线图成交量并没有放大，说明两种情况，一种是散户没有盘可放了，一种是散户看清了主力动向没有被主力套牢。尽管如此，主力还是在股价缓慢上升过程中与散户共同吸取了筹码，随着成交量的步步放大，自然就拉升了股价。

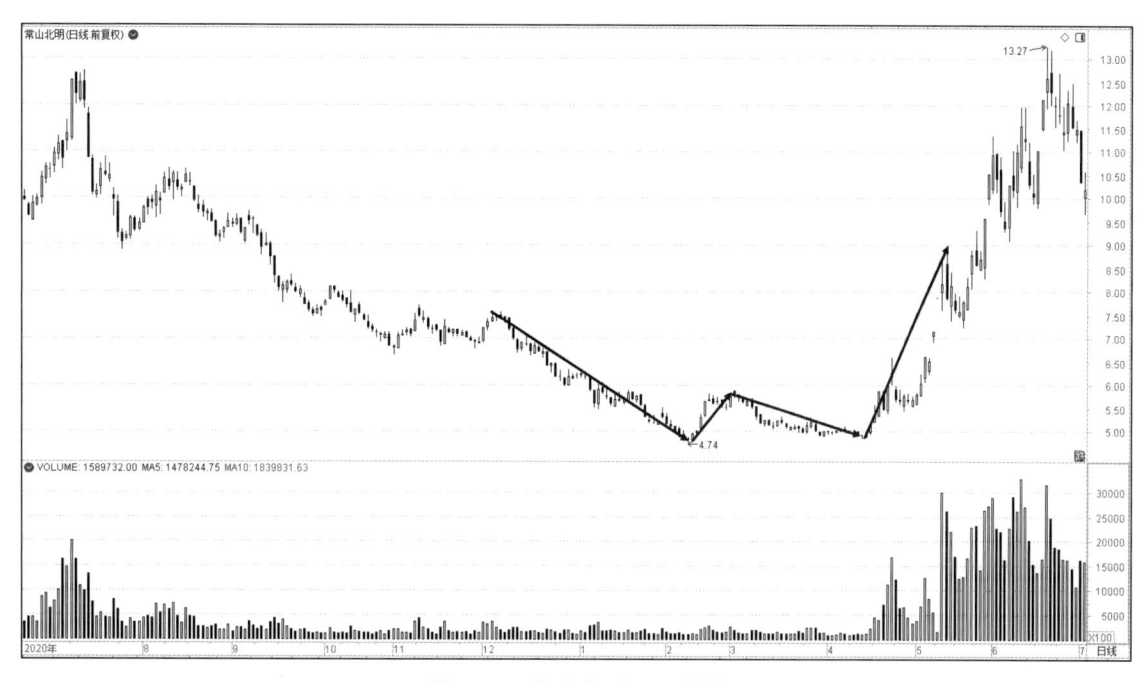

图 6-3-4　常山北明日 K 线图

4．海底捞月头肩底

海底捞月头肩底，不仅有海底捞月之形也有海底捞月之意，它是指底部行情走势出现了三次涨跌波段，而两边的波段，涨跌幅度不大，各呈一个坡度较小的 V 形底，而中间的那个波段，涨跌幅度较大，形成一个坡度较大的 V 字形。出现海底捞月头肩底，股票一般由高价位开始下跌，下跌趋势一旦形成，短时间内很难见底，由于散户投资者被股价大幅下跌吓怕了，人们恐慌性卖出股票，股价由于跌幅较大，出现止跌反弹走势，这时在高位套牢的投资者就会趁股价反弹时卖出股票，股价还会再次创新低，这时候就是海底捞月的最好时机，但如果投资者在股价刚止跌时急于抄底，就有可能被套。

申万宏源（股票代码：000166）2021 年 5 月 13 日至 9 月 24 日的日 K 线图如图 6-3-5 所示，该股左边行情出现大幅下跌，股民大量抛盘，但几天后，股价见底止跌并开始上涨，但是小幅上涨后，主力为引诱持股者大量出货，又出现大量抛盘，股价创新低，这时候，主力趁机抄底大量吸取筹码，随后拉升股价。

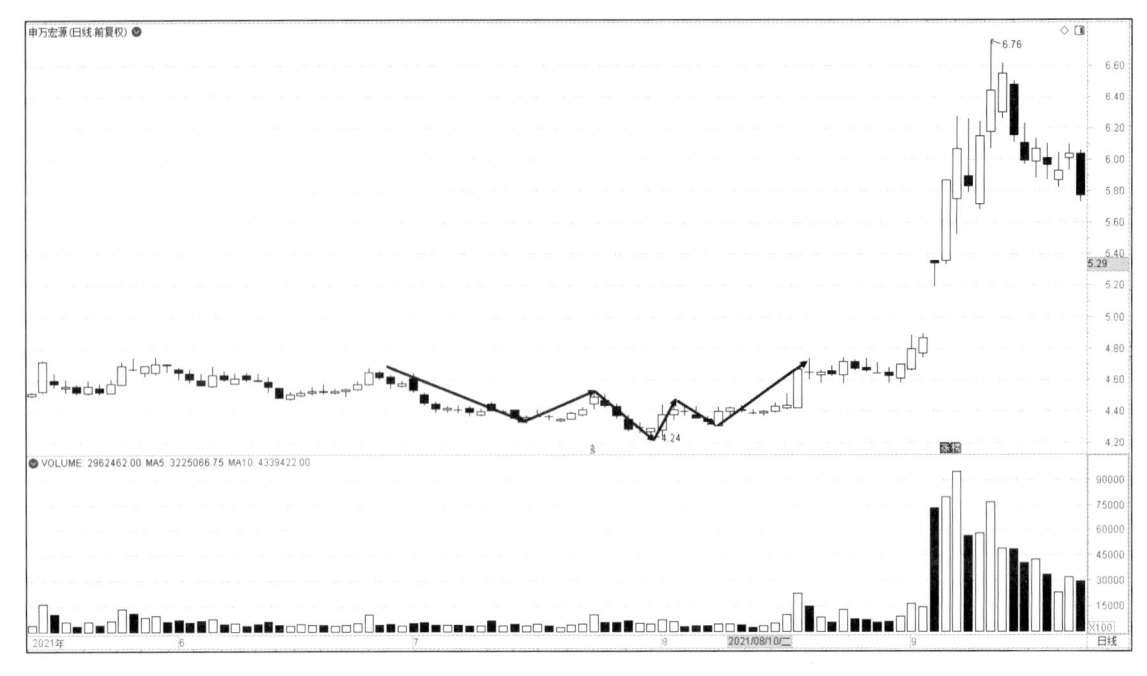

图 6-3-5　申万宏源日 K 线图

5. 反复震荡多重底

反复震荡多重底，其底部行情像一条曲折的波浪线，它是指底部行情出现连续的几个大大小小的涨跌波段。出现反复震荡多重底，股价一般经过前期大幅下跌后，持股者恐慌性纷纷抛盘卖出，此时股价极低。由于股价大幅下跌，在高位参与的投资惜售筹码，在场外观望的主力资金开始进场，主力不想让别人发现自己在吸纳筹码，只能用小单量接盘，由于在底部被套的散户较少，主力不能短时间内吸够筹码，只好采取长时间在底部区域震荡吸筹，通过长时间的低位震荡迫使持股信心不坚定的持股者大量抛出手中的筹码，随着时间的推移，散户手中的筹码越来越少，主力手中的筹码越来越多，当主力控制的筹码达到一定量的时候，则离股价大幅拉升为时不远。

东阿阿胶（股票代码：000423）2021 年 5 月 20 日至 10 月 28 日的日 K 线图如图 6-3-6 所示，该股在底部盘旋了一个月的时间，一般股民肯定是没有耐心等待的，尤其是在高价位买进的股民，随着长时间的等待也只好割肉抛盘，小幅的多重波动，是主力小单的买进卖出，主力利用时间优势，吸取大量筹码，等待最佳时机拉升股价。

TIPS　主力一般不急于拉升股价，而是进一步等待时机，尤其是在大盘形势很好的情况下，股价定会大幅拉升。在 K 线图上看到，股价长时间在一个窄幅区域震荡波动，成交量没有明显的规律性，一旦主力开始真正拉升股价时，成交量则开始放大，形成这种 K 线形态的个股，通常会演变成一只黑马股。

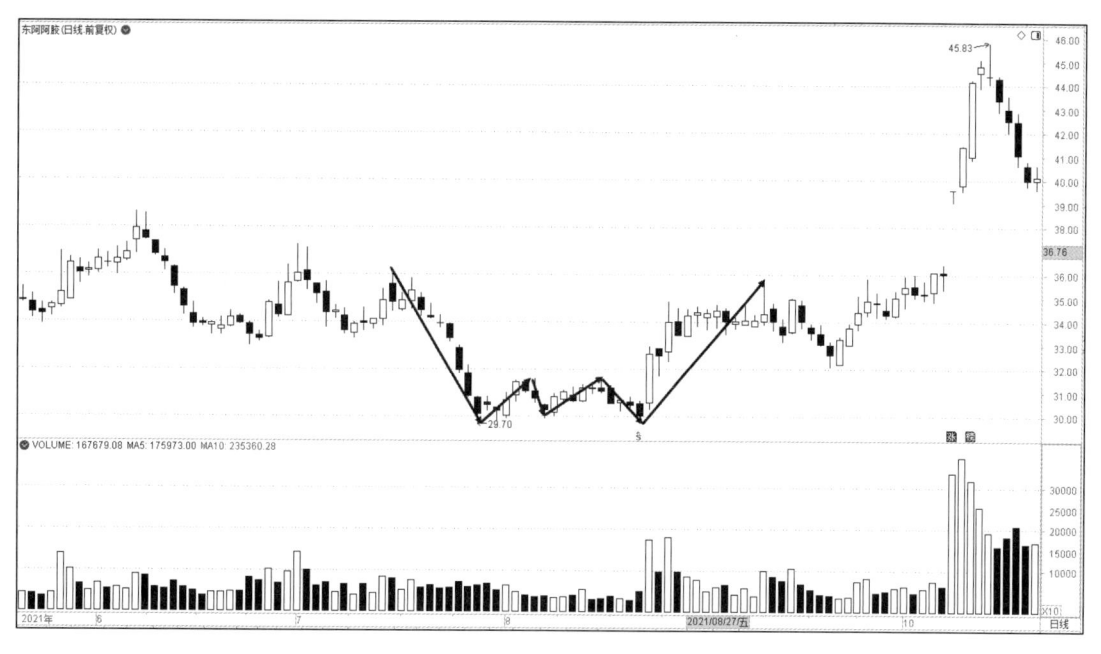

图 6-3-6　东阿阿胶日 K 线图

6.3.2　顶部 K 线组合形态

与底部 K 线形态相对应，顶部 K 线形态的意义在于收顶卖出，而相应地显示这种信号的顶部 K 线组合形态如图 6-3-7 所示。

冲高回落单峰顶	震荡下跌圆弧顶
二次摸高双肩顶	日落西山头肩顶	乌云密布多重顶

图 6-3-7　顶部 K 线组合形态

顶部的形成往往伴随着两方面的因素：政策面因素和技术面因素。前者容易导致股价急跌，而后者却可以一步三回头地持续很长时间，主力有足够的时间出货，等主力出完货后，股价的顶部才会真正示人。一般情况下，如果基本面或政策面突然变坏，主力有时也采用此种方式出货，形成单峰顶的可能性较大，而圆弧顶、双肩顶和头肩顶的情况比较常见。

1. 冲高回落单峰顶

冲高回落单峰顶与超跌反弹 V 形底正好相反，呈现一个倒 V 字形。单峰顶的形成多是遇到突然利空因素影响，比如大盘走势变坏或有利空消息出台，短时间有大量恐慌盘卖出，造成股价急跌；另外如果个股涨幅较大，到达主力出货目标位，主力需要套现资金，由于主力急于在短时间内出货，股价就会出现急跌；还有的是主力在拉升途中出掉了大部分货，当股价上涨过快时跟风盘追涨意愿强烈，大量散户资金被圈进来，此时主力出货意愿相当强烈，主力则会大量卖出手中股票，出现单峰顶的概率较大，这种走势杀伤力极大，投资者追高的话，很容易被套。

贵州茅台（股票代码：600519）2020年10月19日至2021年8月30日的日K线图如图6-3-8所示，当股价上涨到顶部最高价2608.59元/股之后，股价开始急剧下跌。同时段的上证A股大盘日K线图如图6-3-9所示，比较图6-3-8和图6-3-9可知，整个涨跌趋势几乎如出一辙，说明个股受到大盘涨跌行情的影响极大，而贵州茅台单峰顶的形成正是大盘走势受政策性因素变坏的影响引起的，所以股价急剧下跌。当然还有些单峰顶是因为主力大量出货或者是多重因素所致。

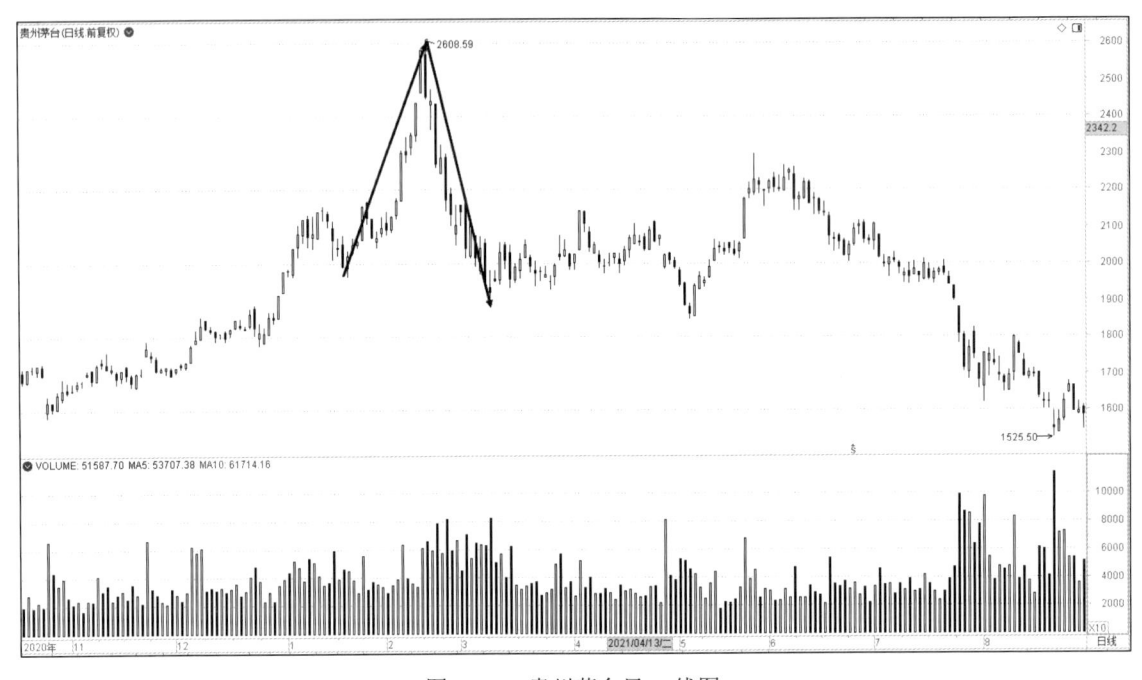

图6-3-8　贵州茅台日K线图

2. 震荡下跌圆弧顶

震荡下跌圆弧顶，就是股价顶部行情走势呈抛物线下跌，似圆弧状。出现震荡下跌圆弧顶，说明在大盘形势较好的情况下，主力让股价在相对较高的位置反复震荡，吸引散户短线资金参与，利用长时间的震荡来达到出货的目的。由于主力在出货期间出多进少，股价重心不断下移，参与其中的散户在不知不觉中被深深套牢，在主力出货完毕后，股价就开始大跌了，这时候被套的散户就是瓮中之鳖，任人宰割。

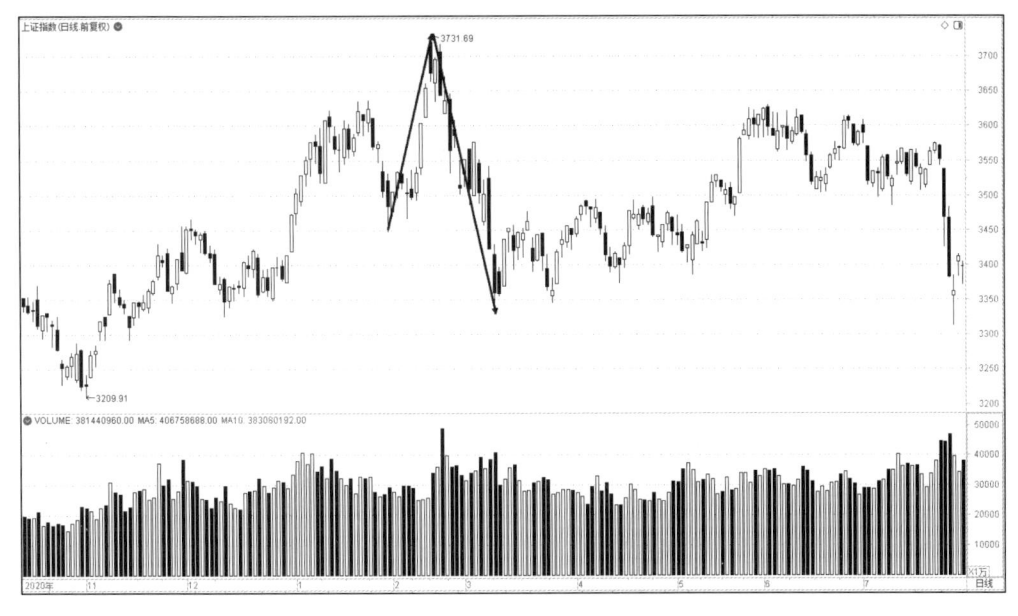

图 6-3-9　上证 A 股大盘日 K 线图

飞亚达（股票代码：000026）2020 年 12 月 15 日至 2021 年 11 月 02 日的日 K 线图如图 6-3-10 所示，股价在缓慢上涨过程中每一次小幅下跌后都是再一次相对大的涨幅，如果大盘形势不错的话，股民以为行情会一波接一波地更上一层楼，但是股价到一定价位后，行情的每一次的波动都是主力在小单出货。从图 6-3-10 中可以看到，股价开始整体下跌的时候，成交量也缩小了，说明主力已经出货完毕，随后股价下跌幅度远大于上涨幅度，到后期更是急剧大幅下跌。

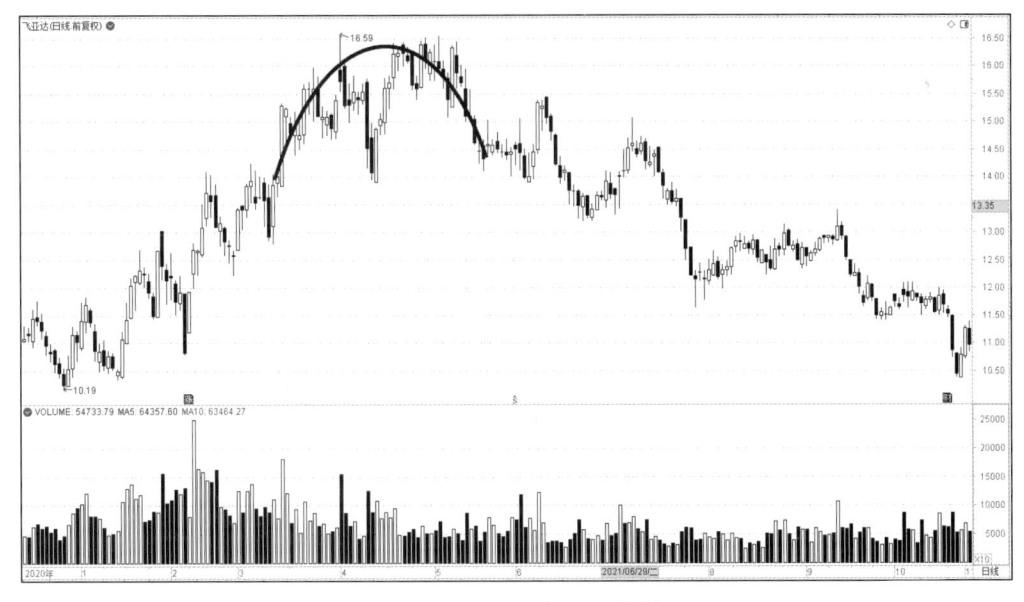

图 6-3-10　飞亚达日 K 线图

3. 二次摸高双肩顶

二次摸高双肩顶，就是股价顶部行情走势呈 M 字形或倒双 V 字形。出现二次摸高双肩顶大多是由于突然遇到大盘回调等各种原因造成股价急跌，主力出货很难实现，为了实现出货的目的，主力只有再次拉升抬高股价，以吸引散户跟进追涨。

> **TIPS** 当股价再次到达前期高点附近时，股价再次回落，在 K 线图上呈两个山峰状，似两个肩头，因此称之为双肩顶。

皇庭国际（股票代码：000056）2021 年 3 月 19 日至 2021 年 6 月 23 日的日 K 线图如图 6-3-11 所示，该股前期上涨趋势明显，没有下跌迹象，从成交量看，跟进看涨的投资者不少。当股价到达一定高位后，主力尝试小单放盘，但是接盘的不多，于是调整一段时间后，为引诱更多散户跟进买盘，主力再次拉升股价，股价甚至超出前期最高价，这时候散户以为还会再次上涨，进一步跟进买盘，而主力趁机大量放盘，股价随后大幅下跌。

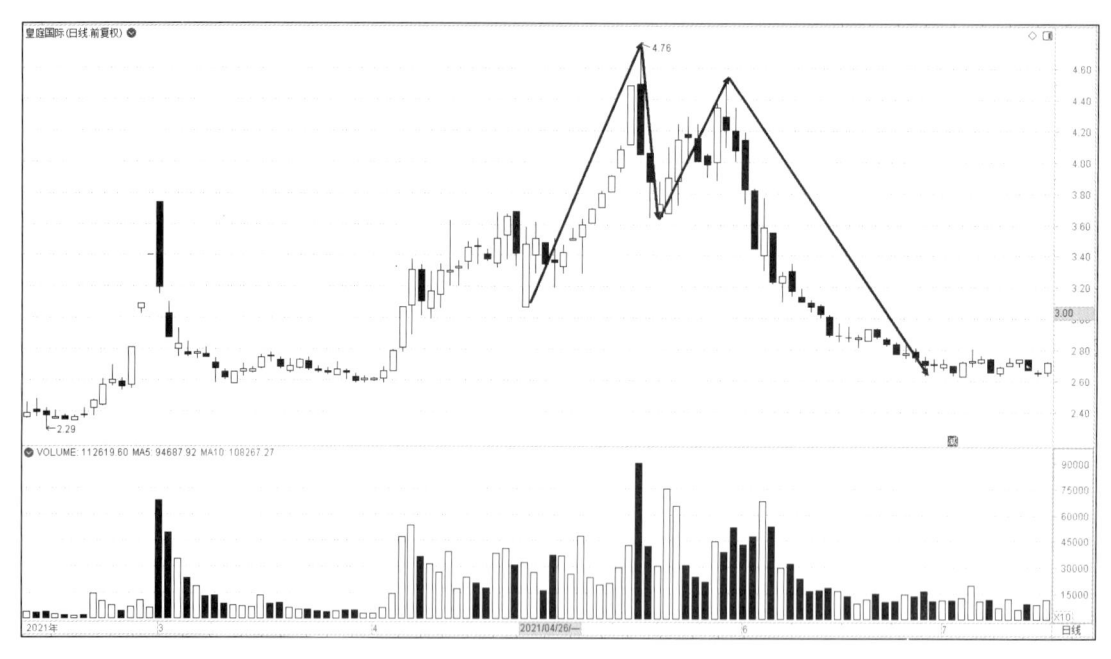

图 6-3-11　皇庭国际日 K 线图

4. 日落西山头肩顶

日落西山头肩顶，就是顶部行情走势呈现一个大顶（头肩顶）及其两边各有 1 个或几个小顶。出现头肩顶，说明在前期上涨过程中，股价出现小幅下跌后是一层更上一层楼，而在后期股价下跌过程中，股价出现小幅上涨后是一层更下一层楼。一般而言，股价由底部启动上涨后，经过一段时间已累积大量获利盘，主力为了清理掉获利盘，同时让新资金进场，抬高散户的持股成本，以利于再次拉抬股价，于是控制股价在一个区间震荡波动，获利的散户看到股价不涨了，害怕股价继续下跌，纷纷选择卖出股票，另一部分看好该股的投资者，看到股票调整给了自己低价买入的机会，股价经过几日的调整后，主力目的达到，于是再次大幅拉升股价，利用股价的大幅上涨，激发起散户高位买进，当大量散户进场跟进时，主力开始大量出货，股价出现急速下跌。同样股价下跌过程中的小幅上涨只是为了引诱散户期待再涨跟进，同时甩掉主力最后的筹码，被套的散户迎来的却是更大一波的下跌。

金融街（股票代码：000402）2021年1月27日至5月7日的日K线图如图6-3-12所示。在形成头肩顶的上涨过程中，从成交量的进一步放大看，有新资金参与，说明主力达到目的。主力进一步拉升股价达到高位后，开始大量放盘，股价急剧下跌。

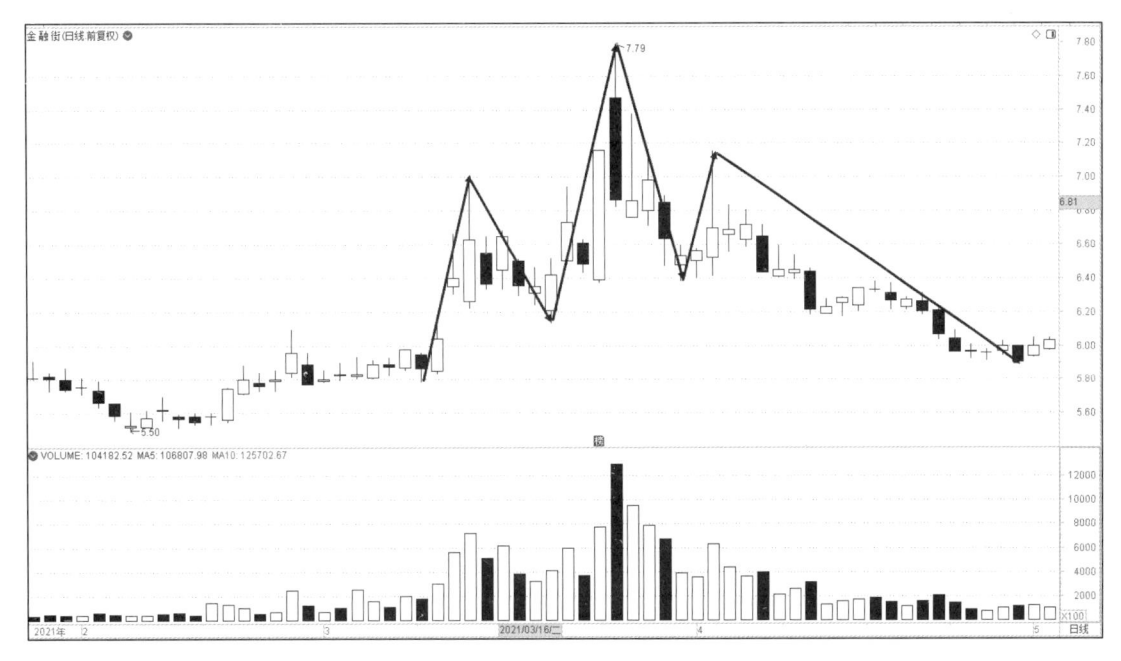

图 6-3-12　金融街日K线图

5．乌云密布多重顶

乌云密布多重顶，是在行情顶部呈现一条曲折的波浪线。出现乌云密布多重顶，一般是股价上涨到一定价位后，出现长时间的高位反复震荡，主力趁机出多进少，到主力完全出货后，股价则跌破盘整区域，在盘整区域参与的投资者则因股价下跌而被套。

多重顶的形成原理是股价由底部开始上涨，经过主力资金大幅拉升后，股价到了主力的目标位，主力如果用急速下跌的方式出货，则出不了多少，并且卖的价位低，利润大幅缩水。索性就让股价反复上涨下跌，吸引短线股民跟进，让散户摸不清方向，主力为了卖个好价钱，极力稳住股价不大幅下跌，这样通过长时间在高位震荡，主力手中的筹码越来越少，大部筹码都被散户接走了，股价随时面临下跌的风险。

通程控股（股票代码：000419）2020年4月23日至11月3日的日K线图如图6-3-13所示，该股从底部启动上涨，经过上涨后，股价在5元/股左右开始出现长时间的震荡盘整，看似反复无常，实乃主力掩盖出货真相，当出现大量阴线的时候，尤其在最后一波的下降过程中出现，说明主力已经出货完毕，股价急速下跌。

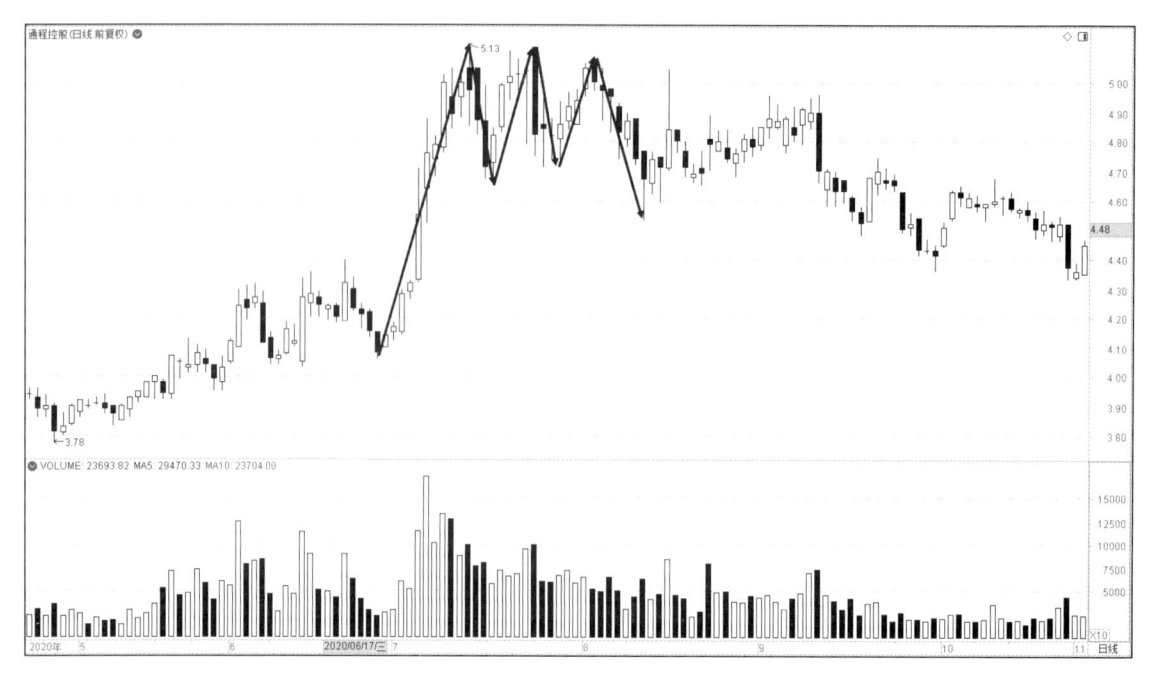

图 6-3-13　通程控股日 K 线图

6.3.3　中部 K 线组合形态

根据中部 K 线的涨跌行情和时机，经典的中部 K 线组合形态如图 6-3-14 所示。

图 6-3-14　中部 K 线组合形态

其中多重阳线沉底和阳线夹击阴线是买进的信号，多重阴线盖顶和阴线夹击阳线是卖出的信号。

1. 多重阳线沉底

多重阳线沉底，就是股价在见底后反弹回升出现连续的几个阳线组合形态。一般而言，股价见底后必定反弹回升，而回升之初的信号就是多重阳线沉底，这多重阳线沉底的形态如图 6-3-15 所示。

| 冉冉上升 | 步步高升 | 齐头并进 |

图 6-3-15　多重阳线沉底的形态

出现多重阳线沉底，说明股价见底后已经开始反弹上涨，是投资者抄底买进的好机会。

中润资源（股票代码：000506）2021 年 3 月 11 日至 8 月 2 日的日 K 线图如图 6-3-16 所示，该股在行情底部达到最低价 2.06 元/股后，股价开始回升，连续出现几个小阳线，股价回升幅度和力度都不大，由于大多散民看到成交量小、股价上涨幅度也小，担心股价将会进一步下跌，不敢跟进。随着股价的进一步上涨，上涨趋势渐趋明朗，成交价才慢慢放大，但众多散户却失去了抄底跟进的机会。在后市中，连续上涨的趋势历历在目，股价行情呈现冉冉上升之势，可见，多重阳线沉底犹如星星之火，可以燎原。

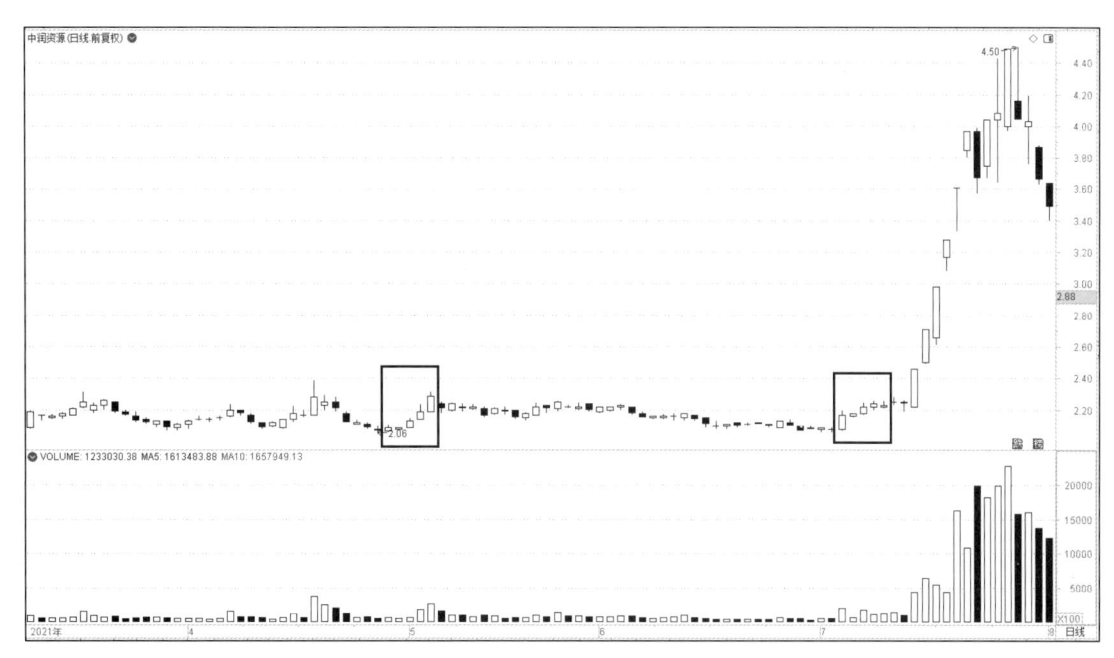

图 6-3-16　中润资源日 K 线图

2. 阳线夹击阴线

阳线夹击阴线，这是股价在上涨过程中经常出现的形态，是股价在上涨过程中出现小幅回调下跌后再次上涨的形态，形成上涨中的上下阳线对中间阴线的夹击之势。出现阳线夹击阴线，说明主力为拉升下一波的股价，趁机吸盘加大自己的筹码，以便在后期进一步拉升股价的过程中赢取更多的利润。

中集集团（股票代码：000039）2021 年 7 月 15 日至 9 月 22 日的日 K 线图如图 6-3-17 所示，该股在股价上涨的过程中，零星地分散一些阴线，都在阳线包围的夹击之下，图 6-3-17 中圈住的则是几个阴线组合一起被上下的阳线包围夹击。当阴线零星分散在上涨的行情中时，股价趋势几乎没有明显的下跌迹象，所以股民大可大胆持股、大胆跟进。但是几个小阴线组合一起时，股价行情有明显的下跌趋势，很多散户就会胆小怕事，认定股价形势开始逆转下跌，急于抛盘走人，可是只要成交量没有很快放大，股价就不可能继续下跌，这只是主力吓唬那些看不清行情走势、持股没有信心的散户，引蛇出洞而已。

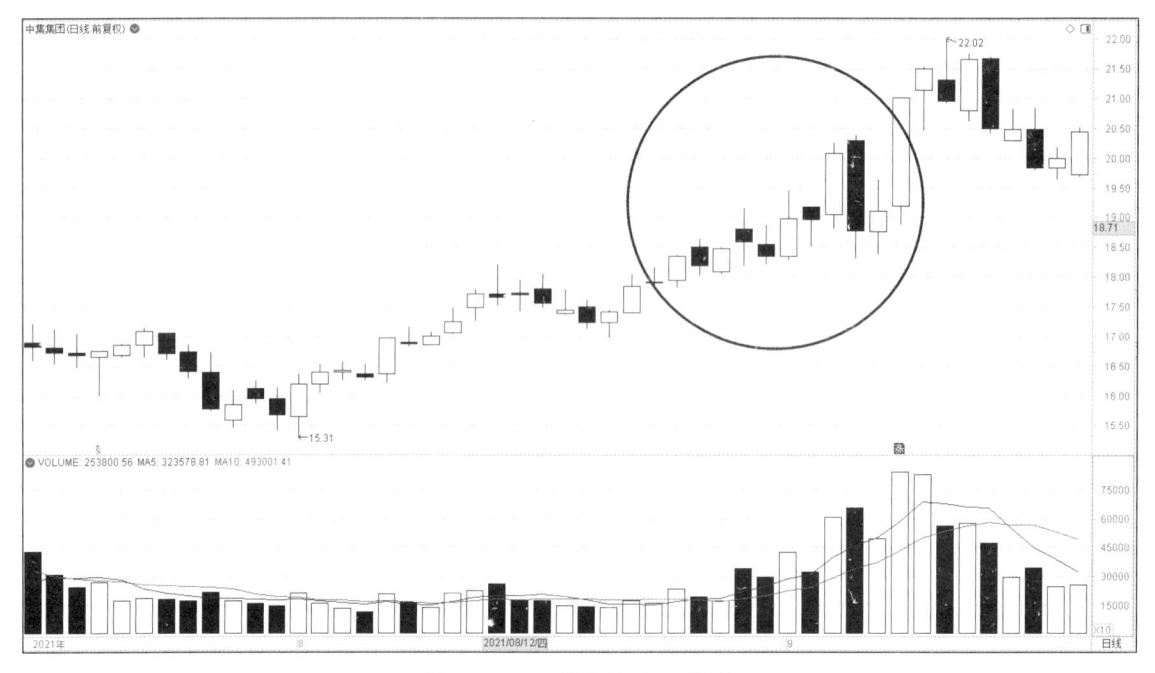

图 6-3-17 中集集团日 K 线图

阳线夹击阴线这种形态是股价在上涨过程中的常态，并反复出现，但在具体行情中，也有可能出现连续上涨不回调的股价行情，还有可能出现一直跳空高涨的芝麻开花节节高的形态。华数传媒（股票代码：000156）的日 K 线图如图 6-3-18 所示，该股在几天内，从低价位 6.91 元/股左右就上涨到最高价 8.2 元/股，这几天内股价出现芝麻开花节节高形态，成交量也是急速放大，说明这几天有大资金参与，游资在前期若能跟进，必定从中大获渔翁之利。

3. 多重阴线盖顶

多重阴线盖顶，与多重阳线沉底正好相反，是指股价在见顶后反转下跌出现连续或交错的几个阴线组合形态。一般而言，股价见顶后必定反转下跌，而下跌之初的信号就是多重阴线盖顶，这多重阴线盖顶的形态如图 6-3-19 所示。

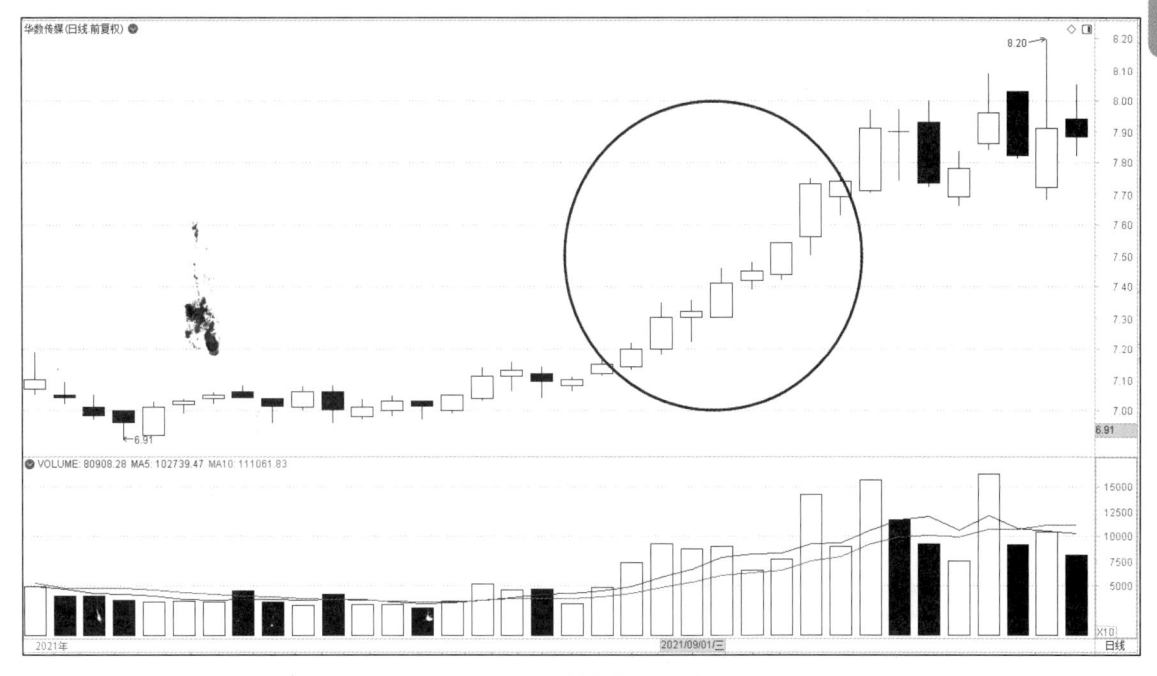

图 6-3-18　华数传媒日 K 线图

图 6-3-19　多重阴线盖顶的形态

出现多重阴线盖顶，说明股价见顶后已经开始反转下跌，投资者必须收顶卖出。

美锦能源（股票代码：000723）2021 年 6 月 15 日至 10 月 22 日的日 K 线图如图 6-3-20 所示，该股行情达到一定高位后，阴阳线交错呈现，很快阴线占据绝对优势，出现连续的几重阴线组合，股价明显有下跌转向，由于股价下跌幅度和力度都不大，不少散民对股市还有进一步的期待，收手放盘的好像不多，所以成交量不大。

TIPS　但是随着股价持续的下跌，大多股民已经没有期待，主力也逐渐出货完毕，股价形势下跌已不可避免，后市股价将会进一步下跌，投资者最好尽早清仓出货，否则很有可能血本无归。

4. 阴线夹击阳线

阴线夹击阳线，这是股价在下跌过程中经常出现的形态，是股价在下跌过程中出现小幅回调上涨后进一步下跌的形态，形成下跌途中上下阴线对中间阳线的夹击之势。出现阴线夹击阳线，说明主力适当拉升股价，引诱散户跟进，以便顺利完成出货，把获取的利润快速兑现。

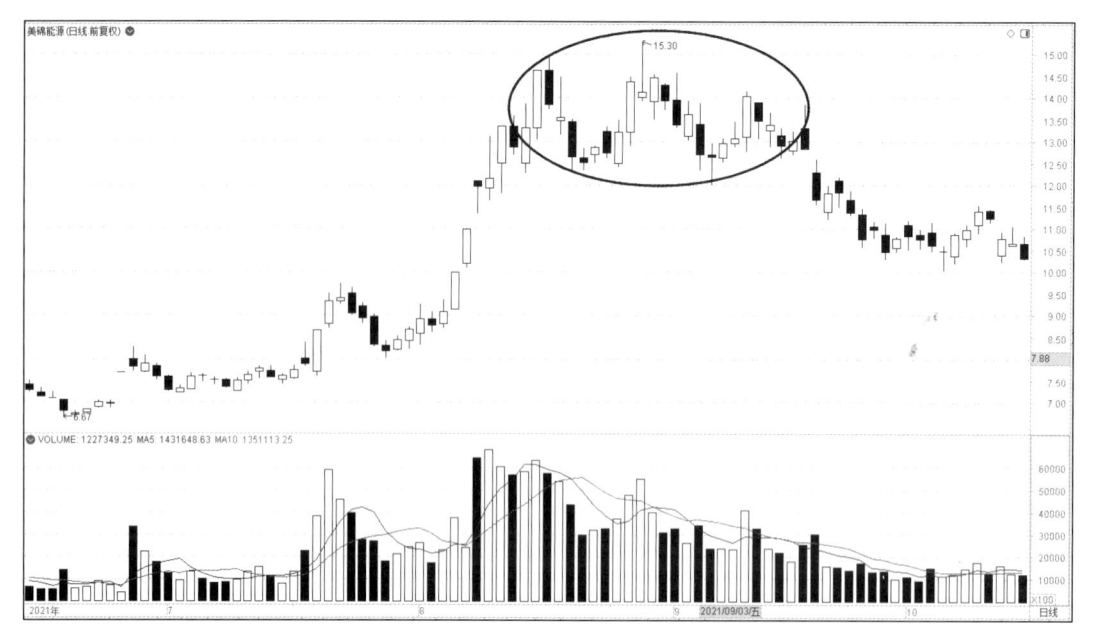

图 6-3-20　美锦能源日 K 线图

京东方 A（股票代码：000725）2021 年 3 月 26 日至 11 月 08 日的日 K 线图如图 6-3-21 所示，该股在股价下跌的过程中，大多是阳线被上下的阴线包围夹击，其回调上涨势力看似不弱，主力适时拉升股价后大力出货，等待这些散户接盘，散户接盘后股价迅速进一步下跌，这些散户被套，损失惨重，而主力获利出逃成功。

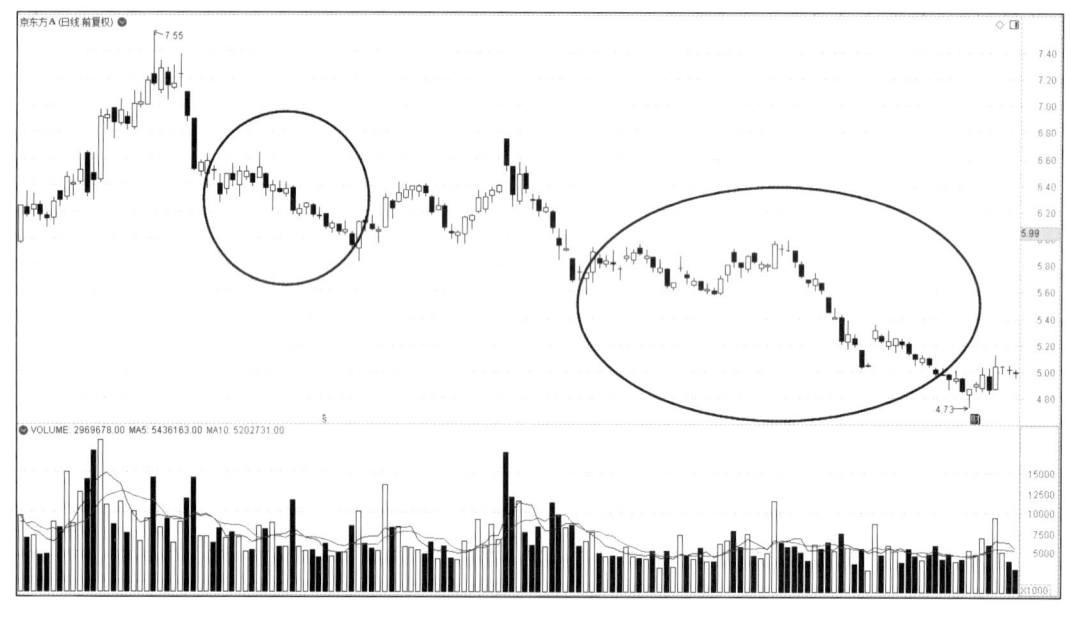

图 6-3-21　京东方 A 日 K 线图

6.3.4 整体 K 线组合形态

有时候从整体上或长周期看 K 线趋势，股价涨跌幅度比较平衡，但反复的几个涨跌波段会出现一个整体向上或向下的趋势，这就需要看整体 K 线组合形态。这种看整体趋势的方式特别适合做中长线的投资者。

1. 顶部楔形

顶部楔形，是指 K 线组合的整体行情走势倾斜向上，连接上下高点形成两条趋势线，这两条趋势线都是向上倾斜的，但它们的延长线会相交于一点。顶部楔形形态特征如图 6-3-22 所示。顶部楔形一般出现在股价整体上涨趋势的中途，是股价前一阶段大涨后，为防止短线投资者趁机哄抬跟进而形成的上涨中途整盘形态。

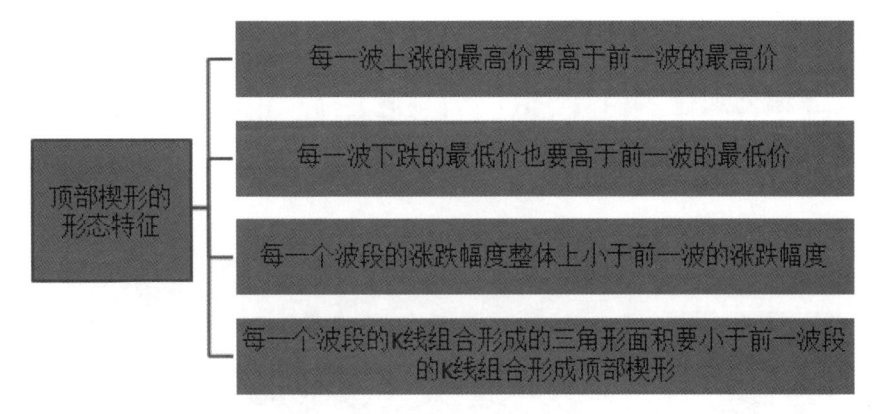

图 6-3-22 顶部楔形的形态特征

中色股份（股票代码：000758）2021 年 6 月 11 日至 11 月 16 日的日 K 线图如图 6-3-23 所示，从整体趋势看，这就是典型的顶部楔形，股价前期出现大涨，成交量急剧放大，其中定会有很多短线客趁机追涨，随后股价见顶反转下跌，但见底后股价远远高于前期的最低点，以后几波以此类推。从成交量上看，随后每一波的成交量是逐步递减的，正好说明短线客逐步被清空，主力目的达到，随着股价调整的幅度越来越小，股价达到最高点附近，股价整体走势反转进入下跌的可能性最大。

2. 下降三角形

下降三角形，是指 K 线组合的整体行情走势呈现一个下降的三角形。它的形态特征如图 6-3-24 所示。

图 6-3-23　中色股份日 K 线图

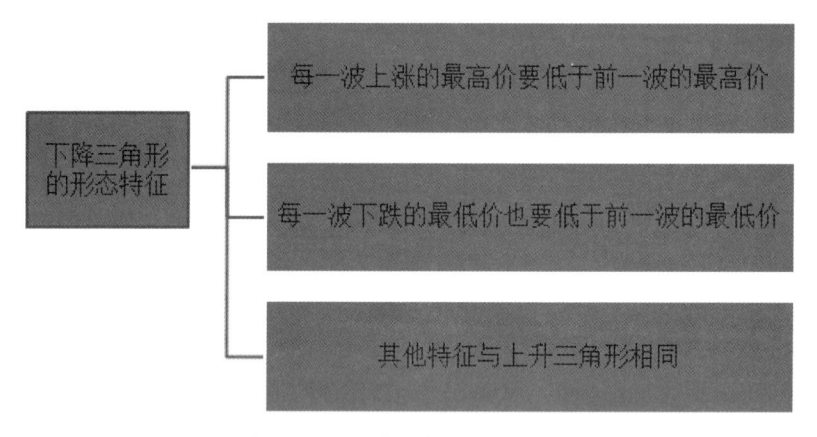

图 6-3-24　下降三角形的形态特征

出现下降三角形的预示如图 6-3-25 所示。

张裕 A（股票代码：000869）2021 年 5 月 25 日至 9 月 6 日的日 K 线图如图 6-3-26 所示，将三角形走势的上下两条趋势线画出，上边的趋势线倾斜向下，下边的趋势线呈现水平状态。当股价下穿下边线的时候，股价沿着原有的下跌趋势继续下跌。

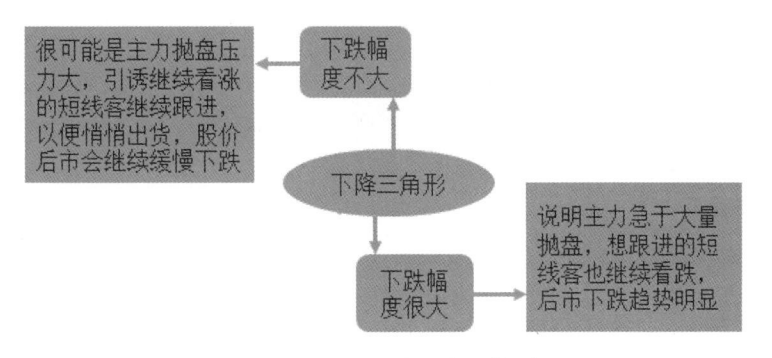

图 6-3-25　出现下降三角形的预示

图 6-3-26　张裕 A 日 K 线图

3．对称三角形

对称三角形也属于典型的中途盘整形态。其形态特征如图 6-3-27 所示。

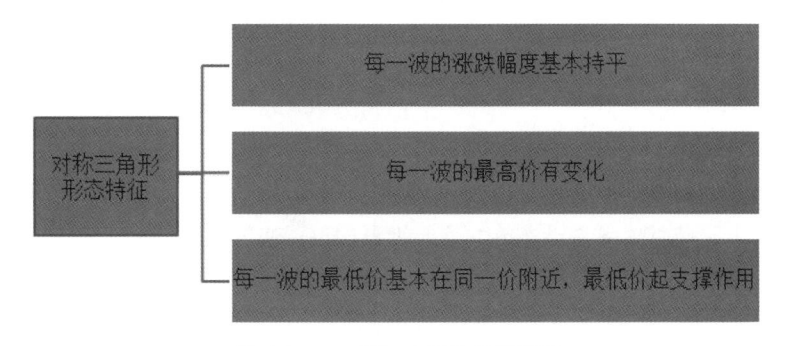

图 6-3-27　对称三角形形态特征

对称三角形可能出现在整体上升趋势中途,也可能出现在整体下降趋势中途。出现对称三角形,分析的意义不大,短线投资者对行情前期走势可以不加关注,等待行情后期转势突破,一般在行情后期涨跌幅度较小的时候是股价转势突破的始端。因此,此种形态重点是关注后期转势突破的阶段,一旦突破,股价必定波动较大,不是大涨就是大跌,转势突破向上是跟进买进的时机,转势突破向下是抛盘卖出的时机。

思源电气(股票代码:002028)2021 年 7 月 7 日至 11 月 26 日的日 K 线图如图 6-3-28 所示,将三角形的高点边结成上下两条边线,上边线向下倾斜,下边线向上倾斜,两条线边的延长线会相交,并且这两条边线的倾斜角度大致相当,形成对称三角形的形态。

图 6-3-28 思源电气日 K 线图

TIPS 对称三角形的形态是典型的持续形态,原来的趋势是什么,三角形形态过后的趋势还会顺延。图 6-3-28 就是原趋势为上涨,经过三角形形态的盘整后,价格向上突破边线,继续上涨。

4. 上升旗形

上升旗形是股价经过快速而陡峭的上升之后形成旗杆,然后进入调整阶段。因股价波动紧密而形成一个狭窄和稍微向下倾斜的平行四边形,像一面旗帜。一般而言,出现上升旗形,旗形内的成交量快速萎缩,向上突破时成交量迅速放大且股价再次出现快速拉升。

中材科技(股票代码:002080)2021 年 4 月 29 日至 7 月 20 日的日 K 线图如图 6-3-29 所示,该股在形成旗杆阶段,快速上升且成交量明显放大,到了旗形调整阶段,成交量逐步萎缩,到了旗形尾端,成交量微乎其微,但是调整后,行情突破向上,并且成交量急剧放大,股价上涨趋势指日可待。

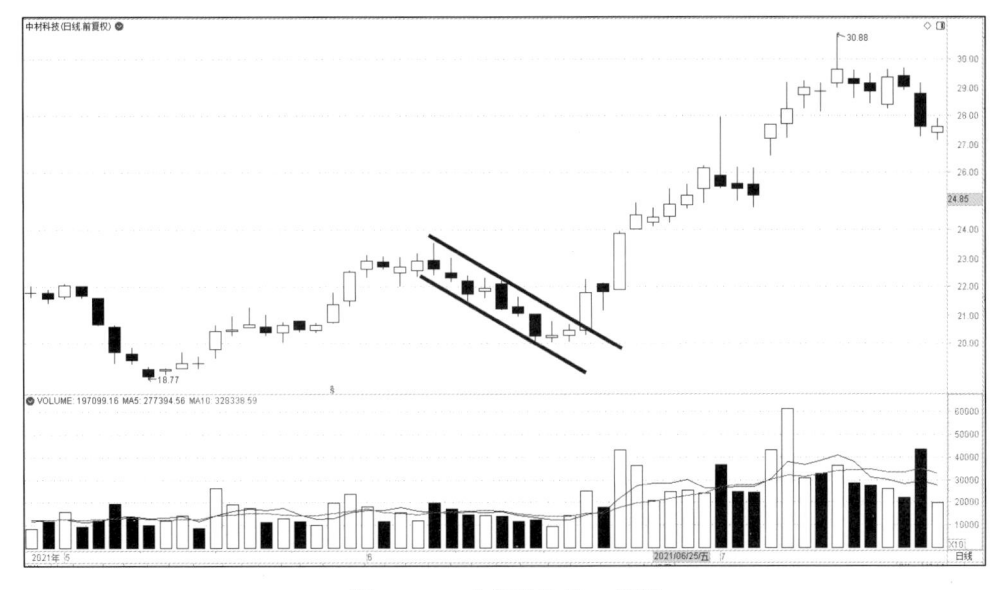

图 6-3-29　中材科技日 K 线图

与上升旗形相对应的行情形态应该是下降旗形，但是相比上升旗形，下降旗形很少出现，因此分析意义不大。山河智能（股票代码：002097）2021 年 8 月 25 日至 11 月 10 日的日 K 线图如图 6-3-30 所示，无论在旗杆、调整还是调整后突破向下阶段，行情趋势都不会看好，成交量一直逐步萎缩，根本没有跟进买入的时机，而持股者越早卖出损失越小，像这样的个股没有盈利的空间，当然不值得分析。

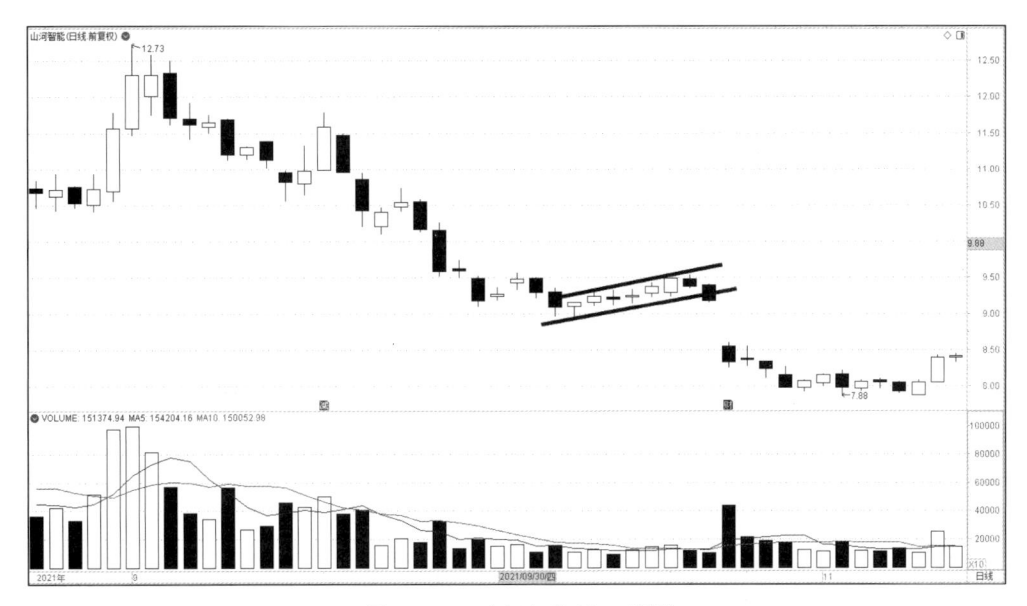

图 6-3-30　山河智能日 K 线图

第7章

量价：人气决定一切

在股市中，决定股价涨跌的根本原因是股票市场中供求关系的变化，而成交量可以最直接地反映供求关系的变化，那么，从成交量研判股价涨跌就显得极为重要。股市中有一句话：技术指标千变万化，成交量才是实打实的买卖。这说明技术很容易骗人，但成交量很难骗人。

7.1 量价关系的基本知识

股市有句俗话：先见为量，后见为价。这多少反映了成交量与股价之间的密切联系。量价关系的基本知识如图 7-1-1 所示。下面对此进行一一分析。

图 7-1-1　量价关系的基本知识

7.1.1 成交量

成交量就是当天已经成交的股票手数（1 手=100 股），它是判断股价走势的主要因素，也是分析主力动向的重要依据。无论是量价配合还是量价分离，股市中资金的进出，总会在成交量上有所反映。因此，在分时走势图和 K 线走势图中，一般都会有相应的成交量柱线图作为看盘的辅助指标，以判断股市中的资金动向。成交量柱线图如图 7-1-2 所示。

图 7-1-2　成交量柱线图

跟商品一样，股票要想成交必须有买有卖并且买卖达成一致。一只股票在一定周期内成交的数量就是成交量，根据周期的不同可以分为日成交量、周成交量、月成交量和年成交量。在分析量价关系的时候，一般就是通过一定周期的成交量预测下一个周期的股价走势，即通过日成交量来预测下一个交易日股价的走势，通过周或月成交量来预测下一周或月的股价走势。

在分析量价关系和研判股价后期走势时，不同周期的成交量的研判规律和分析方法是一致的，即同一种量价关系在不同周期的股价走势图中，其代表的市场意义是一样的。天融信（股票代码：002212）2021年1月29日至5月13日的日K线图上的日成交量图如图7-1-3所示，圈注中出现放量滞涨现象，预示后市价将下跌。同样，这种现象若出现在其他周期，也一样预示下一个周期的股价将下跌。

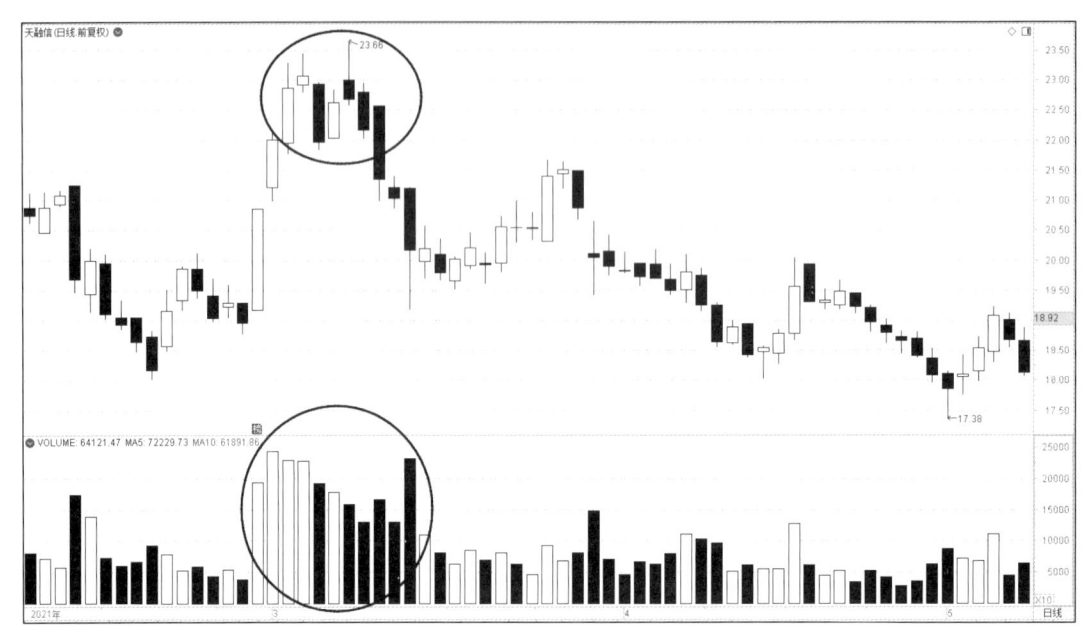

图 7-1-3　天融信日成交量柱线图

7.1.2　成交量形态

如果通过7.1.1小节的分析理解了什么是成交量，那么成交量形态的实质就是告诉我们如何看成交量。根据成交量的大小和变化的快慢，可以将其分为如图7-1-4所示的形态。

图 7-1-4　成交量形态分类

不同的成交量形态预示不同的股价走势，股价走势预示如图7-1-5所示。

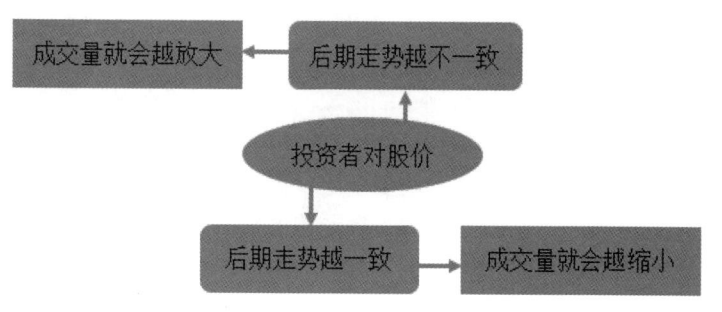

图 7-1-5　股价走势预示

1. 温和放量

温和放量，就是成交量出现缓慢逐步放大的现象，它一般出现在股价底部区域，是股票在低价位经过一段时间的调整后出现的成交量变化形态。在出现温和放量前，股价沉底调整，成交量大多是持续低迷，随着外场资金不断地参与，市场买卖力量发生变化，投资者不断跟进做多，成交量开始不断放大，成交量柱线逐步堆积成一座座"小山"，股价也逐步上涨。

卫士通（股票代码：002268）2021年1月28日至11月26日的日成交量图如图7-1-6所示，该股在股价底部区域和盘整区域出现了多次的温和放量现象，股价经过一波的下跌行情后在底部出现横盘整理的走势，在股价整理过程中，成交量一直表现低迷，盘整后，成交量逐步放大，股价也逐步上涨。

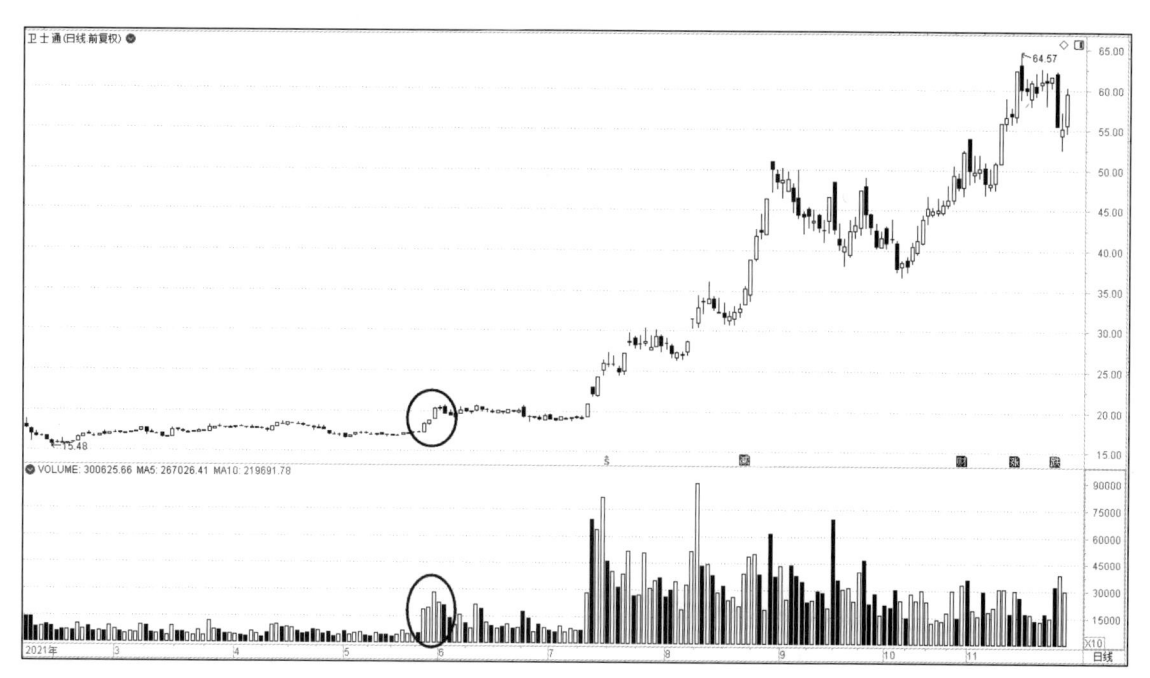

图 7-1-6　卫士通日成交量图

2. 温和缩量

温和缩量，就是成交量出现缓慢逐步缩小的现象，它一般出现在股价顶部区域，是股票在高价位经过一段时间的调整后出现的成交量变化形态。在出现温和缩量前，股价高位调整，成交量大多是处于活跃状态甚至处在顶峰状态，随着内场资金逐步撤离，市场买卖力量发生变化，投资者不断卖出做空，成交量开始不断缩小，成交量柱线呈现一个缓慢下坡的趋势，股价也步步下跌。

闰土股份（股票代码：002440）2020 年 12 月 18 日至 2021 年 7 月 27 日的日成交量图如图 7-1-7 所示，该股在高价位区域盘整后出现了温和放量现象，股价经过一波的上涨行情后在高价位出现横盘整理的走势，股价在整理过程中，成交量一直表现活跃，盘整后，成交量逐步缩小，股价也逐步下跌。

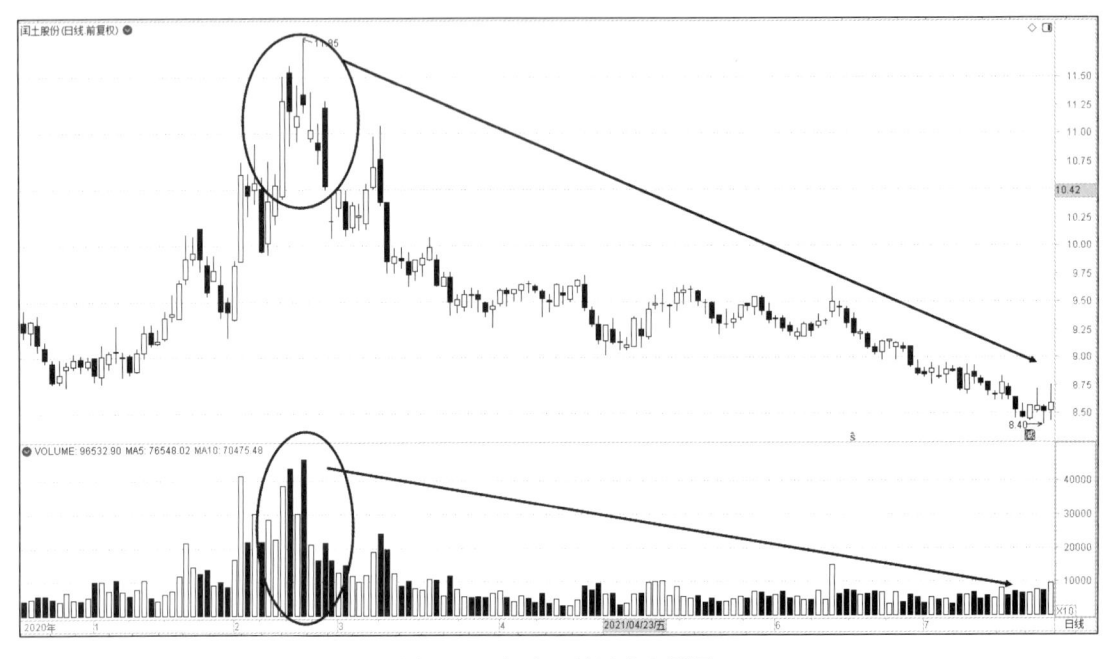

图 7-1-7　闰土股份日成交量图

3. 天量

天量，也称巨量，是指股价在运行过程中突然放出巨大的成交量，远远大于前一个交易日的成交量。无论是股价上涨过程中还是股价下跌过程中，在股价运行的各个区域，都有可能出现天量。在不同的运行区域，其所表达的市场意义不同。

盛路通信（股票代码：002446）2021 年 1 月 27 日至 11 月 1 日的日成交量图如图 7-1-8 所示，该股在上涨过程中出现天量，相应的 K 线为带有长上影线的流星线，意味着做多力量即将耗尽，主力资金在高价位大量出逃，后市出现滞涨反转下跌现象。鸿路钢构（股票代码：002541）2021 年 8 月 6 日至 10 月 29 日的日成交量图如图 7-1-9 所示，该股是在下跌过程中出现天量，相应 K 线为大阴线，意味着做空力量在大量释放，主力资金在下跌过程中即将出货完毕，股价也将持续下跌。

TIPS 并非出现天量就必定出现天价，也并非出现天量，股价行情就呈下跌趋势，如果在行情底部出现天量，股价极有可能反转放量上涨。

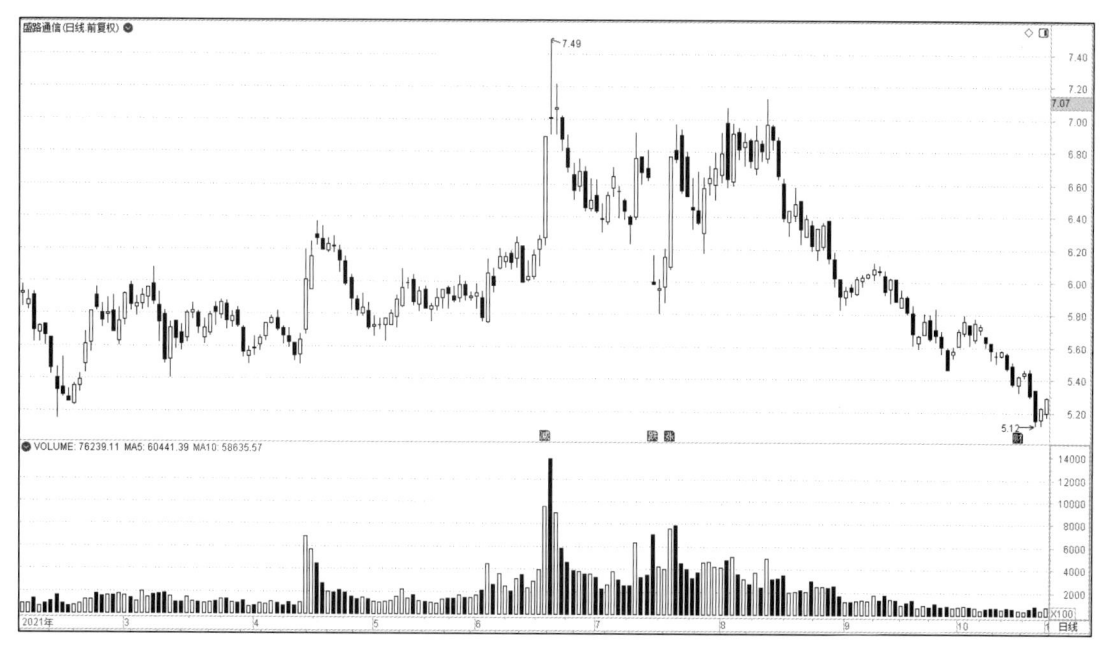

图 7-1-8 盛路通信日成交量图

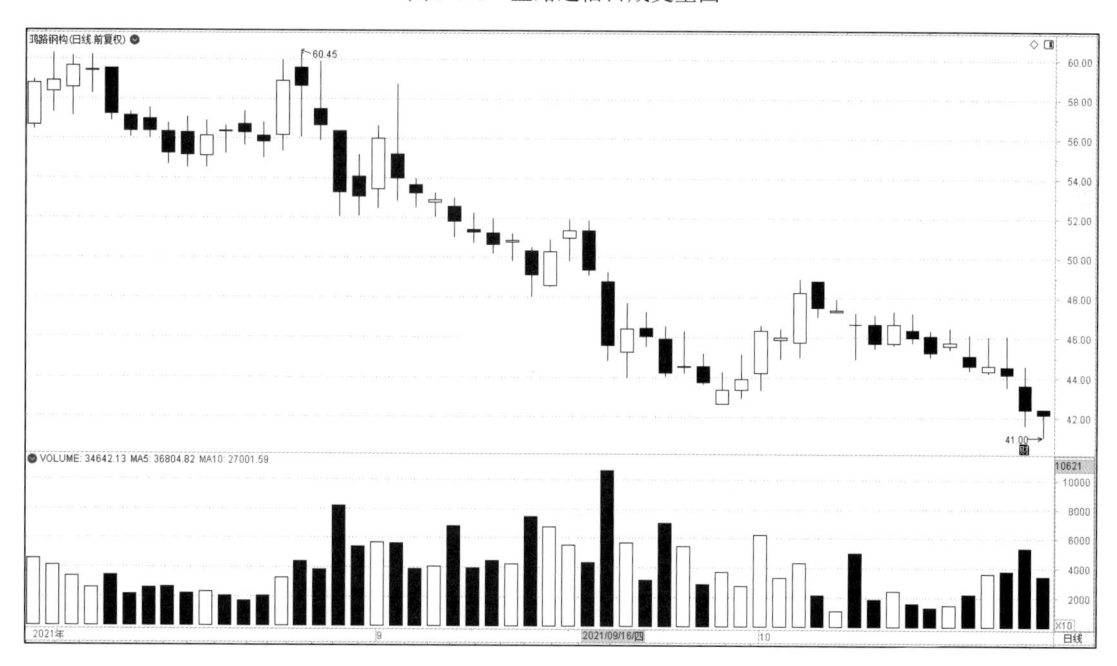

图 7-1-9 鸿路钢构日成交量图

4. 地量

地量，是指成交量呈现极度缩小的现象。天量不一定天价，地量却大多是地价，出现地量形态，说明股票价位长期稳定在行情底部区域的低价位，其间只有小幅的涨跌波动，意味着该股要么是弱股或冷股，无人参与，要么被主力掌握筹码，控制价位，伺机拉升。投资者对此可以继续观望，等待股价启动时跟进做多。

杰赛科技（股票代码：002544）2020年12月24日至2021年11月26日的日成交量图如图7-1-10所示，该股在低价位长时间出现地量，股价也长时间稳定在低价位，同时相应的K线实体也很小，大多是小阴小阳，股价没有波动的动力和空间，说明该股一直处于低迷状态，后期股价还将继续低迷，除非股价已经开始启动。一旦启动，该股后发上涨动力十足，如图7-1-10中后市，大涨指日可待。

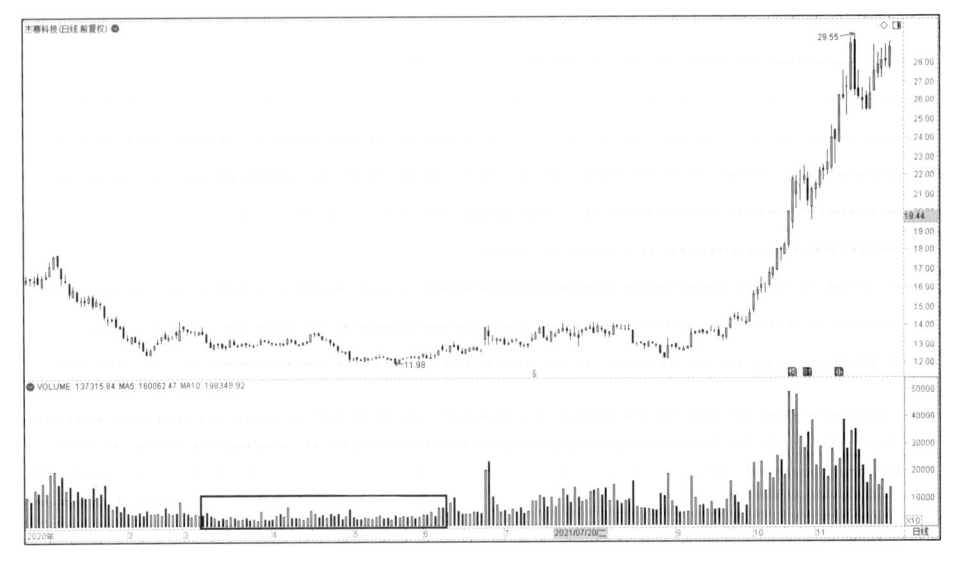

图 7-1-10 杰赛科技日成交量图

7.1.3 量价关系

成交量反映了盘面买卖的活跃程度，如图7-1-11所示。

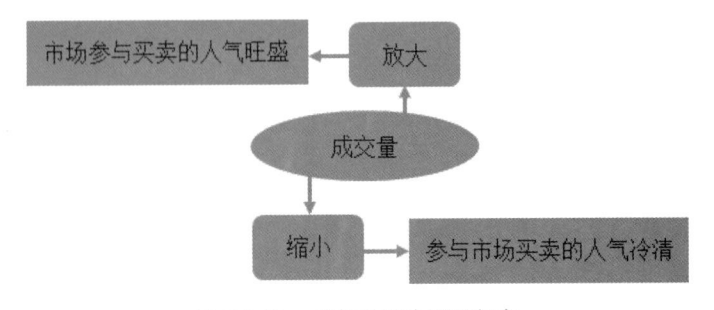

图 7-1-11 成交量反映活跃程度

股价与成交量互为因果，又同时相互产生影响。量价关系不外乎两种，要么成正比关系，要么成反比关系。量价关系如图 7-1-12 所示。

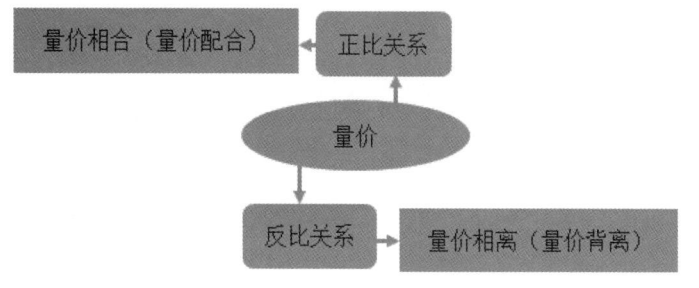

图 7-1-12　量价关系

1. 量价相合

量价相合，是指成交量与股价变化方向相同，成正比关系。量价相合如图 7-1-13 所示。

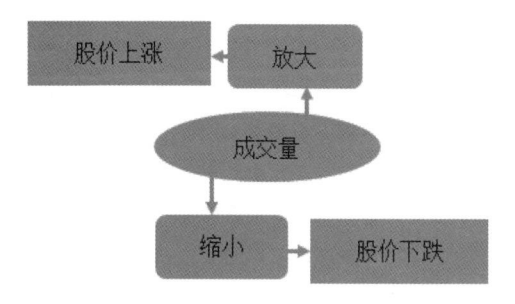

图 7-1-13　量价相合

量价相合是股市中最常出现的一种量价关系，也是比较正常的一种市场反应。量价相合的量价关系形态如图 7-1-14 所示。这里选取最常见的量增价涨和量缩价跌两种形态进行分析。

图 7-1-14　量价相合的量价关系形态

以岭药业（股票代码：002603）2019 年 7 月 19 日至 2021 年 3 月 26 日的日成交量图如图 7-1-15 所示，由图中左边圈注可以明显看到成交量放大和股价上涨呈同步上升趋势，由图中右边圈注也可以明显看到成交量缩小和股价下跌呈同步下降趋势。这就是最常见的量价相合的量增价涨形态和量缩价跌形态，一般分布在一个涨跌行情顶端的两边。

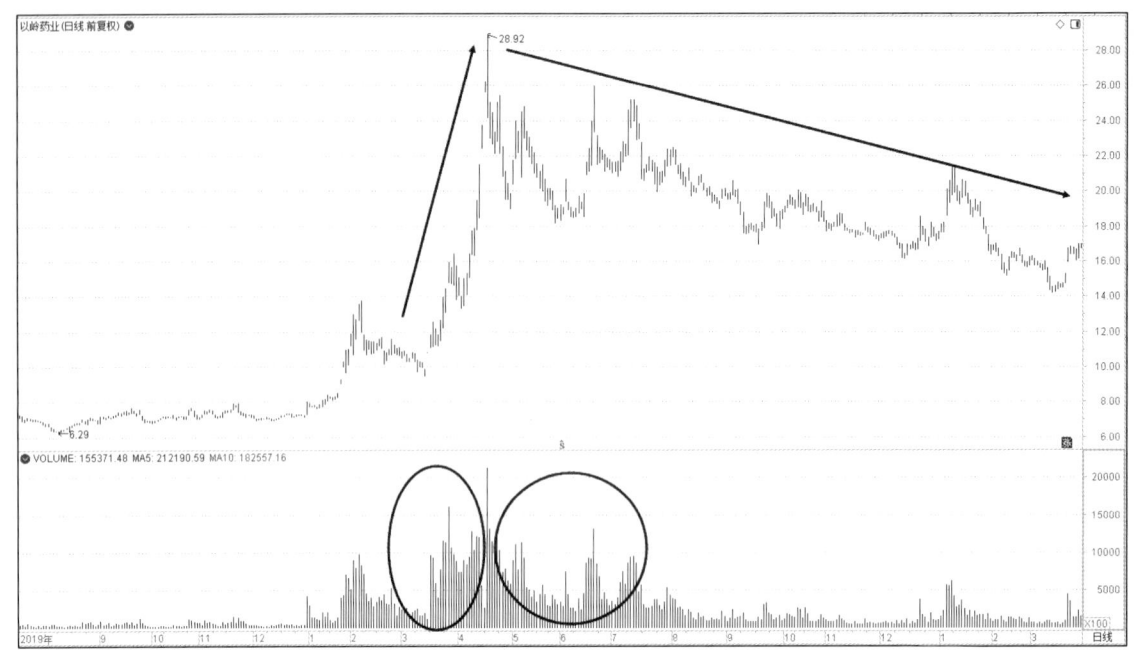

图 7-1-15 以岭药业日成交量图

2. 量价相离

量价相离，是指成交量与股价变化方向不是相同的，而是相反的。它与量价相合正好相反，成交量与股价成反比关系。量价相离如图 7-1-16 所示。

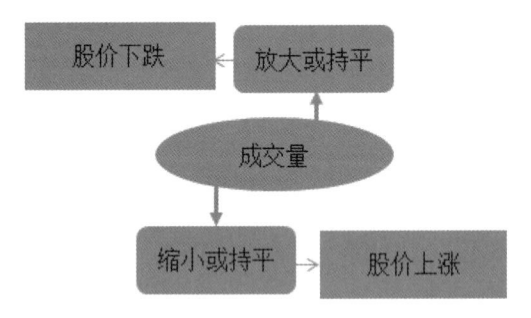

图 7-1-16 量价相离

量价相离在股市中不是常态，可能是一种掩盖目的的欺骗行为，因此，这种量价关系只是偶尔短暂地出现。量价相离的量价关系形态如图 7-1-17 所示。这里选取最常见的量缩价涨和量增价跌两种形态进行分析。

图 7-1-17 量价相离的量价关系形态

煌上煌（股票代码：002695）2021年2月22日至8月4日的日成交量图如图7-1-18所示，该股股价在整体下降趋势中小幅上涨回调，股价在上涨的同时，成交量并没有放大，反而继续萎缩或者持平。

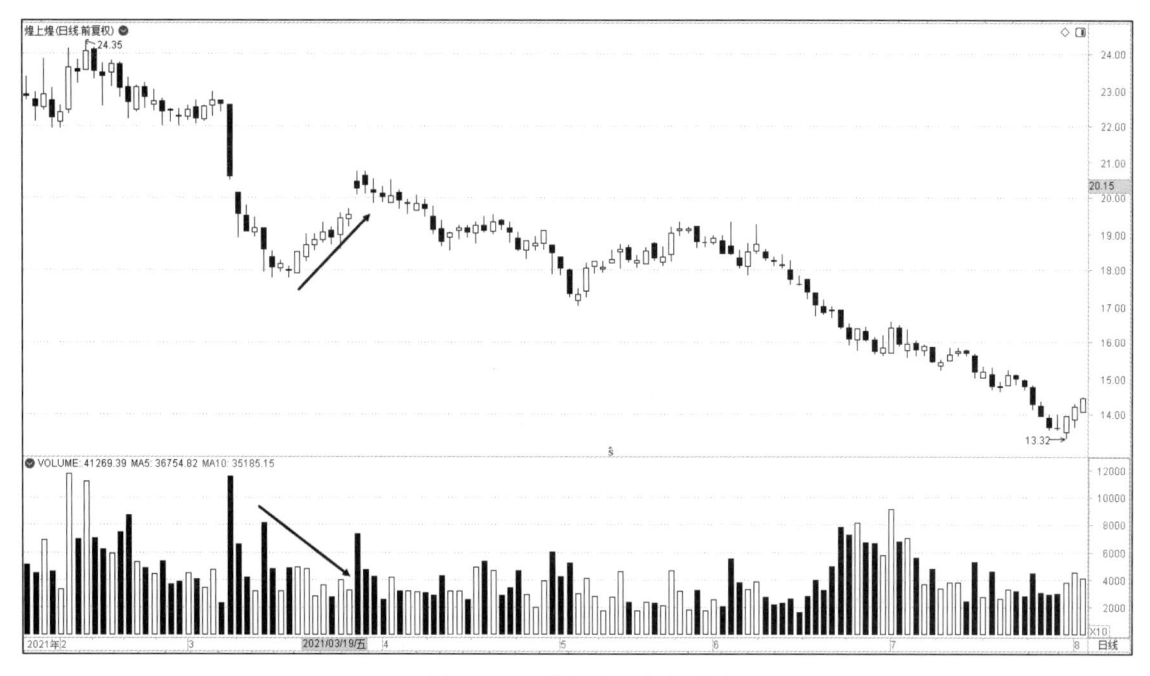

图7-1-18 煌上煌日成交量图

TIPS 此种量缩价涨或持平的形态带有一定的欺骗性，股价没有得到成交量的有力支撑，买卖双方热情不高，上涨行情很难维持，股价转眼就会继续下跌，若跟进的话就会被套住。

兴业矿业（股票代码：000426）2021年6月18日至2021年11月12日的日成交量图如图7-1-19所示，该股股价在上涨达到顶部后开始反转下降，但是在开始下降过程中成交量并没有萎缩，反而放出巨量，这说明持股者都在股价下降之初趁机大量抛盘出逃，随着盘内的筹码越来越少，盘外的资金又没有参与进来，成交量自然会很快萎缩。此种量增价跌的形态是股价大跌的前兆，投资者需要提高警惕。

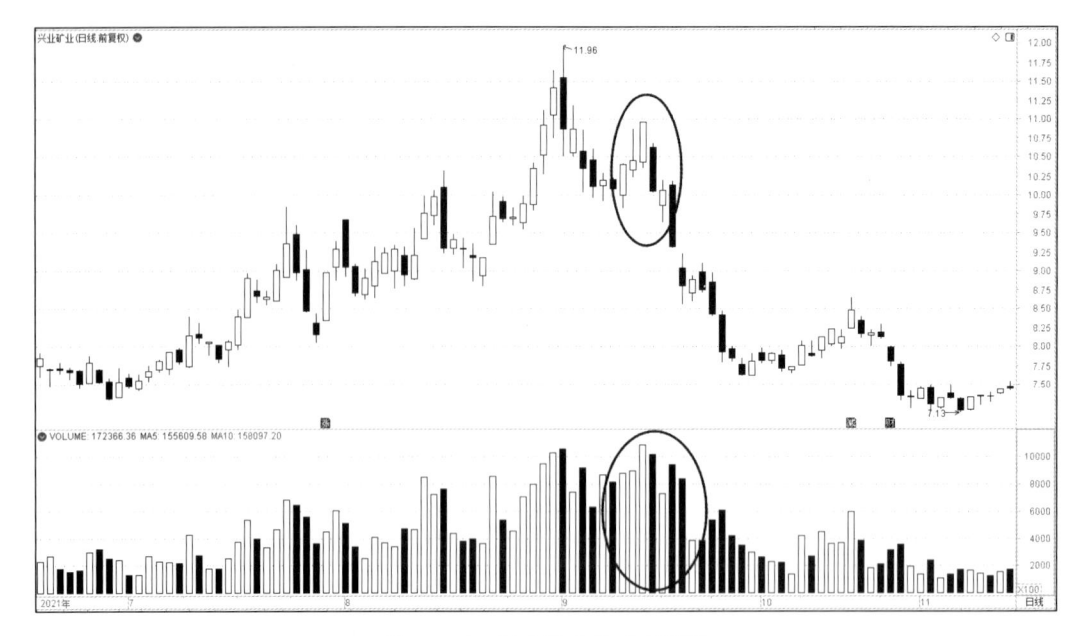

图 7-1-19　兴业矿业日成交量图

7.1.4　量价误区

一般情况下，量价相合的情况多，虽然说"股市千变万化，成交量才是实打实的买卖"，股市资金动向总是会在成交量上得到反映，但是面对中国股市，主力股拉升的股票并非完全依靠市场那双看不见的手。既然如此，主力资金完全可以把盘面做得虚虚实实，让人摸不清方向，套用一般的量价关系就很可能上当被套，因此很有必要掌握主力资金经常使用的量价掩目手法，避免一些量价误区。

1. 股价上涨必定放量

当投资者普遍看好股价的未来走势时，持股者往往不愿意抛售自己的股票，这样，股市中多方力量占绝对优势，想跟进做多的人无法买进，成交量也就无法放大，但股价持续上涨，直到一个比较高的价位，成交量才开始慢慢放大，有人觉得收益尚可，开始放盘。

皖能电力（股票代码：000543）2021年7月16日至10月12日的日成交量图如图 7-1-20 所示，该股在股价触底反弹后出现无量空涨，股价在下降沉底过程中出现很长一段时间的地量现象，反弹上涨后仍然长时间呈现地量，成交量几乎没有发生变化，这说明股价的上涨并不是成交量拉升的，而是持股的多方绝对优势拉升的。

2. 转势突破必定放量

股价经过横盘整理后，只需放出小单成交量，股价就能拉升。在横盘整理期间，主力吸取大量筹码，这样在后市拉升股价时，不需要大量放盘就能轻松突破向上拉升。

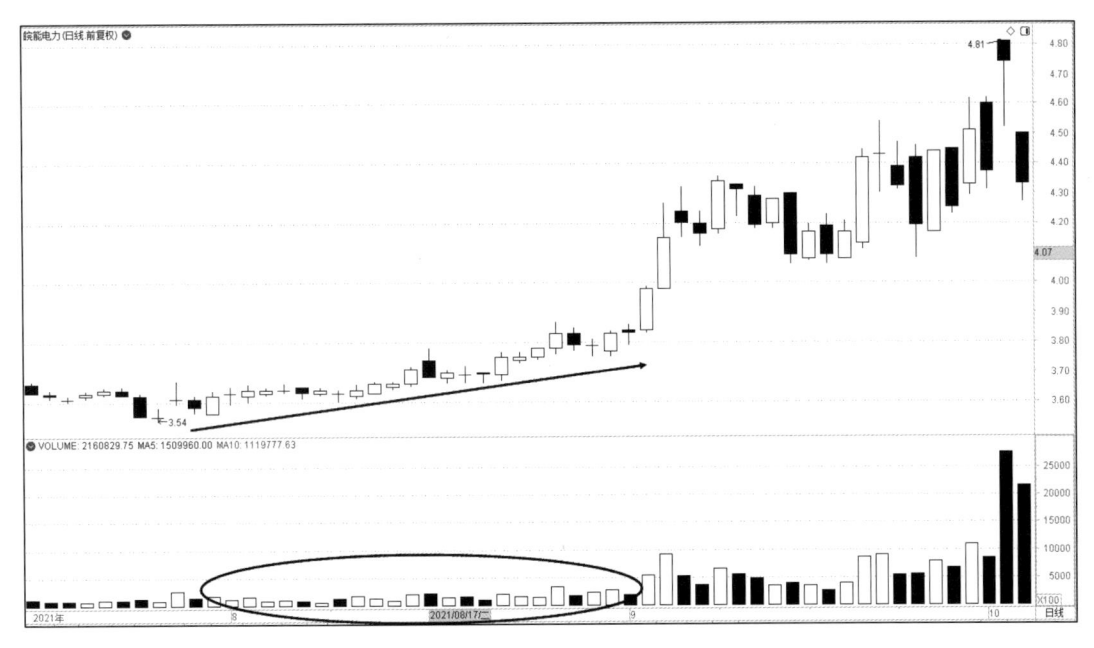

图 7-1-20　皖能电力日成交量图

建投能源（股票代码：000600）2021年7月20日至10月11日的日成交量图如图 7-1-21 所示，股价在盘整后，股价突破上涨并没有出现大力放量现象，而是微量拉升，成交量的微量放出并不是市场自然而然的行为。

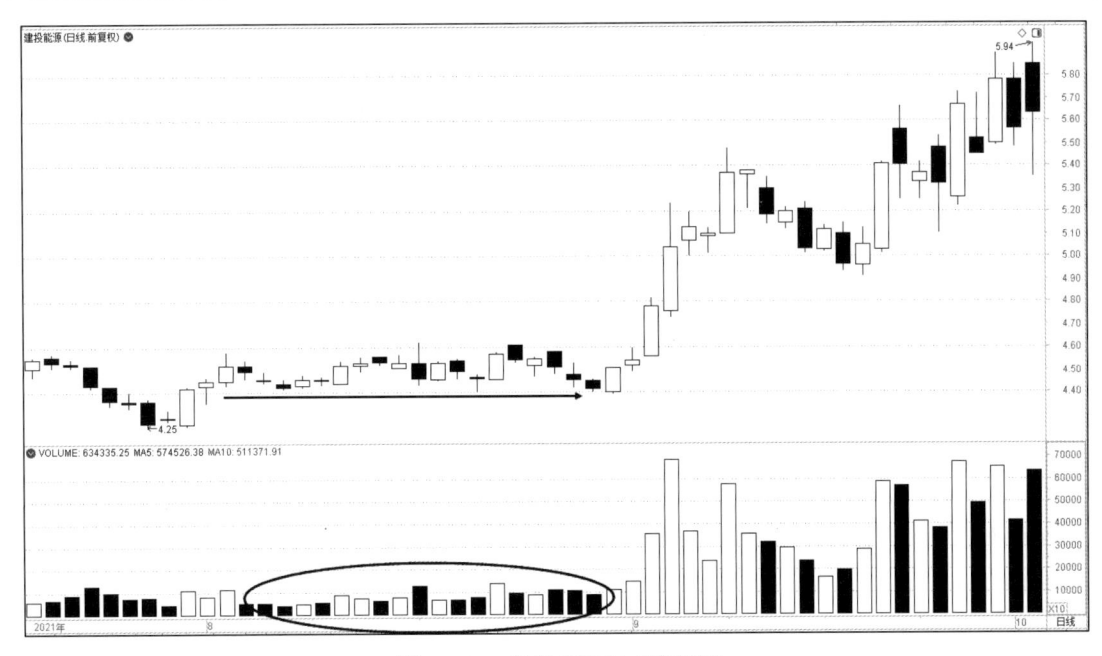

图 7-1-21　建投能源日成交量图

3. 下跌缩量必定止跌

一般人认为股价在下跌过程中，成交量萎缩到比较小的时候，是股价止跌反弹上涨的时机，但有时候正好相反，股价不涨反而继续下跌。这种情况跟上面两种情况正好相反，是空方力量占据绝对优势，持股者想大量抛盘，但是接盘的人几乎没有，造成微弱的成交量。随后的成交量放大，并不意味做多的力量增强，而是持股者主动卖盘的集中爆发，只有股价继续大跌的时候，才会有人想抄底买进接盘。

天茂集团（股票代码：000627）2021年3月5日至8月10日的成交量图如图7-1-22所示，股价快速下跌时，成交量放大；股价缓慢下跌时，成交量萎缩。放量未必上涨，缩量未必止跌。

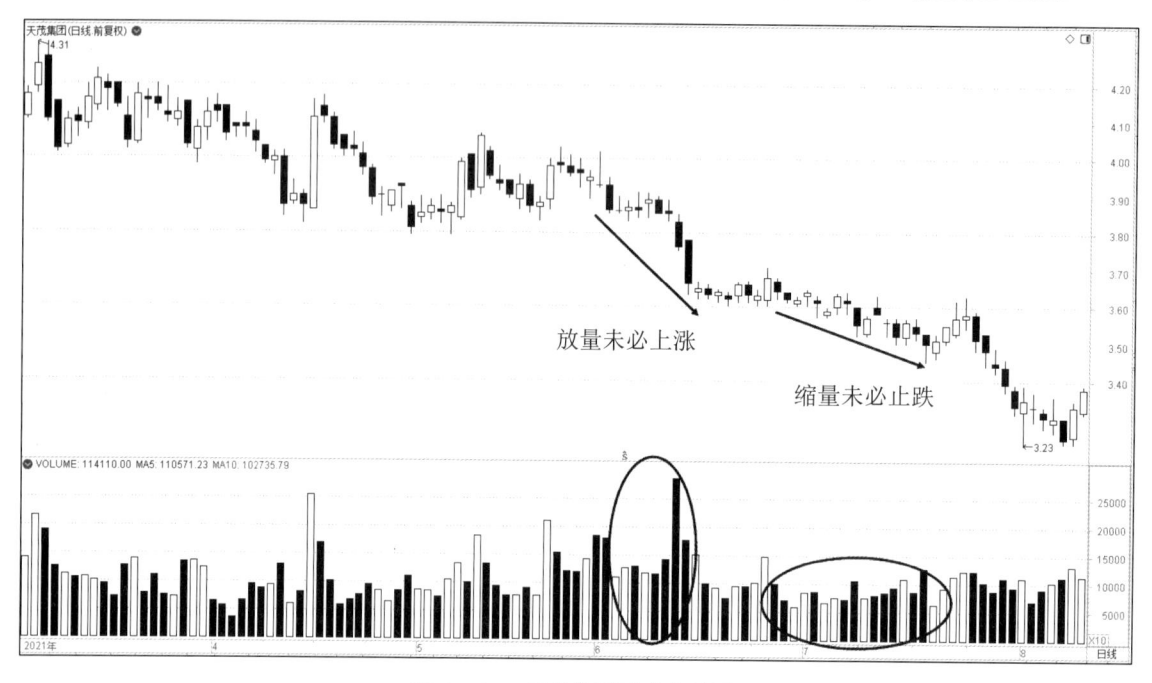

图 7-1-22　天茂集团日成交量图

7.2　量价关系的常见形态

股价涨跌与成交量有着密切关系，成交是买卖双方的目的，也是买卖的本质。没有成交的市场，也就无所谓价格。成交量是股价运行的动力，是投资者分析股价行情并作出投资决策的重要依据。投资者可以通过分析量价关系来判断预测股价的后期走势，从而把握买卖时机。量价关系在 7.1 节反复提到过，本节具体分析量价关系的常见形态，如图 7-2-1 所示。

图 7-2-1 量价关系的常见形态

7.2.1 地量地价

地量地价，就是说某只股票只有微弱的成交量时，该股股价也就保持在相当低的价位，大多会出现在行情底部，并延续很长一段时间。地量地价如图 7-2-2 所示。对应中长期投资者，是买进做多的机会。

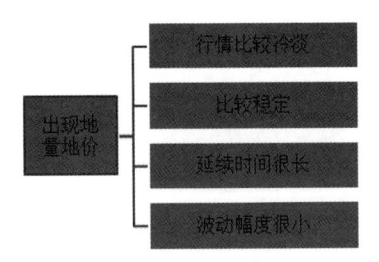

图 7-2-2 地量地价

仁和药业（股票代码：000650）2020 年 11 月 13 日至 2021 年 6 月 1 日的日成交量图如图 7-2-3 所示，该股出现地量地价，延续了这 4 个月左右，无论是当天的股价趋势还是 4 个月的股价趋势，波动幅度都很小，成交量也极其微弱，该股几乎处于停盘状态，但从 2021 年 3 月末开始，成交量和股价一路同步攀升，很是可观。因此，出现长时间的地量地价，后期必有大涨空间，是买进做多的时机。

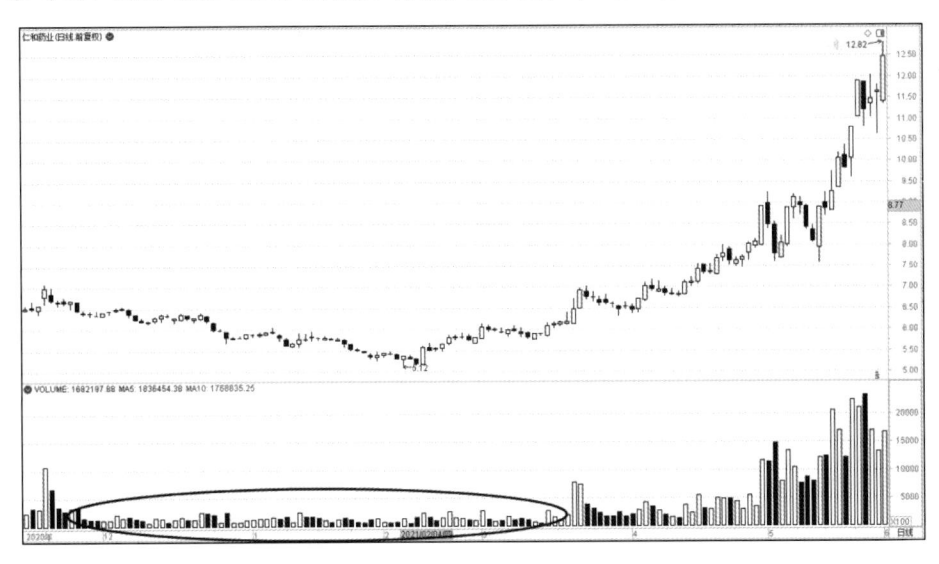

图 7-2-3 仁和药业日成交量图

7.2.2　天量天价

天量天价，是指股价经过大幅上涨后，在高价位放出巨量，同时股价也再度出现大涨。天量天价大多出现在股价见顶附近，如果出现天量天价，股价又在顶端出现滞涨现象，意味着股价行情即将反转下跌，是尽早卖出的时候了。

上峰水泥（股票代码：000672）2021年7月21日至11月29日的日成交量图如图7-2-4所示，该股前期是地量地价，到中间时期缓慢放量，股价冉冉上升，到后期是天量天价，突放巨量，股价大涨至顶部附近。这时候抛盘压力小的话，股价将反转下跌，抛盘压力大的话，股价将在顶端盘整，伺机逐步出货，但是股价后市的下跌趋势已不可避免。

> **TIPS**　出现天量天价时，持股者应尽早抛盘减压，投资者不要盲目跟进，以免被主力资金和自己的贪欲所套。

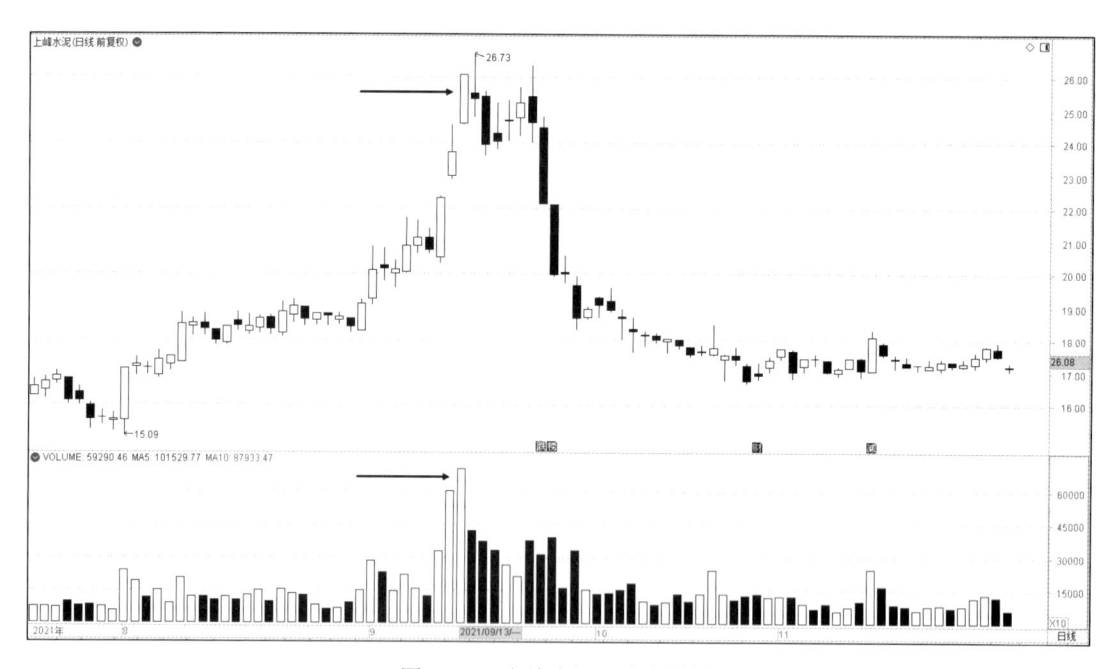

图7-2-4　上峰水泥日成交量图

7.2.3　量增价平

量增价平，就是成交量在放大的情况下，股价并没有同步上涨，而是维持在原价位的基础上小幅波动。量增价平是比较常见的量价关系形态，它可以出现在股价运行的任何阶段和任何位置，但所表达的市场意义不同。量增价平所表达的市场意义如图7-2-5所示。

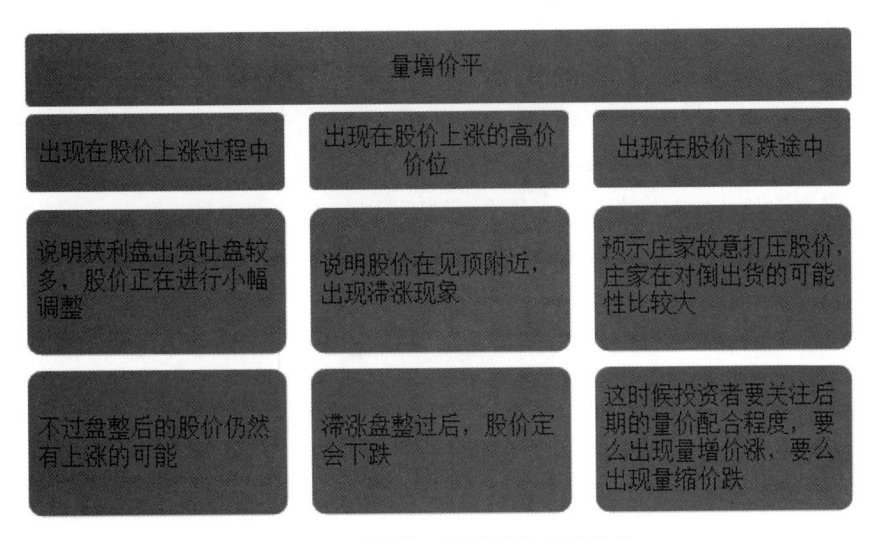

```
                        量增价平
┌─────────────────┬─────────────────┬─────────────────┐
│ 出现在股价上涨过程中 │ 出现在股价上涨的高价│ 出现在股价下跌途中 │
│                 │ 价位            │                 │
├─────────────────┼─────────────────┼─────────────────┤
│ 说明获利盘出货吐盘较 │ 说明股价在见顶附近，│ 预示庄家故意打压股价，│
│ 多，股价正在进行小幅 │ 出现滞涨现象     │ 庄家在对倒出货的可能│
│ 调整            │                 │ 性比较大          │
├─────────────────┼─────────────────┼─────────────────┤
│ 不过盘整后的股价仍然 │ 滞涨盘整过后，股价定│ 这时候投资者要关注后│
│ 有上涨的可能     │ 会下跌           │ 期的量价配合程度，要│
│                 │                 │ 么出现量增价涨，要么│
│                 │                 │ 出现量缩价跌      │
└─────────────────┴─────────────────┴─────────────────┘
```

图 7-2-5　量增价平所表达的市场意义

下面以股价上涨途中出现量增价平作为分析对象，振华科技（股票代码：000733）2021 年 4 月 29 日至 9 月 9 日的日成交量图如图 7-2-6 所示，该股股价在上涨途中，出现量增价平形态，成交量相比上涨前期放大，但是股价上涨的力度反而比前期弱很多，股价小幅地涨跌波动，整体处在同一价位附近。说明该股在前期的上涨过程已经获利不少，正在吐盘，由于股价在上涨过程中，股价上升还有一定的惯性，所以出现量增价平后仍然有小幅上涨的空间。

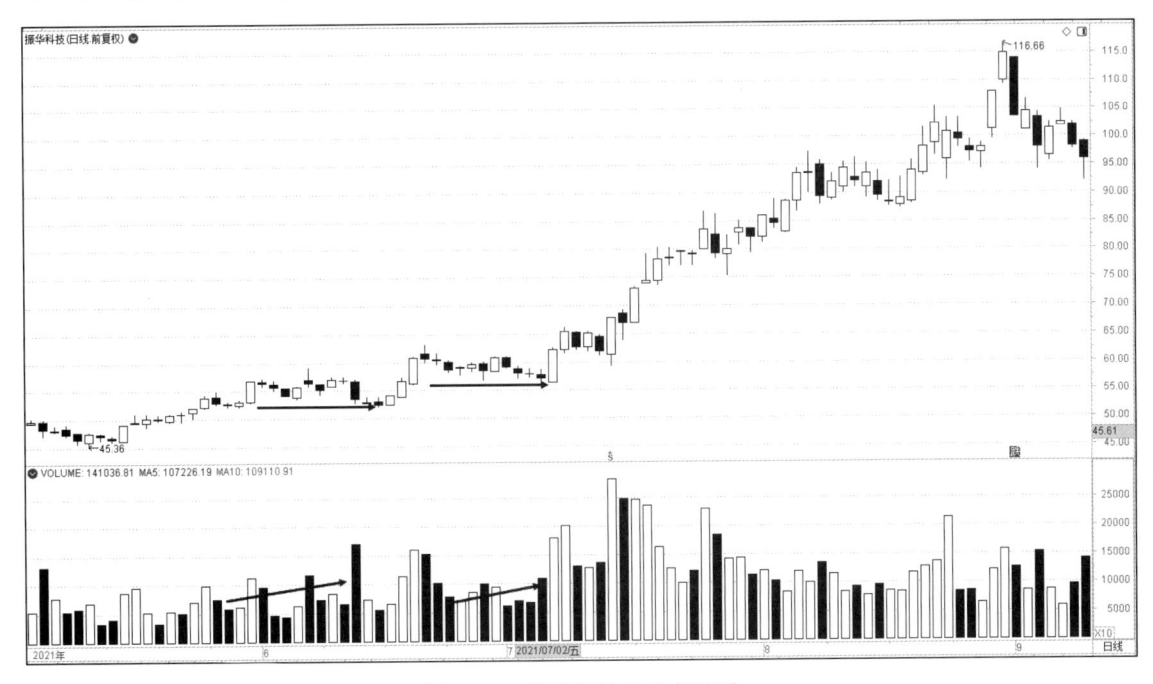

图 7-2-6　振华科技日成交量图

7.2.4 量增价涨

量增价涨，又称放量上涨，是指股价随着成交量的放大同步上涨，是量价相合的经典形态。量增价涨主要出现在股价从底部区域开始反弹上涨的过程中，伴随成交量的放大，说明有不少资金参与，跟进做多的力量得到加强。量增价涨也常出现在上涨的中途，与上涨之初的市场意义一致，意味股市后期还有上涨的空间，可以继续跟进做多。

航发控制（股票代码：000738）2021年6月23日至9月29日的日成交量图如图7-2-7所示，该股在上涨启动之初和上涨中途都出现了量增价涨形态，量价配合良好，在上涨启动时，在外部资金参与下推动股价上涨，成交量放大；在上涨之中出现量增价涨，说明该股后市普遍看好，场外跟进做多的资金源源不断，后市继续看涨。

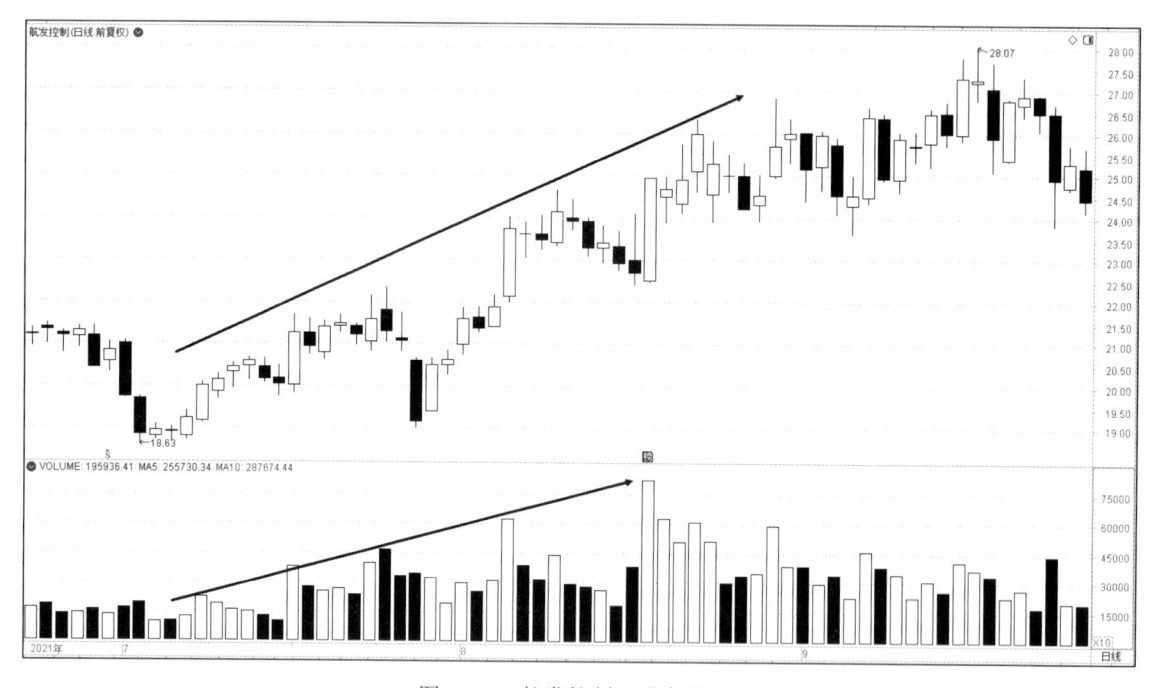

图 7-2-7　航发控制日成交量图

7.2.5 量缩价跌

量缩价跌，又称缩量下跌，是指股价伴随成交量的萎缩而同步下跌。量缩价跌可以出现在股价运行的任何阶段和任何位置，但其表达的市场意义是不一样的。量缩价跌所表达的市场意义如图7-2-8所示。

中航西飞（股票代码：000768）2020年12月30日至2021年5月25日的日成交量图如图7-2-9所示，该股处在下跌途中，由于接盘的人越来越少，出现成交量逐步萎缩的现象，是典型的量缩价跌形态，后期成交量继续萎缩，股价也继续下跌。对于此种形态，投资者不要盲目抄底参与，要想抄底参与，必须等待该股空方力量耗尽，出现地量地价形态。

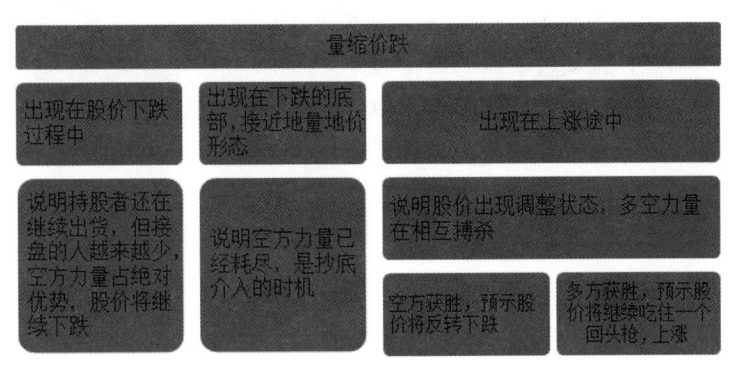

图 7-2-8 量缩价跌所表达的市场意义

图 7-2-9 中航西飞日成交量图

7.2.6 量增价跌

　　量增价跌，是指在成交量放大的情况下，股价出现不涨反跌的走势。量增价跌形态一般出现在股价经过长期上涨后达到高价位的区域，此时股价一般形成高开低走或者冲高回落之势，成交量的放大意味着获利盘在大量抛盘出逃，随着抛盘压力越来越大，股价呈现下跌走势。因此，量增价跌是股票卖出的信号。

量增价跌的一般情况很容易把握。下面介绍一种特殊情况，不是卖出的信号，反而是抄底买进的信号。北新建材（股票代码：000786）2021 年 9 月 8 日至 11 月 10 日的日成交量图如图 7-2-10 所示，与一般的量增价跌有所区别，该股在前期已经出货完毕，股价大跌，使得本来期待股价继续上涨的持股者大为沮丧，但又没有耐心和信心继续等待，急于抛盘出局。由于股价已经大跌，很难再持续下跌，肯定有不少投资者愿意接盘抄底，成交量自然放大，而这时候反而是抄底买进的机会。

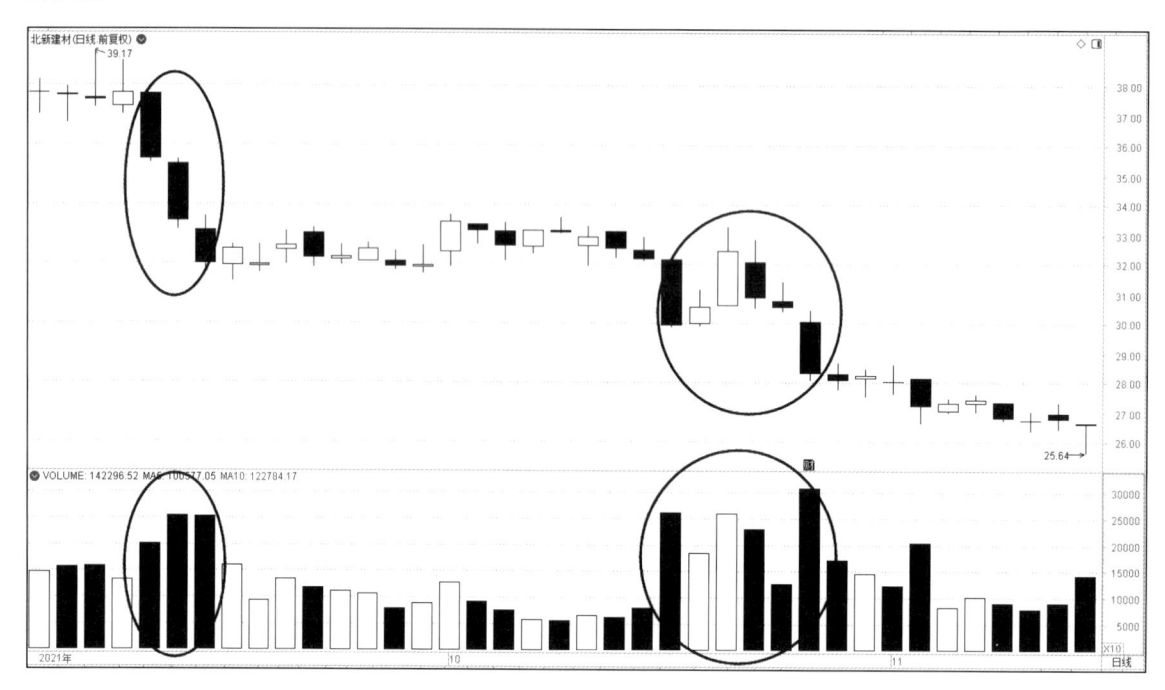

图 7-2-10 北新建材日成交量图

7.2.7 量缩价涨

量缩价涨，是指成交量在缩小的情况下，股价持续不跌反涨的走势。不同的行情阶段持续量缩价涨形态表示的市场意义不同。一般来讲，出现量缩价涨形态，说明股价的上涨没有得到市场的认可，成交量不大，上涨空间有限，继续上涨的行情难以维持。

> 在股价行情中，量缩价涨的情况尤其会出现在股价下跌的过程中和股价上涨到顶端附近的行情中。

鲁西化工（股票代码：000830）2021 年 9 月 1 日至 11 月 22 日的日成交量图如图 7-2-11 所示，该股在下跌的过程中出现好几日的连续上涨趋势，但是成交量并没有放大，反而是继续萎缩，这说明股价下跌是大势所趋，股价上涨没有得到成交量的支撑，即没有得到市场的认同，上涨力度不大，持续时间不长，后期股价将继续下跌。

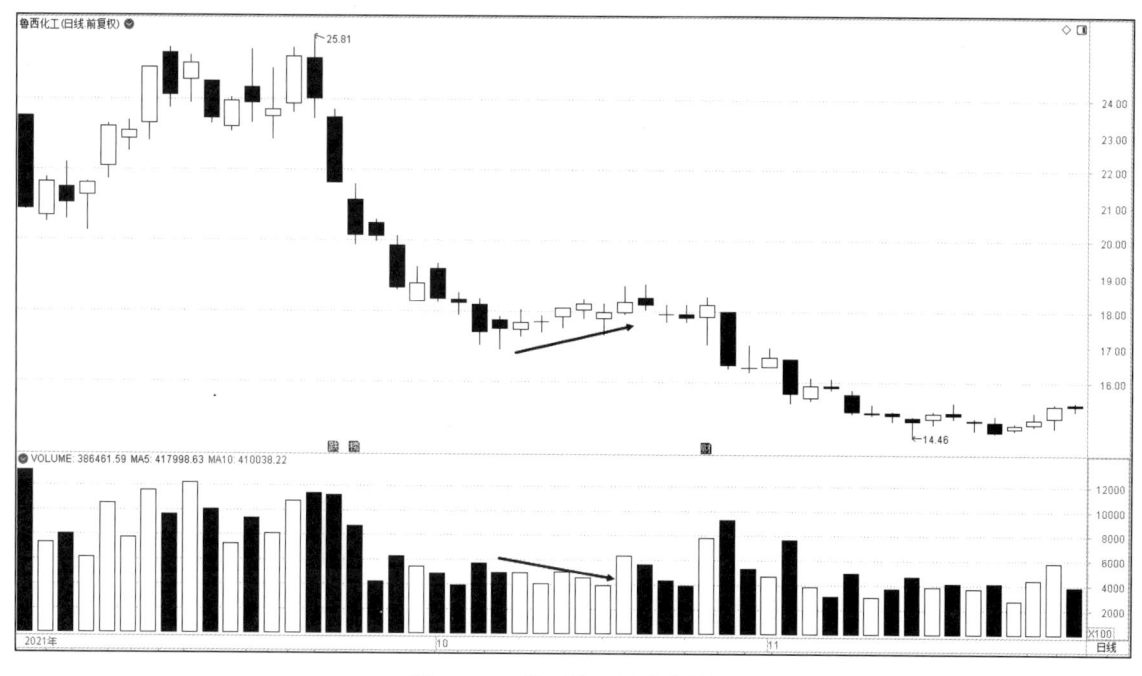

图 7-2-11　鲁西化工日成交量图

7.2.8　量平价涨

量平价涨，是指成交量变化很小，几乎保持在一个水平线上，但股价却在上涨。量平价涨形态大多出现在股价冉冉上升或缓慢上升的过程中，成交量保持一定的量，但是变化不会很大，这说明多空力量比较平衡，但多方力量一直占据一定优势，股价缓缓上升，若股价没有达到一定的高价位，该股后市继续上涨的可能性较大。

新希望（股票代码：000876）2021 年 7 月 23 日至 11 月 9 日的日成交量图如图 7-2-12 所示，该股股价一直处于缓慢上升的过程中，成交量一直保持一定的量，但没有出现大的变化，由于成交量总体不是很大，说明该股后期上涨幅度应该不会很大，但是持续上涨的空间很大。为稳妥起见，既减少风险又获取最大利益，当出现量平价涨形态时，可以缓慢放出获利盘，同时可以小盘跟进继续做多。

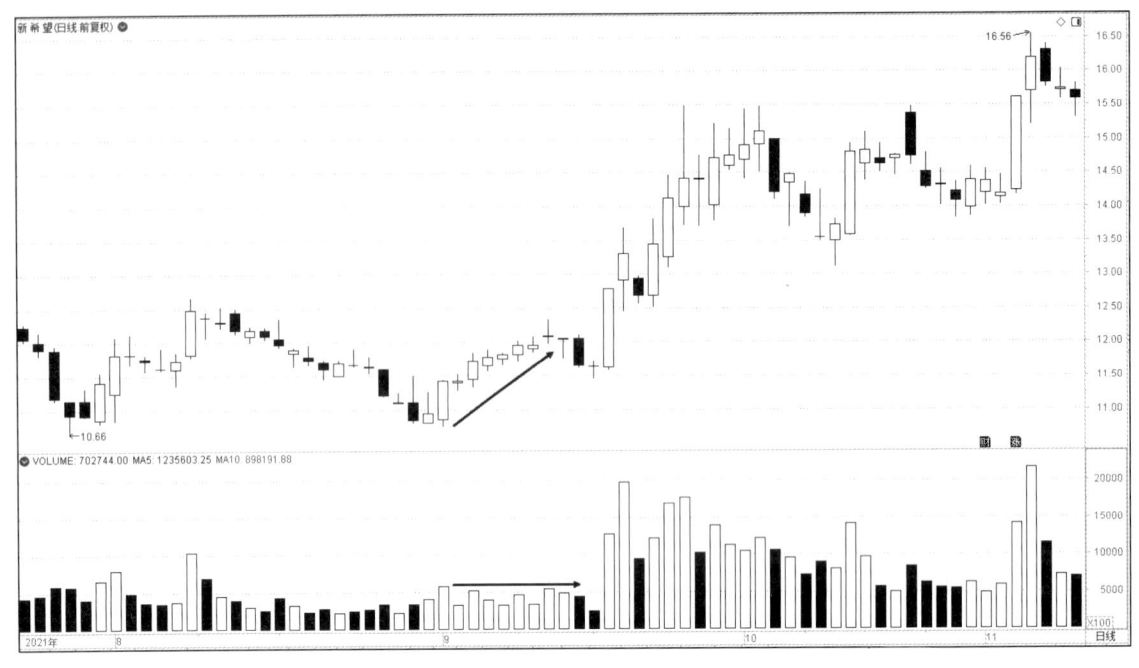

图 7-2-12　新希望日成交量图

7.3　量价关系的实战分析

7.1 节和 7.2 节分别讲解了量价关系的基本知识和常见形态，并对根据量价关系预判股价后期走势进行了案例分析。本节结合前面讲解过的知识，帮助大家在实战中把握量价分析的技术要点，以便灵活运用量价关系原理，给投资者带来丰厚的回报。

> 在量价关系中，量为因，价为果，同一种量的形态在不同行情阶段和位置有不同的市场意义。本节根据量的不同形态及其市场意义对买入和卖出的量价关系进行分析，帮助读者快速把握量价分析的买卖技巧。

7.3.1　买入的量价分析

买入的量价分析主要是根据成交量判断买点，一般而言，判断股价行情在哪个阶段和哪个位置，就能判断买点。买点不外乎是股价行情底部附近的下跌见底和上涨启动之时，还可以在行情上涨中途买入，问题是如何判断股价行情在哪个阶段和哪个位置，这就需要有成交量配合作出预判。

1. 缩量回调买入

缩量回调，是指股价从底部启动后，在上涨的途中，出现股价上涨受阻回落的走势，但是在回落的过程中，成交量却没有放大，反而出现萎缩的现象。出现缩量回调，说明该股上涨不是很强劲，但是盘中抛盘的不是很多，大多持股者信心仍然比较坚定，多方力量撑盘，股价后期走势继续看涨。

中鼎股份（股票代码：000887）2021年6月30日至11月29日的日成交量图如图7-3-1所示，该股在底部上涨启动后，上涨途中达到阶段性高点时开始受阻回调，成交量至此逐步萎缩。但是股价回落调整后，股价迅速再次上涨，走出一波又一波的大涨行情。因此，如果能抓住这次缩量回调的买入机会，应该可以获得一个较大利益的丰收。

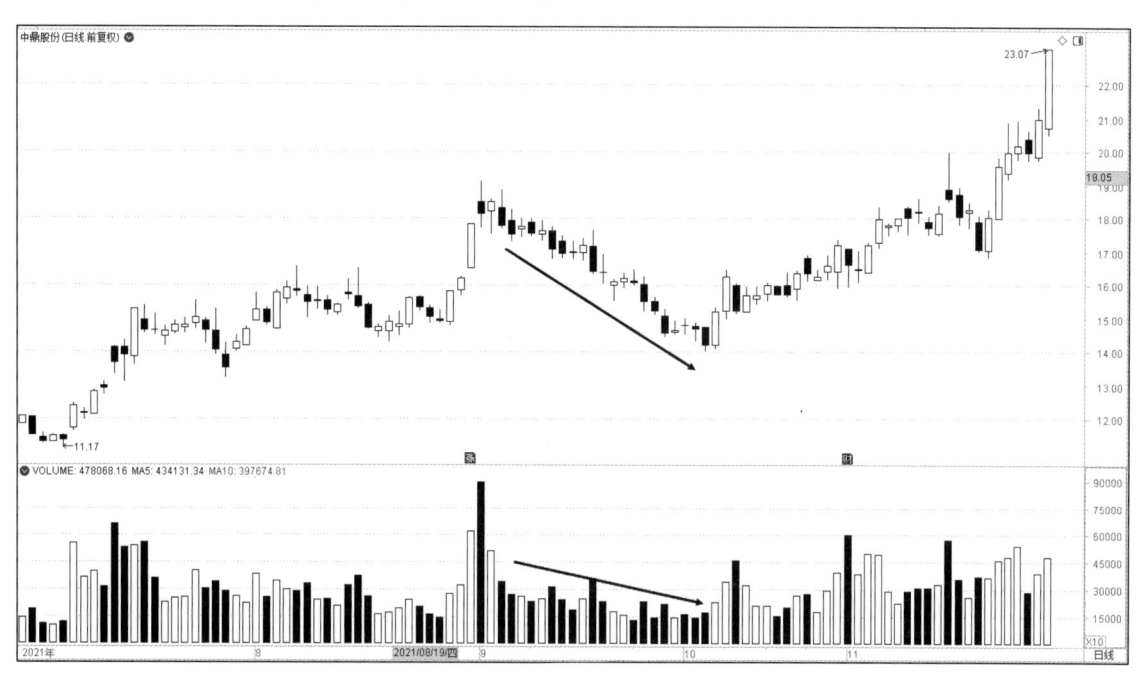

图 7-3-1　中鼎股份的日成交量图

2. 地量抄底买入

地量抄底，是指出现地量，预示股价行情见底，可以趁机抄底的现象。一般而言，地量意味着地价，因而股价很难继续下跌，尤其是出现长时间的地量，股价必定长时间维持在低价位，后期股价上涨空间必定很大，值得中长期投资者期待。

前面分析过地量地价的量价关系形态，这里从买入的角度再次分析。神火股份（股票代码：000933）2020年3月10日至2021年11月29日的日成交量图如图7-3-2所示，该股在下跌过程中出现地量，在股价跌至3.6元/股左右见底后，继续出现长时间的地量地价盘整，说明盘中要抛股的人已经很少。因此投资者应当抓住一切机会买盘跟进，后期必定有大涨空间，即使一时很难上涨，后期行情至少会止跌保本。

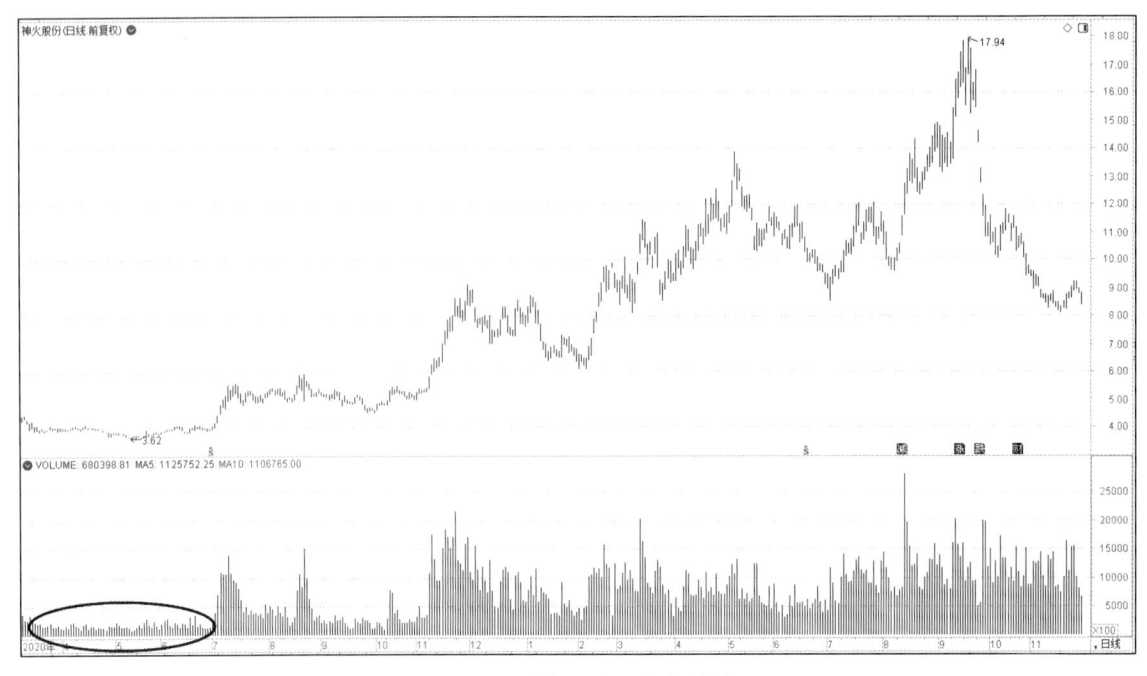

图 7-3-2　神火股份日成交量图

3. 底部放量买入

底部放量，是指股价上涨启动后，通过放量来拉升股价的形态。底部放量，一般出现在股价上涨启动之时，主力资金试图把股价拉至建仓成本区域，造成成交量放大、股价上涨的动向，让散户也跟进推动股价。

四川双马（股票代码：000935）2021 年 2 月 26 日至 2021 年 9 月 10 日的日成交量图如图 7-3-3 所示，该股经过一轮下跌行情见底后开始启动上涨，上涨之初，成交量变化不大，说明持股者不愿意放盘，但没多久成交量慢慢放大，K 线图相应地出现连续上涨的阳线，随后股价很快又拉升了一个价位。

> **TIPS**　在上涨行情前期的放量，同时吸引了散户资金参与同步拉升股价，以便后期获取大利出货，也减少了后期的抛盘压力。因此，出现底部放量，是投资者较好的买入时机。

4. 放量下影线买入

放量下影线，是指在股价上涨的过程中，成交量放大，相对应的 K 线为上影线，其中 K 线实体可以是阳线也可以是阴线。出现放量下影线，说明出现股价高开低走、很快又拉升的速战速决之势。

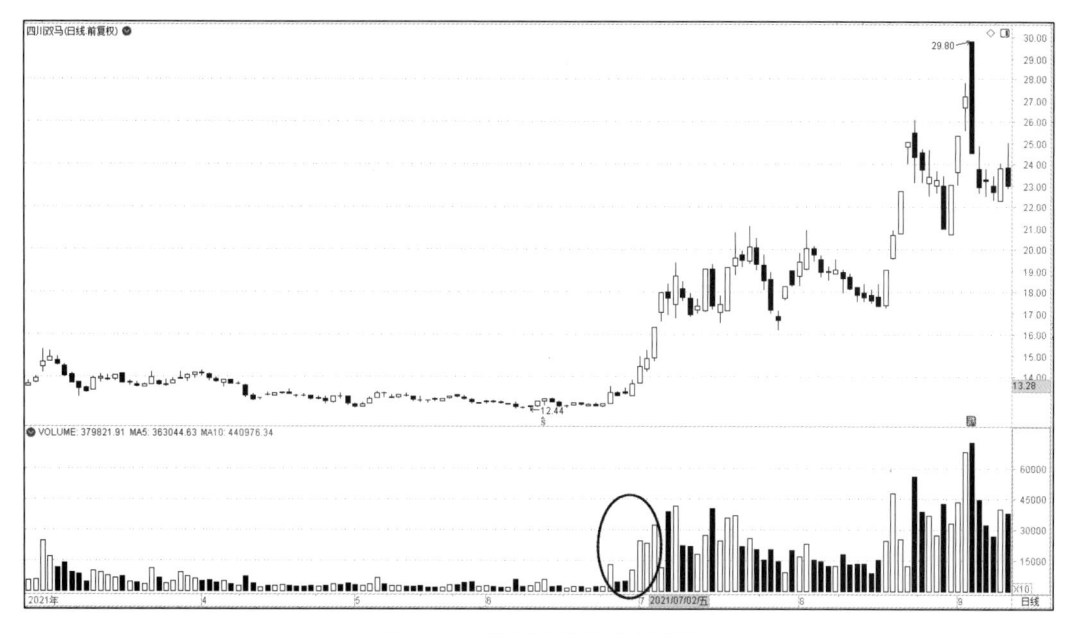

图 7-3-3　四川双马日成交量图

　　*ST 全新（股票代码：000007）2021 年 9 月 13 日至 12 月 8 日的日成交量图如图 7-3-4 所示，该股在一段上涨行情中出现放量下影线，在此之前，股价经历了一段加速上涨的行情，但成交量随着上涨不断萎缩。出现放量下影线后，该股进入了一个短暂的盘整过程，盘整后股价继续向上扩展行情，并且随后便出现了连续拉涨的走势。

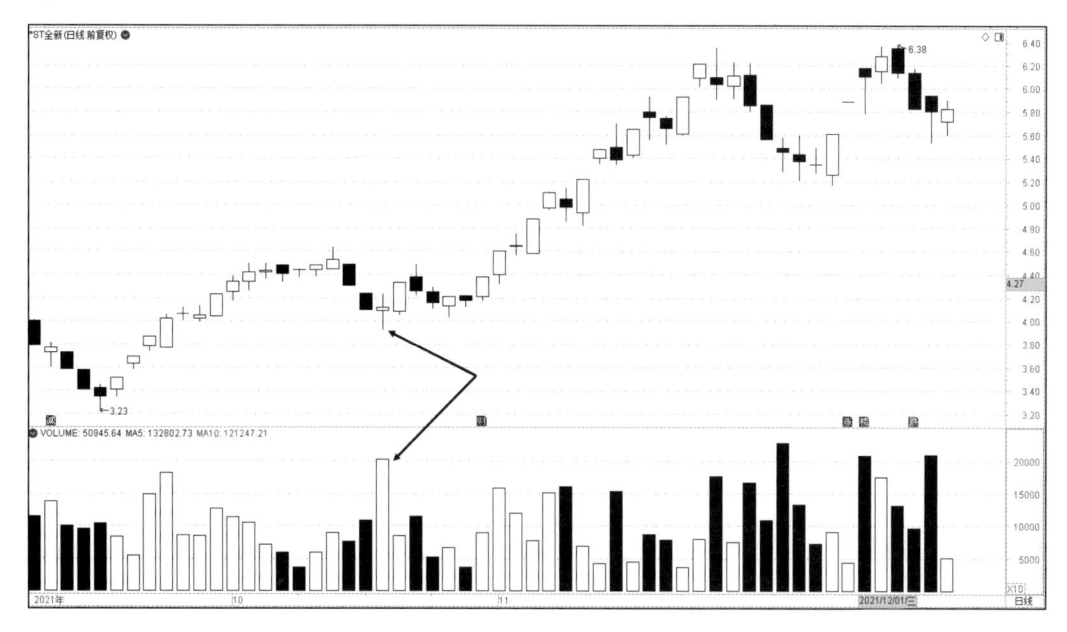

图 7-3-4　*ST 全新日成交量图

> 如果在股价上涨的高位区域出现放量下影线，很可能是主力资金出货时故意设的陷阱，以引诱外场投资者接盘。

7.3.2 卖出的量价分析

卖出的量价分析与买入的量价分析的判断根据是一样的，即成交量和股价行情的阶段及位置，不过卖点行情的位置大多与买点正好相反，主要是在股价行情顶部附近的上涨见顶和下跌启动之时，还可以在行情下跌中途卖出。

1. 巨量收顶卖出

巨量收顶，是指股价在高位放出巨量，并且意味股价已经见顶或即将见顶的形态。这种走势一般出现在股价经过一波大幅上涨后出现的加速上涨过程中，股价前期经过轮番上涨后，成交量已经开始放大，继续做多的热情有增无减，主力资金常选择这种加速赶顶的方式来出货，放出巨量，导致在高位接盘的投资者深套其中。这种情况下，巨量同时对应的K线往往是大阳或大阴，预示股价不久会反转大跌，此时应以趁机出逃获利为先。

深天马A（股票代码：000050）2021年4月26日至11月5日的日成交量图如图7-3-5所示，该股在长时间的上涨过程中，突然出现加速上涨，K线向上走势的坡度甚为陡峭，这时候成交量剧增，又相应地形成大阳线，说明股价即将见顶，可以趁做多热情继续高涨的时候抛盘卖出，否则见顶后很快就会反转下跌。

图 7-3-5　深天马 A 日成交量图

2. 高位缩量卖出

高位缩量，是指股价运行到高价位区域时，开始横盘整理，成交量出现步步萎缩的形态。股价达到一定的涨幅后，高位缩量卖出如图 7-3-6 所示。

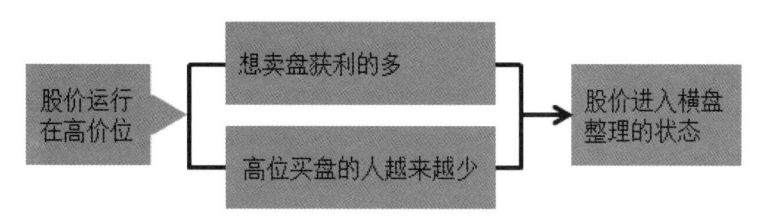

图 7-3-6　高位缩量卖出

有时候股价还会继续小幅攀升，但成交量却步步萎缩，这意味着股价上涨即将到顶，下跌行情即将到来。

广聚能源（股票代码：000096）2021 年 7 月 23 日至 11 月 8 日的日成交量图如图 7-3-7 所示，该股在股价快速大涨到 9.91 元/股后，股价开始盘整，成交量逐步萎缩，该股在盘整中缓慢下跌，说明虽然主力资金在盘整时期隐秘出货，但出货动向慢慢显露，股价后期没有上涨的可能，盘整后大多投资者会看清主力资金动向，股价下跌之势已成必然。

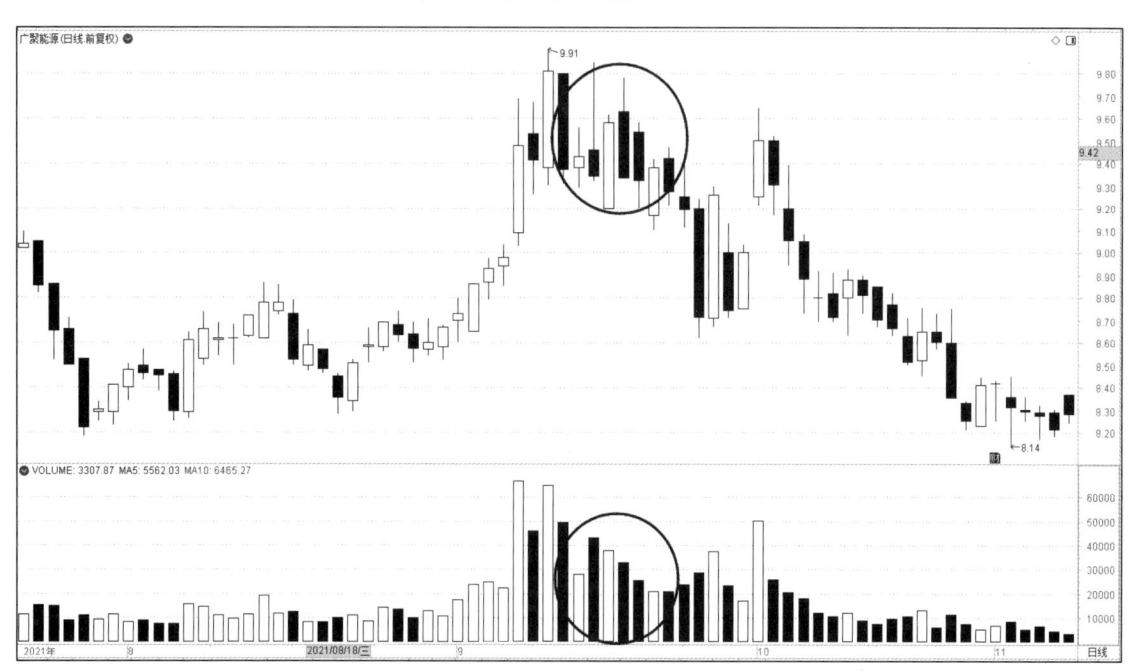

图 7-3-7　广聚能源日成交量图

TIPS　如果某股处在高位缩量盘整中，股价向上调整的话，股价很有可能继续小幅攀升后再开始形成下跌之势。

3. 缩量破位卖出

缩量破位，是指股价在下跌行情中出现横盘整理，而成交量一直呈现萎缩的形态。出现这种形态，投资者误以为主力资金在建仓抄底，纷纷参与跟进，但结果是股价没有止跌，反而跌破整个整理平台，继续下一波的下跌行情。因此，出现这种形态，意味着股价即将进入下一波的下跌行情，投资者无须参与，持股者可以选择离场卖出。

潍柴动力（股票代码：000338）2021年8月5日至11月10日的日成交量图如图7-3-8所示，该股经过一波大幅的下跌后，开始出现止跌盘整的状态，在此期间成交量逐步萎缩，股价似乎有反弹向上的可能，但盘整向下破位后，引发了又一波加速下跌的行情。

> **TIPS** 如果看到该股前期的量价关系形态，相信理性的股民已经知道，在前期高价位盘整的时候，大量的成交量说明主力资金在高价位盘整和下跌行情之初的时候基本上完成了出货，由于主力资金早就撤离出场，所以在下跌行情中出现了缩量破位形态，股价继续看跌。

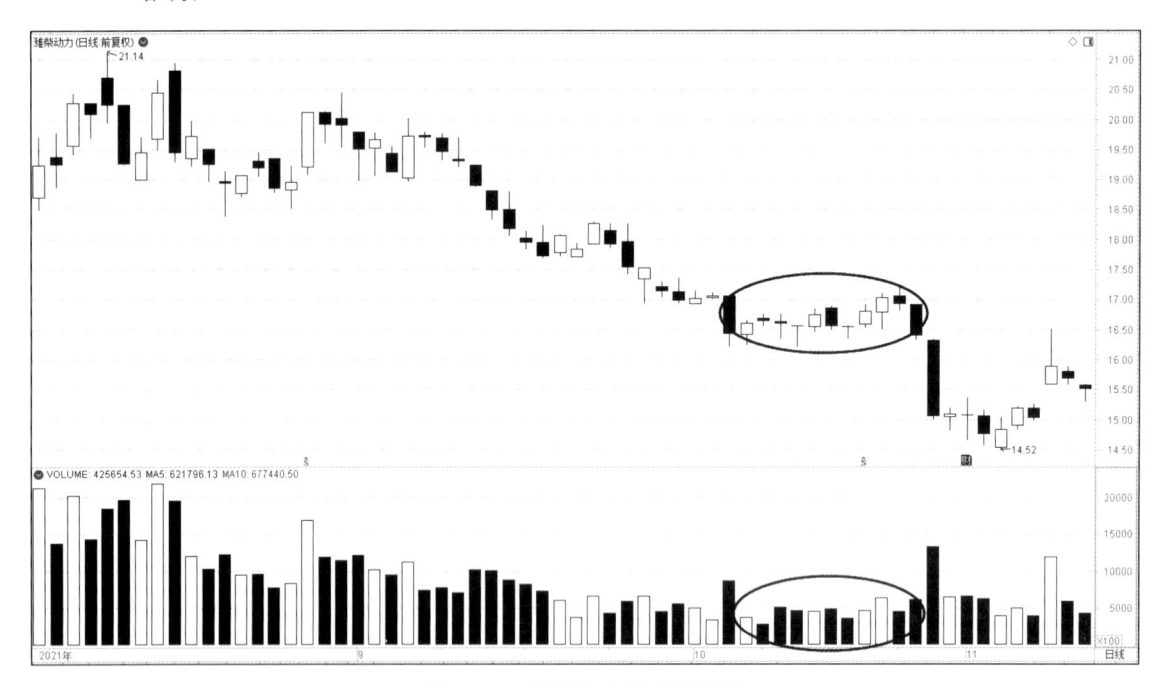

图7-3-8 潍柴动力日成交量图

4. 放量涨停卖出

放量涨停，是指在上涨行情中，大量放出成交量的同时，股价拉升至涨停的形态。放量涨停，是主力资金在股价上涨的过程中不断采用倒手法掩瞒出货动向并将股价拉升至涨停，以致场外散户误认为股价的下一波行情继续维持上涨之势。其中，成交量放大的主要原因如图7-3-9所示。因此，如果出现放量涨停，可以在上涨过程中卖出。

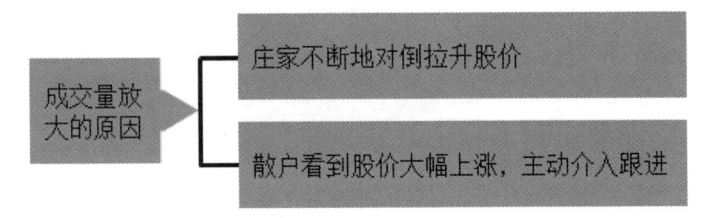

```
                    ┌─── 庄家不断地对倒拉升股价
成交量放大的原因 ───┤
                    └─── 散户看到股价大幅上涨，主动介入跟进
```

图 7-3-9　成交量放大的主要原因

苏宁环球（股票代码：000718）2021 年 5 月 24 日至 12 月 18 日的日成交量图如图 7-3-10 所示，该股从底部上涨启动后，只有小幅上涨，可能是主力资金觉得该股单价较高，因此，主力资金早早在出货的同时，大力拉升股价直至涨停，形成巨量。第二天，股价高开高走形成跳空窗口，第四天便向下关闭了窗口，成交量也迅速下降。说明主力资金在上涨的过程中，已经大量出货了，现在抛售的筹码不多，因此获取不了外盘的成交量支撑，股价即将进入一波下跌行情。

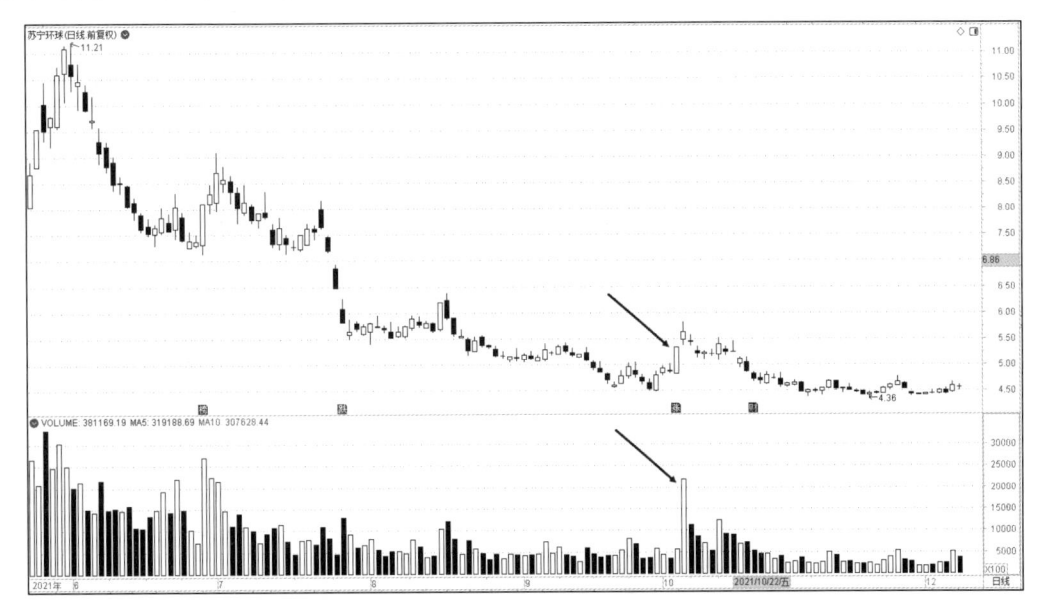

图 7-3-10　苏宁环球日成交量图

5. 放量上影线卖出

放量上影线，是指在股价逐步向上攀升的过程中，成交量放大，而相应的 K 线是一个上影线。这个上影线无论阴阳，表达的市场意义不一致。出现放量涨停，其中成交量放大的原因如图 7-3-11 所示。

国元证券（股票代码：000728）2021 年 7 月 27 日至 11 月 5 日的日成交量图如图 7-3-12 所示，该股前期经历了一波上涨行情，突然放出巨量，对应 K 线形成上影线，从成交量和行情走势，看不出主力资金的动向,因此此时的放量大多为散户获利或保本出局所致。第二天,股价继续小幅上涨,力度明显减退,成交量也明显萎缩,随后就是一波下跌回落的行情。所以在出现放量上影线后,对于短线客来说,就可以获利卖出了。

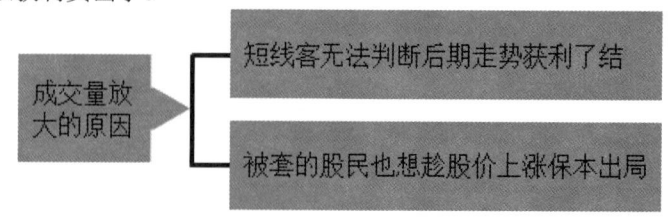

成交量放大的原因:
- 短线客无法判断后期走势获利了结
- 被套的股民也想趁股价上涨保本出局

图 7-3-11 成交量放大的原因

TIPS 出现放量上影线,对于中长期投资者来说,如果成交量没有过分放大,股价下跌回落的空间是有限的,后期股价会反弹回到原价位左右,可能会迎来一波上涨行情。

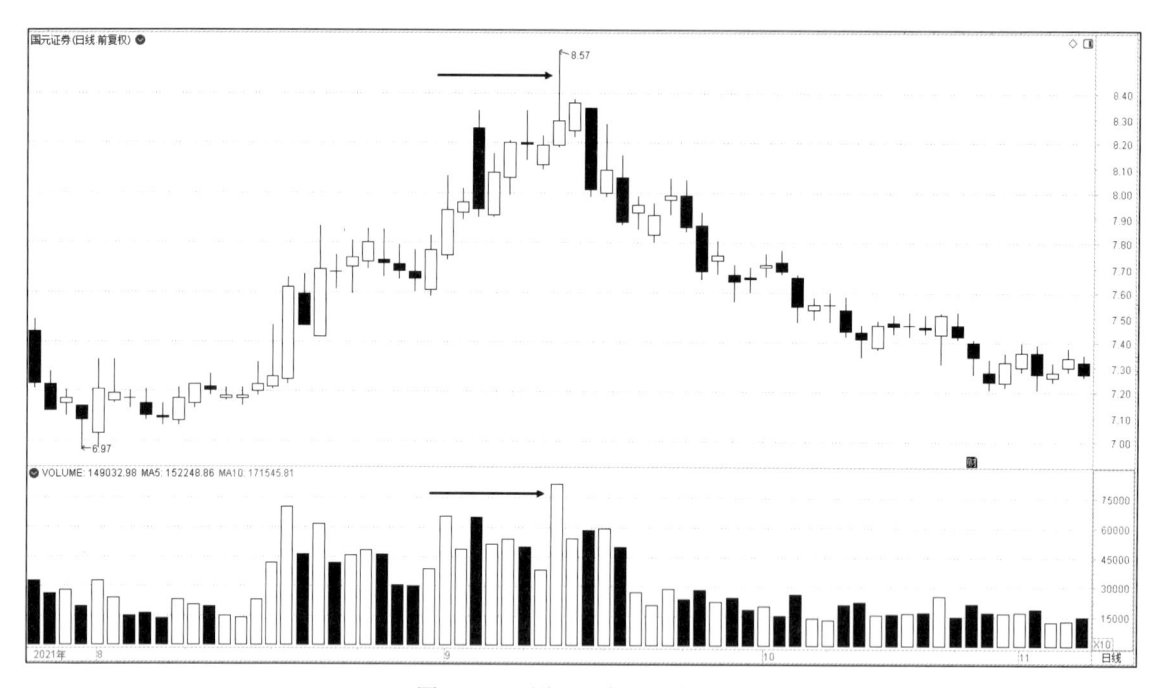

图 7-3-12 国元证券日成交量图

第 8 章

分时图实战分析

　　分时图清楚地记录了当天个股或大盘的价量变化，是短期多空两股力量交战的结果，它有助于对多空力量对比有完整的认识，从而选择有利的买卖时机，同时主力资金的操作手法，也可从分时图中窥之而一览无遗。因此，对于股票投资者而言，研判分时图是盈利的一个重要法宝。

8.1　认识分时图

股市是一个整体，它是全体股票整体走势情况的反映，同时，它也深深影响并带动着个股的走势，股市的走势是通过指数来反映的，正确地解读指数的运行形态就显得极为重要。本节中，我们就来看看如何正确、全面地解读大盘指数分时图。

8.1.1　认识大盘分时图

大盘就是指全体股票所构成的股市整体，平常我们所说的大盘指数其实是指上证综合指数。上海证券交易所和深圳证券交易所介绍如图 8-1-1 所示。

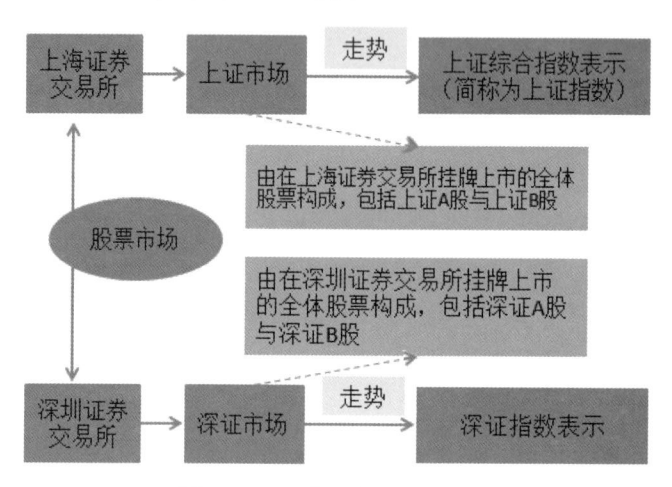

图 8-1-1　两个证券交易所介绍

指数并不仅仅只有上证指数与深证指数。创业板股票有创业板综合指数和创业成分指数；北交所成立后有北证 50 指数；上证指数的成分指数还有上证 50 指数、上证 180 指数；集合上证股票和深证股票的沪深 300 指数；等等。此外，还有反映 B 股股票的各种 B 股指数。

由于 B 股市场中股票数量极少，因而，上证综合指数可以说就是上证全体 A 股走势的反映。由于上证市场权重股多，股票数量多，更能代表国内的股票市场，而且，上证市场与深圳市场所面向的投资者群体也是完全相同的，因而可以用上证综合指数来指代大盘。

上证综合指数采用加权平均法进行计算，这使得那些权重的大盘股对指数的影响力就会更大，在股票行情软件中，通过数字快捷键"03"可以调出上证综指的走势图。上证指数分时图如图 8-1-2 所示，在这一分时图中，为上证综合指数和上证领先指数，那么，什么是上证领先指数呢？它又有什么作用呢？

我们知道，上证综合指数采用加权平均法进行计算，所谓的"权"，就是指个股的股本，股本越大的个股，则"权"越重，对指数的影响力也越大，例如，超级大盘股中国石油、工商银行的走势就会对上证综合指数形成强势影响。在大多数情况下，大盘股的走势与中小盘股的走势趋同，涨跌差异也不是十分明显，因而，上证综合指数在大多数情况下可以很好地反映股市的整体情况。

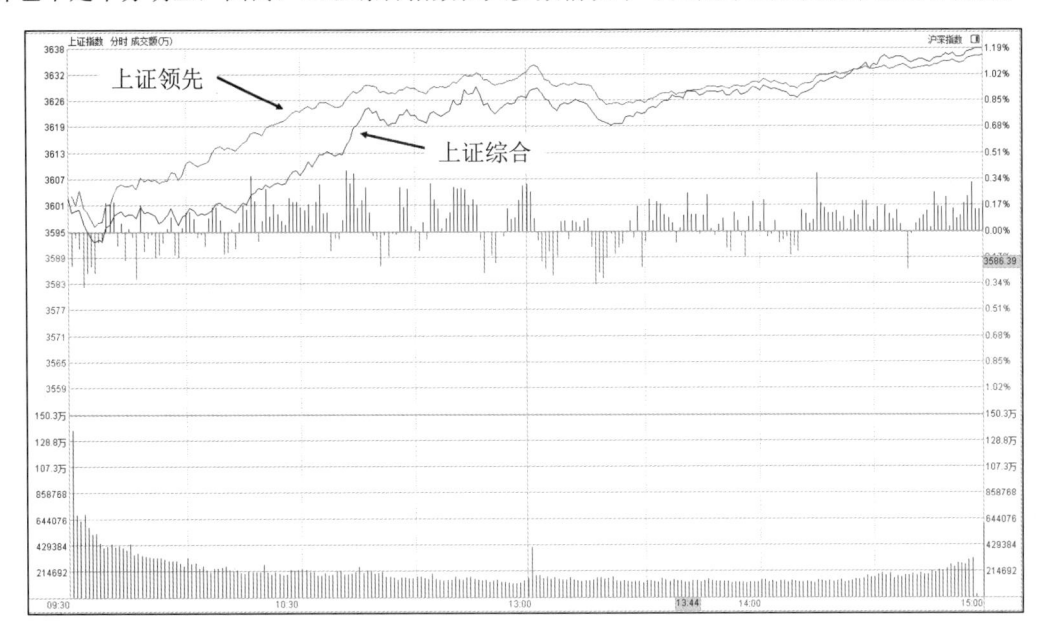

图 8-1-2　上证指数分时图

8.1.2　大盘股和中小盘股分时图

但是，有的时候，大盘股与中小盘股会因市场的转向而发生明显的偏差，此时，仅凭上证综指的运行，可能难以察觉到股市的实际变化，为此，又引入了上证领先指数。这一指数采用加权平均法进行计算，对所有个股不以股本大小论轻重，而是一视同仁以股价高低进行平均计算，由于中小盘股的股价一般偏高于大盘股，因而，这一指数可以更精确地反映中小盘类个股的整体走势。

> **TIPS** 当市场处于一波涨势后的高点，或跌势后的低点时，如果上证综合指数与上证领先指数的走势出现了明显的分离，这往往被看作是市场短期内有转向的指数倾向。例如，在股市一波持续上涨后的高点，如果上证综指快速上行，而上证领先指数却加速下跌，则多是主力资金拉抬权重股，为其在中小盘股中的出货行为进行掩耳盗铃所采取的措施。

上证指数 2021 年 2 月 18 日分时图如图 8-1-3 所示，图中的上方曲线为上证领先指数，下方曲线为上证综合指数。当日开盘不久，两者的走势出现了明显的分离，上证领先指数始终处于横盘状态，但上证综指却开始下跌。至收盘时，上证领先指数比上证综指高出了 1.6% 左右。两条指数线在运行上的明显差异是值得我们关注的，考虑到指数目前正处于持续上涨后的高点，因而，这是应引起我们重视的风险信号。上证综指在当日的走势情况如图 8-1-4 所示。

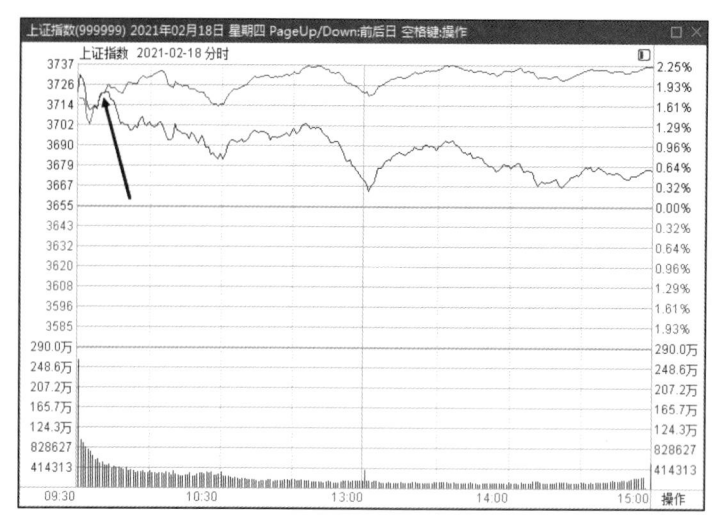

图 8-1-3　上证指数 2021 年 2 月 18 日分时图

图 8-1-4　上证指数在当日的走势情况

8.1.3　盘中多空力量的对比

在上证指数分时图中，零轴上、下方的红、绿柱状线也是我们在看盘时应关注的（注：零轴是指上一交易日收盘时的指数点位），红绿柱线以"柱状值"的方式，实时地反映了股市中委买总量（委买五档的总数量）与委卖总量（委卖五档的总数量）的对比情况。若某一分钟出现红色柱状线（出现在零轴上方），则表明这一分钟的委买总量更大，大盘指数也会处于上涨状态。反之，若某一分钟出现绿色柱状线（出现在零轴下方），则表明这一分钟的委卖总量更大，大盘指数也会处于下跌状态。上证指数 2021 年 12 月 8 日红绿柱状线示意图如图 8-1-5。

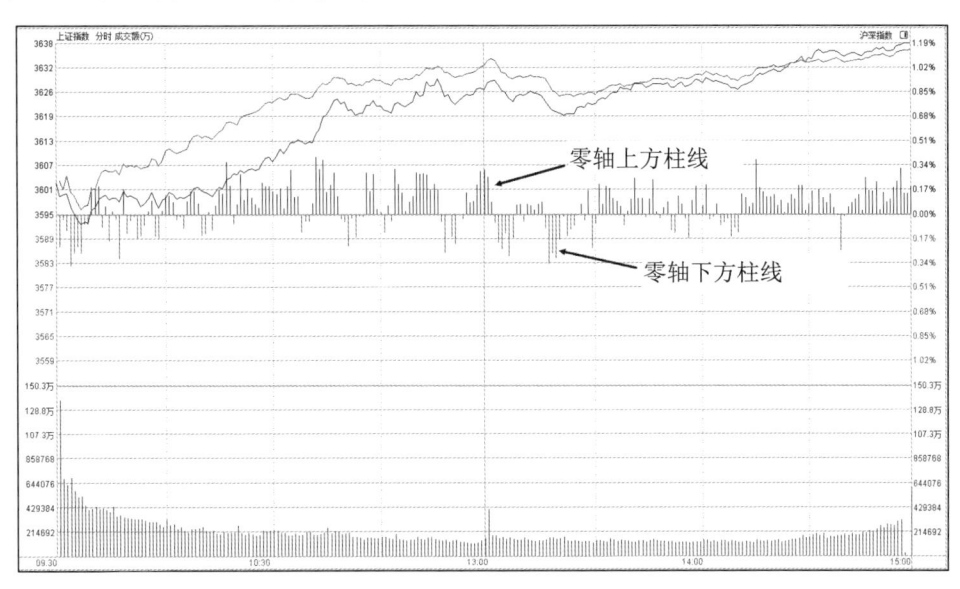

图 8-1-5　上证指数 2021 年 12 月 8 日红绿柱状线示意图

利用红、绿柱状线的变化情况，可以更好地观察市场中做多力量与做空力量变化情况。红、绿柱状线的变化情况分析如图 8-1-6 所示。

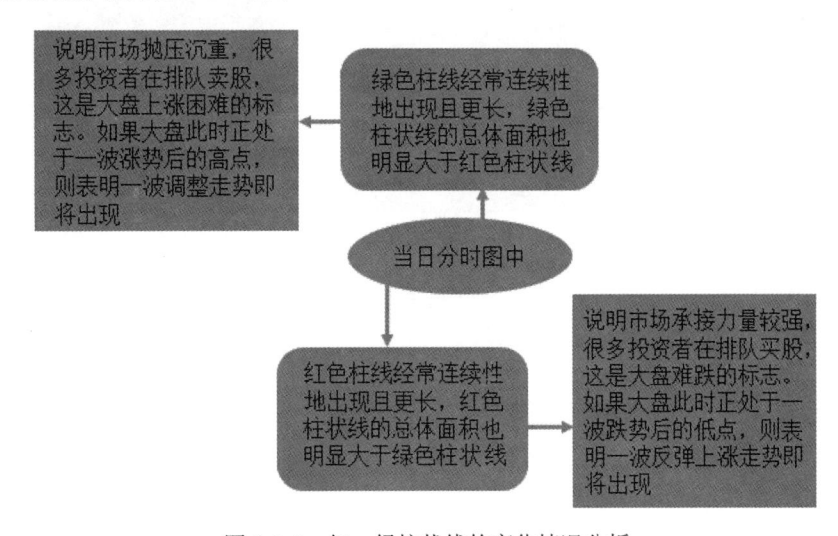

图 8-1-6　红、绿柱状线的变化情况分析

8.1.4 认识个股分时图

平安银行（股票代码：000001）2018年2月24日分时图如图8-1-7所示。可以发现，一般个股分时走势图主要包括内容如图8-1-8所示。

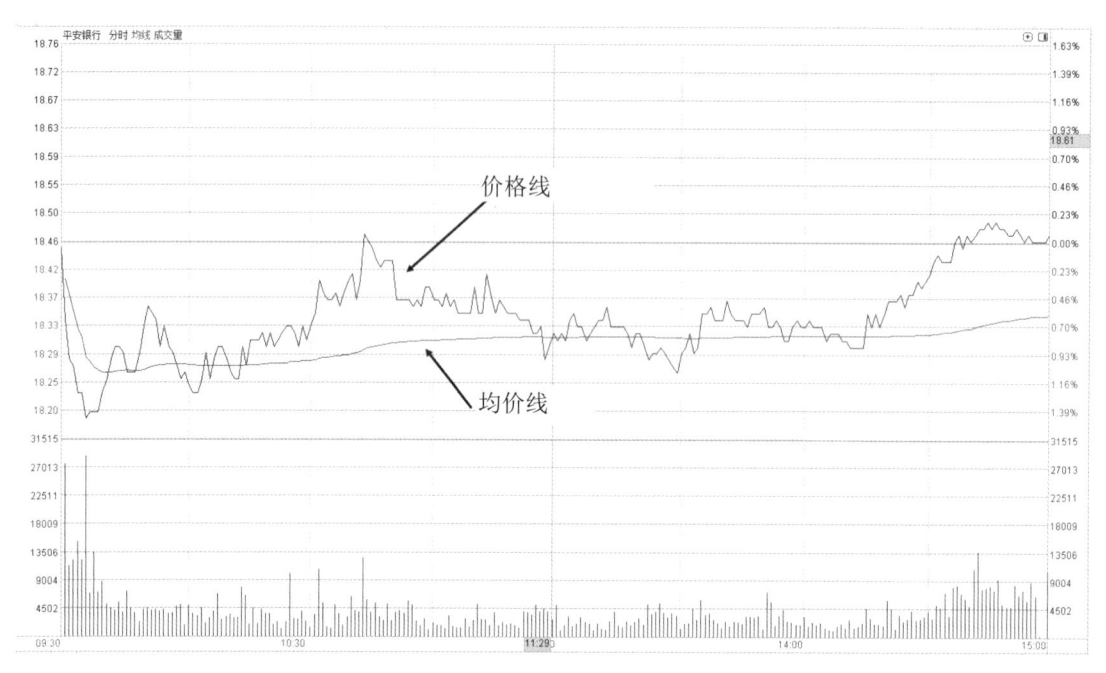

图 8-1-7　平安银行 2018 年 2 月 24 日分时图

图 8-1-8　个股分时走势图主要内容

1. 粗横线

粗横线表示上一个交易日股票的收盘位置，它是当日股票上涨与下跌的分界线，在它的上方，是股票的上涨区域，下方是股票的下跌区域。

2. 黄白曲线

白色曲线也叫分时价位线，表示股票实时成交的价格。黄色曲线也叫分时均价线，表示股票即时成交的平均价格，是从当日开盘到当时平均的交易价格画成的曲线，其作用类似于移动平均线。

3．黄色柱线

在黄白曲线的下方，是黄色柱线，用来表示每一分钟的成交量。

4．卖盘等候显示栏

该栏中显示的卖一、卖二、卖三、卖四、卖五的委托价格和数量，按照"价格优先、时间优先"的原则，同一时间内，报价较低的卖家优先成交。

5．买盘等候显示栏

该栏中显示的买一、买二、买三、买四、买五的委托价格和数量，按照"价格优先、时间优先"的原则，同一时间内，报价较高的买家优先成交。

8.1.5 使用分时图的注意事项

分时图是把握多空力量转化的根本，在实战中的地位非常重要，成为越来越多投资者投资的得力助手。但是，盘中的变化非常复杂，在使用分时图中还需注意以下几点：

- 注意开盘后 15 分钟的情形，具体如图 8-1-9 所示。对开盘后 15 分钟的情形进行综合分析，不可依赖某一个指标行事。

图 8-1-9　开盘后 15 分钟的情形

- 客观地分析研判多空走势的虚实，并以大盘作为多空走势首要考量点，将大盘走势和个股进行对比，更加谨慎地作出买卖的应变及决断。
- 买进时筹码分配可以按照"二、四、四"进行分配，即将 20%的筹码在适当时机试盘买进，研判正确无误后，再做 40%的加码，剩下 40%则保留在"终盘战"做最后筹码运用。
- 关注成交量，当走势将面临转机时的成交量最为关键，有些个股的成交量是在 14 时左右放量，但也有在第二天上午出现拉高放量的情况。
- 任何一天的分时走势图都不是孤立的，都与当天的外部市场信息和自身的历史走势密切相关，通常是昨日走势的延续，并且，常常会受到近几日阻力位和支撑位的影响，受制于过去大的趋势状态。因此，查看分时图的时候，可以调出连续几日的分时图一起查看，便于更准确地把握趋势。

8.2 典型的分时图形态

分时图是投资者看盘时不能不看的图形。它涉及大盘和个股的实时走势、股票的买进点和卖出点等重要的信息。下面介绍分时图的几种典型形态，以及在实际操作中如何寻找分时买进信号和分时卖出信号。

> **TIPS** 影响分时走势的因素非常多，包括主力资金的进出、多空力量对比的变化、利多与利空消息的发布等，因此，分时走势图往往瞬息万变，没有一定的形态。下面分析几种比较典型的形态。

8.2.1 高开高走盘

一开盘即守住盘上高区域，或开盘就拉至涨停板，并一直持续涨停至收盘，此种为超强盘，通常出现在大利多或主力资金参与的时候。由于买方力量强劲，后市续创新高的可能性极大，广汽集团（股票代码：601238）2021年12月8日的分时图如图8-2-1所示，此为典型的高开高走盘。

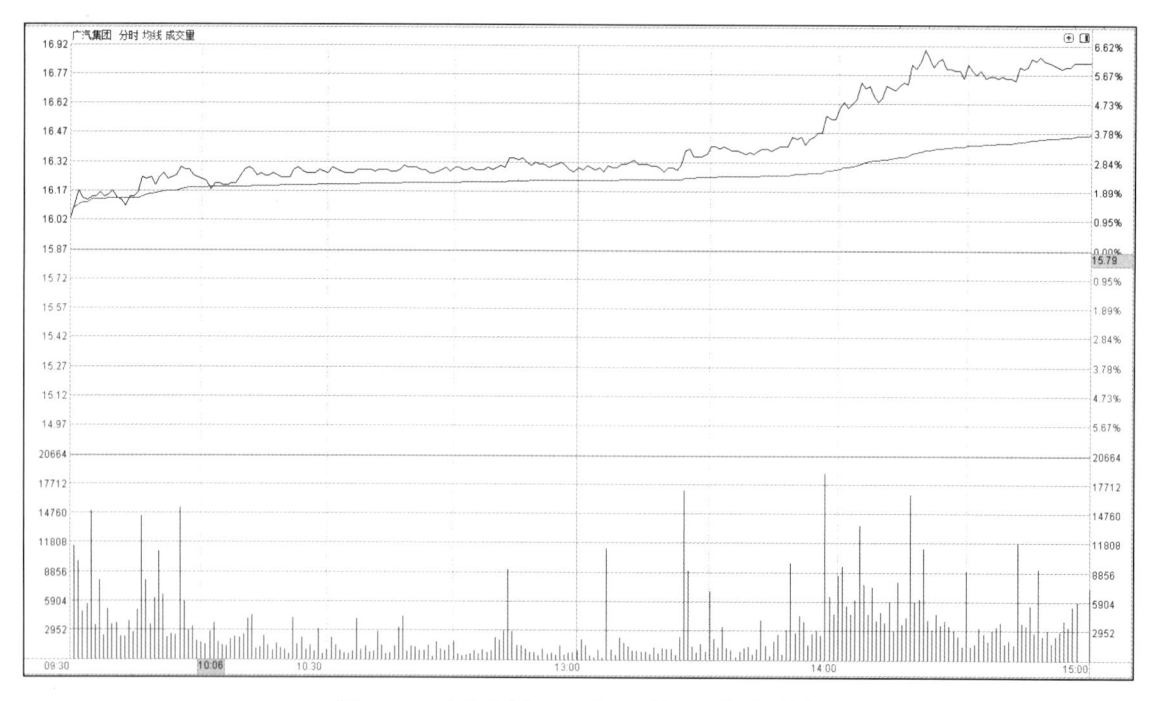

图 8-2-1　广汽集团 2021 年 12 月 8 日的分时图

8.2.2 低开低走盘

开盘即低于前一交易日收盘价,并以低于今日开盘价收盘,甚至跌停板价开出,但在下跌途中,连盘下 3/4 处皆无力突破。此种为极弱盘,通常出现的情况如图 8-2-2 所示。

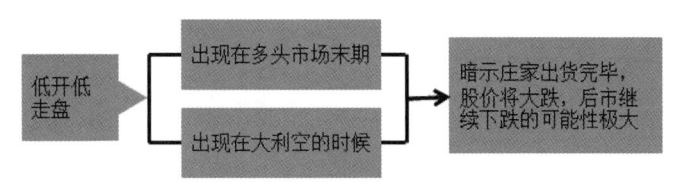

图 8-2-2　低开低走盘出现的情况

兖州煤业(股票代码:600188)2021 年 12 月 8 日的分时图如图 8-2-3 所示,此为典型的低开低走盘。

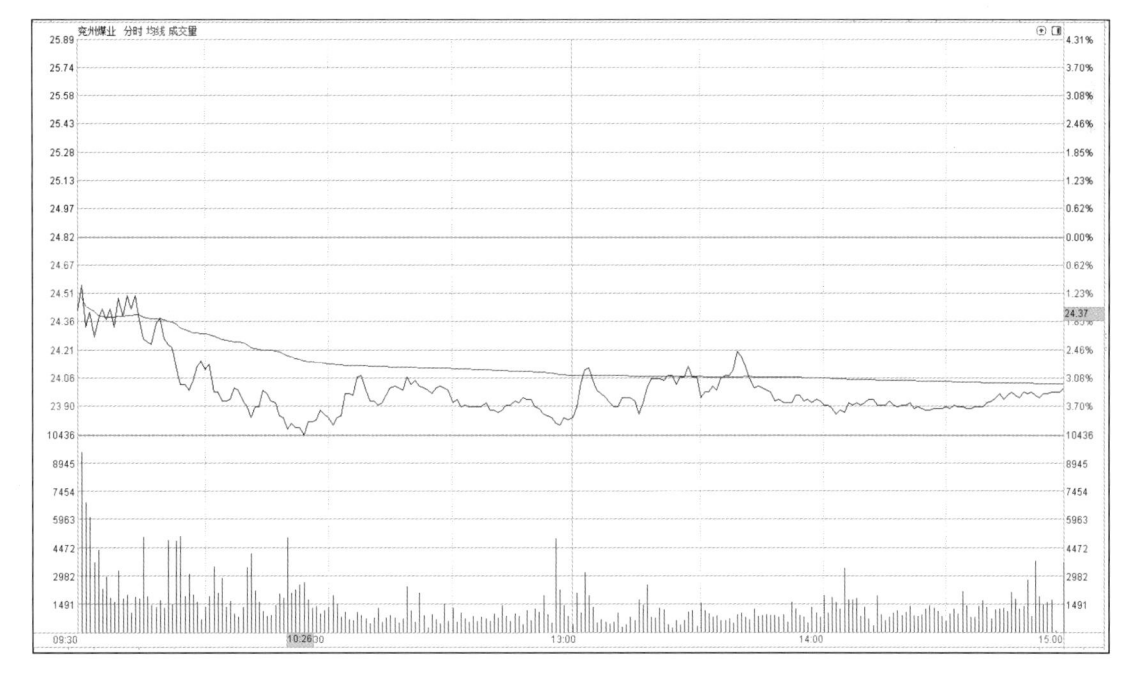

图 8-2-3　兖州煤业 2021 年 12 月 8 日的分时图

8.2.3 低开高走盘

开盘为低价,高位收盘为强势股。盘中个股若探底拉升超过跌幅的 1/2 时,此时股价回调跌不下去,表示主力做多信心十足,可在昨日收盘价附近挂内盘跟进,国新健康(股票代码:000503)2021 年 12 月 8 日的分时图如图 8-2-4 所示,此为低开高走盘。

图 8-2-4　国新健康 2021 年 12 月 8 日的分时图

8.2.4　平开高走盘

大盘处于上升途中，个股若平开高走后，回调不破开盘价，股价重新向上，表示主力做多决心坚决，待第二波高点突破第一波高点时，投资者应加仓买进，伯特利（股票代码：603596）2021 年 12 月 8 日的分时图如图 8-2-5 所示，此为平开高走盘。

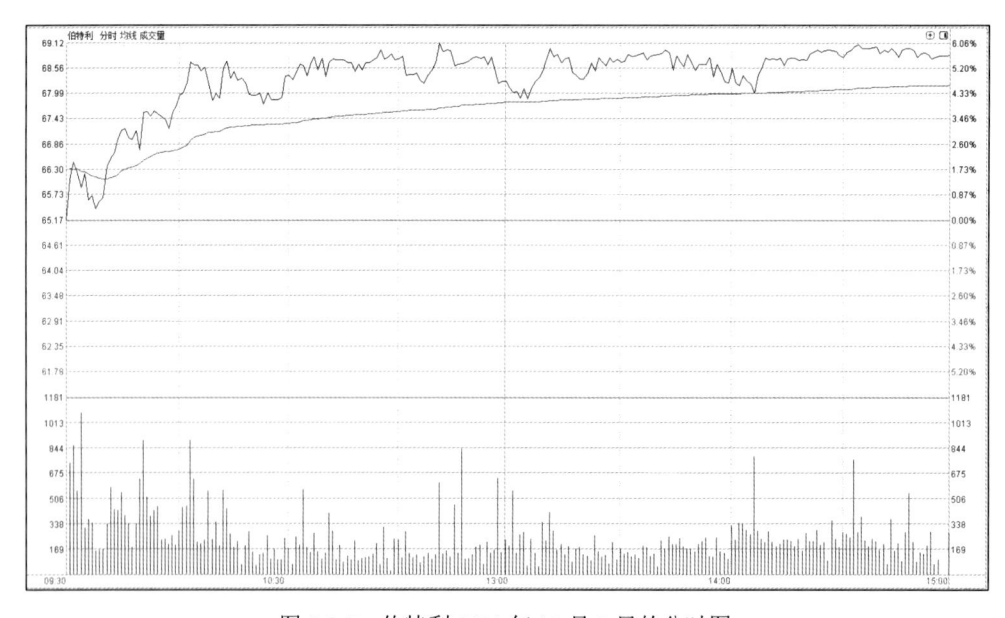

图 8-2-5　伯特利 2021 年 12 月 8 日的分时图

8.2.5 高开低走盘

开盘为最高,收盘为最低或最低附近。这种开高走低的弱势股,股价在高档窄幅盘旋,或者困守平盘,临收急速滑落,或以跌停收盘,如非突发性利空打击股价,则暗示主力资金已完成出货,不愿再支撑股价,散户见状惊慌杀低,后市下跌可能性大,ST 海越(股票代码:600387)2021 年 12 月 8 日的分时图如图 8-2-6 所示。

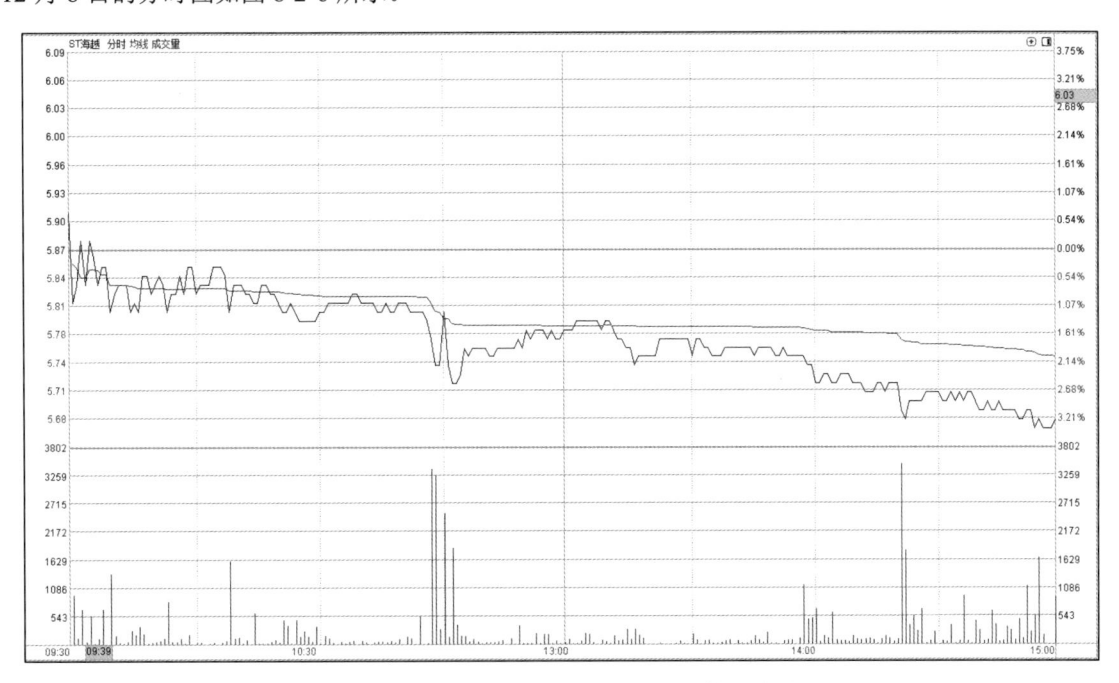

图 8-2-6　ST 海越 2021 年 12 月 8 日的分时图

8.3　有上涨潜力的分时图

从分时图上可以明确看出个股的价格波动状态,但是哪些股票具有上涨潜力呢?本节给出具有上涨潜力股票分时图的 4 个典型特征。

8.3.1　分时线始终高于均价线

当分时线稳稳地运行于均价线上方时,这说明市场的买盘力量较强。分时线在均价线上方和下方的区别如图 8-3-1 所示。

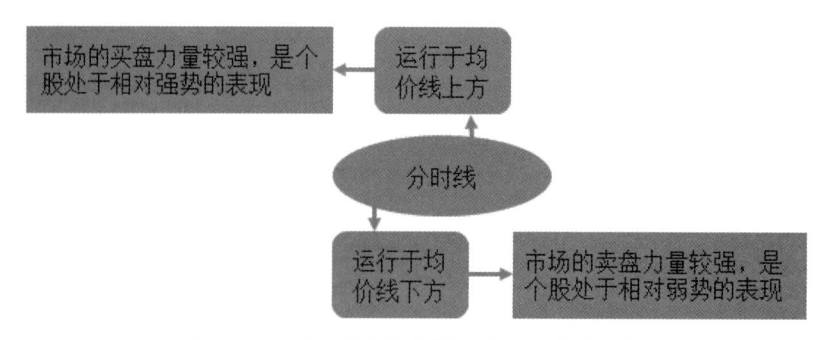

图 8-3-1　分时线在均价线上方和下方的区别

如果均价线呈缓慢上升形态，而分时线又以均价线为支撑，不时地出现上涨，从而使得股价节节升高，则是个股处于多方主导的体现。

ST 星源（股票代码：000005）2021 年 8 月 25 日的分时图如图 8-3-2 所示，当日此股的分时线稳健地运行于均价线上方，且均价线缓慢上移，对分时线的稳步上扬形成了有力的支撑，这是个股处于多方主导下的强势状态的表现。ST 星源 2021 年 8 月 25 前后的 K 线走势如图 8-3-3 所示，可以看到，当日此股正处于盘整后的突破上行阶段。

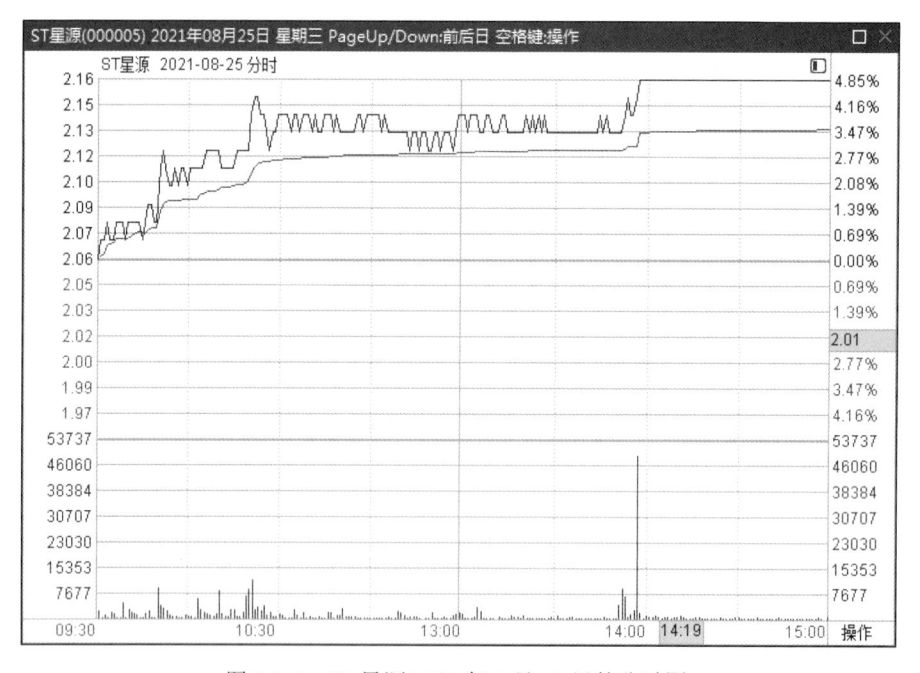

图 8-3-2　ST 星源 2021 年 8 月 25 日的分时图

TIPS　这种强势的分时图形态就更为可靠地反映了多方正强势做多此股，是我们短线看涨的信号。

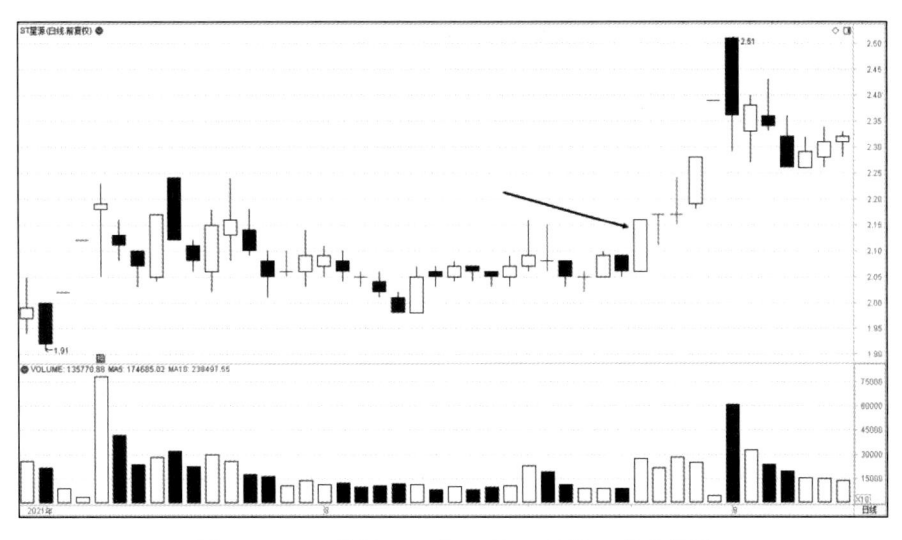

图 8-3-3　ST 星源 2021 年 8 月 25 日的 K 线走势图

南玻 A（股票代码：000012）2021 年 11 月 11 日的分时图如图 8-3-4 所示，从图中左侧的日 K 线走势中可以看到，当日此股正处于一波深幅调整后的低点。虽然此股当日平开，但在开盘之后却节节上扬，分时线与均价线均保持了持续上扬的形态，且分时线稳稳地运行于均价线上方。这是买盘力量开始大幅转强的信号，也预示着阶段性调整走势的结束，此时可以作为短线买股的时机。南玻 A 2021 年 11 月 11 日的走势情况如图 8-3-5 所示。

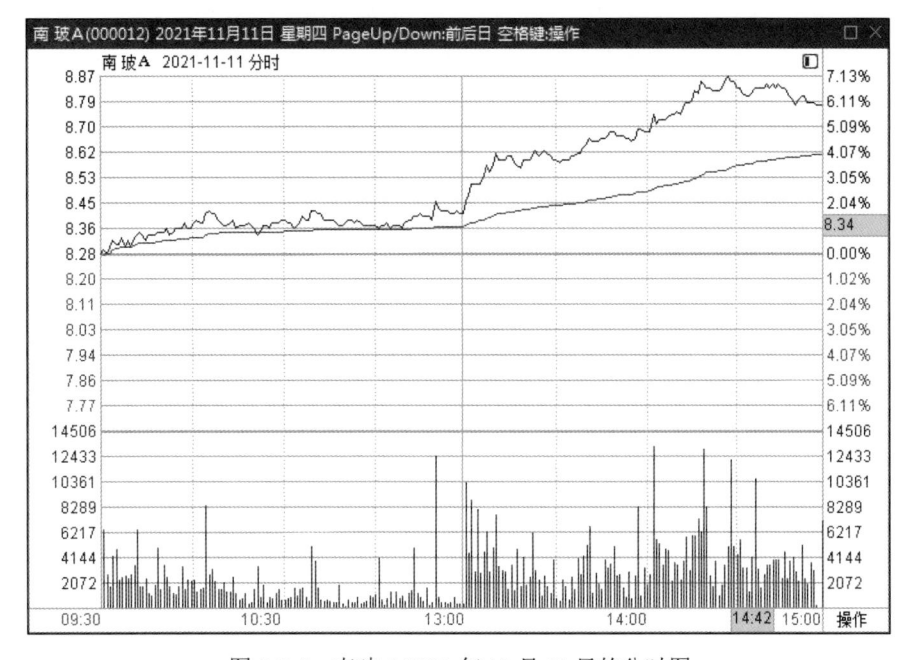

图 8-3-4　南玻 A 2021 年 11 月 11 日的分时图

图 8-3-5　南玻 A 2021 年 11 月 11 日的走势图

8.3.2　分时线快速上扬

个股之所以呈现强势上扬的走势，往往与主力的积极拉升有关，而主力在盘中拉升个股时，其分时线形态大多会呈现出流畅、挺拔的上扬形态，这是连续大买单扫盘所形成的，而这种流畅上扬的分时线形态也是我们分析个股是否强势、主力是否有较强拉升意愿的着手点。

深圳华强（股票代码：000062）2021 年 11 月 1 日的分时图如图 8-3-6 所示，当日此股在早盘时间段出现了流畅的上扬形态。很明显，这是主力资金通过连续大买盘扫盘、拉升所致，是此股处于强势状态的反映。当日此股正处于盘整突破区，这预示着主力有较强的拉升意愿，是个股将突破上行的信号。深圳华强 2021 年 11 月 1 日的走势情况如图 8-3-7 所示。

图 8-3-6　深圳华强 2021 年 11 月 1 日的分时图

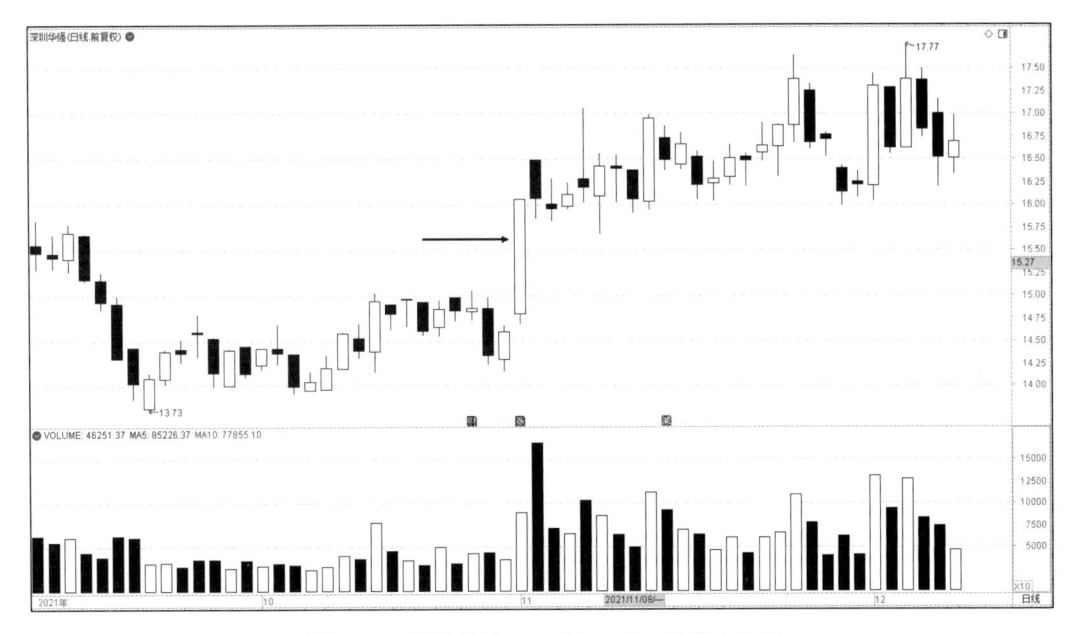

图 8-3-7　深圳华强 2021 年 11 月 1 日的走势图

8.3.3　分时量配合关系理想

成交量可以反映买卖盘参与力度,如果一只个股在盘口中快速上扬时,有明显放大的量能支撑,这说明了什么呢？参见图 8-3-8。

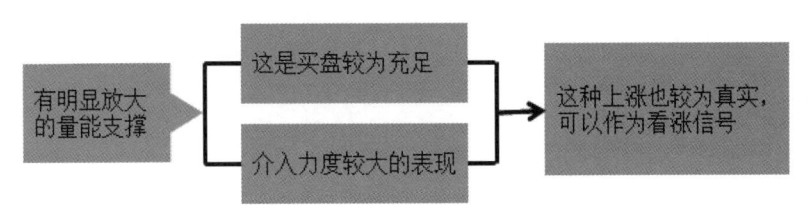

图 8-3-8　一只个股在盘口中快速上扬

TIPS　如果个股在盘口的快速上扬中,分时量没有出现有效放大,则这种上涨很有可能是虚涨,我们不可以盲目追高。下面我们结合实例来看看如何利用分时量在盘口中判别强势股。

申万宏源（股票代码：000166）2021 年 8 月 18 日的分时图如图 8-3-9 所示,随着股价在盘口中的节节攀升,可以看分时量也呈逐步放大的态势,这说明个股的上涨是源于充足买盘资金的推动,这是个股上涨较为坚实的体现。当日此股正处于一波上涨走势中,这是持股待涨的信号。申万宏源 2021 年 8 月 18 日的走势情况如图 8-3-10 所示。

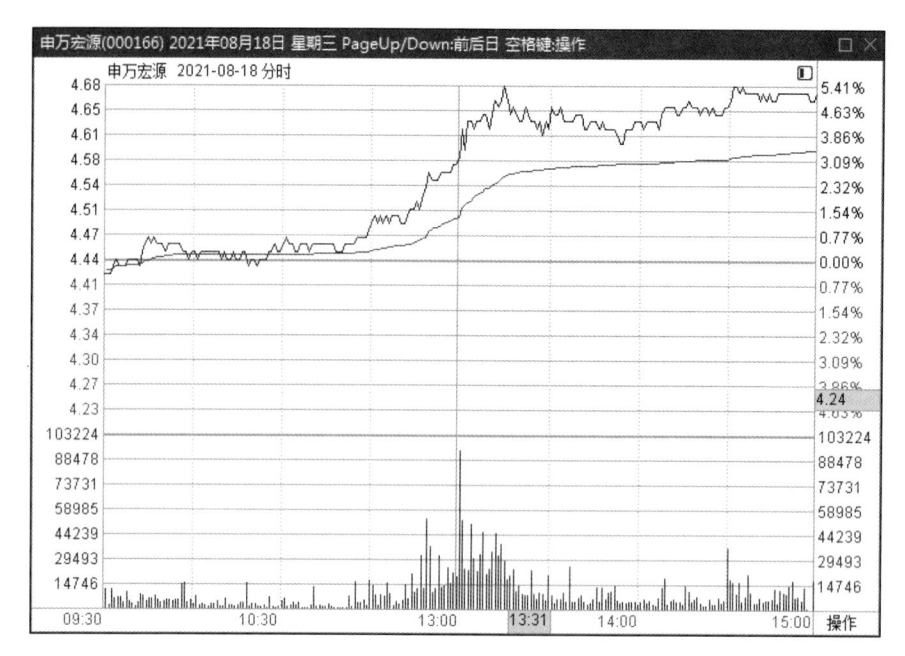

图 8-3-9 申万宏源 2021 年 8 月 18 日的分时图

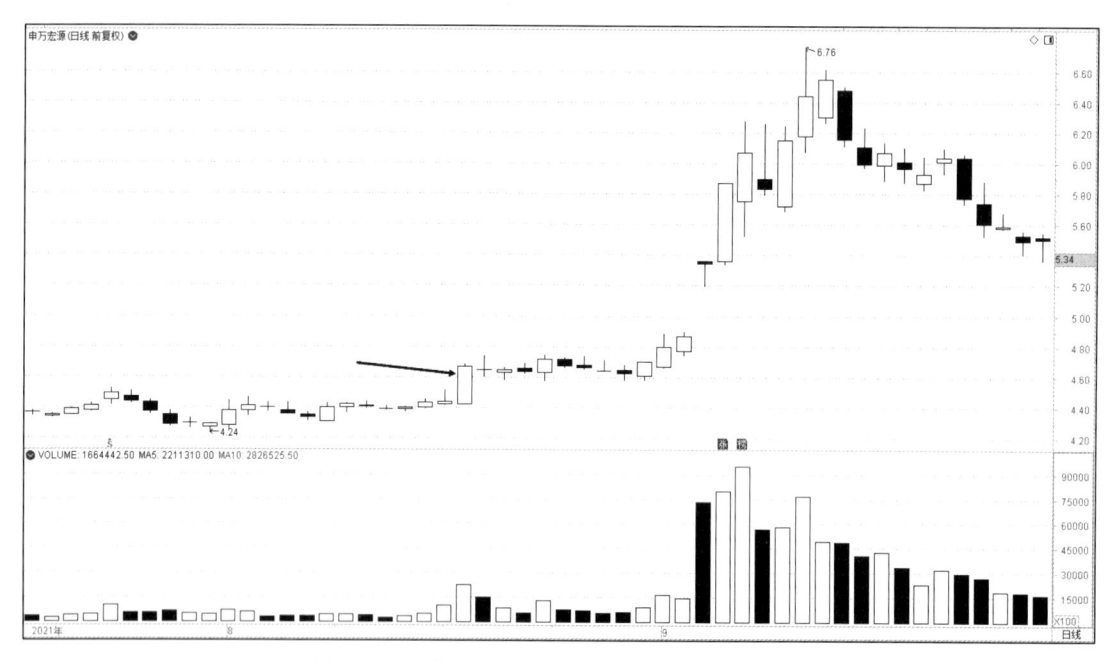

图 8-3-10 申万宏源 2021 年 8 月 18 日的走势图

湖北宜化（股票代码：000422）2021 年 8 月 11 日的分时图如图 8-3-11 所示，此股 2021 年 8 月 12 日的分时图如图 8-3-12 所示。此股在这两日的早盘阶段均出现了快速上扬的走势，分时线在上扬时挺拔有力、流畅，而在分时线的快速上扬的同时，我们会看到分时量的大幅放出，这种完美的量价配合关系是个股强势运行的典型特征。考虑到个股当时正处于长期盘整后的突破位置处，这可以看作是主力资金有意强势拉升个股的信号，也是个股即将突破上行的信号，可以积极做多。湖北宜化 2021 年 8 月 12 日的走势情况如图 8-3-13 所示。

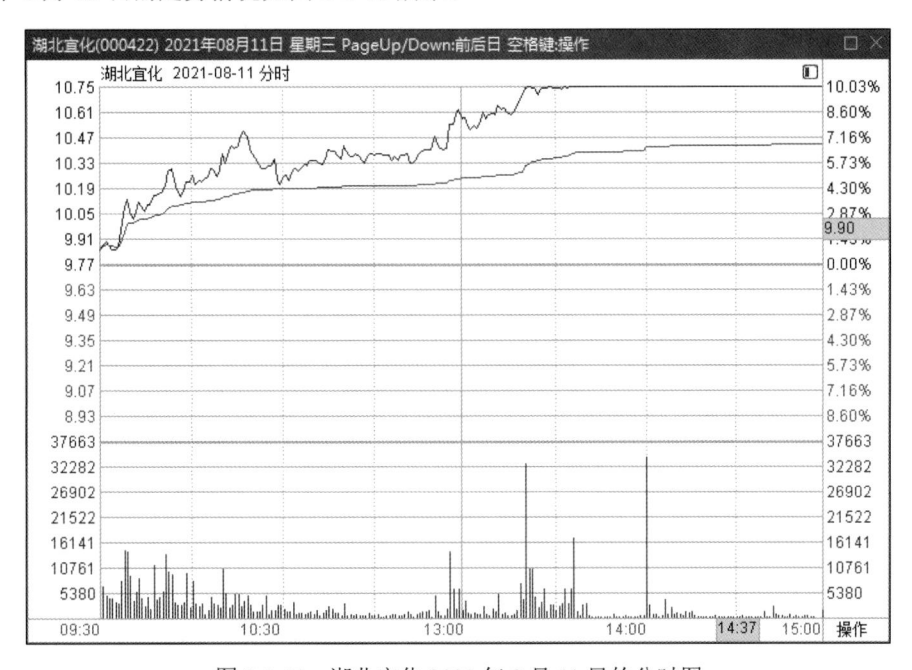

图 8-3-11　湖北宜化 2021 年 8 月 11 日的分时图

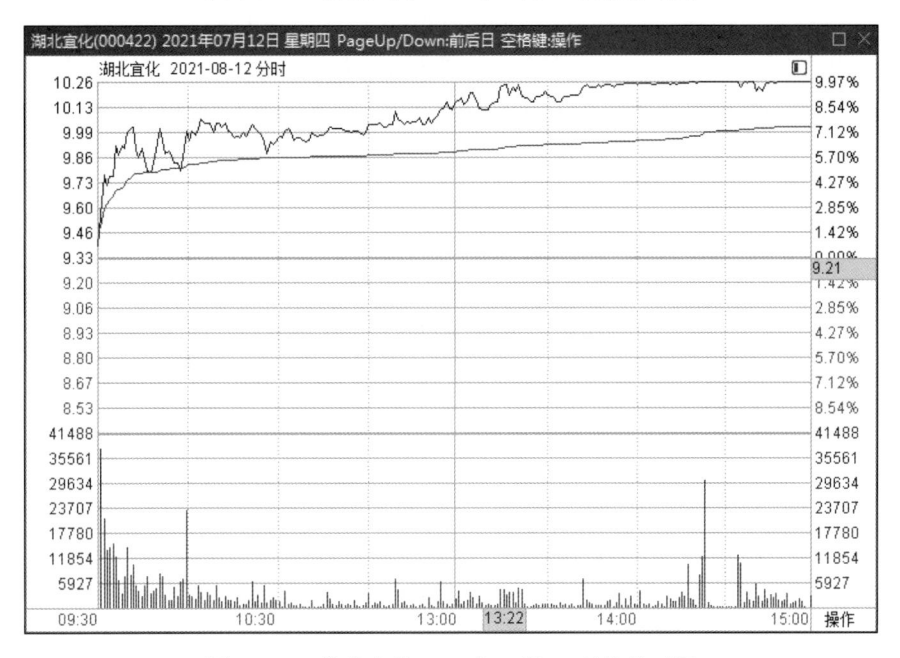

图 8-3-12　湖北宜化 2021 年 8 月 12 日的分时图

图 8-3-13　湖北宜化 2021 年 8 月 12 日的走势图

8.3.4　个股分时线强于大盘

大盘，是我们分析个股强弱力度的一个参照物，如果个股当日的盘中走势明显强于大盘，且目前的 K 线运行形态较好，则多是其短期有一波上冲行情的信号，对于这类个股，我们可以做多短线。

中科电气（股票代码：300035）2021 年 9 月 14 日的分时图如图 8-3-14 所示，当日此股的走势较为强劲，从日 K 线走势图中可以发现，当日盘中收至涨停，很明显，这是主力资金有意强势拉升此股的信号，但大盘当日的表现却不佳。上证指数 2021 年 9 月 14 日的分时图如图 8-3-15 所示，通过对比可以看出，中科电气的盘中分时图表现远强于当日大盘。

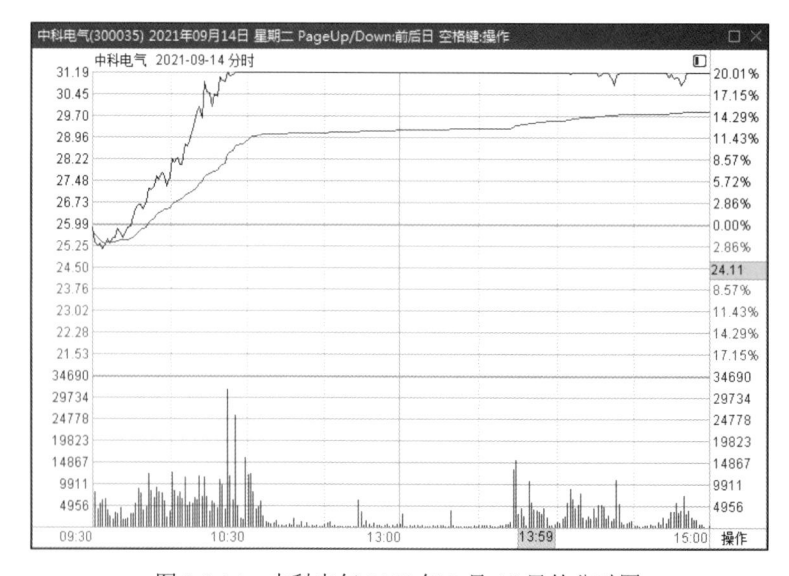

图 8-3-14　中科电气 2021 年 9 月 14 日的分时图

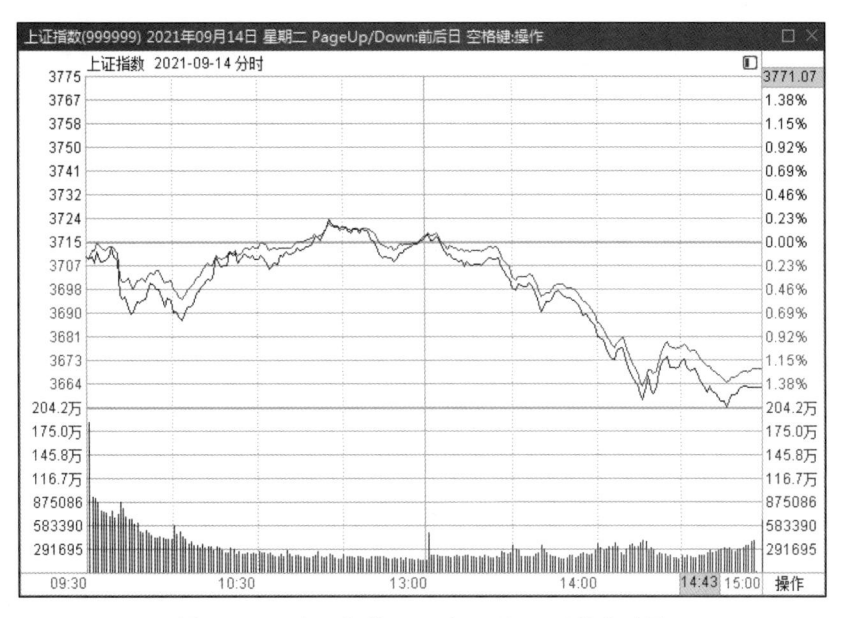

图 8-3-15 上证指数 2021 年 9 月 14 日的分时图

中科电气在 2021 年 9 月 14 日所呈现出的强势表现,也预示了它随后的突破上行的走势,中科电气 2021 年 9 月 14 日的走势图如图 8-3-16 所示。而且,即使在随后的时间段内,大盘出现了一波深幅调整走势(见图 8-3-17),此股也依然保持了明显的强势运行状态。

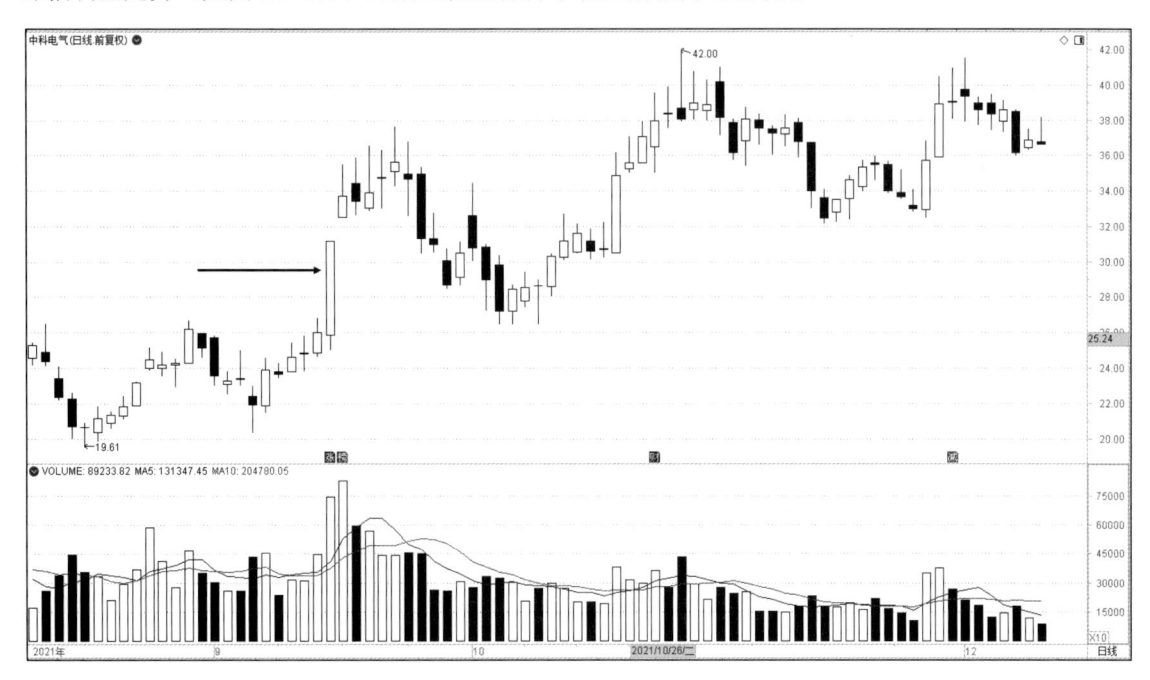

图 8-3-16 中科电气 2021 年 9 月 14 日的走势图

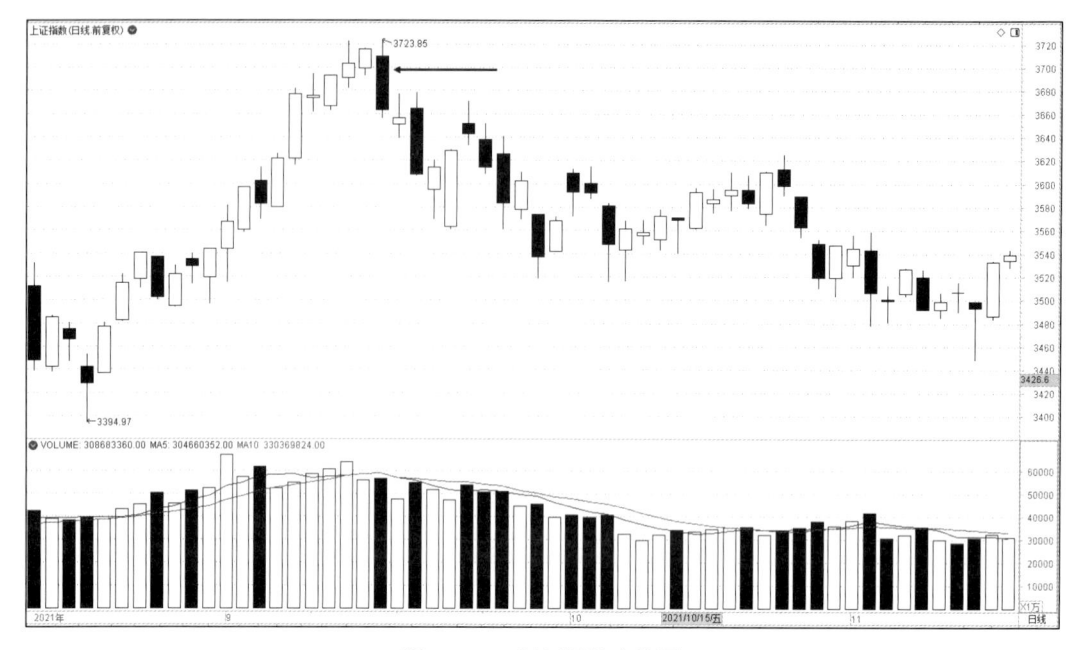

图 8-3-17　深幅调整走势图

8.4　大概率下跌的分时图

与强势股相对而言的是弱势股，强势股和弱势股分析如图 8-4-1 所示。

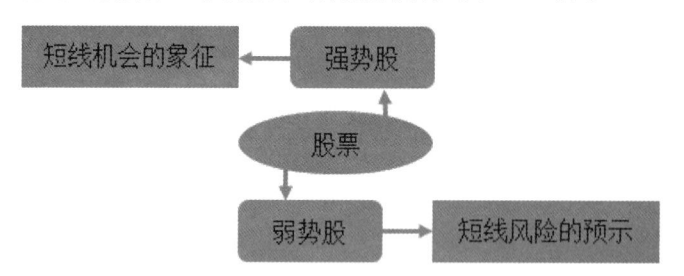

图 8-4-1　强势股和弱势股

在股市中，不仅要能把握住机会，还应能更好地规避风险，只有这样，才能进退从容、游刃有余。本节介绍弱势分时图的特征。

8.4.1　分时线持续运行于均价线下方

当分时线持续运行于均价线下方时，这说明市场的卖盘力量较强。如果均价线呈缓慢下降形态，而且对分时线的反弹上行构成了有力的阻挡，从而使得股价节节走低，则是个股处于空方主导的体现。

睿昂基因（股票代码：688217）2021年8月30日的分时图如图8-4-2所示，当日此股的分时线持续的运行于均价线下方，且均价线缓慢下移，对分时线的反弹上行构成了有力的阻挡，这说明市场抛压沉重，个股当前处于空方主导下的弱势状态。睿昂基因2021年8月30日前后的K线走势如图8-4-3所示，当日此股正处于下跌途中，盘整后的向下破位区。

图8-4-2　睿昂基因2021年8月30日的分时图

图8-4-3　睿昂基因2021年8月30日的K线走势图

8.4.2 分时线出现深幅、快速的放量跳水形态

个股的弱势运行状态很有可能也是因为主力大量抛售所致。短期看空的明确信号，如图 8-4-4 所示。

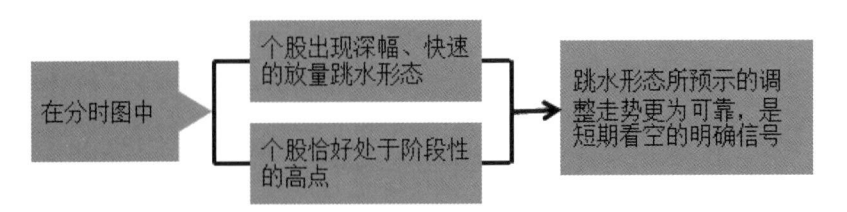

图 8-4-4 短期看空的明确信号

重庆燃气（股票代码：600917）2021 年 9 月 23 日的分时图如图 8-4-5 所示，此股 2021 年 9 月 24 日的分时图如图 8-4-6 所示。此股在这两日的盘口中均出现了跳水走势，都出现在尾盘交易阶段。在快速跳水的过程中，可以看到分时量的明显放大，这往往是主力连续抛售所致，这时的个股正处于高位，属于明显的高点，因而，这种弱势形态的分时图就是个股随后下跌走势将出现的可靠信号。重庆燃气在 2021 年 9 月 23 日的走势如图 8-4-7 所示。

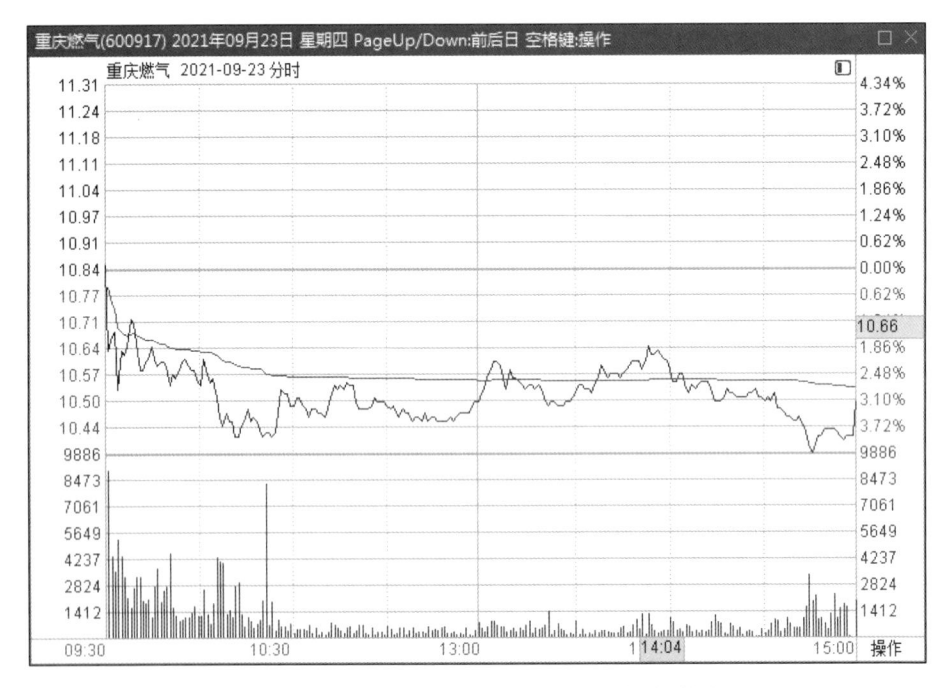

图 8-4-5 重庆燃气 2021 年 9 月 23 日的分时图

图 8-4-6　重庆燃气 2021 年 9 月 24 日的分时图

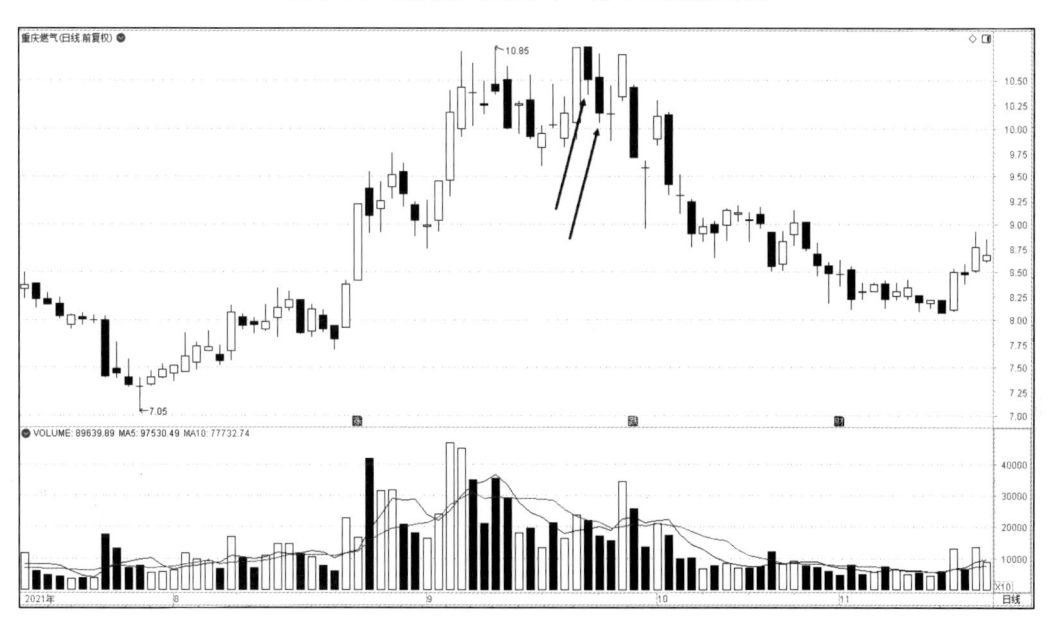

图 8-4-7　重庆燃气 2021 年 9 月 23 日的走势图

8.4.3　分时线由升转降

多空力量的转变是极快的,而且很可能会在盘中完成。如果个股在早盘开盘后的一段时间走势呈强势,即处于上涨状态,且分时线稳健地运行于均价线上方,但在随后却突然开始下跌,并向下跌破均价线,且在全天随后的交易时间段内一直运行于均价线下方,收盘时还处于下跌状态,则这多是空方力量于盘中突然加强，个股短期内将有跌势出现的信号，如果此时的个股正处于阶段性高点，则这种看跌信号就更为可靠。

重庆建工（股票代码：600939）2021年9月10日的分时图如图8-4-8所示，当日此股在早盘开盘后的一段时间内走势较强，分时线还出现了流畅上扬的形态。但是没多久，分时线就向下跌破了均价线，且在全天随后的交易时间段内不断走低、一直运行于均价线下方。这是一种典型的由强转弱形态，也是个股开始处于弱势状态的体现。重庆建工2021年9月10日的走势如图8-4-9所示，当日此股正处于一波快速上涨后的高点，因而这种分时线由升转降形态就是更为可靠的看跌信号。

图 8-4-8　重庆建工 2021 年 9 月 10 日的分时图

图 8-4-9　重庆建工 2021 年 9 月 10 日的走势图

8.4.4 分时线走势弱于当日大盘

如果个股当日的盘中走势明显弱于大盘，往往可能是两种原因导致的，如图 8-4-10 所示。

个股当日的盘中走势明显弱于大盘的原因

个股目前正处于一波上涨走势后的高点，市场中的获利抛压较重，这是个股将有一波调整走势出现的信号

个股属于那种盘大、滞涨的"肉股"，这类个股难以获得主力资金的入驻，其走势往往是长期弱于大盘

图 8-4-10　个股当日的盘中走势明显弱于大盘的原因

农产品（股票代码：000061）2021 年 11 月 10 日的分时图如图 8-4-11 所示，当日此股的走势明显弱于大盘（上证指数 2021 年 11 月 10 日的分时图见图 8-4-12）。当日大盘强劲上扬，而此时却出现了下跌，通过对比可以看出，这是一种极为弱势的形态。从日 K 线走势图中可以发现，当日此股正处于一波涨势后的高点右侧，因而个股当日的明显弱势状态是市场获利抛压较重且短期内难以上行的标志。

农产品在 2021 年 11 月 10 日所呈现出的弱势表现，也预示了它随后的走势难有好的行情出现。农产品 2021 年 11 月 10 日的走势如图 8-4-13 所示，上证指数 2021 年 11 月 10 日的走势如图 8-4-14 所示。通过对比可以看出，大盘继续强势上扬，但此股却无力随大盘突破上行，弱势行情十分鲜明。

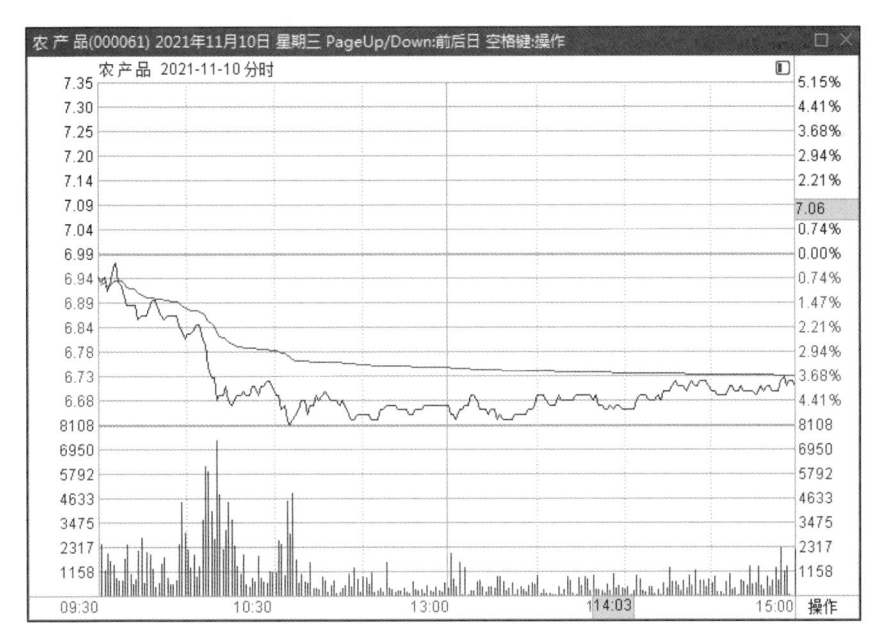

图 8-4-11　农产品 2021 年 11 月 10 日的走势图

图 8-4-12　上证指数 2021 年 11 月 10 日的分时图

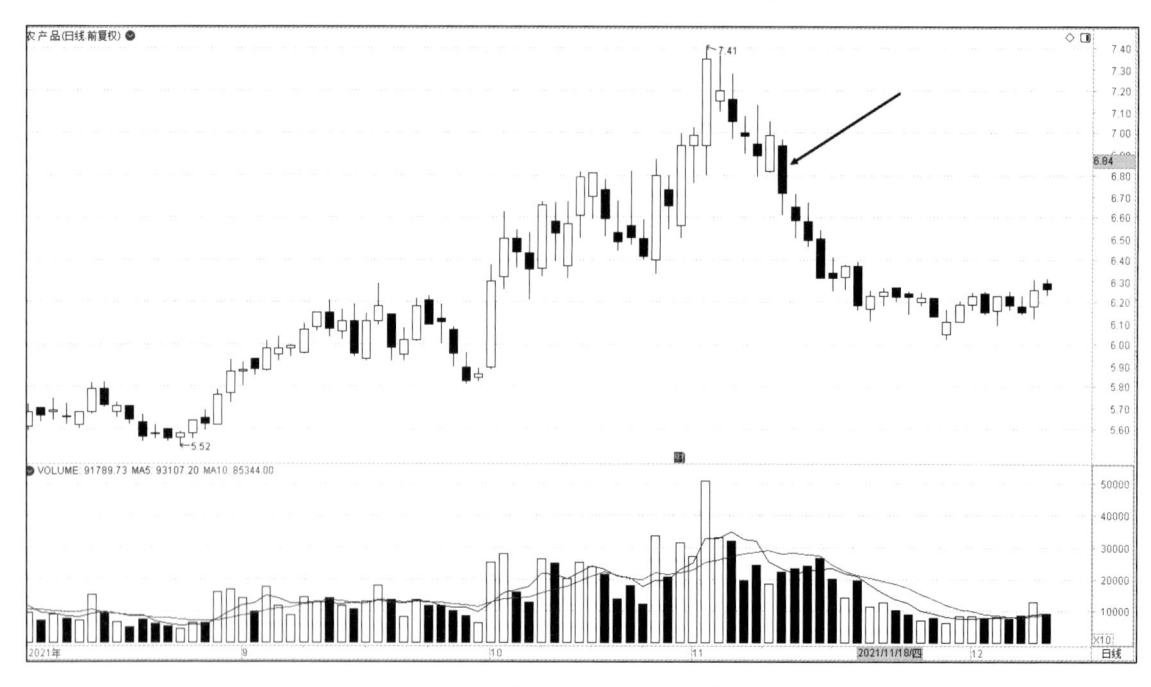

图 8-4-13　农产品 2021 年 11 月 10 日的走势图

图 8-4-14　上证指数 2021 年 11 月 10 日的走势图

8.5　盘中买入信号

通过对分时图进行分析，研究其获利形态，可以及时把握正确的买点，同时，对获利形态的认识可以加深对盘面走势的感觉，从而提高成功的概率。下面介绍几种常见的分时买进时机。

8.5.1　强势股的买入时机

在开盘之后，如果个股能够强势上冲，往往是主力有意拉升个股的标志，此时，通过均线可以衡量主力的做多意愿是否强烈，个股抛压是否太大等信息。如果个股在回调时不破均价线，而此股的前期 K 线走势也较为稳健的话，则此时可以作为盘中买股时机。

华锦股份（股票代码：000059）2021 年 5 月 6 日的分时图如图 8-5-1 所示，此股在早盘开盘后出现了一波强势上涨，随后出现回调，但在回调时，均价线对分时线形成了有力的支撑。这说明做多力量较为充足，空方抛压并不沉重，这种拉升也是主力做多意愿较为真实可信的形态。结合此股的日 K 线图走势稳等特征，可以在个股回调不破均价线时买股布局。华锦股份 2021 年 5 月 6 日的走势如图 8-5-2 所示。

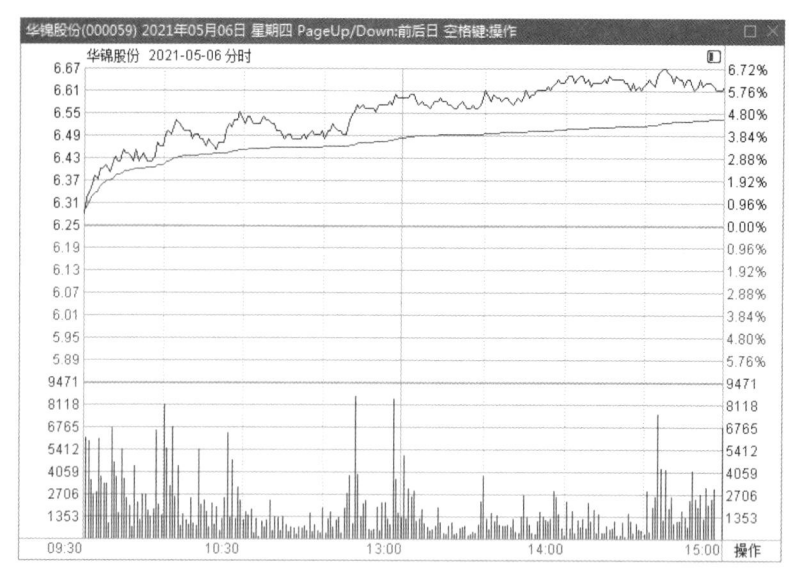

图 8-5-1　华锦股份 2021 年 5 月 6 日的分时图

图 8-5-2　华锦股份 2021 年 5 月 6 日的走势图

8.5.2　早盘强势上涨后、均价线上的中盘买股时机

个股在早盘经强势上涨之后，往往会开始处于相对平静的状态下，如果此时的分时线稳稳地运行于均价线上方，则可以考虑到买股做多。因为这是空方抛压不重、多方力量占据明显主导地位的

标志，也是个股短期内上涨行情仍将继续的信号。

　　金博股份（股票代码：688598）2021年6月1日的分时图如图8-5-3所示，当日此股早盘出现了明显的上涨。显然，有资金在做多，随后的盘中交易时间段，可以看到分时线稳稳地运行于均价线上方。这是多方占据明显主动的反映，而当股价回调至均价线附近时，就是在当日盘中买股的好时机。金博股份2021年6月1日的走势如图8-5-4所示。

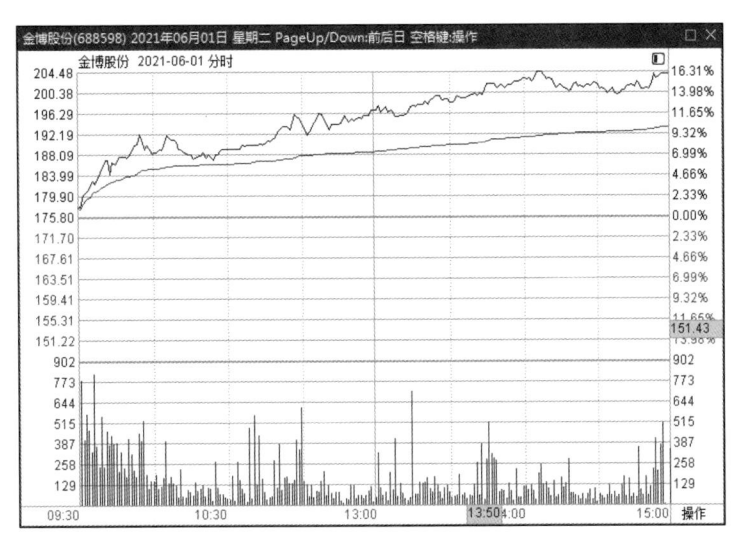

图8-5-3　金博股份2021年6月1日的分时图

图8-5-4　金博股份2021年6月1日的走势图

8.5.3　由弱转强、上冲均价线后的买股时机

强弱的转化往往会在盘中完成，如果个股在早盘开盘后处于相对弱势，但随后经一波流畅的上扬而跃升至均价线之上，并稳稳地站于其上方，则多表明个股已由弱转强，随后，在均价线上方，我们可以逢个股的回调低点买股布局。

麦格米特（股票代码：002851）2021年9月28日的分时图如图8-5-5所示，当日此股处于前期调整走势后的低点区，当日的分时走势在早盘阶段相对较弱，但是在午盘之前，此股经两波流畅的上涨而跃升至均价线上方，并且于随后稳稳地站于均价线上方，此时可以利用个股波动中的相对低点进入买股。麦格米特2021年9月28日的走势如图8-5-6所示。

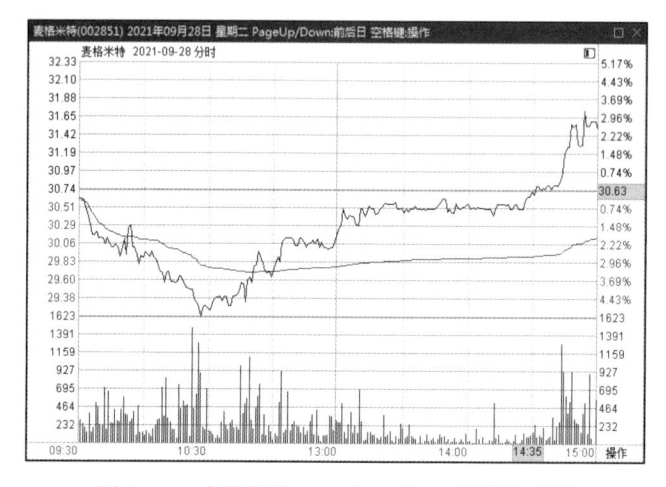

图 8-5-5　麦格米特 2021 年 9 月 28 日的分时图

图 8-5-6　麦格米特 2021 年 9 月 28 日的走势图

8.6 盘中卖出信号

股市中有这么一句话，会买的不如会卖的，准确地把握卖出信号，落袋为安，将自己的盈利抓到手中才是真正的盈利，虽然卖点不是很好把握，但在盘面上还是有迹可寻的。下面介绍几种常见的分时卖出时机。

8.6.1 弱势股的卖出时机

在开盘之后，如果个股出现放量下跌的话，则是个股短期内出现一波调整走势信号，具体如图 8-6-1 所示。

图 8-6-1　个股短期内出现一波调整走势的信号

> **TIPS**　均线可以衡量多方力量随后能否有力承接这种抛压，如果个股在放量下跌后的反弹上涨中，难以有效地向上突破均价线，而此股又正处于阶段性的高点，或是在盘中破位区等下跌可能性较大的位置时，则此时可以作为盘中卖股时机。

华林证券（股票代码：002945）2021 年 7 月 21 日的分时图如图 8-6-2 所示，此股在早盘开盘后出现了明显的放量跳水走势，且反弹无力，无法上冲至均价线上方，这说明做空力量较为充足，多方承接能力较弱。结合此股当日正处于一波快速上涨后的阶段性高点，正是市场抛压较为沉重的区域，因而可以在个股反弹至均价线附近时卖股出局，以规避此股随后的短线下跌风险。华林证券 2021 年 7 月 21 日的走势如图 8-6-3 所示。

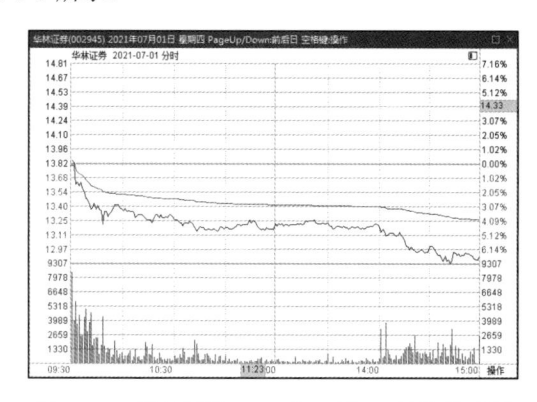

图 8-6-2　华林证券 2021 年 7 月 21 日的分时图

图 8-6-3　华林证券 2021 年 7 月 21 日的走势图

8.6.2　持续运行于均价线下的中盘卖股时机

如果个股在开盘后的抛压较重，那它就会节节走低，从而持续地运行于均价线下方，在盘中，如果个股在反弹上涨时无法有效地向上突破均价线，则说明空方已完全占据了主动，当个股反弹至均价线附近时，就是盘中卖股的好时机。

伟时电子（股票代码：605218）2021 年 8 月 12 日的分时图如图 8-6-4 所示，当日此股高开，且处于前期一波涨势后的高点，但在高开后却节节走低，这是市场抛压较重的信号。随后，在盘中，此股反弹上涨却无力冲破均价线，此时就是盘中较好的卖股时机。伟时电子 2021 年 8 月 12 日的走势如图 8-6-5 所示。

图 8-6-4　伟时电子 2021 年 8 月 12 日的分时图

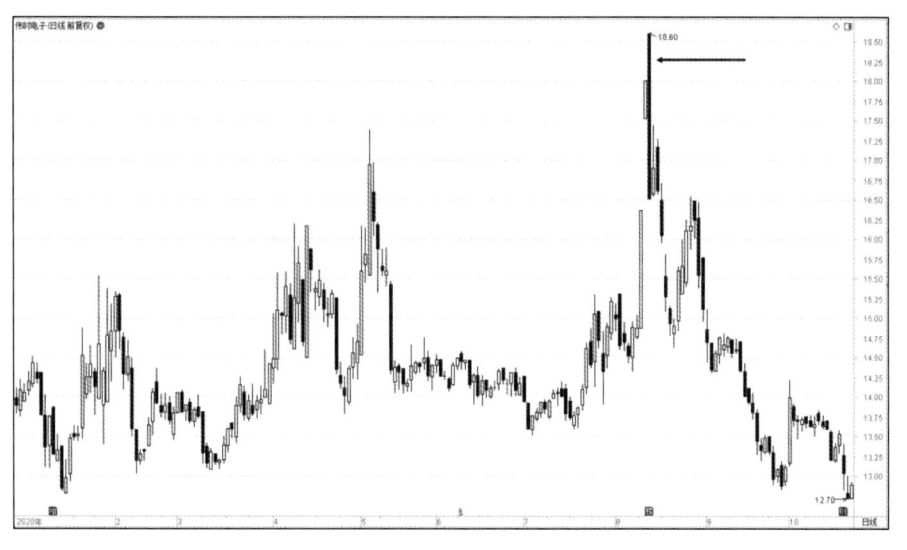

图 8-6-5　伟时电子 2021 年 8 月 12 日的走势图

8.6.3　由强转弱、下破均价线后的卖股时机

如果个股在早盘开盘后处于相对强势，但随后经一波快速下跌而跌至均价线之下，并持续地运行于均价线下方，则多表明个股已由强转弱，随后，在均价线下方，我们可以逢个股的反弹后的相对高点卖股出局。

东方银星（股票代码：600753）2021 年 8 月 16 日的分时图如图 8-6-6 所示，当日此股在尾盘阶段开始向下跌破均价线，且随后无法收复失地，这是市场由强转弱的信号。结合此股的 K 线走势图，当日此股正处于快速上涨后的阶段性高点，是市场抛压较为沉重的区域，在当日的随后时间段内，在均价线下方，可以逢反弹卖股离场。东方银星 2021 年 8 月 16 的走势如图 8-6-7 所示。

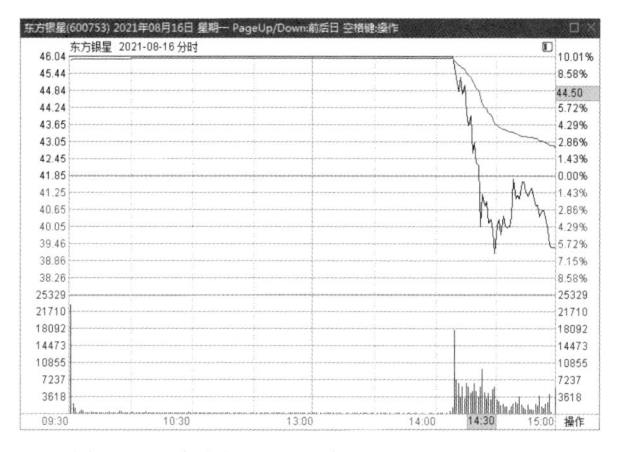

图 8-6-6　东方银星 2021 年 8 月 16 日的分时图

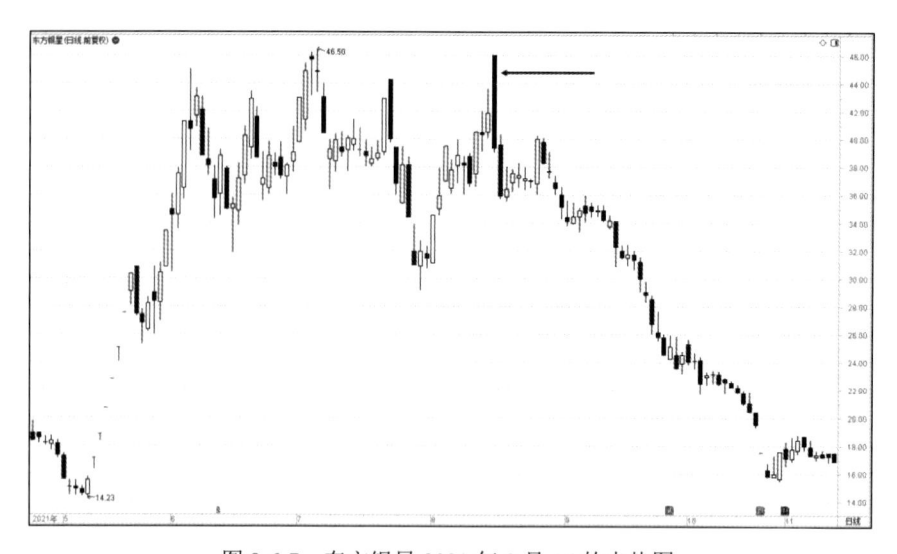

图 8-6-7　东方银星 2021 年 8 月 16 的走势图

第 9 章

指数平滑异同移动平均线 MACD

指数平滑异同移动平均线（MACD）是在移动平均线基础之上发展起来的。在趋势较为明确的时候，运用移动平均线（MA）可以作出较为理想的买卖决策。但是在横盘整理的时候，移动平均线（MA）往往频频发出虚假的信号，而基于移动平均线原理产生的 MACD，既保留了移动平均线 MA 所具有的"呈现趋势性"的优点，又摒弃了移动平均线 MA 的不足之处，是一种建立在移动平均线之上的趋势类指标。

9.1 MACD 的计算方法及原理

股市技术分析师查拉尔德·阿佩尔（Gerald Appel）以移动平均线为基础，通过计算得出两条移动平均线之间的差异——正负差 DIFF，以此作为研判价格波动的根据，从而创造出了指数平滑异同移动平均线指标。

9.1.1 MACD 的计算方法

MACD 通过研判周期长短不一的两条移动平均线的相互关系来发出买卖信号（一条为变动速率快的移动平均线，一般为 12 日均线；另一条为变动速率较慢的移动平均线，一般为 26 日均线），可以说，它充分地吸收了移动平均线的优点，在股市上升或下跌趋势较为明朗时，运用移动平均线判断买卖时机收效很大，但如果碰上牛皮盘整的行情，就难以运用移动平均线判断买卖时机，此时，MACD 的作用就体现出来了。

下面我们来看一下 MACD 指标的表现形式及计算方法。在一般的股票行情软件中，MACD 指标由移动平均线（EMA）、离差值（DIFF）和离差平均值（DEA）这三部分组成。其中，DIFF 是快速平滑移动平均线（EMA1）和慢速平滑移动平均线（EMA2）的差值，是 MACD 指标中的核心；DEA 则是 DIFF 的移动平均线，是辅助数值。此外，MACD 还有一个辅助指标——柱状线（BAR），柱状线是有颜色的，高于零轴以上为红色，代表买盘大于卖盘；低于零轴以下为绿色，代表卖盘大于买盘。

在实际应用中，我们可以依据 DIFF 与 DEA 的交叉穿越情况，及两者之间的分离、聚合程度来作为研判买卖的信号，为了在图表中醒目地表示出 DIFF 与 DEA 的分离，将 DIFF 与 DEA 两条线的差或商用柱线表示，以此作为仓位控制的标准。

下面我们以 EMA1 周期为 12 日，EMA2 的周期为 26 日，DIFF 的周期为 9 日，表示为：MACD（26，12，9），来看看 MACD 指标的计算过程。

- 计算移动平均值（EMA）：EMA（12）=前一日 EMA（12）×11/13＋今日收盘价×2/13，EMA（26）=前一日 EMA（26）×25/27＋今日收盘价×2/27
- 计算离差值（DIFF）：DIFF=今日 EMA（12）–今日 EMA（26）
- 计算 DIFF 的 9 日 EMA，即 DEA，从而求出 MACD，9 日 DIFF 平均值（DEA）=最近 9 日的 DIFF 之和/9
- MACD=（当日的 DIFF-昨日的 DIFF）×0.2+昨日的 MACD
- 一般来说，柱状值 BAR=2×（DIFF-DEA），而这一数值也是所求出的 MACD 值。

9.1.2 MACD 的原理

根据 MACD 的计算方法可以看出，DIFF 线代表的是参数为 12 与 26 的两根移动平均线的差。

如果此差为正值，说明 EMA12 处于 EMA26 的上方，也就是说两根均线为金叉，在双均线的理论下，此时为上涨趋势；反之，此差为负值，说明 EMA12 处于 EMA26 的下方，两根均线为死叉，此时为下跌趋势。反映到 MACD 的指标中，DIFF 线大于零时，为上涨趋势；DIFF 线小于零时，为下跌趋势。

根据 DEA 线的计算方法可以看出，DEA 线是 DIFF 线的再平滑处理。如果两线在零轴之上时，DIFF 线高于 DEA 线，说明在上涨趋势中，短期上涨速度很快，处于快速上涨过程中；DIFF 线低于 DEA 线，说明在上涨趋势中，短期上涨速度放缓，处于上涨趋势的回调过程中。反之，如果两线在零轴之下时，DIFF 线低于 DEA 线，说明在下跌趋势中，短期下跌速度很快，处于快速下跌过程中；DIFF 线高于 DEA 线，说明在下跌趋势中，短期下跌速度放缓，处于下跌趋势的反弹过程中。

在实盘操作中，DIFF 与 DEA 的交叉关系所蕴含的市场含义为：离差值 DIFF 与离差平均值 DEA 由下向上交叉时，此柱线 BAR 由绿变红，可视为多方买入的信号，当 DIFF 向上运行并与 DEA 的距离扩大，代表上涨趋势加快；离差值 DIFF 与离差平均值 DEA 由上向下交叉时，此柱线 BAR 由红变绿，可视为空方信号，当 DIFF 向下运行并与 DEA 的距离扩大，代表下跌趋势加快。

平安银行（股票代码：000001）2021 年 10 月 18 日至 2021 年 12 月 10 日走势图中的 MACD 指标示意图如图 9-1-1 所示，如图标注所示，图中波动较快的为 DIFF 线，而波动相对较缓的为 DEA 线，当 DIFF 线运行于 DEA 线下方时，此时柱状线位于零轴下方，呈绿色；当 DIFF 线运行于 DEA 线上方时，此时柱状线位于零轴上方，呈红色。

图 9-1-1　MACD 指标示意图

9.1.3 透过 MACD 形态看清价格运行大趋势

MACD 源于移动平均线，它是对移动平均线的继续与发展，与移动平均线 MA 一样，MACD 也属于趋势类指标，因而，它可以清晰地反映价格总体运行的大趋势。

在实盘运用中，我们可以通过离差值 DIFF 和离差平均值 DEA 两条线的所处位置来判断当前的大趋势。当市场处于上升趋势时，此时，移动平均线 MA 呈多头排列形态，即周期相对较短的均线运行于周期相对较长的均线上方，此时，我们的中长线策略应是持股待涨。

美锦能源（股票代码：000723）2021 年 11 月 15 日至 2021 年 12 月 10 日期间 MACD 形态示意图如图 9-1-2 所示，此股在此期间处于上升趋势中，在 MACD 指标窗口中，DIFF 与 DEA 两条线均运行于零轴上方时，就是 MACD 指标对于上升趋势的直观反映形态。

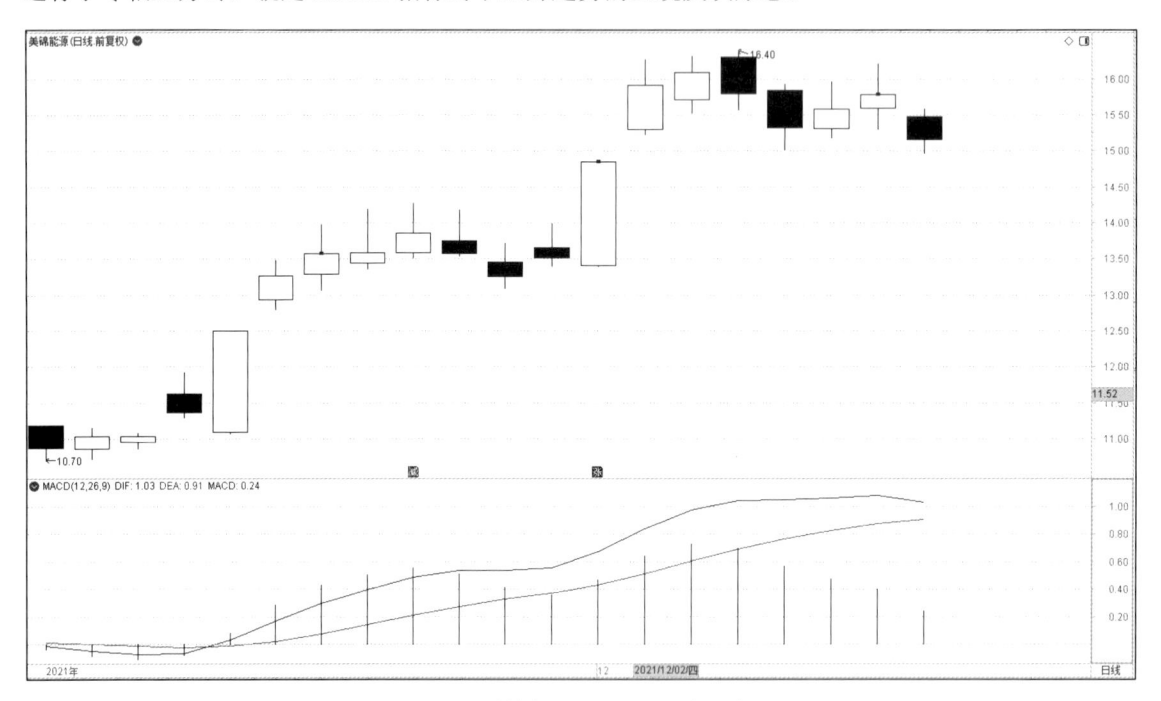

图 9-1-2　美锦能源 MACD 形态示意图

与此相对应，当市场处于下跌趋势时，此时，移动均线 MA 呈空头排列形态，即周期相对较短的均线运行于周期相对较长的均线下方，与此相对应，DIFF 线与 DEA 线此时均会运行于零轴下方，此时，我们的中长线操作策略应是离场观望。

京东方 A（股票代码：000725）2021 年 9 月 10 日至 2021 年 12 月 10 日期间 MACD 形态示意图如图 9-1-3 所示，此股在此期间处于下跌趋势中，在 MACD 指标窗口中，DIFF 与 DEA 两条线均运行于零轴下方，就是 MACD 指标对下跌趋势的直观反映形态。

图 9-1-3　京东方 A　MACD 形态示意图

9.2　DIFF 线与 DEA 线的金叉与死叉

根据 MACD 指标的原理，最好的做多位置在于 DIFF 线大于零且 DIFF 线上穿 DEA 线形成金叉时，此时行情位于上涨趋势中的回调结束阶段。如果 DIFF 线小于零时，DIFF 线与 DEA 线形成金叉，可不可以做多呢？

虽然此时的情况代表着下跌趋势的反弹走势，但也可以分为两种情况来考虑。一种情况是下跌趋势的反弹有可能变成趋势的反转，在零轴下方出现金叉买进，可以买在第一阶段上涨的底部。另一种情况确实属于下跌趋势中的反弹，如果反弹行情足够大的话，也可以赚一笔反弹的利润。

同理，两线在零轴之上出现了死叉，属于上涨趋势中的回调走势。遇见回调，如果做短线，可以先行卖出，待回调结束后，再买进。

9.2.1　利用 DIFF 与 DEA 的"金叉"买股

在常用的股票行情分析软件中，MACD 指标有两条线：一条线为 DIFF 线，另一条线为 DEA 线，其中的 DEA 线是 DIFF 值的 9 日移动平均线。实盘操作中，我们可以利用这两条线之间的相互穿越关系及这两条曲线的运行方向来作出买卖决策。

DIFF 线由下向上交叉并穿越 DEA 时称之为 MACD 指标黄金交叉，也简称为"金叉"，金叉可以出现在个股运行的很多阶段，基本上都代表了买入时机：

- 当个股的股价经历了前期较长时间且累计幅度较大的下跌，若这时 DIFF 线开始走平并调头向上交叉穿越 DEA 线时，这时 MACD 的绿色柱状线开始变短或正在由绿变红，表明股市即将由跌势转为升势，这是 MACD 指标在个股深幅下跌后形成的金叉形态，是买入时机。
- 当个股处于上升通道之中，在一波回调过后，随着 DIFF 线开始走平并调头向上交叉穿越 DEA 线时，往往意味着又一轮升势的展开，这是 MACD 指标在上升途中会形成的金叉形态，是买入时机。
- 当个股在上升途中经历了一段时间的盘整行情后，且此时个股的累计涨幅不大，当 DIFF 线开始再次向上突破 DEA 线并且伴随着成交量的再度放出时，这预示着新一波的升势即将展开，这是 MACD 指标在个股盘整后会形成的金叉形态，也是我们进行买入的信号。

冠捷科技（股票代码：000727）2021 年 9 月 10 日至 12 月 10 日期间金叉形态买入示意图如图 9-2-1 所示，此股经历了下跌走势，接近底部区间，当此股跌势放缓，并且 DIFF 开始走平并向上穿越 DEA 时，即深幅下跌后出现的 MACD 金叉时机，就是我们中长线入场的时机，这意味着此股跌势已近结束，是趋势反转的信号，也是我们中长线布局的时机。

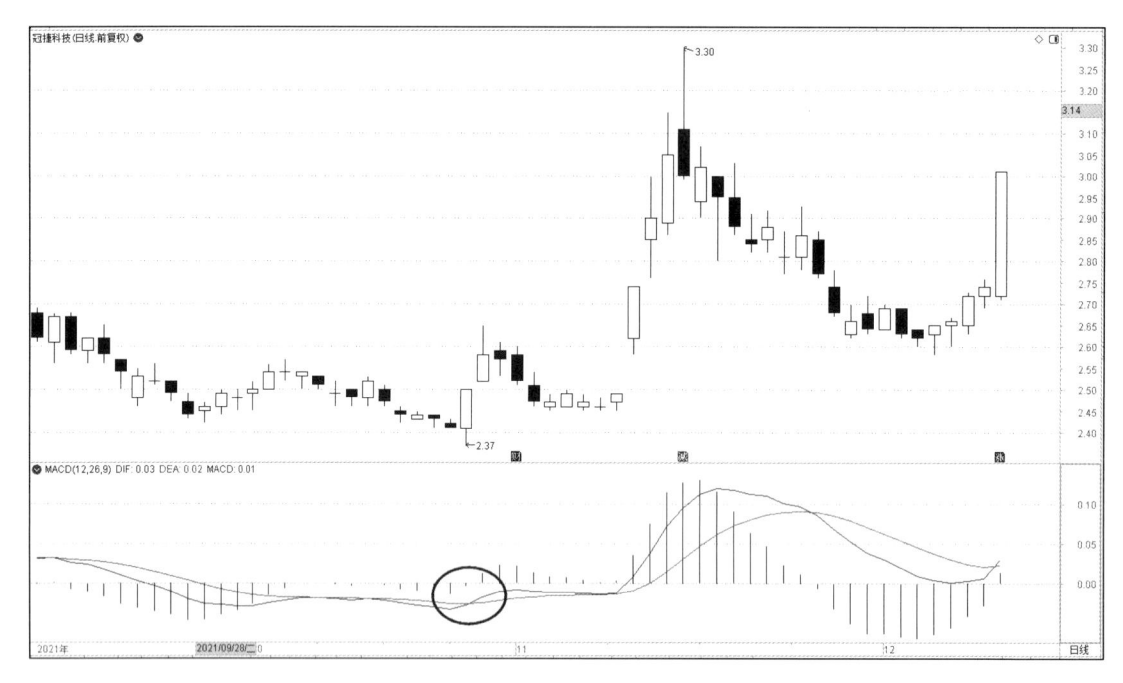

图 9-2-1　冠捷科技金叉形态买入示意图

9.2.2　利用 DIFF 与 DEA 的"死叉"卖股

DIFF 线由上向下交叉并穿越 DEA 时称之为 MACD 指标死亡交叉，也简称为"死叉"，死叉可以出现在个股运行的很多阶段，基本上都代表了卖出时机。

- 当个股的股价经历了前期较长时间且累计幅度较大的上涨,若这时 DIFF 线开始走平并调头向下交叉穿越 DEA 线时,这时 MACD 的红色柱状线开始变短或正在由红变绿,表明股市即将由升势转为跌势,这是 MACD 指标在个股大幅上涨后会形成的死叉形态,是卖出时机。
- 当个股处于下跌通道之中,在一波反弹过后,随着 DIFF 线开始走平并调头向下交叉穿越 DEA 线时,往往意味着又一轮跌势的展开,这是 MACD 指标在下跌途中会形成的死叉形态,是卖出时机。
- 当个股在上升途中经历了一段时间的盘整行情后,且此时个股的累计跌幅不大,距离前期顶部较近,当 DIFF 线开始再次向下跌破 DEA 线并且伴随着成交量的再度放出时,这预示着新一轮的跌势即将展开,这是 MACD 指标在个股盘整后会形成的死叉形态,也是我们进行卖出的信号。

锌业股份(股票代码:000751)2021 年 8 月 5 日至 10 月 14 日期间死叉形态卖出示意图如图 9-2-2 所示,此股在经历持续大幅上涨后于高位区出现滞涨形态,随后当 DIFF 线调头向下交叉并穿越 DEA 线形成死叉形态时,往往预示着上升趋势即将结束,是趋势反转的信号,也是我们的卖出信号。

图 9-2-2　锌业股份死叉形态卖出示意图

9.3　MACD 的背离情况

MACD 的背离,是指价格与 MACD 并未同步、同幅度运行。如果价格破出新低,指标却没有给出更低的位置,则出现背离。背离,则预示着股价可能会出现反转。注意,我们说的是可能出现,而不是必然出现。

9.3.1 利用 MACD 底背离形态买股

当个股经历了大幅下跌之后,在 K 线图中呈现一谷比一谷高的走势,虽然在这种大幅下跌后股价仍在创出新低,但是 DIFF 指标线与 DEA 指标线却没有随着股价而创出新低,反而走出了一底比一底高的形态,这种现象称之为 MACD 的底背离形态,它出现在个股大幅下跌之后,预示着下跌趋势即将结束,是我们买入的信号。

通化金马(股票代码:000766)2020 年 10 月 14 日至 2021 年 8 月 20 日期间底背离形态买入示意图如图 9-3-1 所示,此股在此期间持续大幅下跌,我们可以看到,在深幅下跌后,虽然股价创出了新低,但是 MACD 指标并没有随股价创出新低,反而提前开始走高,此时的 MACD 形态即是底背离,它出现在深幅下跌之后,预示着下跌趋势即将结束,是我们中长线进场买入的信号。

图 9-3-1　通化金马底背离形态买入示意图

9.3.2 利用 MACD 顶背离形态卖股

当个股经历了大幅上涨之后,在 K 线图中呈现一峰比一峰高的走势,虽然在这种大幅上涨之后股价仍在创出新高,但是 DIFF 指标线与 DEA 指标线却没有随着股价而创出新高,反而走出了一项比一项低的形态,这种现象称之为 MACD 的顶背离形态,它出现在个股大幅上涨之后,预示着上涨趋势即将结束,是我们卖出的信号。

中国武夷(股票代码:000797)2021 年 1 月 29 日至 12 月 10 日期间顶背离形态卖出示意图如

图 9-3-2 所示，此股在前期上涨，并在此期间又创出了新高，我们可以看到，在这种大幅上涨之后，虽然股价创出了新高，但是 MACD 指标并没有随股价创出新高，反而逐步走低，此时的 MACD 形态即是顶背离，它出现在长期大幅上涨之后，预示着上涨趋势即将结束，是我们中长线离场出局的信号。

图 9-3-2　中国武夷顶背离形态卖出示意图

第10章

随机摆动指标 KDJ

　　随机摆动指标（KDJ）主要用于指示市场短期内的超买超卖情况，进而揭示价格波动过程中的阶段性高点与低点。它是一个纯粹的短线指标，由乔治·蓝恩（George Lane）博士提出，最早用于期货市场的分析，后由于这一指标的普遍性及实用性，从而被移植到股票市场中。由于股市中从事短线买卖的投资者人数众多，因而，KDJ 也成为众多指标中普及度较高的一个。注意：KDJ 指标既可用于分析指数的走势，也可用于分析个股的走势。

10.1 什么是 KDJ

随机摆动指标（KDJ）隶属于摆动类指标，摆动类指标是以统计学理论中的正态分布假设为基础，根据某一段时间内的价格波动区间及某一时间点处于这一价格波动区间的位置情况，作出买卖判断。在摆动类指标中，往往要引入一个"平衡位置"，这个平衡位置就是衡量价格短期波动情况的依据，但是由于股市及个股是持续运动着的，且往往具有一定的方向性，因而，这个平衡位置就应随着价格走势的变化而变化，当价格在短期内明显偏离平衡位置时，就意味着短期内有再度向平衡位置靠拢的倾向，以此提示投资者展开短线的买卖操作。

10.1.1 KDJ 的计算方法

KDJ 为摆动类指标，它并不适合指示趋势。它更适合于提示我们在上涨趋势中什么位置回调结束，在下跌趋势中什么位置反弹结束。如果非要让它来指示趋势，则要反其道而用之。

KDJ 的计算方法如下：

RSV=(最新价-9 天内最低价)/(9 天内最高价-9 天内最低价)；

K=RSV 的 3 倍移动平均；

D=K 的 3 倍移动平均；

J=3K-2D。

公式中的三个参数 9、3、3 是可以更改的，但一般的软件默认参数就是 9、3、3。3 倍是什么意思？就是 3 日，3 个数值。如果在日线中看指标，说 3 日没问题。但在其他时段用"日"作为单位，会引起歧义。

第一个公式中的分母为 9 天内的最高价与最低价之差，分母的意思是"这是一个大区间"，9 天内的高低点为上下边界的大区间。分子为当前的价格减去最低价。整个公式的意思是，目前价格处于大区间的什么位置。

举个例子来说，如果 9 天内最高价为 150，最低价为 100，那么这个大区间即分母就是 50。如果当前价格为 120，减去最低价 100，其差为 20。分子 20 除以分母 50，得 RSV 为 0.4。也就是说，当前价格处于 9 天内大区间的 40%高度位置。

由于股份在创新高或新低时，第一段公式很容易得出 0 或 100 的数值。例如上个例子中，最新价为 100 时，分子为 0，RSV 值为 0；最新价为 150 时，分子为 50，RSV 值为 100%。

当价格窄幅变动时，一会儿为 0，一会儿为 100%。变化太大，那么 RSV 就变得没有任何指导性。所以要将 RSV 进行平滑处理。最简单的方法就是平均。所以将 RSV 进行 3 倍的平均后，就得出 K 值。再 3 倍的平均，就得出 D 值。

那么 K 值可以理解为，三日（其他单位）内的平均价格，处于 9 天高低区间之内的位置（%）。例如当前 KD 指标的 K 值为 48，说明三日内的平均价格处于 9 天区间内的 48%处。D 值只不过是 K

值的再平滑处理。

J线是3倍的K值与2倍的D值之间的差，它与MACD的柱线的含义非常相近，J值的大小是指K值与D值之间的相对关系。如果K值快速远离D值，则J值会快速升高；反之，J值快速降低。

10.1.2　为什么越上涨越超买

为什么KD值已经达到了超买区域后，股价还会继续上涨？为什么KD值已经达到了超卖区域后，股价还会继续下跌？

需要注意的是9天内的高低区间，并不是固定不变的，它与移动平均线的计算方法一样。出现一根新K线后，最初的那根K线就不再计算了，以最新的9根为计算样本。

所以当股票价格一直处于上涨中，一根阳线接一根阳线地向上窜，阳线的收盘价都一直处于顶部。那么三根连续不断向上破高的阳线出现后，K值必然会形成超买。这种情况持续的时间越长，D值也会升到超买区域内。这一切都是公式计算的结果。没什么大惊小怪的。

连续处于超买区域呢？那就是出现了上涨趋势。趋势一旦出现，不断地向上破高，那是再正常不过的了。偶尔出现一两根阴线的回调后，价格继续上扬，继续收阳线，收盘价继续处于阳线的上半部分。KD继续超买。这就是一连串事件出现的原因。

所以会给人造成这样的错觉：越是上涨，怎么越是钝化呢？怎么总在超买的区域呢？你明白上面公式计算的方法，就明白这一切多么简单了。因果关系搞错了，不是越超买，价格越上涨，而是越是趋势性上涨，超买越持续。

出现超买了，并且持续了，你应该高兴才是，应该赶快参与多单，而不是犹豫徘徊。问题又出现了，超买了，会不会下叉啊？会不会下跌啊？趋势具有延续性，并且技术分析的三大假设之一，就是趋势一旦形成，不会轻易改变。

从这一点可以看出，指标的使用是要有的放矢的，为什么KD叫摆动指标？为什么只有摆动指标才会有超买超卖的说法？你听说过均线超买超卖吗？因为摆动指标有个区间，注意这个区间并不是0～100的区间。而是指它的计算公式内，要有一个区间，它在这个区间内进行计算，在这个区间内摆动，所以叫作摆动指标。

摆动指标适用于震荡行情，并不适用于趋势行情。所以当出现趋势的时候，根本不用考虑摆动指标，直接忽视它就好了。在一些交易系统中嵌套使用摆动指标，例如三重滤网中的第一重滤网的作用，是确定趋势。趋势一旦确定，在第二重滤网中寻找震荡的低（高）点。

我提到了震荡二字。例如，上涨趋势已经确定了，第二重滤网就是找回调的低点，相对于前期的上涨，此次的回调就是震荡。此时摆动指标就派上用场了。出现超卖后，说明价格已经达到了相对的低点，可以伺机买入了。

首先，我们要区分现在到底是震荡走势，还是趋势走势，这是首要任务。这机器坏了，用什么工具修，你得先确定毛病出在哪儿了吧。所以我一直在说，指标永远处于辅助地位，它可以帮我们在做判断时给出另一个角度的解读，但永远不要用指标作为直接判断的依据。

10.1.3 KD 斧

有人说,我就会用 KD,不管趋势还是震荡,能不能行。可能可以吧。有一本书《当冲高手——短线操作必胜秘笈》,杰克·伯恩斯坦著。这本书前半部分几乎都在说如何使用 KD。

除了超买后死叉、超卖后金叉的基本操作外,杰克·伯恩斯坦在这本书中还自创了一套武功,叫作 KD 斧。为啥叫斧?因为你要大刀阔斧。那就是在 KD 超买时买入,在 KD 超卖时卖出。

你不是超买了吗?说明你现在可能出现趋势了,所以我买进。反之亦然。伯恩斯坦的论证并不严谨,KD 超买可能就是达到震荡区间的高点了,可能下滑了,也有可能是趋势形成。这几种情况并不能通过 KD 这单一的指标进行判定。也就是并不能用单一的 KD 指标来判断现在是震荡还是趋势。

但伯恩斯坦无疑也窥见了 KD 计算的秘密,虽然他在这本书中并没有将 KD 讲得非常透彻,但可以根据他所提供的 KD 斧的方法,并利用自己判断趋势的方法,用 KD 进行辅助验证。

KDJ 指标主要是研究最高价、最低价和收盘价之间的关系,同时也融合了动量观念、强弱指标和移动平均线的一些优点,用来考查当前价格脱离正常价格波动范围的程度。由于 KDJ 指标的波动速度较为频繁,因而,它更适用于研究震荡行情,在较为凌厉的升势或是较为迅猛的跌势中,由于价格向上或向下推进的速度过快,此时的 KDJ 指标线就会失真,失去它应有的短线指导作用。

KDJ 指标窗口的三条指标线(K 线、D 线、J 线),其中的 K 线与 D 线主要用于反映价格短期内偏离平衡位置的情况,即反映市场短线内的超买超卖状态,而 J 线是反映 K 值和 D 值的乖离程度,从而领先 KD 值找出阶段性的高点与低点。KDJ 指标的计算过程较为复杂,对于我们普通投资者来说,只需了解其基本原理即可,重点是应如何学会利用 KDJ 展开短线买卖操作。下面我们结合实例讲解 KDJ 指标的实际用法。

10.2 KDJ 的买点与卖点

如果利用 KDJ 的金叉与死叉来寻找买卖点,最好符合两个条件。第一,最好能确定目前所处的是上涨趋势还是下跌趋势。如果位于上涨趋势,即便给出死叉,也未必代表反转。如果位于下跌趋势,即便给出金叉,也未必代表反转。第二,在给定的趋势下,寻找金叉与死叉的位置时,最好位于 30 以下或 70 以上,再严苛一点,可以设置在 20 以下或 80 以上。

10.2.1 短线买点与 KDJ 指标超卖值

K 值与 D 值都在 0~100 的区间内波动,并且以数值 50 为多空实力的平衡点,这一位置也称为 KDJ 指标的中轴。在利用 KDJ 指标分析价格短期内的波动情况时,我们可以关注 K 值与 D 值偏离中轴的情况。当 K 值与 D 值在 25~75 区间时,这表示市场处于常态下,多空双方力量交锋较为缓和，价格走势也将延续原有的路线。

当一波快速下跌走势出现，使得 K 值与 D 值都低于 20 时，则表明市场短期内处于超卖状态。这是空方力量释放过度、多方可能展开阶段性反击的信号，可以作为我们短线买股的信号。

创维数字（股票代码：000810）2021 年 7 月 9 日至 12 月 10 日期间短期超卖状态下的 KDJ 指标形态示意图如图 10-2-1 所示。在 KDJ 指标窗口中，我们用虚线标注了数值 20 所在的位置，其中三根线分别为：J 线、K 线、D 线。一波快速下跌走势后，K 值与 D 值都进入了超卖状态区，而期间的个股又正处于一波快速下跌之后的相对低位区，这说明市场短期内处于超卖状态，是我们短线买股的信号。

图 10-2-1　创维数字短期超卖状态下的 KDJ 指标形态示意图

京山轻机（股票代码：000821）2021 年 9 月 7 日至 12 月 10 日短期超卖状态下的 KDJ 指标形态示意图如图 10-2-2 所示，此股在一波快速上涨下跌后，K 值与 D 值都开始运行于数值 20 下方。这说明市场已处于超卖状态，是一波反弹上涨走势即将展开的信号，此时，也是我们短线买股的时机。

10.2.2　短线卖点与 KDJ 指标超买值

当一波快速上涨走势出现，使得 K 值与 D 值都高于 80 时，则表明市场短期内处于超买状态，是多方力量释放过度、空方可能展开阶段性反击的信号，可以作为我们短线卖股的信号。

太钢不锈（股票代码：000825）2021 年 7 月 30 日至 11 月 11 日期间短期超买状态下的 KDJ 指标形态示意图如图 10-2-3 所示。在 KDJ 指标窗口中，我们用虚线标注了数值 80 所在的位置，如图 10-2-3 中箭头标注所示。一波快速上涨走势后，K 值与 D 值都进入了超买状态区，而期间的个股又正处于一波快速上涨之后。这说明市场短期内处于超买状态，是我们短线卖股的信号。

图 10-2-2　京山轻机短期超卖状态下的 KDJ 指标形态示意图

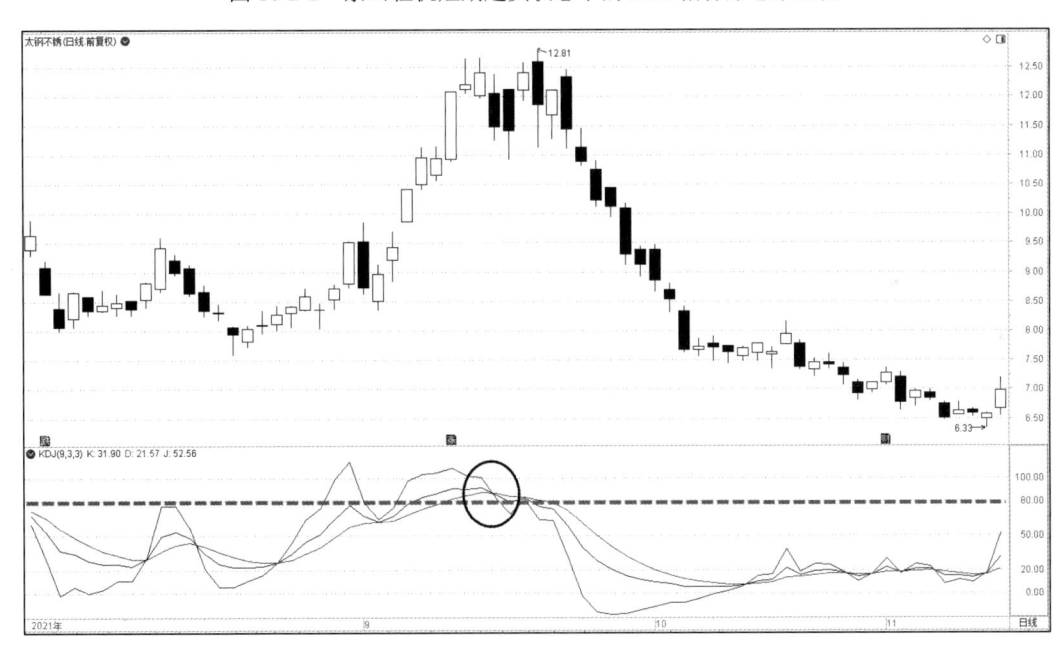

图 10-2-3　太钢不锈短期超买状态下的 KDJ 指标形态示意图

　　*ST 长动（股票代码：000835）2021 年 5 月 21 日至 10 月 12 日期间短期超买状态下的 KDJ 指标形态示意图如图 10-2-4 所示。此股在一波快速上涨走势后，K 值与 D 值都开始运行于数值 80 上方，这说明市场已处于超买状态，是一波回调走势即将展开的信号，此时，也是我们短线卖股的时机。

图 10-2-4　*ST 长动短期超买状态下的 KDJ 指标形态示意图

10.3　短线交易信号

在找交易信号的时候，超买与超卖并不是必需的信号，KDJ 较之于 MACD 反应更快，所以只要出现金叉或死叉，基本可以视为交易信号。

10.3.1　金叉形态下的短线买入信号

KDJ 指标的金叉形态是指 J 线向上交叉穿越 K 线与 D 线，它是 KDJ 指标所发现的短线买入信号。但是，由于 KDJ 指标线的波动较为频繁，因而，我们还应结合价格的走势特征来判断这一金叉形态是否可以作为短线买股的信号。一般来说，个股在低位区的震荡走势中、上升途中的回调走势后、上升途中的盘整震荡走势中所出现的 KDJ 指标的金叉形态，往往是较为准确的短线买股信号。若这一金叉形态出现在震荡走势中的相对低点位，则这一金叉形态的买股信号就要更准确。

秦川机床（股票代码：000837）2021 年 6 月 21 日至 9 月 16 日期间 KDJ 指标金叉形态示意图如图 10-3-1 所示。此股在震荡走势中的相对低位点所出现的 KDJ 指标金叉形态可靠地预示了一波反弹上涨走势的出现，是我们短线买股的明确信号。

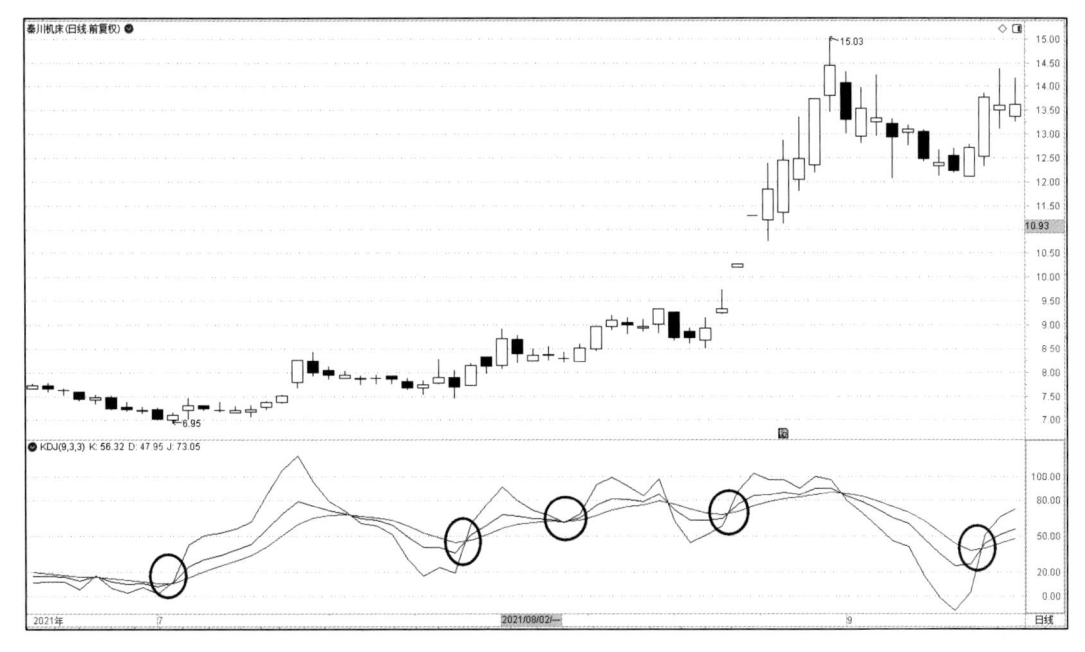

图 10-3-1　秦川机床 KDJ 指标金叉形态示意图

财信发展（股票代码：000838）2021 年 2 月 10 日至 12 月 10 日期间 KDJ 指标金叉形态示意图如图 10-3-2 所示。此股在上升途中出现了两波明显的回调走势，在回调走势后均出现了 KDJ 指标的金叉形态。这两个金叉形态均预示了此股新一波上涨走势的展开，是我们短线买股的明确信号。

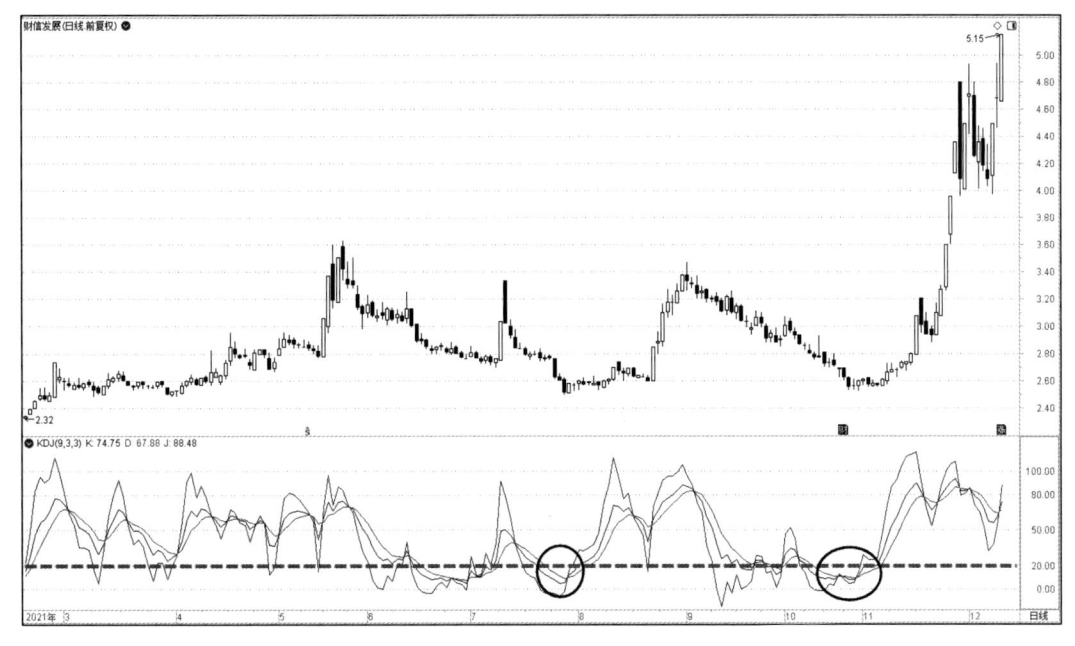

图 10-3-2　财信发展 KDJ 指标金叉形态示意图

10.3.2 死叉形态下的短线卖出信号

KDJ 指标的死叉形态是指 J 线由上向下交叉并穿越 K 线与 D 线，它是 KDJ 指标所发现的短线卖出信号。但是，由于 KDJ 指标线的波动较为频繁，因而，我们还应结合价格的走势特征来判断这一死叉形态是否可以作为短线卖股的信号。一般来说，个股在高位区的震荡走势中、下跌途中的反弹走势后、下跌途中的盘整震荡走势中所出现的 KDJ 指标的死叉形态，往往是较为准确的短线卖股信号。若这一死叉形态出现在震荡走势中的相对高点位，则这一死叉形态的卖股信号就要更为准确。

石化机械（股票代码：000852）2021 年 9 月 15 日至 11 月 22 日期间 KDJ 指标死叉形态示意图如图 10-3-3 所示。此股在震荡走势中的相对高位点所出现的 KDJ 指标死叉形态可靠地预示了一波下跌走势的出现，是我们短线卖股的信号。

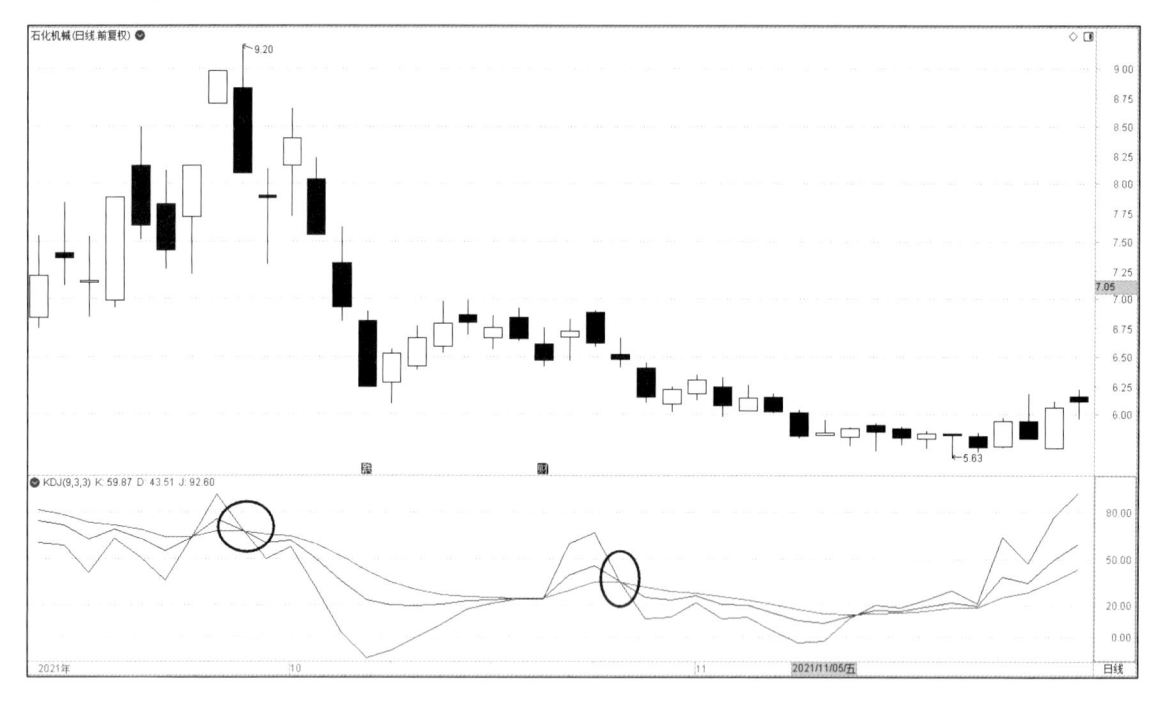

图 10-3-3 石化机械 KDJ 指标死叉形态示意图

安凯客车（股票代码：000868）2021 年 7 月 28 日至 11 月 5 日期间 KDJ 指标死叉形态示意图如图 10-3-4 所示。此股在下跌途中出现了几次短暂的反弹行情，在反弹走势后均出现了 KDJ 指标的死叉形态。这几个死叉形态均预示了此股新一波下跌走势的展开，是我们短线卖股的明确信号。

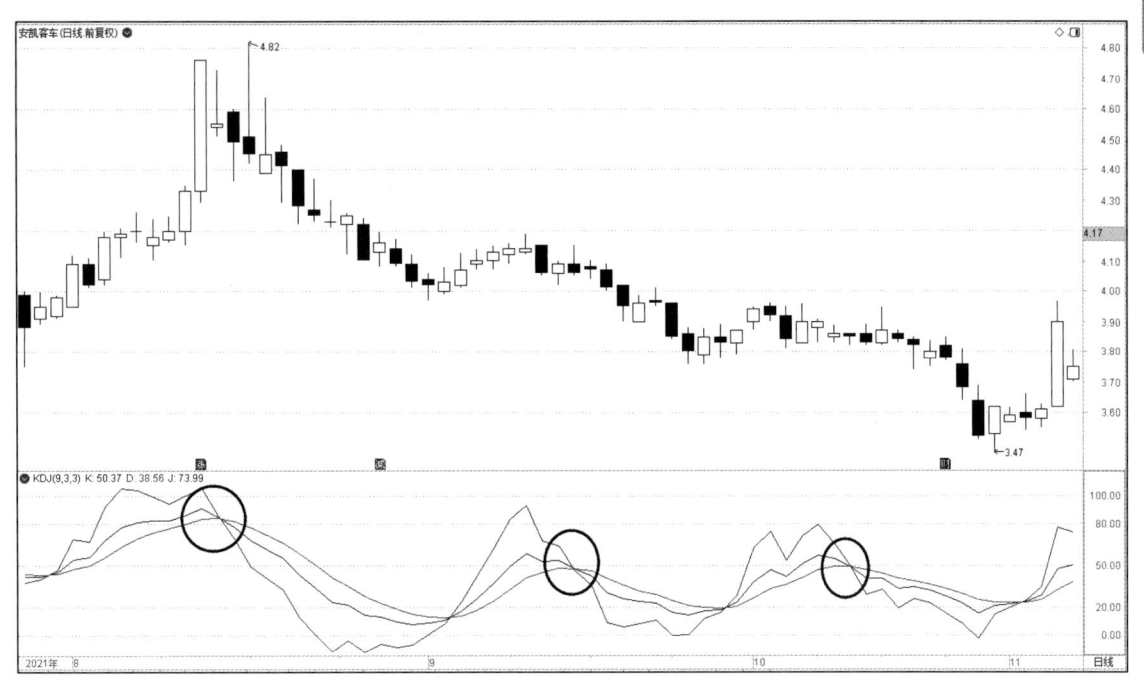

图 10-3-4　安凯客车 KDJ 指标死叉形态示意图

第11章 其他技术指标

除了前面介绍的 MACD 指标和 KDJ 指标以外,还有许多其他的指标可供读者选择,它们各有其优缺点。本章将介绍常见的 10 个指标,读者可以根据自己的炒股习惯选择使用。

11.1 相对强弱指标 RSI

相对强弱指标（Relative Strength Index，RSI）又称为相对强弱指数、力度指标，它是由技术分析大师威尔斯·威尔德（Welles Wilder）在其著作《技术交易系统新概念》中提出的。相对强弱指标可以通过比较一段时期内的平均收盘涨数和平均收盘跌数来分析市场买卖盘的实力对比，从而分析价格的后期走势。注意：RSI 指标既可用于分析指数的走势，也可用于分析个股的走势。

11.1.1 什么是 RSI

相对强弱指标，顾名思义是用于指示股市或个股当前的相对强弱状态的，相对强弱指标的原理就是通过计算股价涨跌的幅度来推测市场运动趋势的强弱度，并据此预测价格走向。当价格的上涨幅度较为明显时，表明多方力量较强，价格在短期内仍有可能继续上升；当价格下跌时，表示空方力量较强，价格在短期内仍有可能继续下跌。

相对强弱指标通过计算股价涨跌的幅度来分析相对强弱情况，RSI＝(N 日内收盘价上涨幅度总和)÷(上涨、下跌幅度总和)×100，其中 N 为时间周期，一般取三种，分别是 6 日、12 日、24 日。所计算得到的 RSI 数值范围为 0～100。如果其值较高，则表明市场较为强势；反之，则表明市场较为弱势。在实盘操作中，我们可以利用 RSI 指标线的总体运行形态和交叉穿越关系来分析预测价格的后期走势。此外，由于 RSI 指标更适用于短期走势的研判，因而，结合可以呈现出价格总体运行趋势的移动平均线来综合使用，其效果会更好。

本书选取 7 日与 14 日作为参数。

11.1.2 上升趋势中的 RSI 指标运行形态

RSI 指标以 RSI=50 这一位置作为多空双方力量的均衡点。当 RSI 指标值超过 50 时，说明多方力量占优；当 RSI 指标值低于 50 时，则说明空方力量占优。上升趋势是一个多方总体占据的市况，这体现在 RSI 指标线的运行形态上就是：RSI 指标线会持续、稳健地运行于数值 50 上方。

新华制药（股票代码：000756）2021 年 10 月 25 日至 12 月 10 日期间上升趋势中 RSI 指标形态示意图如图 11-1-1 所示。在 RSI 指标窗口中，在此期间，此股处于稳健的上升趋势，而同期的 RSI 指标线则几乎持续、稳健地运行于数值 50 上方，清晰地反映出了这一趋势运行状态。

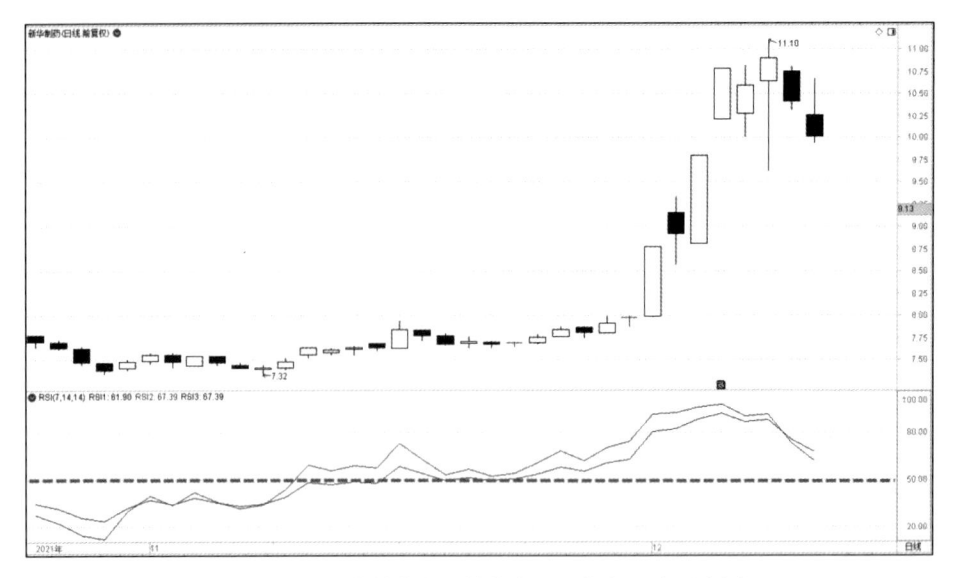

图 11-1-1　新华制药上升趋势中 RSI 指标形态示意图

11.1.3　下跌趋势中的 RSI 指标运行形态

下跌趋势是一个空方总体占据的市况，这体现在 RSI 指标线的运行形态上就是 RSI 指标线会持续地运行于数值 50 下方。

中色股份（股票代码：000758）2021 年 9 月 3 日至 11 月 16 日期间下跌趋势中 RSI 指标形态示意图如图 11-1-2 所示。在 RSI 指标窗口中，在此期间，此股处于下跌趋势运行中，同期的 RSI 指标线则几乎持续地运行于数值 50 下方，清晰地反映出了这一趋势的运行状态。

图 11-1-2　中色股份下跌趋势中 RSI 指标形态示意图

11.1.4　短线卖点与RSI指标超买值

RSI指标值都在0~100的区间内波动，并且以数值50为多空实力的平衡点，这一位置也称为RSI指标的中轴。在利用RSI指标分析价格短期内的波动情况时，我们可以关注RSI值偏离中轴的情况。当RSI在20~80区间时，这表示市场处于常态下，多空双方力量交锋较为缓和，价格走势也将延续原有的路线。

当一波快速上涨走势出现，使得RSI7值高于80时，则表明市场短期内处于超买状态，是多方力量释放过度，空方可能展开阶段性反击的信号，可以作为我们短线卖股的信号。由于RSI7指标线的波动较为快速，并且当RSI7超过80时，价格往往仍然会继续上涨。因而，在实盘操作中，我们可以等RSI7指标线从超买区回落至80下方时，再择机卖出。注意：在RSI指标窗口中，我们用周期最短、反应最为灵敏的RSI7来分析市场短期内的超买超卖情况。

本钢板材（股票代码：000761）2021年7月26日至11月17日期间短期超买状态RSJ指标形态示意图如图11-1-3所示。在RSI指标窗口中，此股短期内的一波快速上涨使得RSI7指标线跃升至数值80上方，这是市场短期内处于超买状态的表现。随后，当RSI7指标线回落至80下方，而个股也出现震荡滞涨时，就是我们短线卖股的最好时机。

图11-1-3　本钢板材短期超买状态RSI指标形态示意图

11.1.5　短线买点与RSI指标超卖值

当一波快速下跌走势出现，使得RSI值低于20时，则表明市场短期内处于超卖状态，是空方力量释放过度，多方可能展开阶段性反击的信号，可以作为我们短线买股的信号。由于 RSI7 指标线的波动较为快速，并且当 RSI7 跌至 20 下方时，价格往往仍然会继续下跌。因而，在实盘操作中，我们可以等 RSI7 指标线从超卖区回升至 20 上方时，再择机买入。注意：在 RSI 指标窗口中，我们用周期最短、反应最为灵敏的 RSI7 来分析市场短期内的超买超卖情况。

晋控电力（股票代码：000767）2021 年 5 月 28 日至 10 月 13 日期间短期超卖状态 RSJ 指标形态示意图如图 11-1-4 所示。在 RSI 指标窗口中，此股在上升途中出现了一波快速的下跌走势，这一波幅度较大、速度较快的下跌走势使得 RSI7 指标线跌至数值 20 下方，这是市场短期内处于超卖状态的表现。随后，当 RSI7 指标线回升至 20 上方，而个股也出现止跌迹象时，就是我们短线买股的最好时机。

图 11-1-4　晋控电力短期超卖状态 RSI 指标形态示意图

11.2　能量潮指标 OBV

能量潮指标是由美国股市分析家葛兰碧创造的。它依据能量潮指标，着重于研究成交量与股价的关系，对短期技术分析非常有用。尤其是对上市时间不足两年的次新股，其短线趋势信号往往准确率很高。

OBV 指标的算法比较简单，即用前一日的 OBV 数值加上或减去当日的成交量，OBV 计算的是累积成交量。

使用 OBV 进行趋势分析时，需要配合股价走势来进行。一般来讲，当 OBV 线向下，而股价在升高时，往往预示股价上涨能量不足，为卖出信号；当 OBV 线上升，而股价却小幅度下跌时，说明人气旺盛，股价下跌只是短暂回调，为买入信号。

　　当 OBV 线缓慢上升的同时，股价也缓慢上涨，说明买方动能稳定，股价中长期走势向上，此时投资者宜持股待涨；当 OBV 线缓慢下降的同时，股价也缓慢下跌，说明卖方动能在慢慢累积，股价中长期向下，此时投资者宜逢高卖出并持币观望。

　　当 OBV 线快速上升时，说明买方动能快速释放，股价会有较快速度的拉升，但这种能量的爆发往往不能持久，因而当 OBV 线在快速上涨后，出现掉头向下迹象时，投资者宜逢高卖出；当 OBV 线快速下跌时，说明卖方动能快速释放，股价往往会有较快速度的下跌。同样，这种空方动能的爆发也不会持久，当 OBV 线出现锯齿形盘整之后向上时，投资者可逢低买入。

　　OBV 线经过长期上涨或下跌出现一个盘整期时，往往会接着出现两种可能：一种可能是出现掉头，此时表示股价走势出现反转；另一种方向是盘整后继续原有走势，此时意味着原有走势会以更快的速度进行。

　　四川九洲（股票代码：000801）2021 年 1 月 25 日至 10 月 26 日期间 OBV 指标示例如图 11-2-1 所示，开始时 OBV 低位盘整后上涨，与此同时股价也在上涨，买方动能大于卖方动能，此时投资者应逢低买入股票并中长线持有。股价经过一段较长时间的上涨后出现高位盘整，此时 OBV 线选择掉头向下，股价也同时出现下跌，说明累积的卖方动能开始释放，此时投资者应逢高卖出股票并继续等待机会。

图 11-2-1　四川九洲 OBV 指标示例

11.3 宝塔线指标 TOWER

宝塔线指标是一种与 K 线及点状图类似的指标，主要用于指数和股价的中长期趋势研判。TOWER 指标通过不同的颜色或虚实体的柱体线来区分股价的涨跌，将买卖双方动能变化的过程及状态表现在图表中，从而研判股价涨跌的趋势及提示买卖点信号。

TOWER 指标依据的是趋势线的原理，引入了支撑区和压力区的概念，通过 TOWER 线预示的信号来判断买卖点。与其他指标不同的是，它不提示买卖点的具体价位，不主张主观预测股价的高点或低点，而纯粹从股价走势中的趋势来分析何时买入、何时卖出。

TOWER 指标信奉的是涨不言顶、跌不言底的投资理念。它不提供股价高点、低点的位置信号，只是告诉投资者在低点反转时买入并耐心持有，在高点反转向下时果断卖出。使用 TOWER 线来进行投资选择，虽然可能在次高点卖出股票或在次低点买入股票导致获利减少，但这种方法不会导致错失回调后的上涨或下跌中的短期反弹被套，比较适合稳健型的投资者。

TOWER 指标并没有计算公式，它只是以收盘价为参考，股票上涨时用白线显示，下跌时用黑线表示，以图表的方式直观地显示在股价窗口中。

按照计算周期不同，TOWER 指标也可以分为日 TOWER 指标、周 TOWER 指标、月 TOWER 指标、年 TOWER 指标及分钟 TOWER 指标等。由于 TOWRE 指标较适合中长期走势研判的特性，TOWER 指标常用的计算周期为日和周。

TOWER 指标的研判主要集中在黑白柱线的状态转换分析以及 TOWER 线与股价 K 线的配合分析上。当股价从底部开始反弹向上，TOWER 指标的黑色柱体进入翻白的状态时，说明买方动能开始积聚，此时投资者可逢低买入；股价上涨过程中，只要 TOWER 白色柱体线持续出现，则说明股价保持着强势状态，此时投资者可持股待涨或逢低买入；当 TOWER 白色柱体线维持了较长的时间且股价涨幅已经较大时，投资者应当谨慎关注 TOWER 线的状态，一旦柱体线开始翻黑，则说明空方动能开始释放，投资者宜逢高卖出。

股价处于下跌趋势时，若 TOWER 黑色柱体线一直出现，则说明卖方动能大于买方动能，投资者宜持币观望；调整趋势中若出现小幅度翻白，但盘整区间没有突破时，说明下跌趋势将延续；若经过一段时间的下跌，TOWER 线快速翻黑后翻白，投资者宜多观察几天，防止主力资金故意拉高出货。

若股价在底部经过较长时间的横盘后突然出现柱体很长的大阳线，同时 TOWER 线也出现较长的白色柱体线时，说明股价已经转换到上涨趋势，此时投资者宜逢低买入。股价在上涨过程中若 TOWER 线一直保持白色实体，则即便 K 线中出现小幅度回落，投资者仍可耐心持有；相应的，股价在下跌过程中若 TOWER 线一直保持黑色实体，则即便 K 线中出现小幅度上升，投资者仍要持币观望，因为小幅反弹后往往意味着更大的跌幅。

若股价经过较长时间的上涨后突然出现大阴线，同时 TOWER 线也出现实体较长的黑色柱线时，往往意味着股价的下跌已经开始，此时投资者宜果断卖出股票。

11.4　乖离率指标 BIAS

乖离率指标又叫 Y 值，是从移动平均原理派生出来的技术分析指标，可用于短线、中线或长线分析。

BIAS 依据葛兰碧移动均线法则而产生，它通过数学计算的方法来获得股价偏离移动平均线的程度，从而发出买卖点信号。

BIAS 指标的计算相对简单，即为当日收盘价和移动平均价的差值与移动平均价的比率。按照移动平均价所采用的天数不同可适用于不同周期的分析，常用的周期有 5 日、10 日、30 日和 60 日等。与其余分析指标类似，BIAS 指标也可以分为日 BIAS 线、周 BIAS 线或月 BIAS 线等。

BIAS 指标的研判主要集中在 BIAS 正负值的转换及 BIAS 取值等方面。股价在移动平均线上方，则为正乖离率；反之则为负乖离率。正值越大，说明股价涨幅越高，则股价继续上涨的压力就越大，下跌可能也就越大；反之，负值越大，则反弹的可能性越大。

BIAS 数值的大小可直接用来研判股价的超买超卖现象。一般来讲，股价处于下跌趋势时，若 BIAS 值小于-5，则表示股价处于超卖状态，可考虑买入股票；而在此趋势下若 BIAS 值大于 5，则表示股价处于超买状态，此时宜卖出股票。

股价处于上升趋势时，BIAS 值所参考的数值有所不同。此时若 BIAS 值低于-10，说明股价处于超卖状态，可短线买入；而若 BIAS 值大于 10，则表示出现超买现象，此时宜考虑短线卖出股票。

四川九洲（股票代码：000801）2021 年 7 月 30 日至 12 月 10 日期间 BIAS 指标示例如图 11-4-1 所示，当股价处于下跌趋势而 BIAS 值小于-5 时，买入机会出现。此时投资者可积极看多，并结合 KDJ 等指标进行分析，逢低买入。

图 11-4-1　四川九洲 BIAS 指标示例

11.5 顺势指标 CCI

该指标是由美国股市分析家唐纳德·兰伯特于 20 世纪 80 年代创建的，它最早用于期货市场的分析，现在也常常用于研判股价偏离度。

CCI 指标依据的是统计学原理，引入价格与一定时期内股价平均区间的偏离程度的概念，更侧重于强调股价偏差在技术分析中的重要性。CCI 属于超买超卖类指标，所不同的是它的数值区间不在 0～100，而是介于负的无穷大到正的无穷大之间。因此对于超买超卖现象的描述更精准，对于暴涨暴跌行情的描述也更灵敏。

CCI 计算时利用当日收盘价、最高价、最低价的平均值减去一定时期内的平均值，然后再除以该段时间内平均值与收盘价的差值的平均数，最后乘以计算系数 0.015。

CCI 指标的使用主要集中在 CCI 区间的划分与判断方面。大智慧 Level2 图形分析软件与分析家股票分析软件一样，设置的 CCI 数值对比区间为-200～200。当 CCI 数值大于 200 时，表示股价处于超买状态，此时投资者宜看跌；而当 CCI 数值小于-200 时，说明股价进入超卖状态，此时投资者宜逢低买入股票；当 CCI 数值处于-200～200 时，说明股价处于窄幅震荡整理区间，此时没有买卖信号，投资者宜耐心观望。

CCI 通过 CCI 线与对比数据（-200，200）之间的图形也可以提示买卖信号。当 CCI 线向上突破 200 线时，为看多信号，此时投资者可以中短线买入股票。若上穿 200 线的同时有较大成交量配合，则买入信号更强烈。

当 CCI 线向下跌破-200 线时，为看空信号，此时投资者宜耐心等待机会；当 CCI 线下穿 200 线时，表示股价上涨趋势可能已经结束，此时投资者宜逢高卖出股票。当 CCI 线由下往上突破-200 线时，表示股价可能已经筑底回升，此时投资者可以轻仓参与；当 CCI 位于-200～200 的常态区间运行时，投资者可参考 KDJ 等指标进行判断。

11.6 动向指标 DMI

动向指标又称为趋向指标，是由美国股票技术分析大师威尔斯·威尔德创造的，它适用于中长期技术分析。

DMI 指标分析时依据的是多空双方动能价格波动变化的影响而发生的均衡点变化。它在计算时把每日股价高低波动的幅度因素考虑在内，因而对于走势的预测更准确和稳定。

DMI 指标的计算比较复杂，首先它按照一定的规则比较每日股价波动产生的最高价、最低价和收盘价，从而计算出股价波动的真实波幅、上升动向值和下降动向值；接着将一定时期内的上升动向值、下降动向值除以该时期内的真实波幅，取得上升指标和下降指标；后通过该时期内的上升指标和下降指标取得动向值 DX，再对 DX 求平均得到 ADX；最后通过当日的 ADX 与前面某一日的

ADX 比较从而计算出评估数值。

与其他的分析指标一样，DMI 指标按照所选周期不同可分为日 DMI 指标、周 DMI 指标、月 DMI 指标、年 DMI 指标和分众 DMI 指标等。市场上常用的是日 DMI 指标和周 DMI 指标。

DMI 指标主要用于研判股价走势。使用中主要集中在两个方面：一方面是分析上升指标、下降指标与平均动向指标之间的关系；另一方面是对股价转向特征的研判。其中上升指标、下降指标的曲线关系可用于判断买卖点，而平均动向指标可用于判断未来行情的发展趋势。

当股价处于上涨趋势时，若上升指标同时从下往上突破下降指标出现黄金交叉，则表示买方动能大于卖方动能，此时投资者可看多做多；而若平均动向指标线同时向上，则揭示股价的上涨动能更加强劲。

当股价处于下跌趋势时，若上升指标同时从上往下跌破下降指标，则表示空方动能大于多方动能，为卖出信号，此时平均动向指标若同时下降，则下跌速度及幅度将加大。

大智慧 Level 2 股票分析软件中提供了四种 DMI 指标可供用户选择，在使用键盘精灵输入 DMI 时，可以出现四种 DMI 指标，即 DMI 标准指标、DMI-4.0 指标、DMI-QL 指标、DMIQLL 指标。四种趋向指标的功能类似，只是在曲线和参数上有所区别。

冰轮环境（股票代码：000811）2021 年 9 月 15 日至 12 月 10 日期间 DMI 指标示例如图 11-6-1 所示。标准 DMI 指标中，用 PDI 代表上升指标线，MDI 代表下降指标线，图 11-6-1 中箭头标出的位置 PDI 上穿 MDI 出现黄金交叉，与此同时，ADX 方向向上，后市有一波不错的涨幅，且 PDI 未跌破 MDI 时涨势持续了很长的时间。

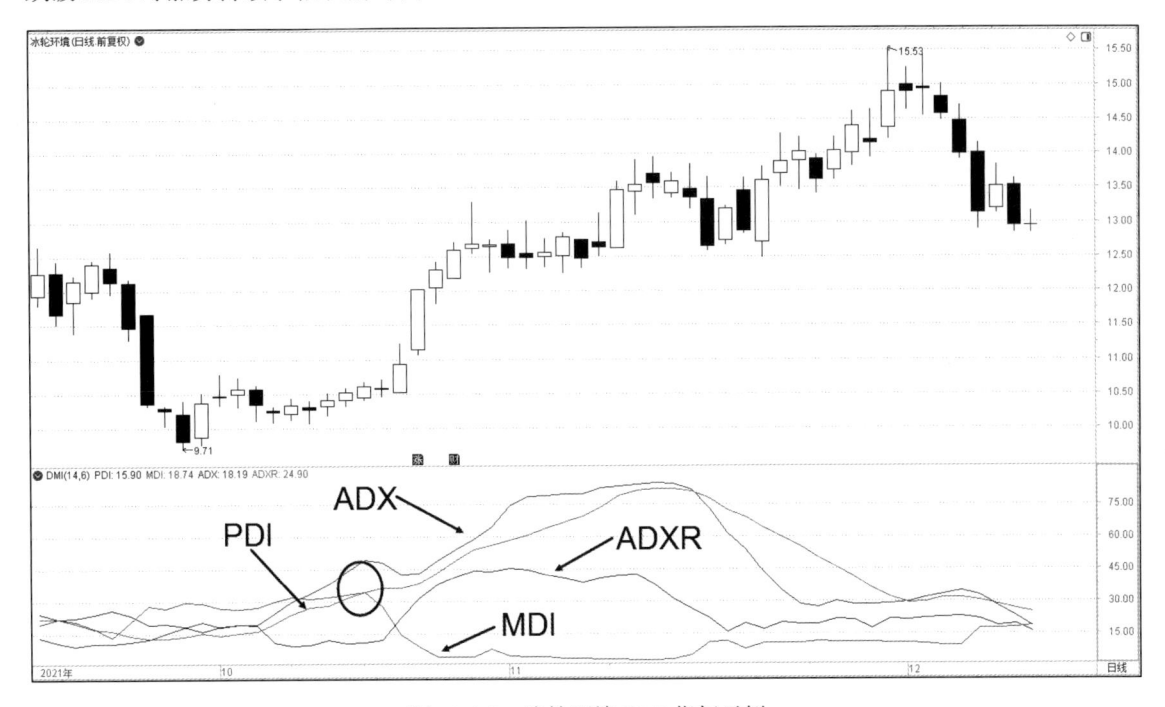

图 11-6-1　冰轮环境 DMI 指标示例

11.7　平行差指标 DMA

平行差指标属于中短期指标，常用于大盘指数及股价走势的中短期研判。它依据快慢两条移动平均线的差值来分析股价走势。

DMA 的计算方法比较简单，利用短期平均值减去长期平均值即可得到 DMA 的数值。与其他技术分析指标一样，DMA 也分日 DMA 线、周 DMA 线、月 DMA 线、分钟 DMA 线等不同周期数据。大智慧分析软件中 DMA 指标包括两条线，除 DMA 线外还有一根 AMA 线，AMA 的数值是用 DMA 除以 10 得到。

DMA 指标在使用时主要集中在 DMA、AMA 两条线的方向、配合及交叉情况上。当 DMA 线和 AMA 线均处于零轴线以上并向上移动时，说明买方动能大于卖方动能，此时投资者宜持股待涨或逢低买入。

当 DMA 线和 AMA 线均处于零轴线以下，且向下移动时，说明卖方动能大于买方动能，此时投资者宜持币观望或逢高卖出；当 DMA 线和 AMA 线均处于零轴线以上，但方向开始掉头向下时，说明卖方动能开始加大，后市股价将出现下跌，此时投资者宜逢高卖出；当 DMA 线和 AMA 线均处于零轴线以下，但方向开始掉头向上时，说明买方动能开始累积，短期行情将启动，此时投资者可逢高买入或持股待涨。

DMA 指标的一个重要功能在于它的预判性，即 DMA 指标的动向往往领先于股价的涨跌。因此，将 DMA 曲线和股价 K 线配合使用，往往可以达到更好的买卖点参考的效果。

当 DMA 线处于零轴线以下开始向上时，若与此同时股价也同时向上，则揭示此时卖方动能开始衰弱，短期内股价有望止跌回升，投资者可以轻仓逢低买入；当 DMA 线向上穿破零轴线并继续攀升，而股价同时向上时，说明买方动能开始大于卖方动能，此时投资者应逢低买入或坚决持股待涨。

当 DMA 线从零轴线以上回落，但经过一段时间强势整理后再度掉头向上时，若股价与之同时整理后向上，则投资者宜继续持股待涨，后市依然有着较强的上涨动力。

当 DMA 曲线已经在零轴线上方较远时掉头回落，且震荡盘整后继续向下时，若股价未能突破上方均线压制同时掉头向下，则意味着一波较为强劲的下跌行情即将产生。此时投资者一定要谨慎，一旦下跌趋势得到确认，则需要立即清仓离场。

当 DMA 曲线在经过较长时间的下跌后，弱势反弹之后继续向下，同时股价在盘整后继续创出新低时，说明卖方动能尚未得到有效释放，此时投资者宜继续持币观望。

DMA 曲线和 AMA 曲线的运行过程中也有黄金交叉和死亡交叉的概念。当 DMA 线向上穿破 AMA 线时，发生黄金交叉，为买进信号，表示后市看涨；反之，当 DMA 线向下击穿 AMA 线时，发生死亡交叉，表示后市看跌。

陕西金叶（股票代码：000812）2021 年 10 月 26 日至 12 月 10 日期间 DMA 指标示例如图 11-7-1 所示，DMA 线在箭头标注的地方向上穿破 AMA 线产生黄金交叉，之后两条线的发展方向与股价一致，股价上涨趋势稳定。当 DMA 线和 AMA 线向上穿破零轴线时，买方动能开始大于卖方动能，此后股价上涨速度明显加快。

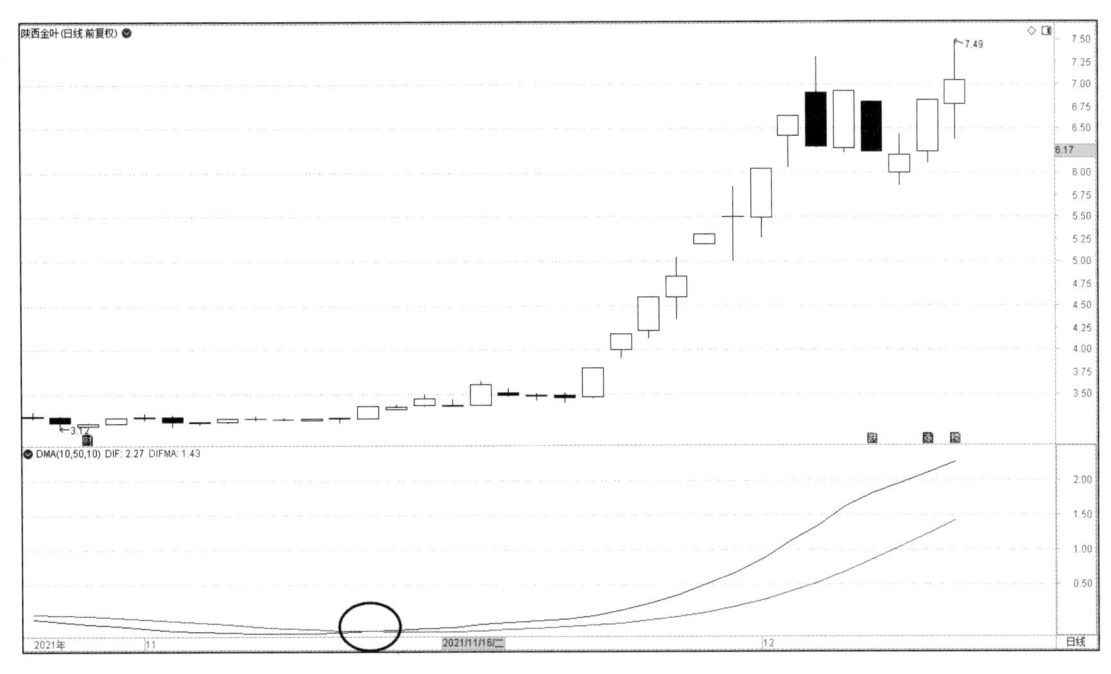

图 11-7-1　陕西金叶 DMA 指标示例

11.8　人气指标 AR、BR

　　人气指标可以分离成两个指标，即人气指标 AR 和买卖意愿指标 BR。这两种指标既可以分开使用，也可以同时使用，主要通过买卖双方动能的对比来分析股价及指数的中长期趋势。

　　AR、BR 指标是通过股票的开盘价、收盘价、最高价和最低价之间的关系分析来研判多空双方的动能，从而预测股价的未来走势。AR 指标和 BR 指标的计算有所区别，前者的分析对象是当日的开盘价、最高价和最低价；而后者分析的是前一日的收盘价、当日的最高价和最低价。

　　与其他指标类似，AR、BR 指标也分日 AR、BR，周 AR、BR，月 AR、BR，年 AR、BR 和分钟 AR、BR 等。其中日 AR、BR 和周 AR、BR 使用频率较高。

　　AR 线以 100 为买卖方的均衡状态，其浮动范围为 20，即当 AR 值处于 80～120 时，股价处于平稳区域；AR 值走高表示买方动能大于卖方动能；但当 AR 值过高时，则揭示股价处于超买状态，下跌随时可能产生，此时投资者宜密切关注，当 AR 值掉头向下时果断卖出股票。

　　AR 值在 80 以下时表示卖方动能大于买方动能，但当 AR 值小于 40 时，说明股票处于超卖状态，此时投资者可逢低买入。

　　BR 值与 AR 值类似，处于 100 左右时表示股价变动处于相对稳定区域。当 BR 值大于 300 时，表示股价处于超买状态，可逢高卖出；当 BR 值小于 40 时，表示股价处于超卖状态，可逢低买入。

AR、BR 线配合使用时可以达到更好的效果。AR、BR 线同时向上或向下时，其趋势特征比单根 AR 或 BR 线更明确。当 BR 线从较高位置掉头向下时，若 BR 线跌幅达到 50%但 AR 继续向上，则表示股价处于上升过程中的整理区域，投资者可以逢低加仓。若 BR 线呈向上趋势而 AR 继续走平甚至出现小幅下跌，则需逢高出货。

若股价放量上涨，同时 BR 线向上穿破 AR 线出现黄金交叉时，投资者宜及时买入，后市看涨；若 BR 线一直在 AR 线上方运行且两线方向向上时，揭示股价上涨将继续，此时宜持股待涨。

当股价到达高位后开始下跌，而 AR 线向下穿破 BR 线产生死亡交叉时，投资者宜果断卖出。若之后两线继续向下发展，说明下跌将继续，此时投资者宜持币观望。

岳阳兴长（股票代码：000819）2021 年 9 月 10 日至 12 月 10 日期间 AR、BR 指标示例如图 11-8-1 所示。图中股票的股价与 AR、BR 线趋势一致向上时，股价处于连续上涨中；当出现黄金交叉之后，股价上涨趋势得到进一步确认，此后 AR 线一直在 BR 线上方运行且两线趋势向上，股价向上趋势得以较长时间保持。

图 11-8-1　岳阳兴长 AR、BR 指标示例

11.9　中间意愿指标 CR

中间意愿指标与 AR、BR 指标较为相似，也是通过买卖双方动能的分析来把握指数或股价的中长期走势。但 CR 指标与 AR、BR 指标的区别也是非常大的，最大的区别在于：CR 指标的理论出发点是中间价，是股市最有代表性的价格，这一点与 AR、BR 指标主要依据开盘价、收盘价、最高

价和最低价之间的关系来分析截然不同。

为了弥补 AR、BR 指标的不足，CR 指标在计算时采用上一个研判周期的中间价作为均衡价位。它的计算方法与 AR、BR 类似，也是用一个计算周期的最高价减去最低价的差值作为买方动能的总和，用上一个交易日的差值总和作为卖方动能的总和，用前一个数值除去后一个数值即得到 CR 值。

CR 指标在研判时主要集中在 CR 数值的取值范围、CR 线与 K 线的配合等方面。CR 值用 100 作为中间意愿线，即当 CR 值处于 100 线附近时，表示买方和卖方动能均衡。

当股价处于长期上涨行情时，若 CR 值大于 300，表示股价处于超买状态，股价随时可能出现回档，此时投资者宜逢高卖出；当股价处于下跌反弹趋势时，若 CR 值大于 200，则表示反弹已接近顶部，此时投资者宜逢高卖出。

当股价处于震荡行情时，若 CR 值小于 40，说明盘整即将结束，投资者宜逢低买入；当股价经过较长时间下跌时，若 CR 值小于 30，说明股价处于超卖状态，投资者可逢低吸纳。

用 CR 值进行识顶判断时，准确性往往比识底要高。投资者在实际使用时，若需要进行识底，建议结合其他的指标进行分析。

与 AR、BR 线类似，CR 线也有领先股价走势的示警作用。投资者利用 CR 线和股价走势的配合分析，往往可以比较有效地实现逃顶和抄底。

当 CR 线呈向上趋势的同时股价也呈向上趋势时，揭示股价处于强势状态，此时投资者宜持股待涨；当 CR 线呈向下趋势的同时股价也呈向下趋势时，揭示股价处于弱势状态，此时投资者宜持币观望。

当 CR 线从高位开始掉头向下时，若股价还是在缓慢向上，则出现 CR 线与均线的顶背离，为卖出信号，此时投资者宜逢高卖出；当 CR 线从低位开始掉头向上，而 K 线却继续缓慢向下时，则出现 CR 线与均线的底背离，为买入信号，投资者可逢低买入或分批建仓。

如前面所说，CR 线对顶部的分析往往比底部分析的准确率更高。因此，顶背离的信号强度要大于底背离的信号强度。

山东海化（股票代码：000822）2020 年 8 月 18 日至 2021 年 12 月 10 日期间 CR 指标示例如图 11-9-1 所示。CR 线先于股价从低位探底回升，此时投资者可逢低买入。之后股价出现回调，但 CR 从低位保持向上，出现底背离，底背离为投资者带来了第二次买入的机会。之后股价走势与 CR 线走势出现一致，此时投资者需要做的就是持仓待涨。

当 CR 线到达高点时，股价出现回调，但此时 CR 线还是处于缓慢向上趋势，此时出现顶背离。这时候多方动能已经衰竭，稳健的投资者可以在顶背离出现的第一时间卖掉手中的股票。激进型的投资者在发现股价跌破短期均线，而 CR 同时还是处于缓慢向上过程时，也应该立刻出掉手中的股票，持仓观望。从图 11-9-1 可以看出，顶背离出现后紧接着就是一轮很大幅度的下跌。

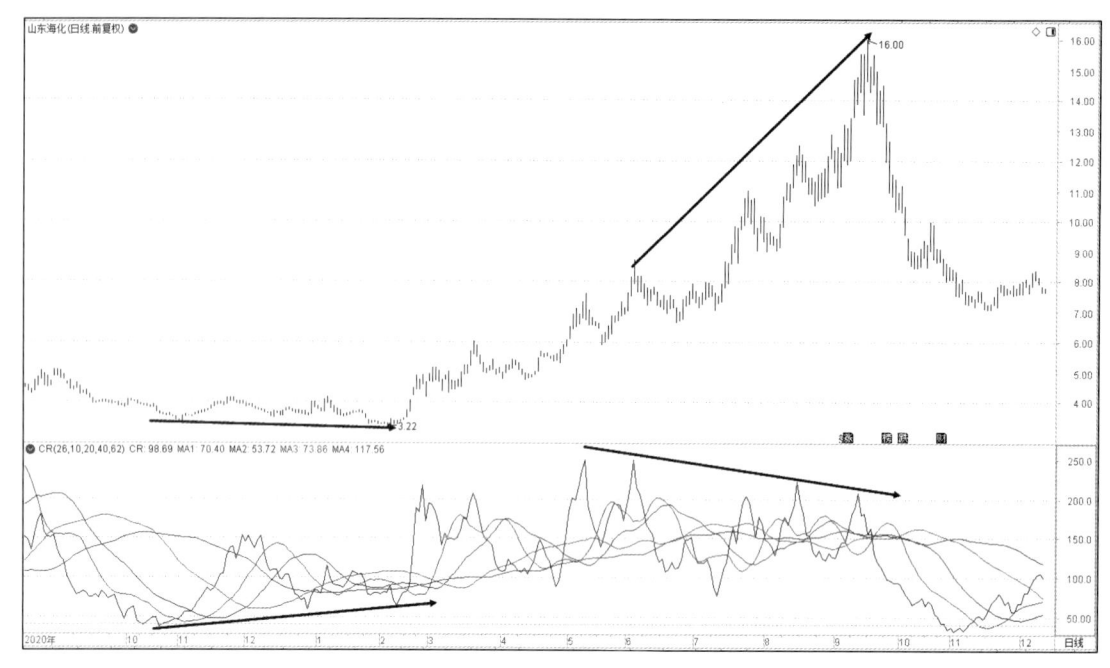

图 11-9-1　山东海化 CR 指标示例

11.10　心理线指标 PSY

心理线指标属于能量类和涨跌类指标，它依据投资者对股价涨跌产生的情绪波动进行分析，对股价短期走势有一定的信号意义。

PSY 指标通过一定时间内多空总动能的分析，来描述股价的超买超卖状态。它的计算方法比较简单，用一定时间内股价上涨的天数除以这段时间的总天数，再乘以 100 即可得到 PSY 数值。

大智慧中 PSY 的默认天数为 12，实际使用中投资者可以通过修改指标参数的方法来修改天数。参数选择得越大，则 PSY 数值越趋向于集中，稳定性越强，但相对来说对股价走势的描述就越迟钝；参数选择得过小，则 PSY 取值波动范围往往容易越大，导致信号准确率降低。

PSY 指标的研判主要集中在 PSY 指标的数值、PSY 线的走势等方面。PSY 的取值介于 0～100 之间，50 线是多空双方的均衡线。

一般来讲，当 PSY 数值在 25～75 之间波动时，揭示多空双方处于均衡状态，投资者此时可参考别的指标判断走势。当 PSY 线向上穿破 75 线时，说明这段时间内上涨的天数多于下跌的天数，多方动能大于空方动能。但若 PSY 数值过大，则说明股票处于超买状态，股票的获利盘较多，投资者存在着获利出逃的可能，因此，投资者此时需要保持谨慎。而当 PSY 数值小于 25 时则相反，此时卖方动能大于买方动能，但如果数值过小，则说明股票处于超卖状态，此时存在着反弹的投资机会。

实际使用中，投资者可在中长期上涨或下跌的初期，将超买、超卖的参考线调整为 85 线和 15

线；而当股价沿某一走势运行一段时间后，再将这两个参考线调整为 75 和 25。

PSY 线的运行趋势也能提供指数或股价的走势信号。当 PSY 线在 40 线和 60 线之间震荡时，说明买卖双方动能均衡，此时投资者宜持观望态度，不要轻易操作；当 PSY 线运行在 50 线以上，或者向下向上缓慢突破 50 线时，揭示买方动能大于卖方动能，此时投资者应逢低买入或持股待涨；当 PSY 线保持在 50 线以下运行或由上向下穿破 50 线并未能收回 50 线以上时，表示卖方动能大于买方动能，此时投资者应逢高卖出或持币观望。

超声电子（股票代码：000823）2021 年 9 月 10 日至 12 月 10 日期间 PSY 指标示例如图 11-10-1 所示，股价经过一段时间的盘整后，PSY 线由下向上穿破 50 线，意味着该股票人气开始活跃，多头力量开始慢慢增强，此时投资者应逢低买入。图 11-10-1 中，PSY 上穿 50 线后一直保持在 50 线以上运行，投资者该做的只是持股待涨。

需要注意的是，进行 PSY 线分析时，更重要的是看 PSY 数值所处的位置，而不是 PSY 线的运行方向。投资者切勿仅仅根据其运行方向操作。

图 11-10-1　超声电子（000823）PSY 指标示例

下篇

典型买卖点分析

- 第12章 猎杀黑马
- 第13章 不同类型股票的买卖技术
- 第14章 典型涨停板解析

第12章

猎杀黑马

　　黑马在任何领域都是会让人眼前一亮的,特别是在股市中,如果把握得当并且驾驭好黑马,可以让你的资本在短时间内急剧增加。为什么这么说呢?因为黑马在股市中就是指价格可能脱离过去的价位而在短时间内大幅上涨的股票。在牛市的行情中,很多人都会骑上黑马但都是半路而上,很难得到什么利润,稍有震荡就会摔下来,等回头再看的时候,黑马已经远去。为了避免这些情况的出现,大家就要利用K线传达给我们的信息,在黑马起跑之前就将其锁定并且骑上它。

12.1 黑马形成的必要条件

黑马的形成有多方面的因素，本节将介绍黑马形成的几个必要条件，供投资者在实际操作中参考。

12.1.1 黑马的点位通常相对较低

一般来说，形成黑马的点位通常是处于相对较低的位置，这就表示了股价在相对底部区域就像一个弹簧，压得有多紧就会弹得有多高。当然也有个别的黑马不是在相对底部启动的，这类黑马是比较少的。所以说，黑马启动的第一个条件就是要在一个相对较低的位置。思源电气（股票代码：002028）2020年12月30日至2021年12月10日期间低位启动黑马如图12-1-1所示。

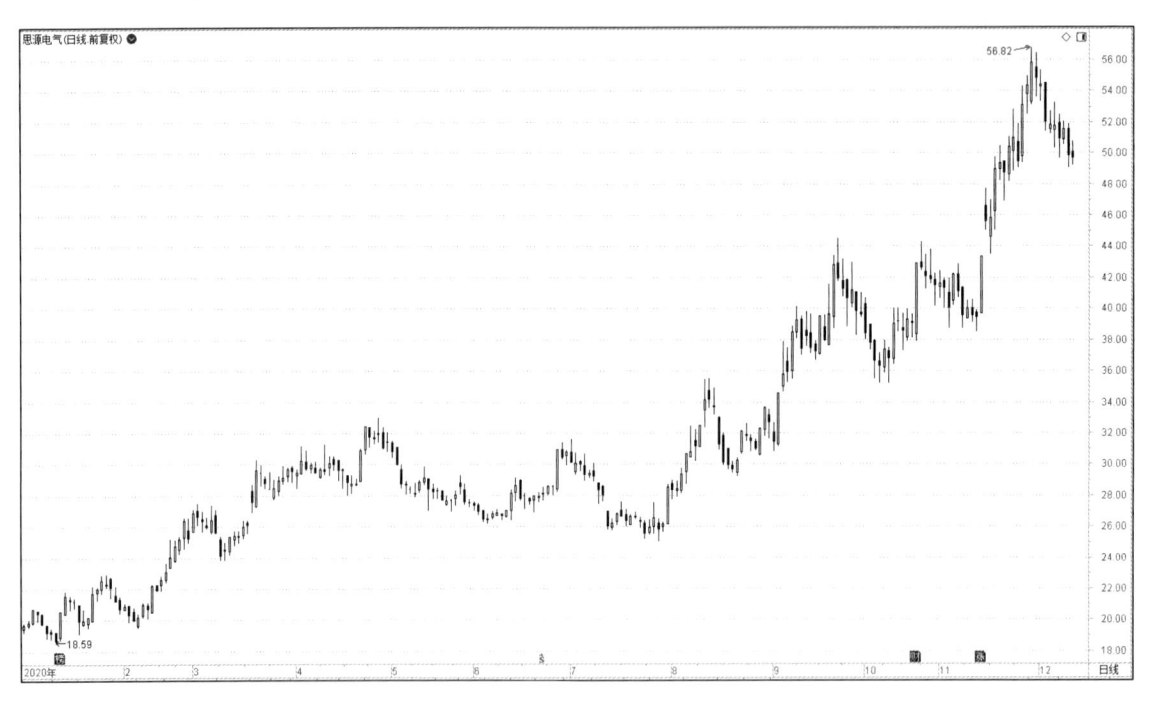

图12-1-1　思源电气低位启动黑马

【案例分析】

由图12-1-1我们不难看出股价在经历了一个较长时间的下跌后到达了一个相对较低的位置，从横盘处的不断放量也可以了解到那是主力最后疯狂扫货的过程，以至于在启动点的时候，异军突起，一口气连续上攻，在一个较短的区间内的涨幅达到205%。

12.1.2 有消息面的推波助澜

第二个条件当然也比较重要,这个重要是体现在消息面上,比如重组预期等待,这个消息面最好是比较大的,要给人们足够的想象空间。虽然在启动之前或者刚要启动的时候,每股的盈余并不见得很好,但是只要人们对这个消息感兴趣,想进来碰运气的就会不在少数,特别是当主力提前布局后边放出消息边拉升,到了最后不需要自己来推动股价上涨,巨大的散兵就会推波助澜。江山股份(股票代码:600389)2020年10月21日至2021年12月10日期间消息面形成黑马如图12-1-2所示。

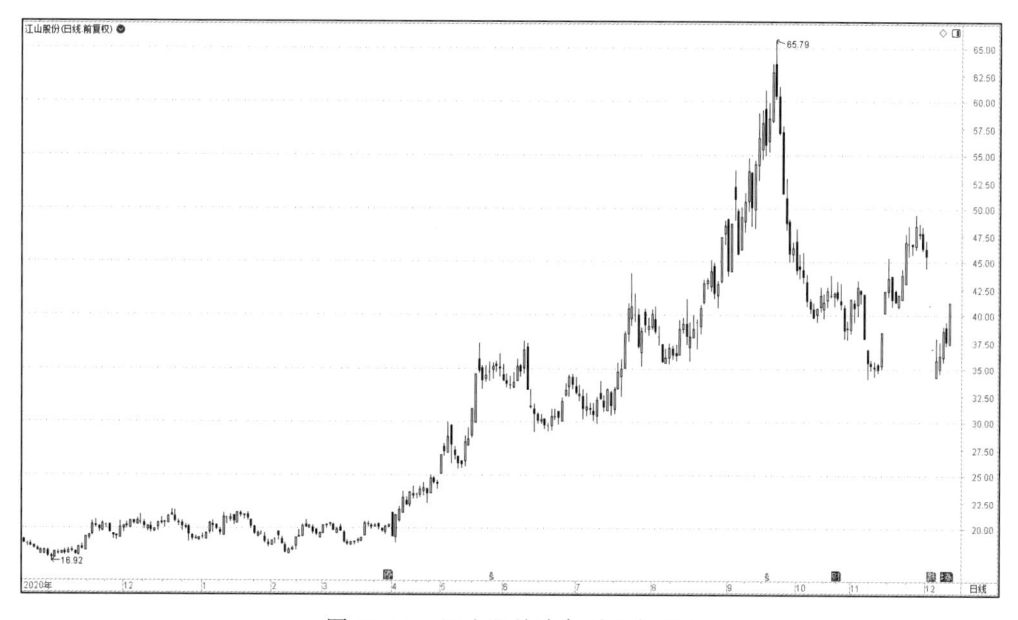

图 12-1-2　江山股份消息面形成黑马

【案例分析】

江山股份在17元左右处启动,正是由于消息面的重组预期使得该股一路上扬。所以说,黑马的形成并不是偶然的,这需要多方面的配合。

12.1.3 发现黑马还要懂得技术面

第三个条件也是技术面的条件,知道了黑马股通常会产生在底部,也知道消息面的影响会催生黑马,但有了前两个条件,我们如何去发现黑马股呢?要发现黑马股,我们就要放弃之前选股的日K线或者分时K线。因为这几种方法只适合于短线或者一个短的时间周期,并不适合一个中线的周期。所以要选择黑马股我们要从周线入手,只要把从日K线和分时线学到的技术用到周线即可。盛和资源(股票代码:600392)2019年12月至2021年10月的周线判断黑马如图12-1-3所示。

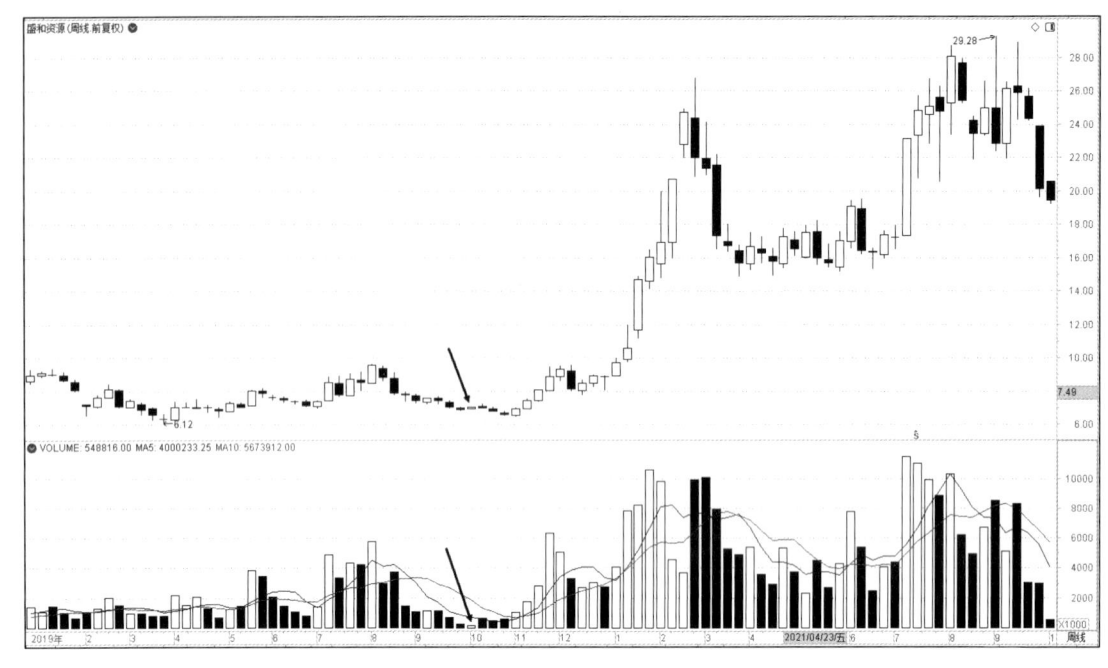

图 12-1-3　盛和资源周线判断黑马

【案例分析】

通过图 12-1-3 的周线，并结合前文所说的主力吸货的方法和启动的时间点就不难判断出一个黑马的形成。当一段连续的下跌接近尾声的时候，必定是缩量运行，因为股价已经跌无可跌，此时的价位也到了多头和空头共同的心理价位，既然卖出的和买入的都基本没有了，那量能也可能是缩量。多头经过几颗十字星来吸货，同时均线多头发散上攻，一波中期行情顺势展开，黑马也就诞生了。

12.1.4　黑马的特征

下面就给大家分析一下黑马的特征，以便在了解黑马形成的条件后更好地发现和跟踪它。

第一，能够成为黑马的股票并不是普通的股票，这是主力蓄谋已久的产物，在启动之前通常会遇到各种各样利空的袭击，比如经营状况恶化，被监管部门调查或者在比较弱的行情中大比率地扩容等。虽然利空的形式是多种多样的，但其本质是相同的，就是利空消息一旦出现，就会导致投资者对公司的前景产生一种恐慌的心理，使得普通投资者会不计成本地抛售自己手中的股票。

第二，正是因为普通投资者不计成本地止损才会导致股价不断下跌，并且连续击破重要的关口和均线，走势上呈现出破位的形态。正是因为这种走势很难看，通常会使得本来坚定的投资者也会放弃守住筹码，因为他们不知道下跌还会持续多久。这就是主力的心理战术，利用心理战术来动摇普通投资者的持股信心。

第三，黑马股在底部筑底的时候通常会有不自然的放量，这个量能来自杀跌的筹码和不坚定的投资者抛出的筹码，其接盘者不言而喻，那就是主力机构。利用凶悍的多方面手法正是说明这只股票有被操作的价值。所以说越是利空，股价狂跌，越能说明这类股票能在最后脱颖而出。因此，普通投资者应该对这类股票多加关注。

12.2 低位平台现黑马

利用日 K 线在一个短时间内找出黑马的存在是比较容易的，当然这就需要比较高的技术含量。通常，一个时间段内的黑马会出现在第一轮上涨后的调整阶段。股票市场就是一个没有硝烟的战场，投资者不但自己要掌握各种生存手法，而且对于主力的行为也必须做到心中有数。本节以股票动力源为例，介绍低位平台出现的黑马。

之所以在一个时间段内会出现黑马，是因为主力往往会选择先进行一波佯攻，这个佯攻的过程是分散注意力和打松上方筹码的过程，然后再用不带量的大阴线将筹码再次集中。动力源（股票代码：600405）2020 年 6 月 30 日至 2021 年 1 月 11 日期间低位平台现黑马如图 12-2-1 所示。

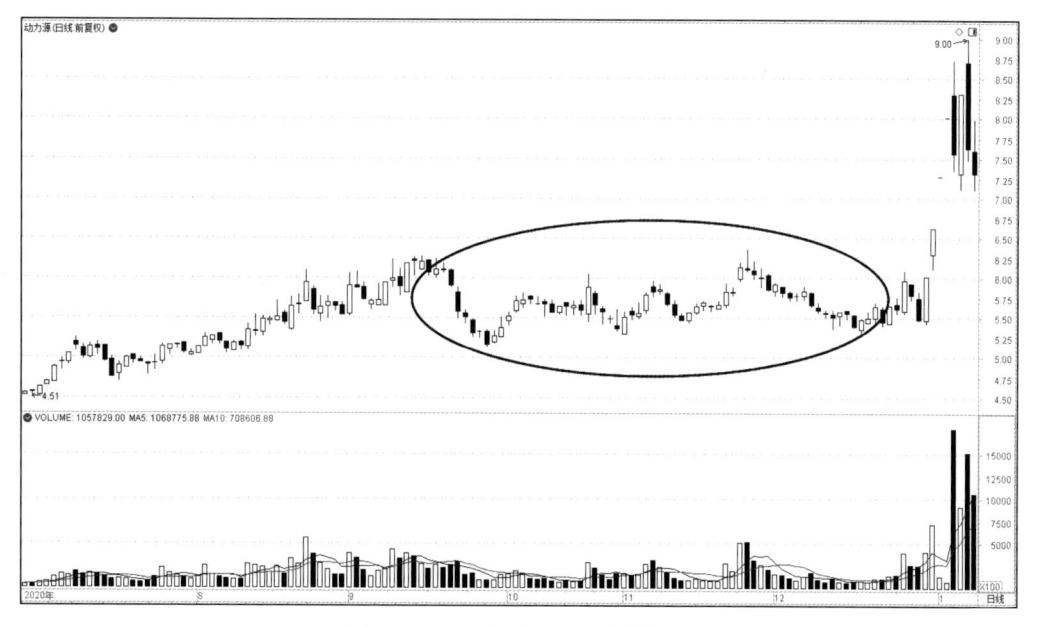

图 12-2-1 动力源低位平台现黑马

12.2.1 二次下跌横盘

低位平台就是指主力在上攻之后平台整理过程中，二次下跌小横盘的过程，如图 12-2-2 所示。攻过后毕竟积累了部分浮筹，主力就是利用这个小箱体的横盘来震荡出浮筹和普通投资者手中的筹码，然后利用均线死叉的方法迫使技术派出局，这样方便自己积累更多的筹码，当主力准备再次上攻的时候却发现上方依然存有压力。

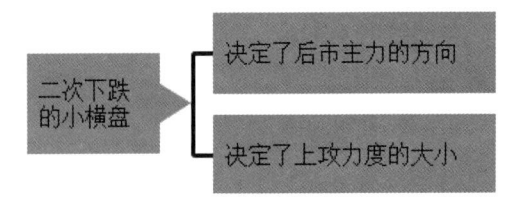

图 12-2-2 二次下跌的小横盘

之所以说是破位下跌，是因为下方已经完全没有了均线支撑，股价很可能一泻千里。这个破位下跌也是在主力的计划之内。目的就是为了再次接纳筹码，使其向上拉升的时候减少压力。

科力远（股票代码：600478）2021年1月26日至10月12日期间低位平台的阴谋如图12-2-3所示。

图 12-2-3 科力远低位平台的阴谋

12.2.2 二次上攻

虽然主力利用破位下跌的方式引发普通投资者的筹码抛售，但是从量能上不难看出，到了下跌的后期抛售的筹码并不多了，主力也没有继续砸盘的意思，毕竟筹码来之不易，主力机构不会轻易浪费。当股价出现了气吞山河的走势时，我们就可以重点关注，这是主力敲响第二轮上攻的信号。科力远黑马启动信号如图12-2-4所示。

图 12-2-4　科力远黑马启动信号

12.2.3　二次上攻时的买点

当我们利用这些小细节发现暗中的主力之后,就不难判断出二次上攻即将拉开序幕。那么二次上攻的买点在哪里,又如何能骑上黑马呢?这还是需要借助量能的变化和二次握手的买入方法。当股价放量上攻的时候正式宣布了主力开始攻击,如图 12-2-5 所示。

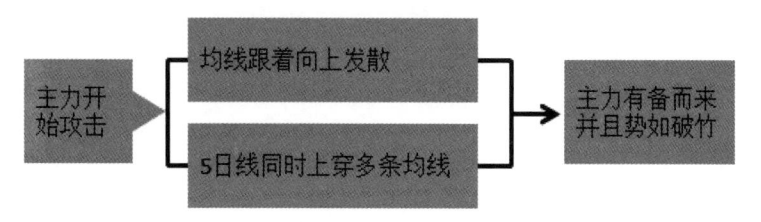

图 12-2-5　主力开始攻击

此时大家要做的就是不管股价在单日涨得有多高有多快,只要是没有涨停,就可以买进,因为只要是在二次启动点买进的价格等回头看的时候仍然是个低点。科力远骑上黑马如图 12-2-6 所示。

图 12-2-6　科力远骑上黑马

12.2.4　利用技术指标辅助判断

除了根据 K 线的走势和均线的走势来判断，大家还可以借助副图指标来进行辅助的判断，当主力开始上攻的时候，各项副图指标也会呈现金叉的走势掉头向上，比如 MACD、量能线、KDJ 等。虽然这些副图指标走势是根据量价来的，但这也在一定程度上给了普通投资者买入的信心。科力远副图 KDJ 金叉如图 12-2-7 所示。

图 12-2-7　科力远副图 KDJ 金叉

【案例分析】

通过图12-2-7科力远日K线图，我们可以看到，不管前期K线在做一个怎样的窄幅震荡，其量能始终为缩量状态。当股价开始放量上行的时候，也就意味着买盘的增强，买盘增强的同时量能均线也会随之上扬，金叉之后就会有一个开口的过程，这个过程也是成交量逐步放大的过程，如果反映在K线上，那就是股价也会随之上涨。所以作为副图的量能均线同样可以辅助投资者对K线的判断。

12.2.5 低位黑马形成的要素

了解完低位黑马出现的技术走势之后，再总结一下黑马形成的要素，只有知道了其存在的要素，才能在最短时间内缩小黑马的范围，方便利用技术手段将其找出。

第一，主动动作呈现如图12-2-8所示。

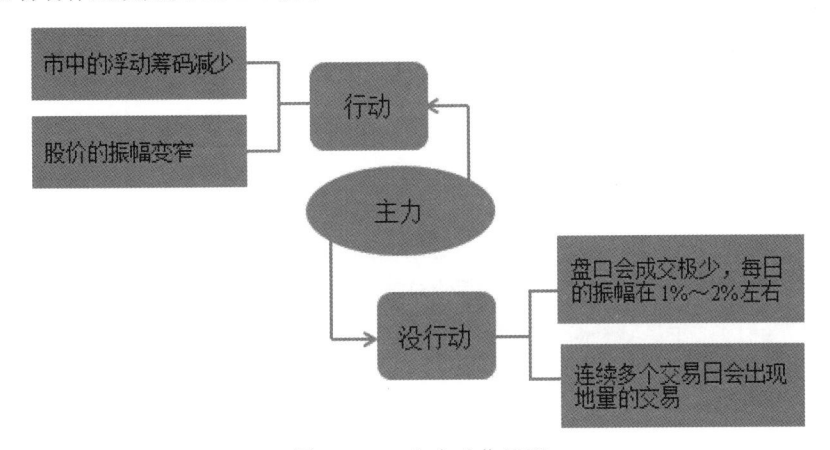

图12-2-8 主力动作呈现

第二，股价的30日均线连续多个交易日会慢慢走平或者上移，因为30日平均线通常代表了市场的平均成本价格。如果一个股票的30日均线走平，则意味着多空双方都认为目前的价位是一个大家都能接受的价位。此时只要向上攻击，投资者就可以在短时间内得到利润，由于平均成本处于解套的状态，所以当向上攻击的时候压力会比较轻，也注定了走势会比较远。这也更能证明这只股票是即将形成的黑马。

12.3 四线黏合一线金叉

四线黏合一线金叉，在股市的实战操作中往往会起到至关重要的作用，这种技术也是技术派常用的选股法宝之一，更是普通投资者得以制胜和取得收益的关键，如何熟练地运用和举一反三，就要仁者见仁、智者见智，毕竟对于每一种不同的技术形态，大家都会有不同的理解。

所谓的四线黏合一线金叉在实战中会有两种情况的分化，如图12-3-1所示。

图 12-3-1　四线黏合一线金叉两种情况的分化

一线金叉则是指 30 日均线向上穿过其他黏合一起的均线。为什么这么说呢？因为均线的黏合通常表示主力在吸筹，而一线金叉则表示股价即将拉升。科力远四线黏合一线金叉如图 12-3-2 所示。

图 12-3-2　科力远四线黏合一线金叉

12.3.1　均线黏合过程中量能不能太大

四线黏合一线金叉若想成功，还必须伴随另一个重要的条件，那就是在均线黏合的过程中量能不能放得太大，但阳 K 线的量能要始终高于阴 K 线的量能，股价当然也必须是在一个相对较低的位置来运行的。

具有均线黏合形态的股票一旦上涨，便势如破竹，为什么这么说呢？均线的黏合说到底就是由均线的自身因素决定的，因为均线是对价格的平均运算，不同时间的均线也代表了不同时间内价格的波动。股价在经过了一段长时间的震荡整理后，均线的变化如图 12-3-3 所示。

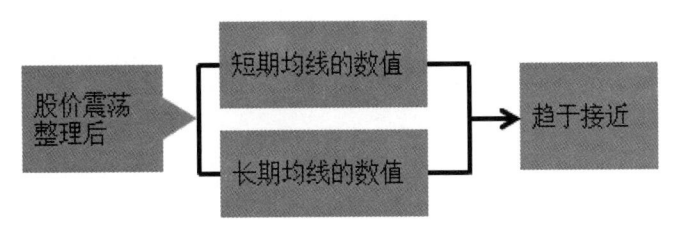

图 12-3-3　股价在经过了一段长时间的震荡整理后均线的变化

从均线的角度上看，就形成了均线黏合的这种形态。如果从筹码分布的角度来看，则是筹码高度集中的表现之一。

说到这里，相信不少朋友已经明白了其中的缘由，只有到了筹码高度集中的时候，主力随时会发动攻击，当主力发动攻击的时候，低级别的均线才会上翘从而上穿均线。科力远四线黏合和筹码集中如图 12-3-4 所示。

图 12-3-4　科力远四线黏合和筹码集中

【案例分析】

图 12-3-4 为科力远日 K 线走势图，在股价相对底部横盘整理的阶段，通过量能我们可以看出，这是主力一个底部吸货行为，只有当均线完全黏合的时候，才能说明主力已经到了一个吸货的尾声，只待最后的均线金叉，当股价放量上攻伴随均线金叉的时候就是最佳买点。

12.3.2 均线黏合时形成二次握手

说到这里，大家肯定会问，这种四线黏合的股票虽然是不错，但我们又该怎么去发现和寻找其踪迹呢？说实话，这个并没有捷径在同一时间发现，只有大家在收盘后一个一个地去寻找，手工翻阅所有股票，虽然这种方法比较耗时、耗精力，但这却是一种最直观的判断方法。特别对于均线黏合横盘之时有二次握手的股票，慢慢跟踪必有收获。千金药业（股票代码：600479）二次握手一线金叉如图12-3-5所示。

图12-3-5　二次握手一线金叉

【案例分析】

二次握手一线金叉的股票通常是出现在相对底部区域，第一次的死叉走势是对前期上涨的确认，一旦在窄幅震荡区间内股价放量上攻并且伴随均线的金叉，就可放心地进场操作。

12.3.3 四线黏合一线死叉

均线黏合后向上发散，也是许多黑马股启动的征兆，而四线黏合一线金叉的出现，又是一个非常难得的捕捉黑马机会。如果能发现这类股票并骑上这匹黑马，那说明你已经离高手不远了。但有一点希望大家一定要注意，四线黏合一定是要处于连续下跌后的相对较低的位置，不是在一个比较高的位置。一线金叉和一线死叉如图12-3-6所示。因为如果处在一个比较高的位置，一线金叉很可能会变成一线死叉。

天药股份（股票代码：600488）四线黏合、一线死叉如图12-3-7所示。

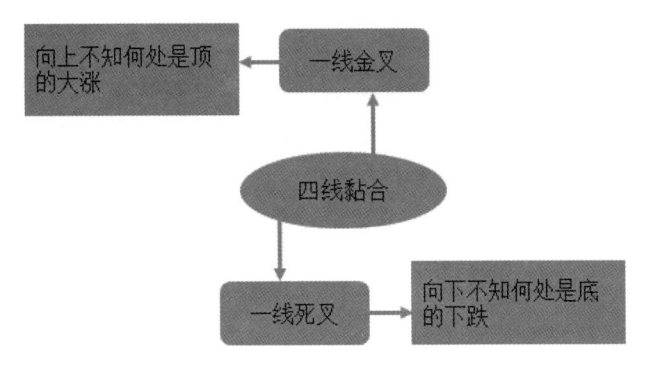

图 12-3-6　一线金叉和一线死叉

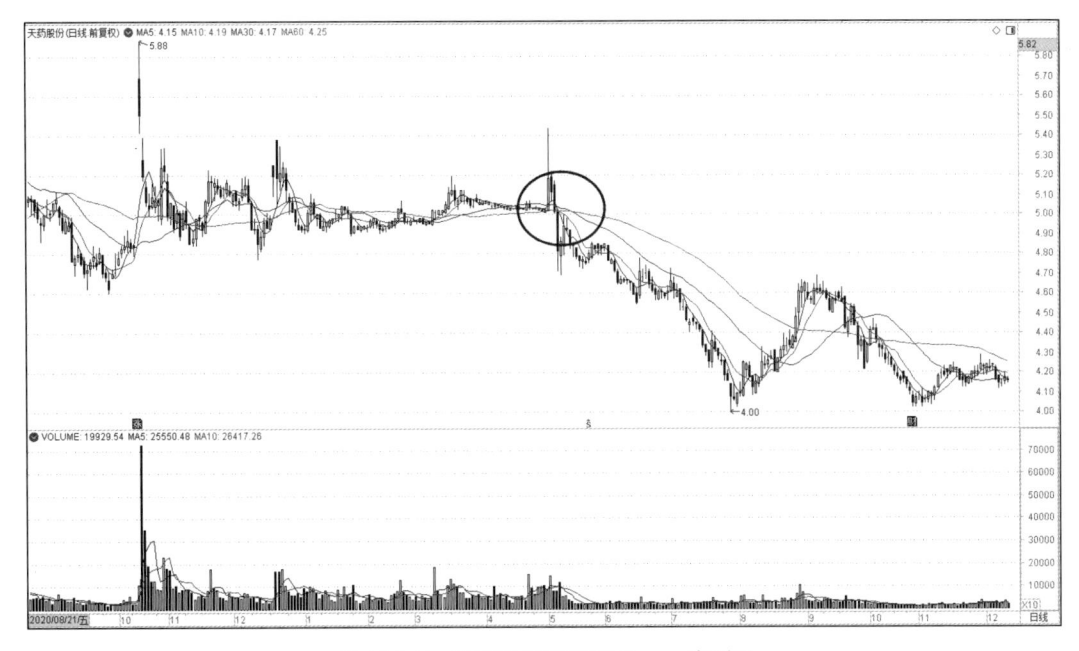

图 12-3-7　天药股份四线黏合、一线死叉

【案例分析】

通过图 12-3-7 我们可以看出，股价放量上攻未果的时候就开始了连续下跌走势，如果在这个下跌过程中阳线多为缩量，阴线多为放量，那必然是主力出货的过程。所以一旦发现均线在高位死叉，就要及时清仓操作，避免不必要的损失。

12.4　单日异常放量需关注

单日异常放量的股票并不是随随便便就能被人抓住的，毕竟这是对普通投资者心理承受能力的考验，因为在普通投资者的思维定式里面，只要是单日放量的股票就必定是主力即将出货的股票或者是已经在出货的股票，这就意味着普通投资者从心底里是不敢参与这种类别的股票的。主力往往就是利用了普通投资者的这种畏惧心理从而逆向操作，在普通投资者纷纷抛售筹码的同时，主力机构却在守株待兔。烽火通信（股票代码：600498）单日异常放量如图 12-4-1 所示。

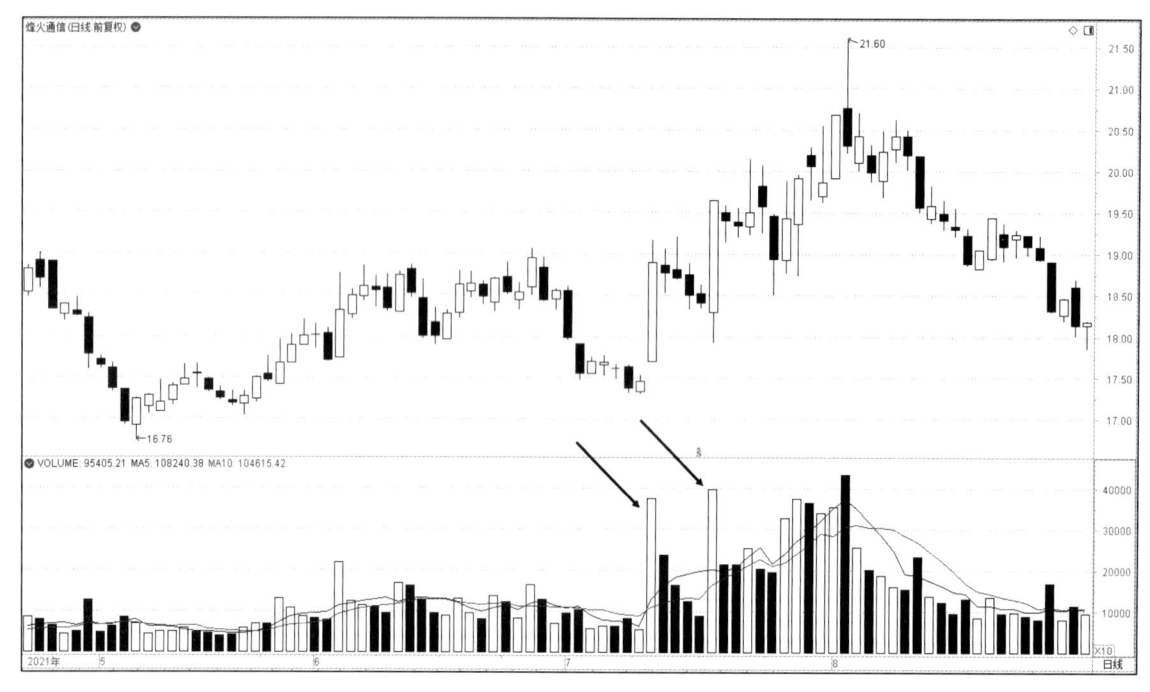

图 12-4-1 烽火通信单日异常放量

12.4.1 低位出现单日异常放量

其实单日异常放量如果在股价相对比较低的位置出现，往往是主力强大资金实力的保证，特别是在一段底部刚开始上涨时的大量，说明了主力已经吸收筹码完毕，开始拉升股价，最重要的一点是均线要多头向上发散，这个时候对普通投资者来说，是一个比较好的买点所在，但前提是不要被这种巨量吓到。西昌电力（股票代码：600505）单日异常放量如图 12-4-2 所示。

【案例分析】

图 12-4-2 为西昌电力日 K 线走势图，股价在某一日突然放量上攻之后就开始步入了一个新的上升通道。这天的突然放量其含义主要有两点，第一点就是以放量上攻的方式承接住了前期套牢盘和顶住了上方的压力；第二点就是成功地站在均线上方，在上攻的技术层面上扫清了障碍。

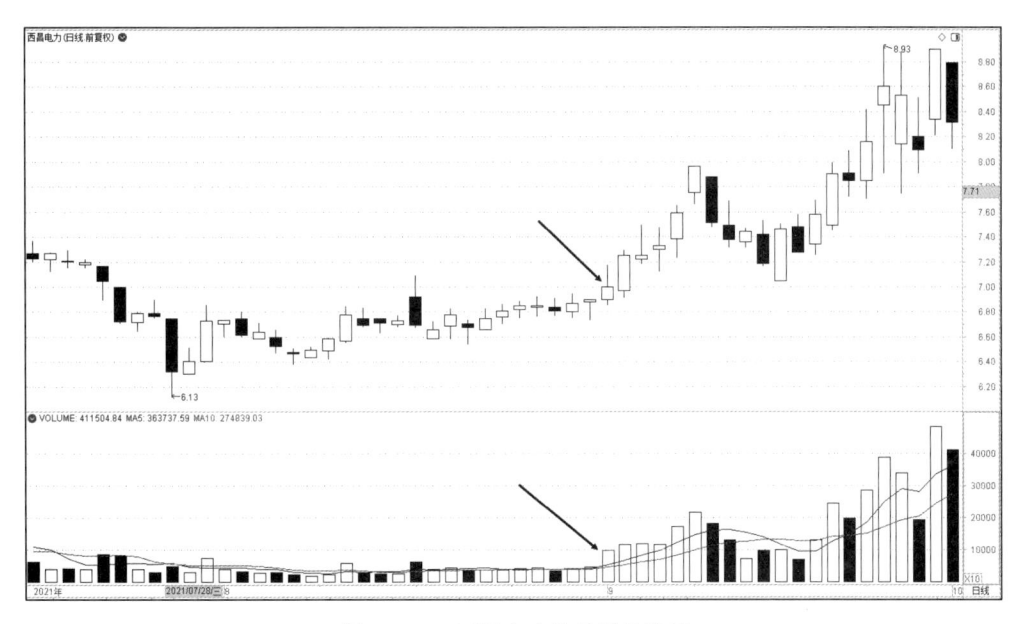

图 12-4-2　西昌电力单日异常放量

12.4.2　趋势稳定时出现异常放量

趋势稳定时的单日异常放量如图 12-4-3 所示，此时可以作为一个趋势买点或是一个中线持股的标志，毕竟一个强势的主力不会让股价昙花一现。

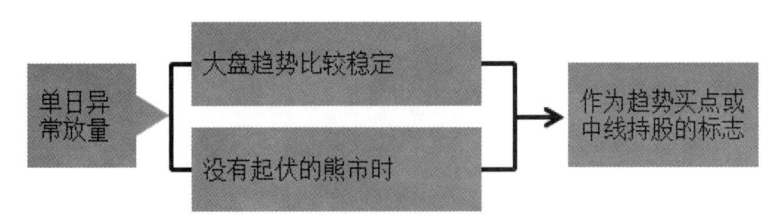

图 12-4-3　趋势稳定时的单日异常放量

但是在高位（股价连续上涨 20%以上）或者在连续下跌中出现单日异常放量的情况则要小心，不要盲目地进场，因为这两种情况会是主力出货的信号或者下跌中继的信号，一旦盲目进场，会有被套的风险。贵州茅台（股票代码：600519）2021 年 5 月 25 日至 8 月 27 日期间异常放量如图 12-4-4 所示。

【案例分析】

图 12-4-4 是贵州茅台（股票代码：600519）日 K 线图，股价并没有一个明确的见底信号，只是在下跌途中突然出现放量上攻的走势，由于均线的反压作用，股价在收盘时价格回落至均线处。这就可以基本判断出是主力诱多行为。如果普通投资者还抱有一丝希望的话，就要等待次日 K 线的出现；如果次日 K 线的出现无法有效放量成功突破均线压制，就要坚决地出货。

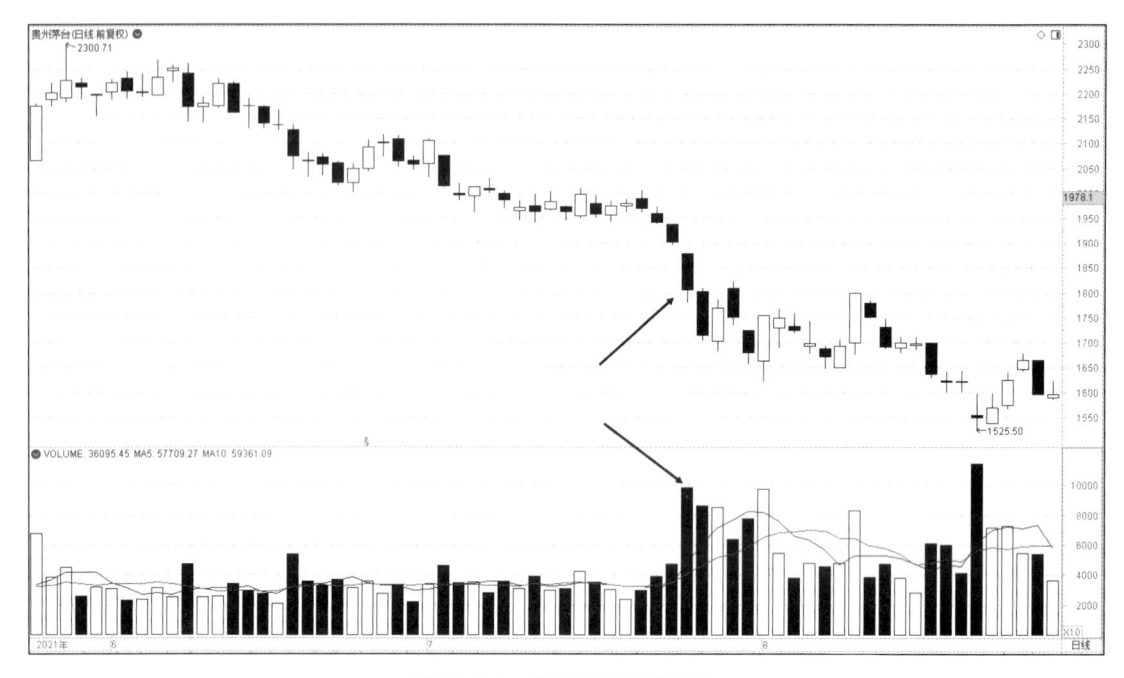

图 12-4-4 贵州茅台异常放量

12.4.3 底部异常放量以 30 日均线为支撑

以上几个例子有一个共同的特点，也是大家必须要注意的一点，那就是底部异常放量的个股通常是处于 30 日均线上方，不管后期趋势如何震荡，依旧不会跌破 30 日均线，大家也可以理解为这种形态的股票是以 30 日均线为支撑，如图 12-4-5 所示。

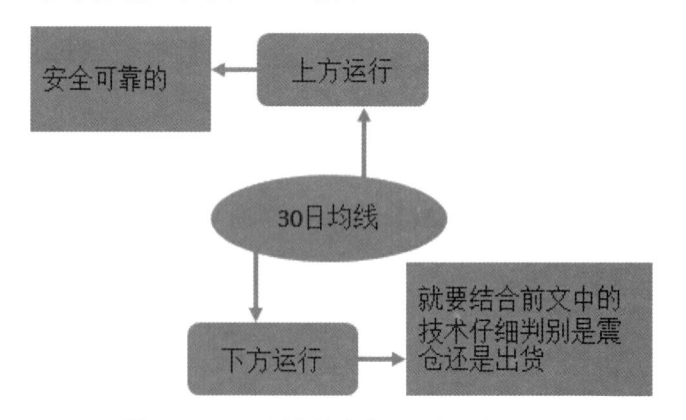

图 12-4-5 30 日均线上方、下方运行

中天科技（股票代码：600522）2021 年 8 月 24 日至 12 月 10 日期间单日异常放量如图 12-4-6 所示。

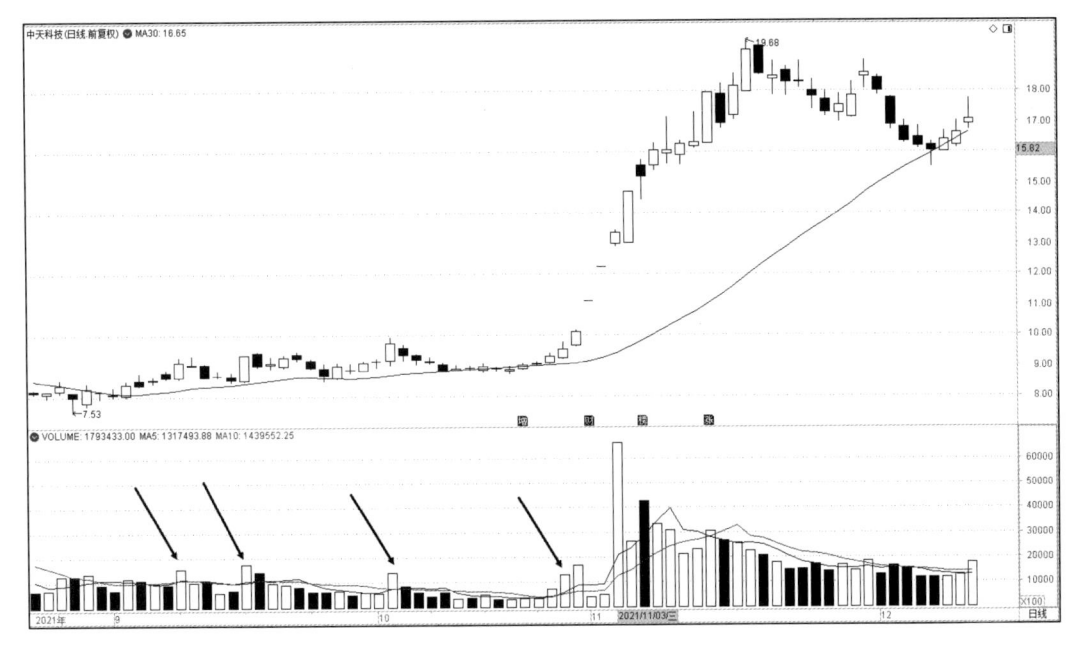

图 12-4-6　中天科技单日异常放量

12.5　万金难求散兵坑

散兵坑本来是作战术语，有过作战经验的军人应该都知道散兵坑是比较安全的，因为敌人的炮弹基本不会第二次炸在同一个坑内，所以第一次的弹坑往往会成为后期最佳躲藏之地。那么在股市中的散兵坑又该作何理解呢？其实道理都是相通的，股市中的"万金难求散兵坑"是指股价处于小幅震荡上行时，或者处于上升中期时，成交量伴随换手率不断放大的过程中突然出现股价快速下跌，但这种下跌维持的时间短，通常在 10 个交易日之内，之后股价再次回升，在图形上就会形成一个散兵坑的形态。

12.5.1　上升过程中的散兵坑

在一段上升的行情途中如果出现大坑，是主力资金丢弃小卒来换取整个战事的胜利，用这种凶狠的操作方式把盘中大部分浮筹清理干净。菲达环保（股票代码：600526）2021 年 1 月 28 日至 4 月 9 日期间的散兵坑如图 12-5-1 所示。

【案例分析】

图 12-5-1 为菲达环保日 K 线走势图，主力在初期经过一小段涨幅后开始了回落走势，让普通投资者误以为主力在进行出货，实则不然，通过 K 线的轨迹我们可以看出，它虽然是在进行回落，但回落幅度十分有限，并没有击破均线的支撑，并且回调时阴线量能多为缩量，上涨量能多为放量。

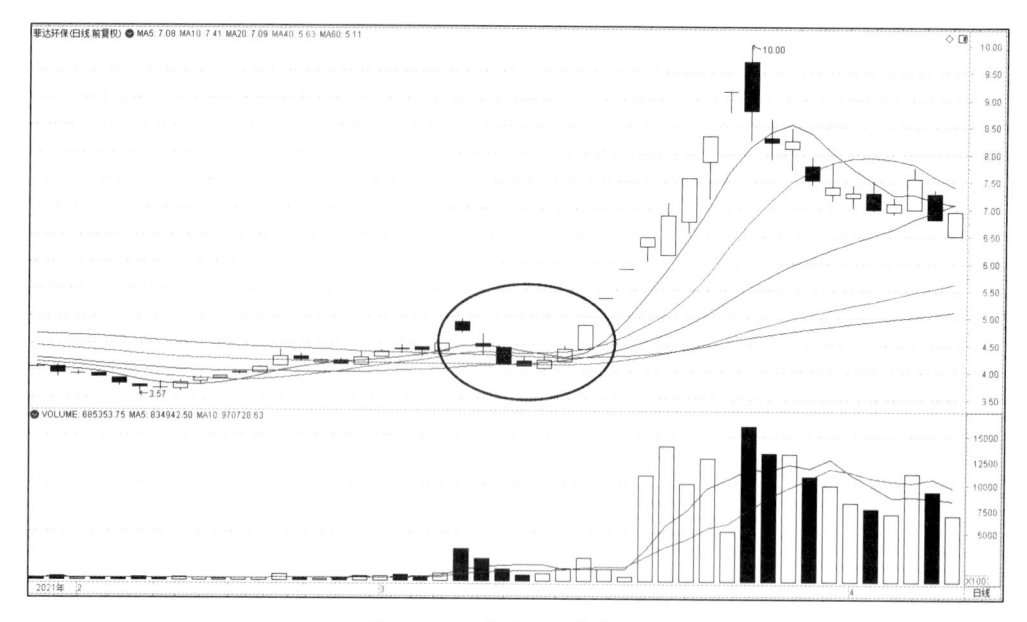

图 12-5-1 菲达环保的散兵坑

12.5.2 量能上的散兵坑

散兵坑不单纯是要在 K 线图上形成，在量能方面也同样要配合 K 线来看，就是指在筑底成功的时候其成交量往往也会形成一个大坑。菲达环保同期量能坑如图 12-5-2 所示。

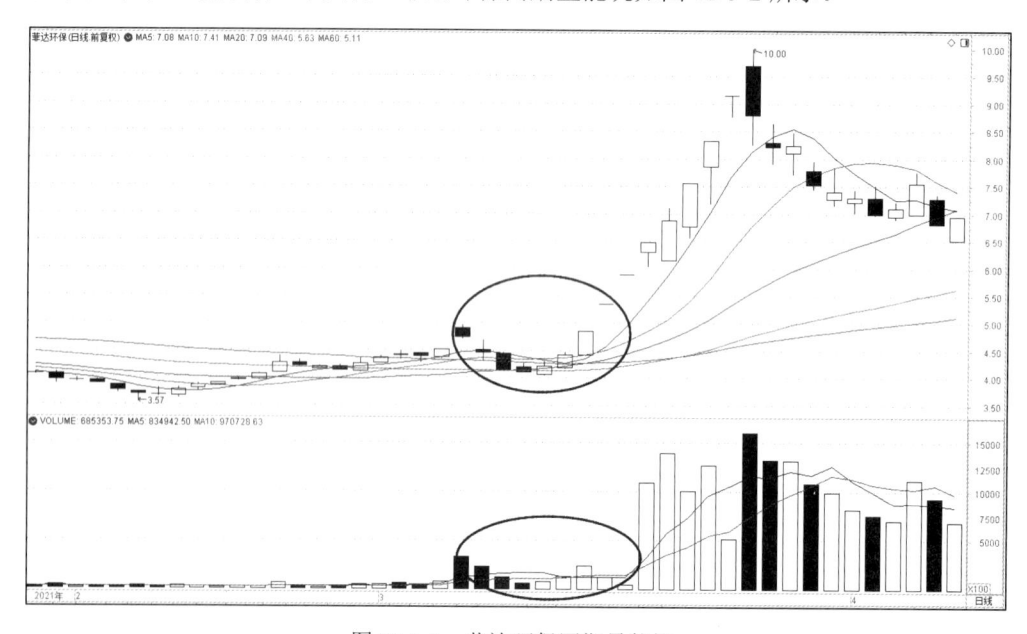

图 12-5-2 菲达环保同期量能坑

【案例分析】

通过图 12-5-2 我们可以看出，股价出现散兵坑之后，量能也会出现一个量能坑，之后股价就开启了一段阶梯式上攻走势。从侧面也会反映出该股后市必定会受益匪浅。

12.5.3 散兵坑中的最佳买点

量价的完美配合也决定了后市上涨幅度，要想狙击这类的股票其实也并不是难事。只要在确立散兵坑形成后重拾升势的时候参与即可。因为这个时候不但在 K 线上是多头向上发散的，而且在量能线上也会放大形成金叉。菲达环保同期散兵坑千金买点如图 12-5-3 所示。

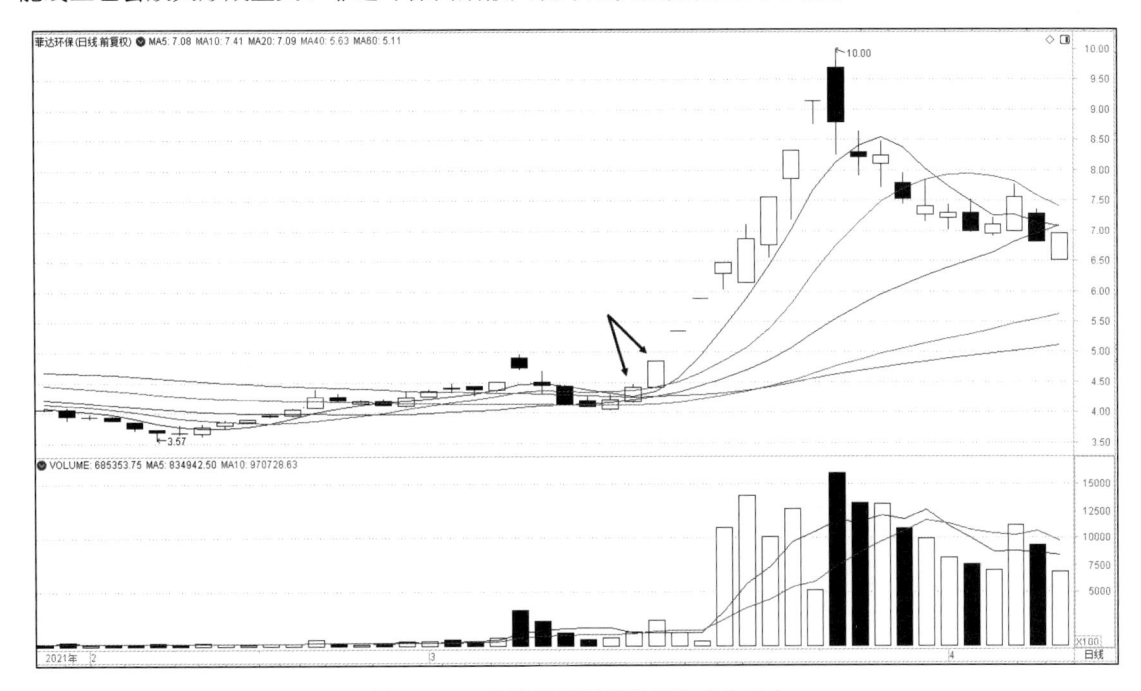

图 12-5-3　菲达环保同期散兵坑千金买点

12.5.4 尖底散兵坑

散兵坑的形态是多样的，有圆底的，有尖底的，图 12-5-3 为圆底散兵坑。下面为大家介绍尖底散兵坑。其实不管是圆底还是尖底，其表达的内容实质是相同的，也具备共同的特点。散兵坑的特点如图 12-5-4 所示。

狮头股份（股票代码：600539）2021 年 2 月 1 日至 6 月 30 日尖底散兵坑如图 12-5-5 所示。

在实盘操作的过程中，对于散兵坑的形态来说，普通投资者必须要注意几点问题。如图 12-5-6 所示。

散兵坑的特点

- 下跌时候是突发性的，破坏了原有的上升形态，让人防不胜防，引发恐慌
- 股价在下跌之后能很快地收复失地，从走势上看虚惊一场。不要因为突发下跌就恐慌抛筹码，结合分时线判断，就会发现这种突发下跌是加仓机会
- 做坑完毕之后就会重拾升势

图 12-5-4　散兵坑的特点

图 12-5-5　狮头股份尖底散兵坑

散兵坑的形态必须要注意的问题

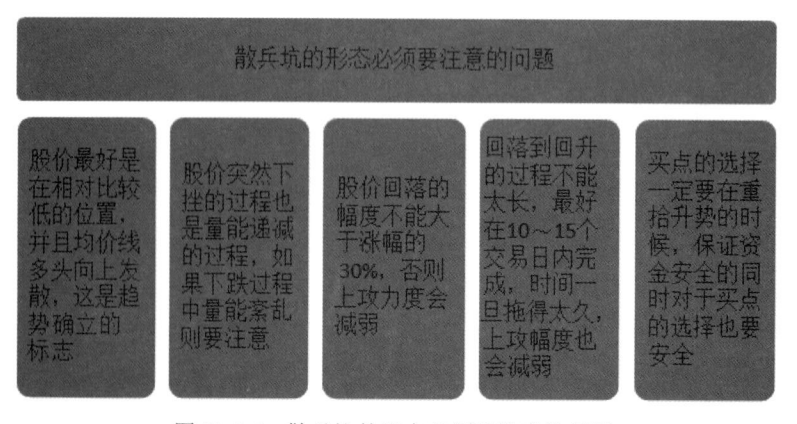

- 股价最好是在相对比较低的位置，并且均价线多头向上发散，这是趋势确立的标志
- 股价突然下挫的过程也是量能递减的过程，如果下跌过程中量能紊乱则要注意
- 股价回落的幅度不能大于涨幅的30%，否则上攻力度会减弱
- 回落到回升的过程不能太长，最好在10～15个交易日内完成，时间一旦拖得太久，上攻幅度也会减弱
- 买点的选择一定要在重拾升势的时候，保证资金安全的同时对于买点的选择也要安全

图 12-5-6　散兵坑的形态必须要注意的问题

12.6 见底三金叉

所谓见底三金叉,并不是说在 K 线上形成三次金叉的行为,而是均线、量能线与 MACD 的金叉交叉点同时出现。股价在长期的下跌后开始筑底企稳,而后股价缓慢上升,这时往往会出现 5 日均线上穿 10 日均线形成金叉,量能线以及 MACD 同时出现金叉。见底三金叉通常是股价见底回升的重要信号之一。

股价在长期下跌之后,市场的购买情绪比较低迷,当跌无可跌的时候又开始进入底部的震荡区间,随着主力的逐渐建仓,股价开始有所回升。在开始的时候,股价可能是以缓慢的速度上涨,也可能是突然爆发,但不管怎么上涨和爆发都会造成股价底部的抬高。当成交量继续放大促使股价上攻的时候,5 日均线、10 日均线、5 日和 10 日量能线以及 MACD,顺其自然地就会发生黄金交叉,这是强烈的底部信号之一。随着股价的不断推高,初期进场的投资者开始盈利,这种赚钱效应又会吸引更多的场外资金进场。从而爆发新一轮行情。保变电气(股票代码:600550)2021 年 6 月 25 日至 10 月 15 日三线金叉如图 12-6-1 所示。

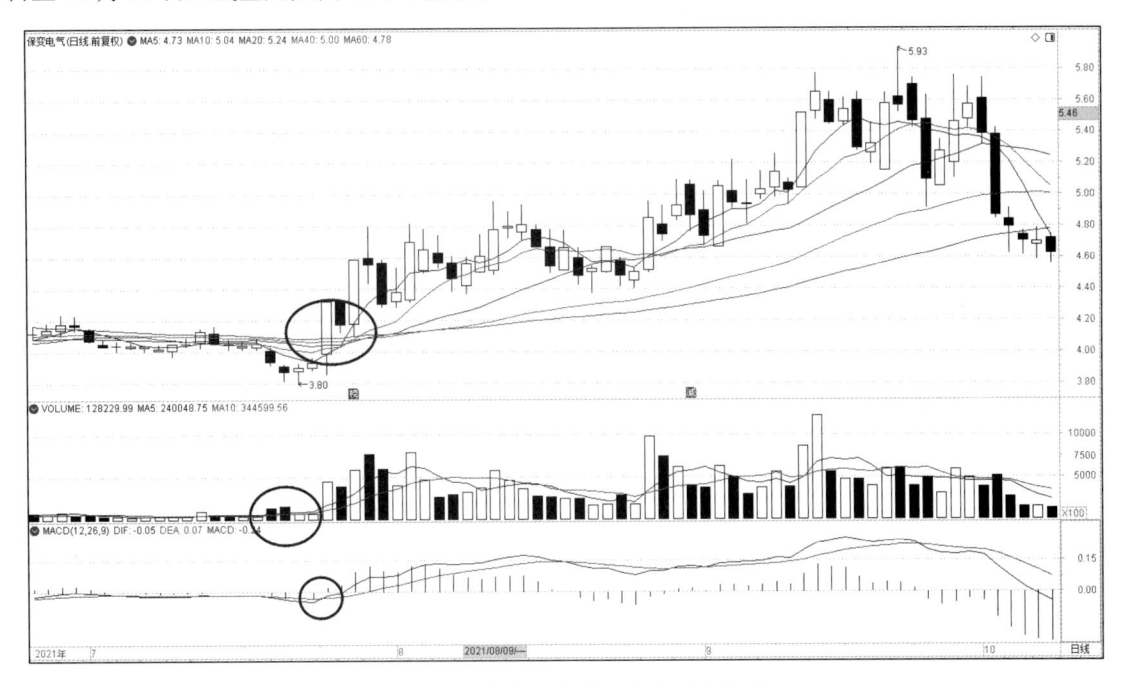

图 12-6-1 保变电气的三线金叉走势图

12.6.1 认识 MACD 技术指标

讲到这里大家可能会对 MACD 产生疑问,什么是 MACD 呢?MACD 称为指数平滑异同移动平均线，是从双移动平均线发展而来的，由快的移动平均线减去慢的移动平均线，MACD 的意义和双移动平均线的意义基本相同。MACD 的意义如图 12-6-2 所示。

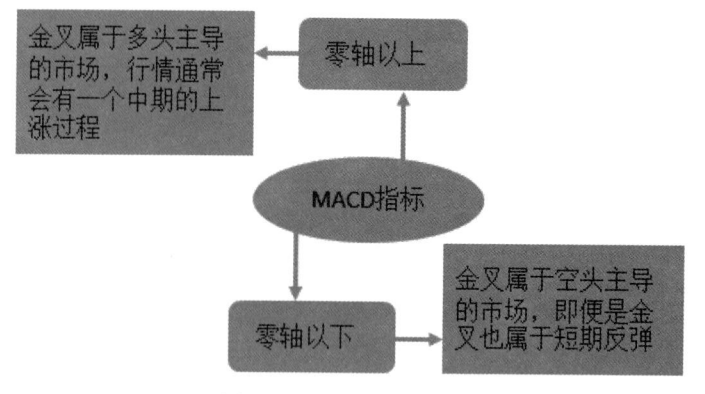

图 12-6-2 MACD 的意义

大西洋（股票代码：600558）2021 年 6 月 25 日至 9 月 24 日 MACD 在零轴上方多头主导如图 12-6-3 所示。

图 12-6-3 大西洋 MACD 在零轴上方多头主导

若是移动均线在 MACD 下方死叉，则是空头主导的行情，即便是有金叉的存在，也只能理解为下跌途中的弱势反弹。迪马股份（股票代码：600565）2021 年 3 月 11 日至 8 月 5 日 MACD 在零轴下方为空头主导，如图 12-6-4 所示。

图 12-6-4 迪马股份 MACD 在零轴下方为空头主导

通过图 12-6-3 和图 12-6-4 中 K 线图对 MACD 的表达，相信大家已经对 MACD 有了一定的了解。下面回到见底三金叉当中。从技术角度来看，底部三金叉的出现有几点比较重要的意义，具体如图 12-6-5 所示。

底部三金叉出现的意义

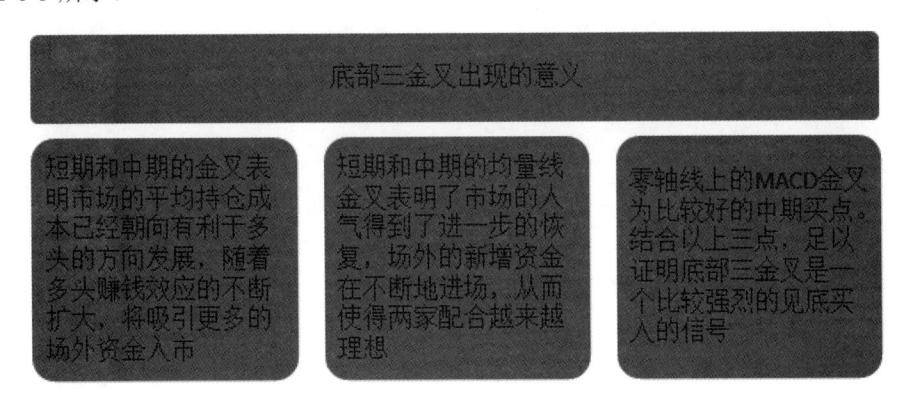

- 短期和中期的金叉表明市场的平均持仓成本已经朝向有利于多头的方向发展，随着多头赚钱效应的不断扩大，将吸引更多的场外资金入市
- 短期和中期的均量线金叉表明了市场的人气得到了进一步的恢复，场外的新增资金在不断地进场，从而使得两家配合越来越理想
- 零轴线上的 MACD 金叉为比较好的中期买点。结合以上三点，足以证明底部三金叉是一个比较强烈的见底买入的信号

图 12-6-5 底部三金叉出现的意义

12.6.2 见底金叉中的买点

那么如何来界定见底三金叉中确切的买点呢？见底三金叉有两个比较好的买点可以供大家来选择。

第一个买点为三金叉发生的时候，当然了，三金叉并不一定要在同一天完成，在同一天完成的概率也是比较低的，这涉及一个副图指标的延时性，所以只要在几个交易日内发生的都可以视作为三金叉。

> 由于探底之前往往会有一个放量的过程，量能线的进场往往是第一个出现，三者当中最后一项发生金叉的时候就可当作短期或者中期的一个卖点来参与。

精达股份（股票代码：600577）2021年1月14日至8月25日见底三金叉买点如图12-6-6所示。

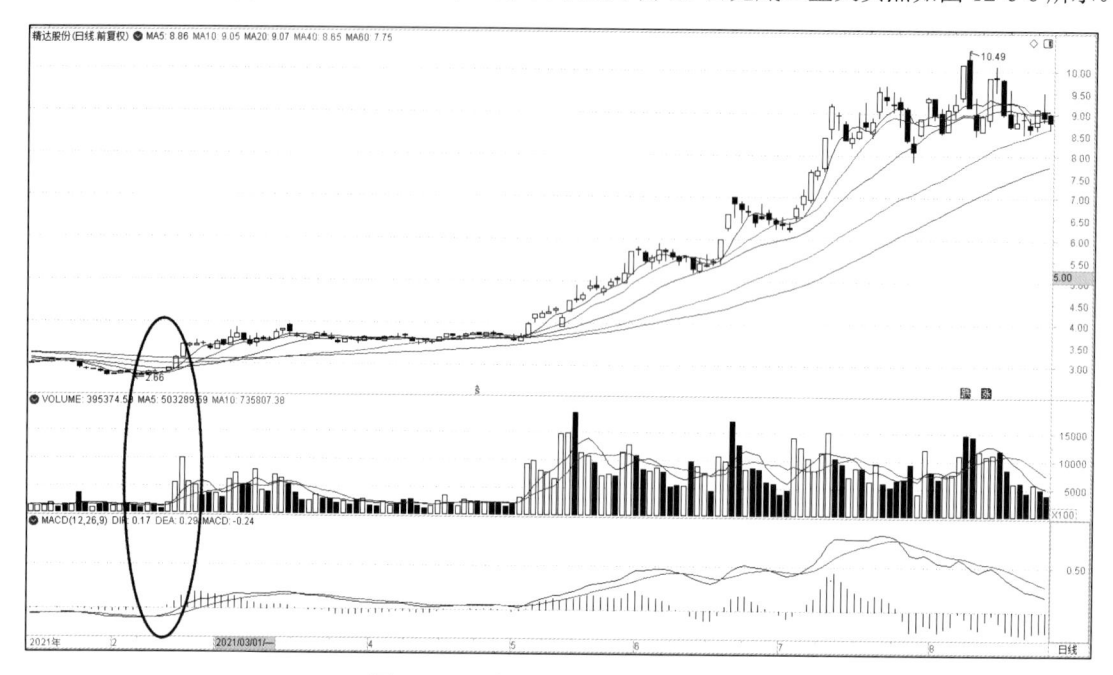

图12-6-6　精达股份见底三金叉买点

【案例分析】

图12-6-6为精达股份日K线走势图，当多重金叉信号出现的时候就意味着进场时机的到来。当最后一个指标金叉出现的时候就可以作为一个最终确认买点。因为MACD属于趋势指标，所以当一段行情趋势确立，就可跟随其进场操作。

第二个买点在三金叉发生后上攻途中回档的时候。为什么说这是第二个买点呢？因为当三金叉发生的时候，大家很可能没有注意到这个极佳的短线买入点，但是在错过三金叉见底的买入信号后，大家仍然可等待股价回档时的第二买点，前提是股价要在一个上升通道中运行。精达股份同期见底三金叉第二个买点如图12-6-7所示。

副图的技术指标是作为一种参考的工具来使用的，不同的人对这种工具的理解也不同，普通投资者不应该以某一单项指标带来的信号而作出判断，因为它所起到的是一种辅助作用而不是绝对作用。如果采用多种指标综合判断就可以增加信息的准确性，而见底三金叉又是其中最实用的一种多指标。当然了，仁者见仁、智者见智，同一种判定方法可以举一反三地对待，这就需要普通投资者在实战中来锻炼自己的技术了。

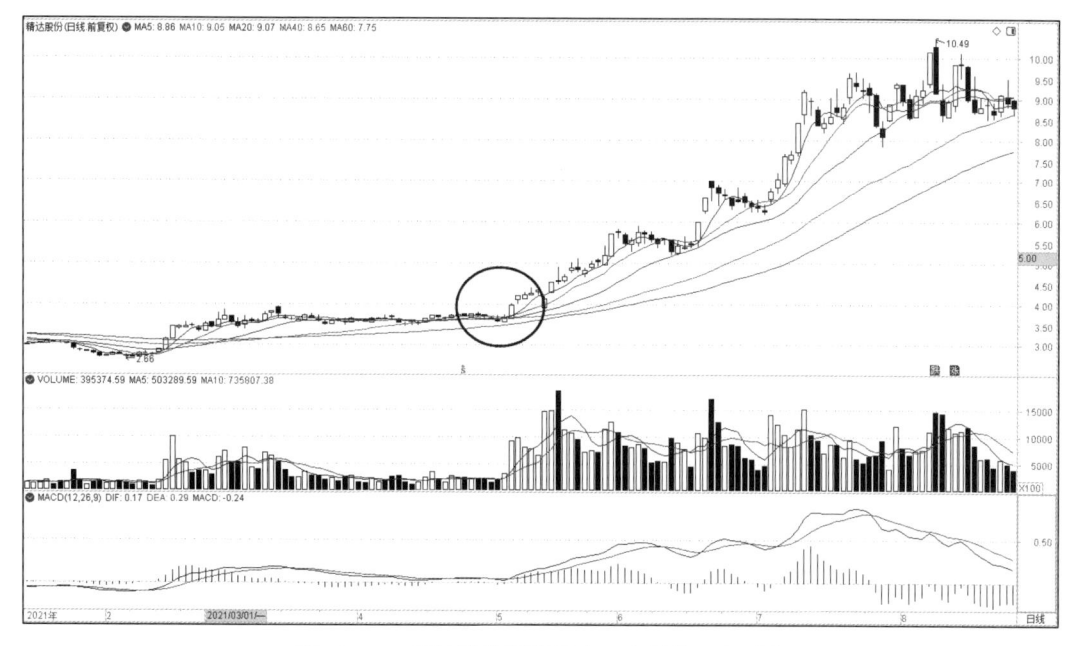

图 12-6-7　精达股份同期见底三金叉第二个买点

12.7　千金难得老鸭头

所谓的"老鸭头",就是 K 线图走势酷似鸭子的头部。这是一种比较经典的上升走势的形态。老鸭头走势如图 12-7-1 所示。

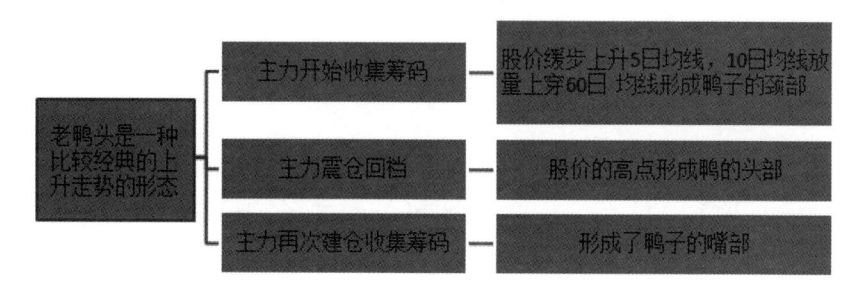

图 12-7-1　老鸭头走势

在这个过程中,主力完成了它要做的事情,所以这种形态的出现通常会代表一段中级行情的到来。金晶科技(股票代码:600586)2020 年 4 月 16 日至 2021 年 9 月 27 日老鸭头如图 12-7-2 所示。

> 老鸭头这种技术形态由于拉伸的战线比较长,所以对其买点的选择也是多样化的,不管买点有多少,但都有一个共同的特点,那就是在黑马起跑之前骑上它。下面列举几个比较好的参与点供大家选择。

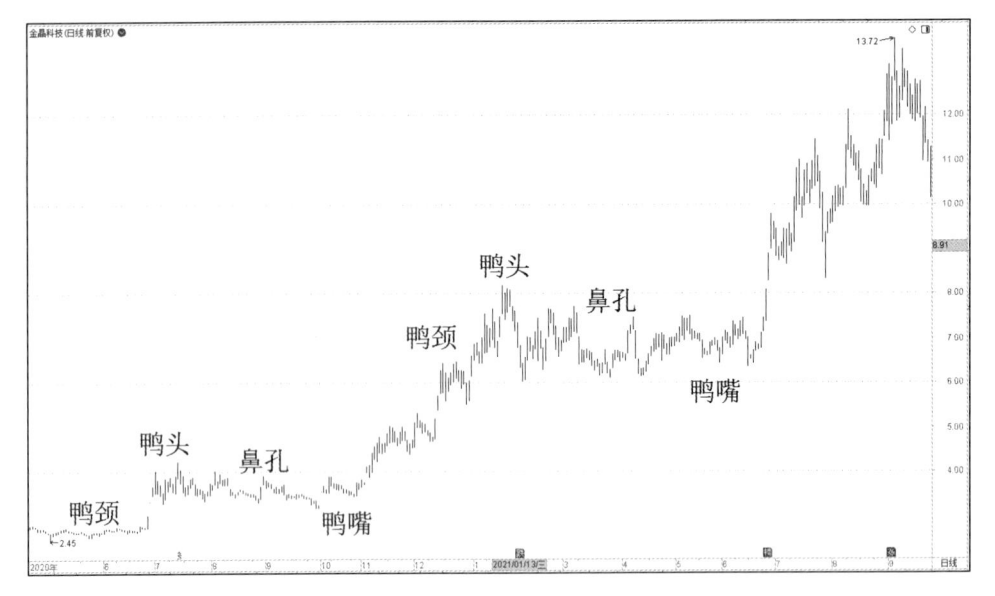

图 12-7-2　金晶科技老鸭头

12.7.1　第一买点：老鸭头嘴部

老鸭头的嘴部必须高于前期启动的点位，并且是放量上攻，另外还要同时满足一个条件，那就是在嘴部附近 5 日均线要穿 10 日均线和 20 日均线。国新能源（股票代码：600617）2021 年 2 月 5 日至 10 月 20 日老鸭头第一个买点如图 12-7-3 所示。

图 12-7-3　国新能源老鸭头第一买点

12.7.2 第二买点：三金叉时

老鸭头第二买点为三金叉时，即 5 日均线穿过 10 日均线、MACD 形成金叉、量能线形成金叉，具体如图 12-7-4 所示。

| 5日均线穿过10日均线 | MACD形成金叉 | 量能线形成金叉 |

意味着老鸭要张嘴，老鸭头形成，第二波上涨行情拉开序幕。

图 12-7-4　第二买点：三金叉

国新能源同期老鸭头第二个买点如图 12-7-5 所示。图 12-7-5 中第一买点与第二买点重合。

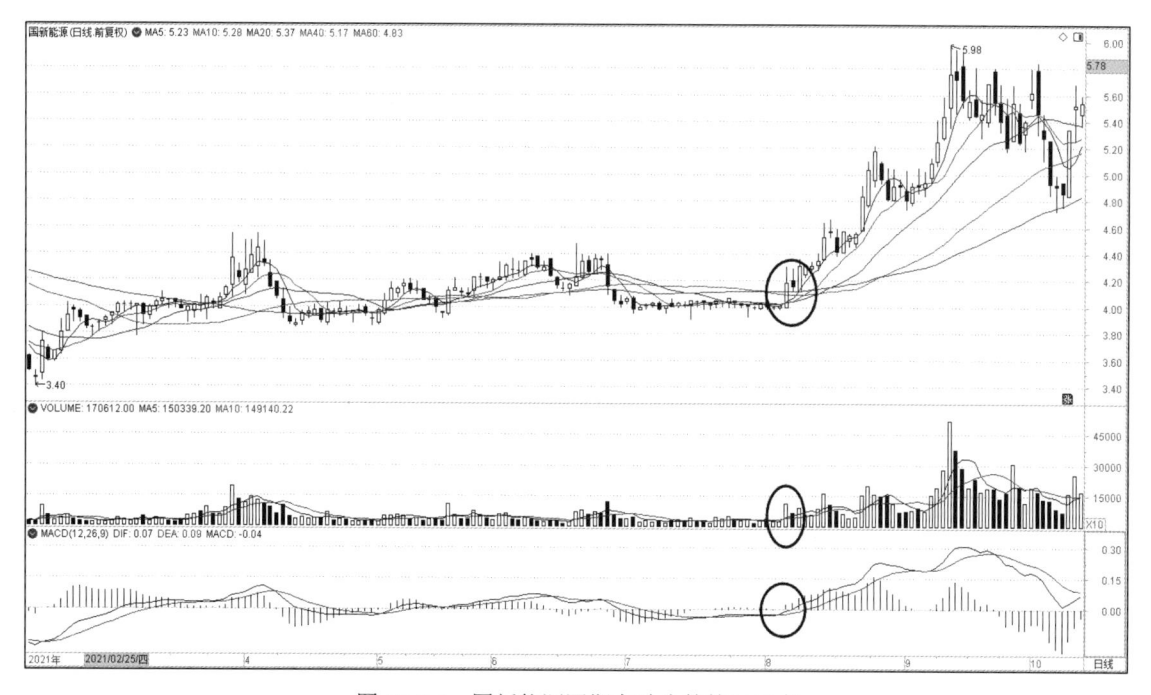

图 12-7-5　国新能源同期老鸭头的第二买点

一旦老鸭头形成，其威力不可小视，特别是在以上两个点位买进，那就等于骑上了黑马，因为老鸭张嘴极具攻击性。

12.8 K线缺口寻黑马

要从K线的缺口中寻找黑马，那首先就要明白什么叫K线缺口。所谓的K线缺口就是指股价在快速大幅变动中有一段价格没有任何交易，在K线图上就会显示一个真空区域，这个区域就叫作缺口，通常又被称作是跳空。当股价出现缺口，经过几天甚至更长时间的变动，然后反转过来回到缺口价位的时候叫作补缺。

> **TIPS** K线缺口分为两种，一种是向上跳空时留下的缺口，一种是向下跳空出现的缺口。

12.8.1 向上跳空和向下跳空的缺口

当股价向上跳空留下缺口的时候，股价通常会一路上涨，但不管上涨幅度有多高，都会被这个缺口的引力下拉，也就是说当股价涨到一定高度的时候，就一定会掉头向下来补这个缺口。海立股份（股票代码：600619）2021年11月22日至12月6日向下跳空缺口如图12-8-1所示。

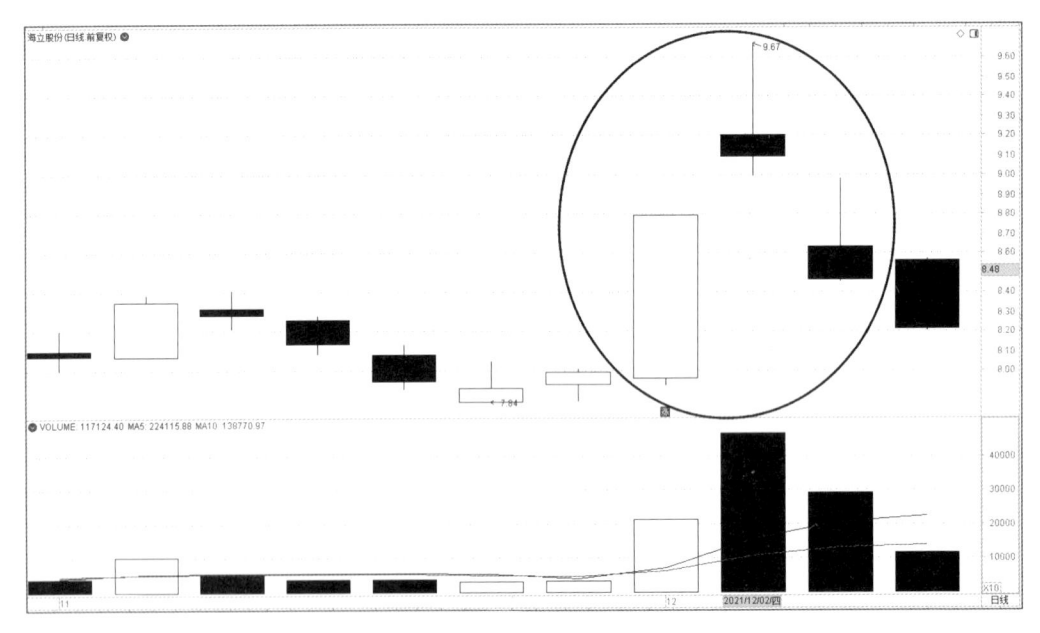

图12-8-1 海立股份向下跳空缺口

反之，当股价向下跳空留下缺口的时候，不管下跌幅度有多大，也都会掉头向上来补这个向下的缺口。申能股份（股票代码：600642）2021年11月2日至12月9日向下跳空缺口如图12-8-2所示。

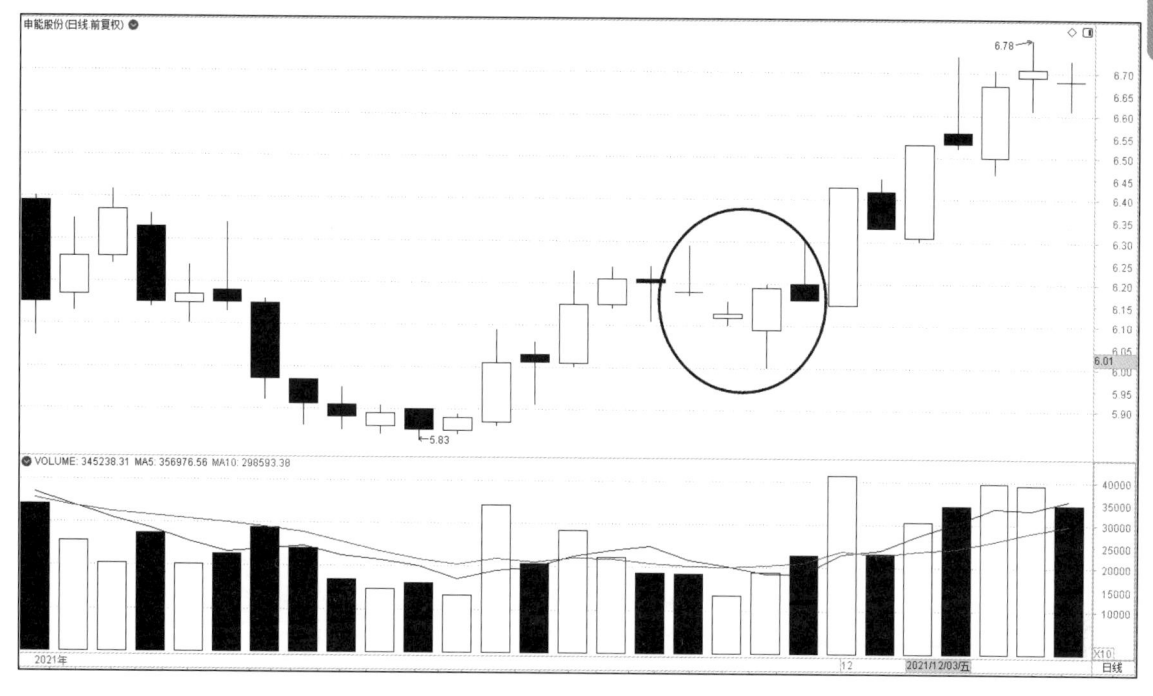

图 12-8-2　申能股份向下跳空缺口

不管是在股市中，还是在期货市场中，都会有 K 线缺口，也不管是哪个国家的股市，只要有 K 线的地方，K 线缺口会进行补缺的，这条定律就不会被颠覆。作为普通投资者，只要多加观察和判断，这一条定律足以给我们带来不小的收益。

12.8.2　利用周 K 线判断黑马

当我们了解了这个缺口，又该如何利用这个缺口寻找黑马呢？这个就需要我们用周 K 线来进行判断。当股价连续下跌，并且出现跳空下跌的情况，往往说明股价的下跌动能是很强劲的，此时只需要关注即可，并不需要看见缺口就盲目地进场，跌得越多说明反弹的力度就越强，就越能回头补掉缺口。昂立教育（股票代码：600661）2021 年 5 月至 10 月周 K 线向上补缺如图 12-8-3 所示。

【案例分析】

通过图 12-8-3 我们可以发现，当股价向下跳空缺口一泻千里的时候，不能盲目地进场，而是要等到下跌末期，即跌无可跌持续缩量的时候，只有在这个时候才能说明股价已经暂时见底。见底之后我们就可以利用均线、量能金叉的方法买进股票，而黑马往往会在这个时候形成。回头看看缺口的位置，也就是这一波下跌要达到的目标价位，理由只有一个，有缺必补，因为它已经脱离了技术面的要求，完全是以一种定律的形式存在。

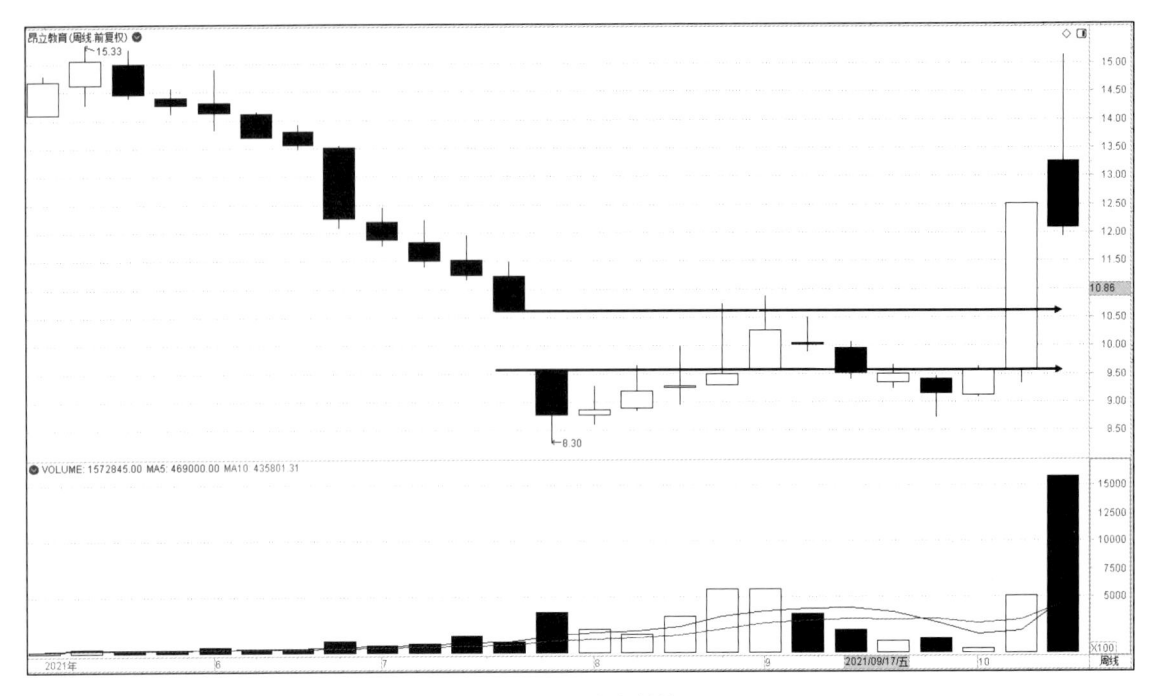

图 12-8-3　向上补缺

12.8.3　把握卖点

当股价补掉缺口之后，是不是应该马上抛出手中的股票呢？这个就要根据 K 线的走势来判断，因为一旦判断错误，很可能会从黑马上摔下，只能看着股价连续上涨而望尘莫及。缺口的位置通常是套牢盘密集的位置，因为跳空区间是没有价格成交的，这也就导致了普通投资者在第一时间无法按照预定价格卖出股票，伴随连续下跌又不舍得卖出股票，所以就会套在缺口的位置。既然主力选择补掉缺口，那就说明主力有意解放缺口处的套牢盘，这也就意味着，后市还有上涨的空间，因为主力是以盈利为目的的，而不是以解放普通投资者为己任。昂立教育同期补缺后继续拉升如图 12-8-4 所示。

在下跌的过程中并不是只有一个缺口出现，也可能出现连续的缺口，对待连续缺口态度跟对待单一缺口是一样的，当股价企稳回升的时候，就会先回补下跌过程中最后一个缺口。对待连续缺口的方式如图 12-8-5 所示。

如果遭遇的抛压比较大，就会进行横盘整理，这个时候普通投资者就可以利用前面所学的举一反三波段操作，主力不管如何操作，但最终会回补所有缺口。

对于这种补缺后继续上攻的个股我们就需要经常跟踪，并且结合前面所讲的卖出方式来判断其卖点所在。当股价上升到一定高度的时候量能开始回落，虽然在盘中创出了新高，但收盘 K 线却吞没了前一根阳 K 线。其实无论收盘是否吞没前一根阳 K 线，只要盘中击破前一根阳 K 线时，就要及时出掉手中的股票。不要期望利益最大化，也没有人能完全做到让自己的利益最大化，这都是相对的。一个成功的投资者往往只食鱼身而放弃头尾。

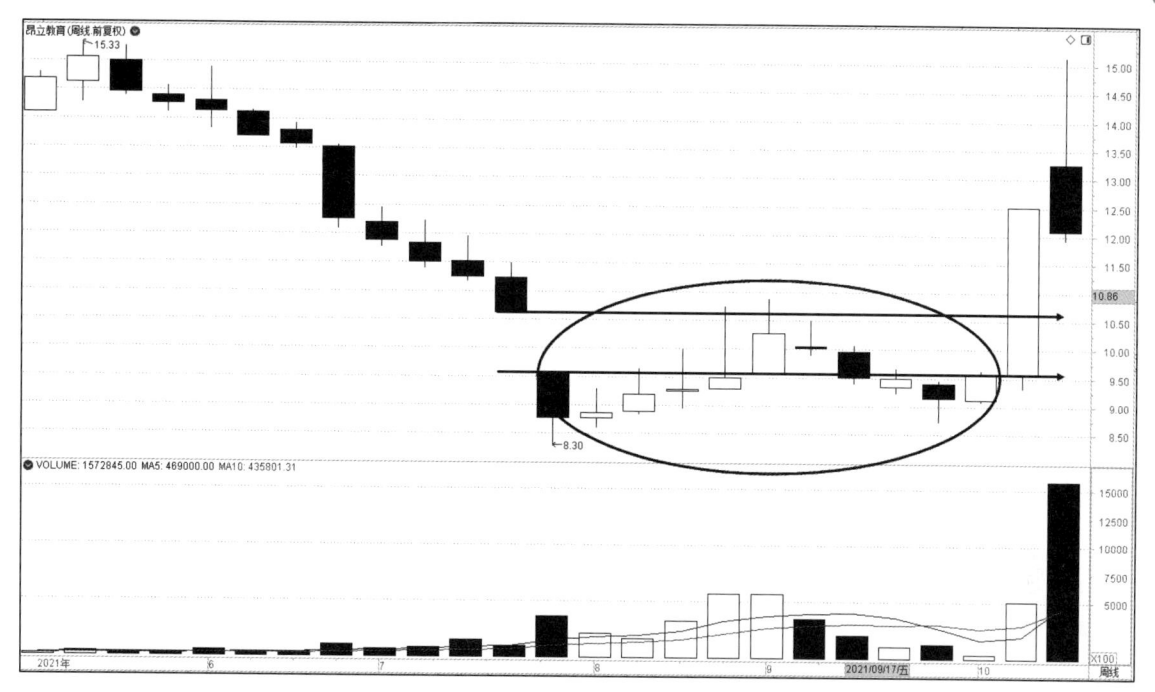

图 12-8-4　昂立教育补缺后继续拉升

图 12-8-5　对待连续缺口的方式

第13章

不同类型股票的买卖技术

　　股票市场是一个变幻莫测的市场，在大牛市行情中，所有的个股都齐刷刷不断上涨，但这种大牛市行情毕竟是几十年难得一遇的。更多的时候，股市是以震荡的方式来完成局部的上涨或局部的下跌。此时，由于不同类型的股票有不同的走势特征，我们的买卖操作就应针对具体个股展开，不能千篇一律，否则，只能坐失良机。本章结合股票的类型，具体讨论一下针对不同种类的股票进行买卖的操作。

13.1 蓝筹股的买卖技术

蓝筹股也称为大盘蓝筹股，其特点如图 13-1-1 所示。

图 13-1-1 蓝筹股的特点

这类个股的股本几乎都在几十亿元以上，多的可以达到上百亿元，甚至上千亿元，它们的走势只能是多路主力资金博弈的结果。它是促使牛市行情出现的重要内因之一，大盘蓝筹股对市场的影响如图 13-1-2 所示。

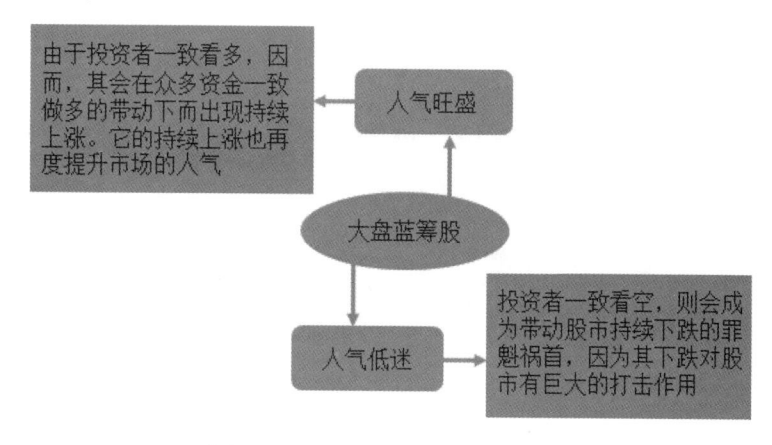

图 13-1-2 大盘蓝筹股对市场的影响

以上是大盘蓝筹股对股市整体走向的影响，那么，我们应如何操作这类蓝筹个股呢？据笔者经验来说，这类个股更适合进行稳健的中长线投资，因为，这类个股的业绩大多较为稳定，年终分红较为明确。若买入时机适当，投资这类股票可以使我们稳稳地获取高于银行同期利率的回报，在实盘买卖这类个股时，可以遵循以下几点原则。

13.1.1 只在低估时买入

由于大盘蓝筹股的成长潜力不突出，市场热点不明显，因而，它们难以像小盘股那样出现因市场热点而出现短线飙升走势的情况。如果我们在其明显高估状态下买入蓝筹股，则很可能出现中长线牢牢被套的不利局面。

中国石油（股票代码：601857）走势如图 13-1-3 所示。此股作为一只新股正式登录上海证券交易所，由于头顶着"亚洲最赚钱的公司"的光环，此股的发行价不会低。其发行价为 16.7 元，市盈率在 18 倍左右。

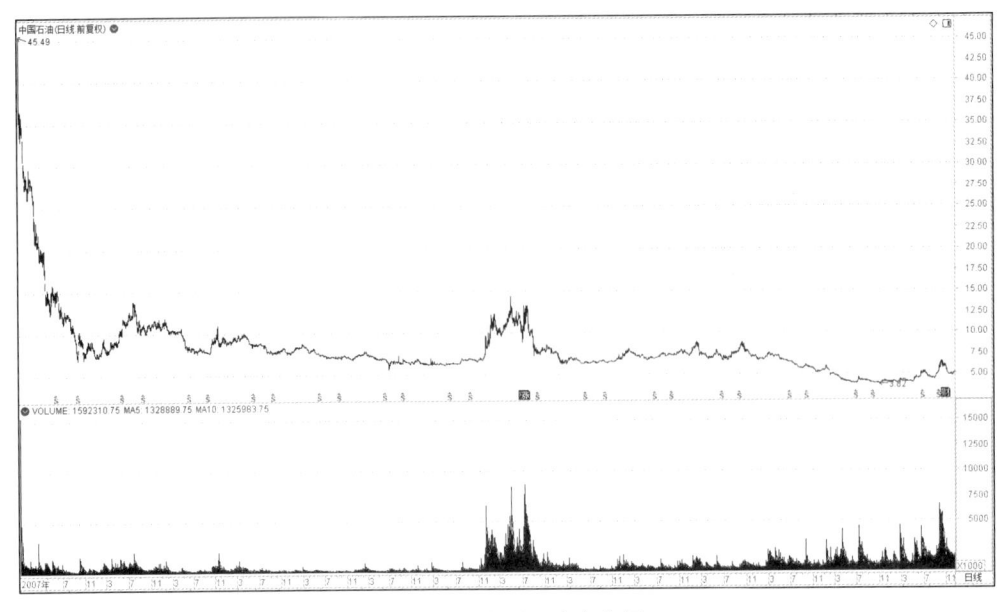

图 13-1-3　中国石油走势图

作为一只超级大盘股（此股的总股本达到了千亿级别），这一发行价并不低，但考虑到当时的牛市环境，我们可以认为这一发行价尚属合理。然而，更令人震惊的一幕还在后面，此股在上市首日的开盘价竟然达到了 48.60 元（经过多年走势复权后，现在看到的当日最高价为 45.49 元）。很明显，这是一个超级泡沫，但由于当时被市场曲解了的长线价值投资理念以及此公司所具有"亚洲最赚钱的公司"的光环，还是有很多散户投资者抱着短线投机或是长线投资的心态而买入此股。很明显，在一只超级大盘股的市盈率达到 70 倍时，还谈什么所谓的价值投资，甚至是短线投机（大盘股是不具有短线投机潜力的）都是极不明智的，此股随后的价格向价值回归的路线也证明了这一点。

13.1.2　关注行业的周期性

有一些行业需要在较长的时间内（一般来说以 3~5 年为一个周期）实现稳定的发展、成长。身处这些行业的企业，特别是行业地位突出的大盘蓝筹型企业，不仅有保持业绩的能力，甚至还有再进一步提高盈利水平的能力。买这类大盘蓝筹股，我们不用担心其股价是否会在熊市中跌到深不见底，毕竟企业的实际价值是对股价的最好支撑。

周期性行业特点如图 13-1-4 所示。我们就不应在周期性行业过度扩张阶段参与这一类的个股，因为，它们的业绩（无论对于这一行业中的中小盘股来说，还是对于大盘蓝筹股来说）往往会出现过山车式的境况，例如，钢铁业就是一个周期性极强的行业。

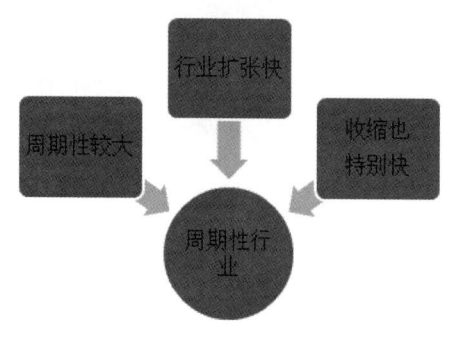

图 13-1-4　周期性行业特点

鞍钢股份（股票代码：000898）2012年1月至2021年12月周线走势如图13-1-5所示。此股作为钢铁板块中的一只大盘蓝筹股，呈现出强烈的周期性。从产能过剩到供给侧结构性改革，影响钢企的利润，同时影响钢企股价。

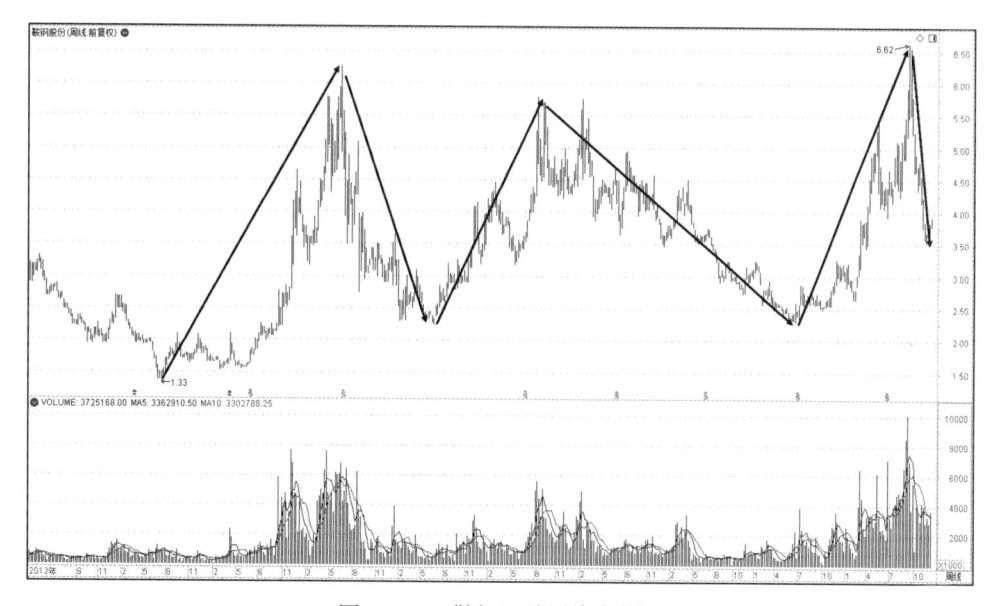

图 13-1-5　鞍钢股份周线走势图

13.1.3　关注个股的年终分红情况

如果投资者打算长线持有一只大盘蓝筹股，则此股的年终分红情况无疑是决定我们是否买入此股的关键因素之一。大盘蓝筹型的上市公司也是企业，身处激烈的市场竞争环境下，没有保赚不亏的情况，上市公司将每年年终利润的一部分回报给投资者，既降低了投资者的持股风险，也是上市公司对投资者负责的体现。在较为成熟的股票市场中，年终分红往往被看作是衡量上市公司的盈利能力、评估上市公司信誉的重要指标之一。

> **TIPS** 此外，我们还可以比较一下此股的分红回报率与同期的银行利率孰高孰低。如果个股的分红回报率明显高于同期的银行利率，则可以长期投资。反之，其长期投资价值并不明显，这时，我们更应关注股票市场的整体运行情况。

13.2 成长股的买卖技术

成长股是指上市公司具备了高速成长的特性，这种高速成长特性就体现在其业绩的年平均涨幅（复合涨幅）超过了 30%。一般来说，成长股多出现在小盘股身上，由于成长股快速增长的业绩可以对股价形成有效的支撑，因而，这类个股在相当长的一个时间周期内是处于不断攀升的总体运行形态下的。操作成长股的策略如图 13-2-1 所示。

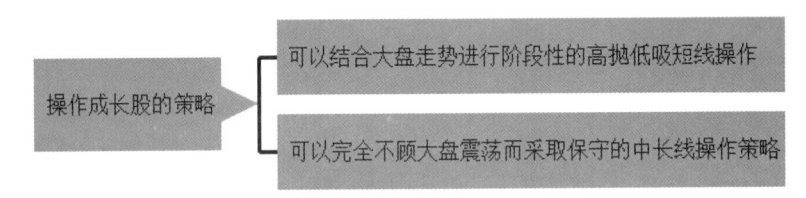

```
操作成长股的策略 ─┬─ 可以结合大盘走势进行阶段性的高抛低吸短线操作
                 └─ 可以完全不顾大盘震荡而采取保守的中长线操作策略
```

图 13-2-1　操作成长股的策略

但是，由于企业的未来发展具有一定的不确定性，本着落袋为安的原则，我们可以在其业绩增长速度明显跟不上股价上涨速度时，进行适当的减仓操作。此外，当此股出现明显的逆市特征时，我们可以判断其随后极有可能出现补跌走势，而适当减仓。在操作成长股时，判断个股的成长性无疑是最为重要的，一般来说，成长股有以下几个明显的特点。

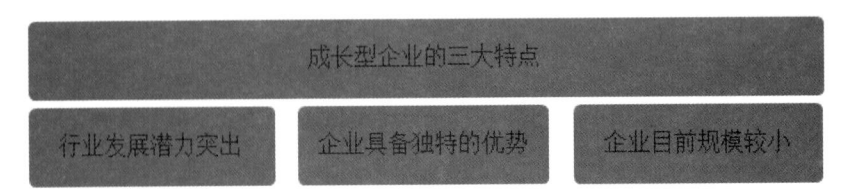

13.2.1　成长型企业的三大特点

成长型企业的三大特点如图 13-2-2 所示。

```
        成长型企业的三大特点
  ┌──────────┬──────────┬──────────┐
  行业发展潜力突出 │ 企业具备独特的优势 │ 企业目前规模较小
```

图 13-2-2　成长型企业的三大特点

1. 行业发展潜力突出

不同的历史发展时期，总有不同的行业会呈现高速发展的态势。身处高速发展的行业中，可以使那些具备竞争力的公司如鱼得水，呈现出高速发展势头。就我国目前的情况来说，高新技术、新能源、生物制药等知识密集型的行业不仅有政策扶持，而且符合时代的发展方向，是投资者应重点关注的行业。

2. 企业具备独特的优势

能否将得天独厚的行业背景转化为企业的实际利润，取决于企业是否具备较强的竞争力，而这种竞争力就体现在它是否拥有其他企业所没有的优势。企业优势如图 13-2-3 所示。

图 13-2-3　企业优势

例如，对于酒类企业中的典型成长股贵州茅台来说，它就是一个兼具了资源、品牌、技术等众多优势的一个企业，而它的高速成长性也是有目共睹的，投资者只要翻看一下贵州茅台这只股票的历史走势就可以一目了然。

3. 企业目前规模较小

具备了独特优势的中型企业无疑有着更为广阔的市场空间，在外部环境宽裕、企业管理优秀的情况下，大型企业和中型企业对比如图 13-2-4 所示。

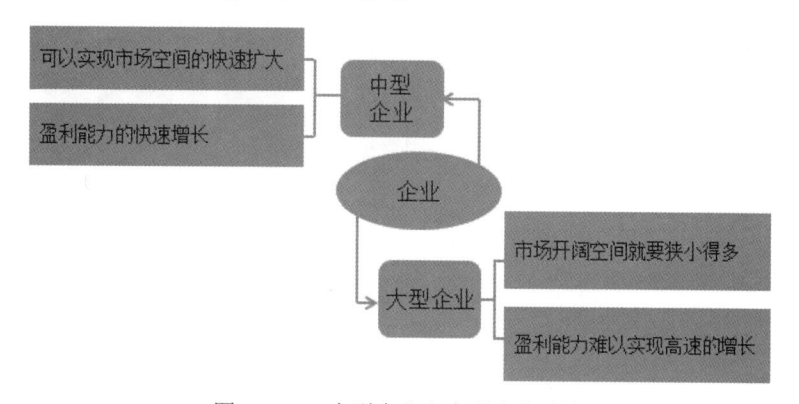

图 13-2-4　大型企业和中型企业对比

13.2.2　成长股的 15 个特征

菲利普·费雪（Philip A. Fisher，1907—2004），专注于研究成长股，他的投资管理顾问公司平均年收益率达到了 20% 以上，远远高于市场平均水平，其所著的《非常潜力股》一书影响力较大，而其中关于成长的 15 个特征更是值得投资者关注。

· 283 ·

（1）这家公司所出售的商品或所提供的服务具有多大的市场开阔空间。

（2）这家公司的领导层是否具有研发新产品、进军新领域的能力与魄力。

（3）和公司的实际规模相对，它的研发成果是否够突出。

（4）公司的销售部门是否具备了较高的效率。

（5）公司的利润率是否高于同行业的其他企业。

（6）这家公司已做了什么事，正在做什么事，将要做什么事，这些事是否可以维持或改善利润率。

（7）公司的劳资和人事关系如何。

（8）负责公司实际业务的各高级主管之间的关系如何。

（9）公司的管理层总体水平如何，是否有远见的卓识。

（10）公司的成本分析和会计记录做得如何。

（11）公司是否有较为独特的经营优势，从而使得它在某一方面显著优于同行业中的其他公司。

（12）公司是否有短期或长期的盈利展望。

（13）在随后较为确定的某一时间内，这家公司是否会以取得足够资金为由，在二级市场中通过增发股份的方式进行再融资，从而使现有的持股者回报率受损。

（14）在公布消息时，公司是否只报喜不报忧，从而使股东难以了解公司的实际运行情况。

（15）公司管理阶层的诚信度如何，是否会对公众隐瞒经营中存在的问题。

伊利股份（股票代码：600887）从上市到 2021 年 12 月的月线走势图（后复权）如图 13-2-5 所示。此股在近 26 年的时间中，上涨了 460 多倍。当牛市出现时，此股因业绩增速较大、大盘环境俱佳等多方利好因素推动，其涨势自然加快。当熊市出现时，此股虽然出现了一定幅度的调整，但是由于持续增长的业绩支撑其股价站于高位区，因而，即使在金融危机的大熊市环境中，此股相对于最高点来说调整幅度也并不大。

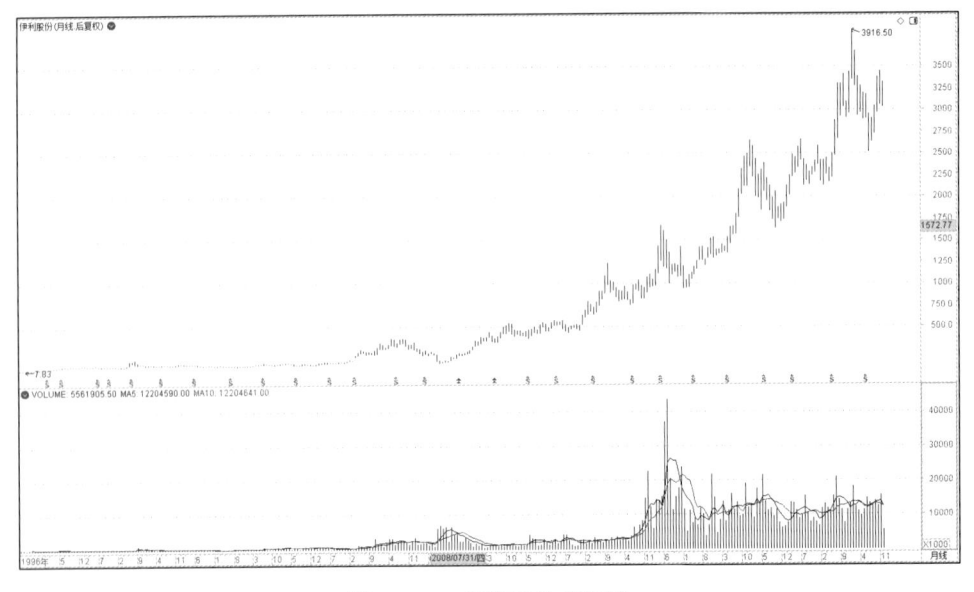

图 13-2-5　伊利股份走势图

作为投资者可以把握住牛熊交替行情的出现。牛熊交替行情的把握如图13-2-6所示。

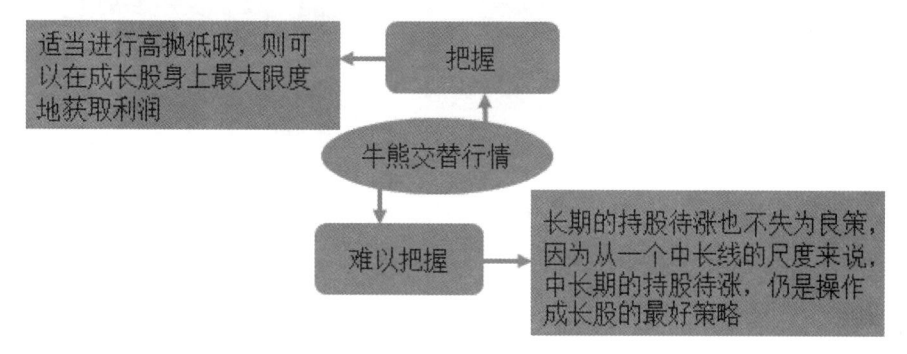

图13-2-6　牛熊交替行情的把握

成长股的果实固然诱人，但是在参与买卖时，我们仍需注意几点，这可以保证我们寻找到最佳的"风险收益比"。成长股买卖时需关注的内容如图13-2-7所示。

图13-2-7　成长股买卖时需关注的内容

13.2.3　成长股需要关注的内容

1. 关注估值状态

成长股虽然重在成长，而市盈率是一个体现其过去盈利能力的指标，所以很多投资者在刻意地挑选成长股时，往往忽视市盈率，其实，这是不正确的。因为如果一只股票的市盈率过高的话，那就代表它已提前透支了未来的价格上涨空间，即使企业果然如我们所料在未来一年内实现的业绩大增，但是谁又能保证这种盈利能力的增强具有可持续性呢？即使是最出色的分析师也只能分析出企业在未来一年左右的发展情况，如果当前的股价已经透支了企业三至五年的成长空间，而我们又将企业的成长性放到一个更远的时间上，那这种风险无疑是成倍增加的。

在股价过高时，即使买入的是十分优秀的成长股，也难以避免出现大幅的损失，比如：麦当劳一直是一家成长型企业，但投资这样的企业时还是要看市盈率如何，在1972年，麦当劳在美国的股价被抬高到50倍市盈率，远远高于当时同行业的其他企业，而麦当劳也承认无法实现如此之高的预期，于是股价从75美元狂跌至25美元，市盈率变为13倍。

那么，成长股的市盈率究竟为多少才算合适呢？一般来说，成长股的市盈率如图13-2-8所示。

此外，盘子大小也对市盈率有影响，一般来说，在其他条件相同的情况下，盘子大小对市盈率的影响如图13-2-9所示。

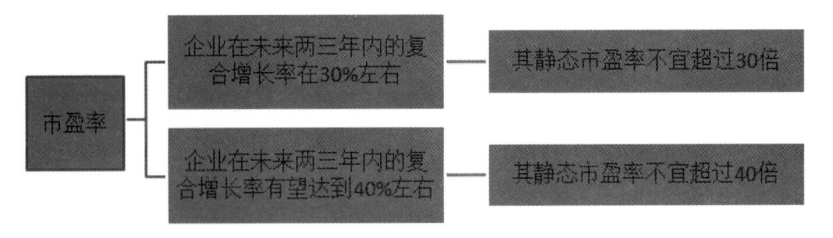

图 13-2-8　成长股的市盈率

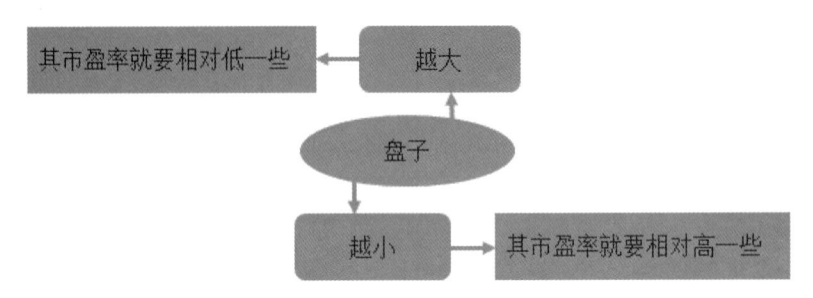

图 13-2-9　盘子大小对市盈率的影响

2. 关注买卖时机

一部分投资者认为在购买成长股时，最为重要的一点是能否正确判断出企业所具备的高速成长性，这一点固然重要，但是买卖时机也同样重要。例如，当股市全体股票的平均市盈率超过 50 倍后，整个市场都处于明显的泡沫状态中，这时，无论我们买哪一只个股，即使是抱着中长线持股待涨的态度去买，无疑也是错误的。

可以说，买成长股也要看大盘，当大盘处于显著的泡沫区间时，此时不妨等等，因为只要手中有本金，就有机会。股票市场有几千只股票，成长股也不是仅有一只、两只，选择大盘估值状态合理、下跌空间有限的时候买入，我们将处于进可攻、退可守的主动地位。

3. 关注主力资金

好的成长股总是能被主力资金提前发现，这与主力资金优越的消息渠道、专业的分析能力等优势密不可分，因而，当我们发现一只颇似成长股的股票时，不妨看看此股前期是否有主力资金活动的踪迹，特别是主力资金在相对低位区布局的迹象，这些都要从个股的二级市场走势中得出结果。

一旦我们成功地发现了主力资金前期建仓的踪迹，就可以在随后选择一个相对合适的时机买入。如果当前的股价位置与主力建仓价位区较近的话，那我们将处于更为主动的地位。

> **TIPS**　股票市场的热点总是以板块的形式呈现出来，这时会有一些个股由于盘子较小、业绩优秀、题材正宗等因素而获得主力资金的重点参与。这些个股就会在某一阶段呈现出强势上涨的走势，无论是从涨幅还是从涨势来说，几乎都是同一板块中最为突出的个股。它对同一板块中的其他个股具有强大的号召力，在上涨时，对同一板块中的其他个股起到旗舰作用；在下跌时，则会对同一板块中的其他个股起到打击作用。

对于成长股的买卖操作来说，我们主要有两种方法，具体如图 13-2-10 所示。

```
            成长股的买卖操作方法

  及时发现成长股并在第一        当成长股已完全确立后，我们可以积
    时间内布局成长股          极发掘那些并没有随成长股同步上涨
                            但是却与成长股极为相似的个股
```

图 13-2-10　成长股的买卖操作方法

与成长股极为相似的个股如图 13-2-11 所示。

```
            与成长股极为相似的个股

   可以是主营业务上的相似         可以是概念题材上的相似
```

图 13-2-11　与成长股极为相似的个股

因为这些个股在成长股随后滞涨的时候，很有可能出现强劲的补涨走势，甚至会出现后来者居上的情况。

13.2.4　题材催生的成长股

对于第一种方法来说，操作起来相对较为困难，这需要我们对题材的热度、市场的热点、个股的题材面、主力资金的意图、个股的前期走势情况等各种因素有一个较为准确的把握。此外，由于成长股往往是以强势的涨停板方式启动的，因而，稍一迟疑就会错失低点买入的机会。如果后期追涨的话，万一此股的上涨势头并不是十分强劲，则很有可能出现短线被套的情况。

对于第二种方法来说，我们则较为容易把握，因为我们可以从一只个股的阶段性涨幅、上涨势头和是否有题材支撑等因素来分析，很容易就可以判断出该个股当前是否是成长股。下面看看新冠疫情题材催生下的英科医疗是如何带动其他个股出现强补涨走势的。

英科医疗（股票代码：300677）2019 年 11 月 8 日至 2021 年 3 月 5 日的走势如图 13-2-12 所示，此股之前出现较大幅度的上涨，相对于前期的最低点而言，其累计涨幅 44 倍左右。

蓝帆医疗（股票代码：002282）的走势如图 13-2-13 所示。

相似的个股还有鱼跃医疗（股票代码：002223）、三星医疗（股票代码：601567）等个股。鱼跃医疗期间的走势如图 13-2-14 所示，三星医疗期间的走势如图 13-2-15 所示。

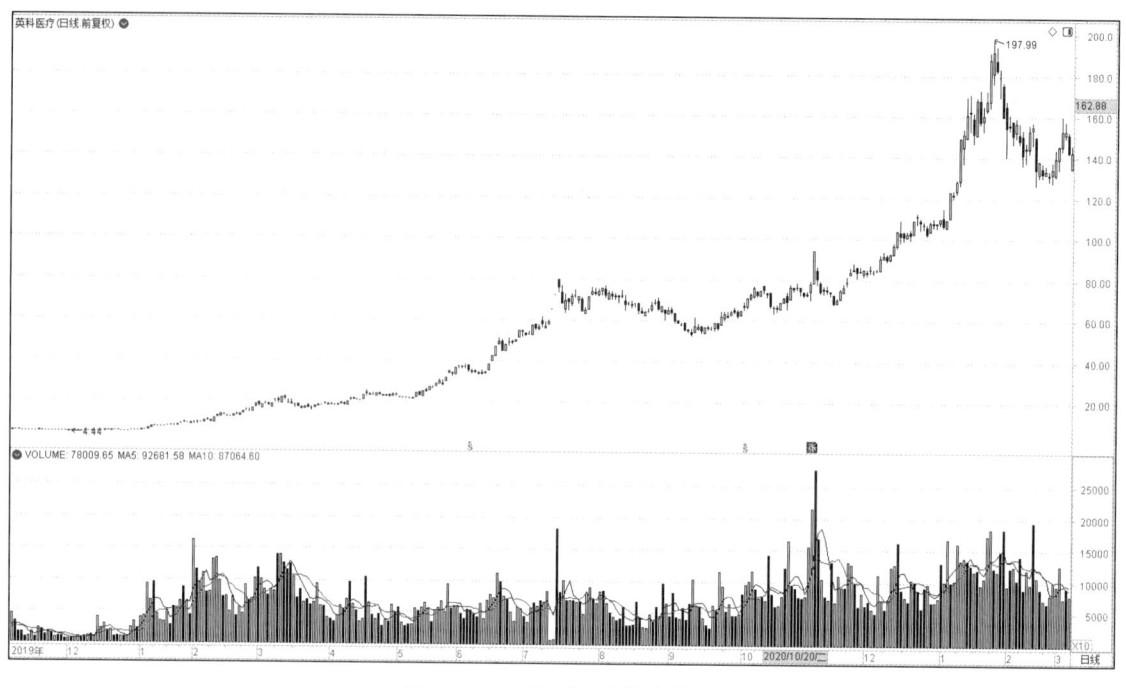

图 13-2-12 英科医疗的走势图

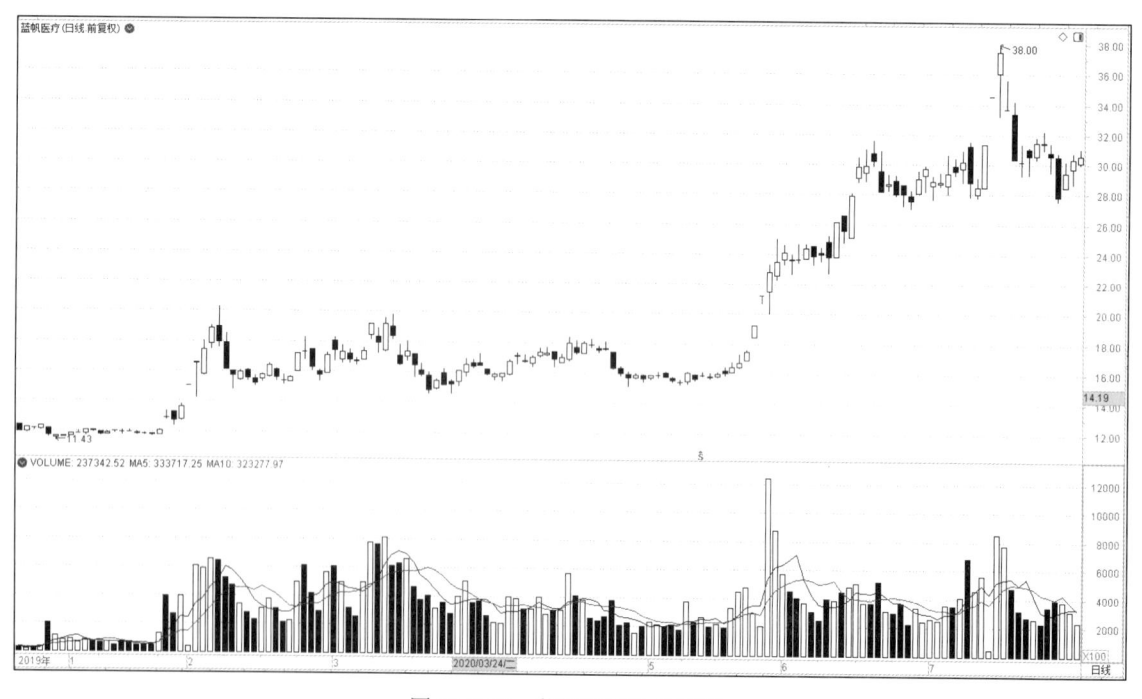

图 13-2-13 蓝帆医疗的走势图

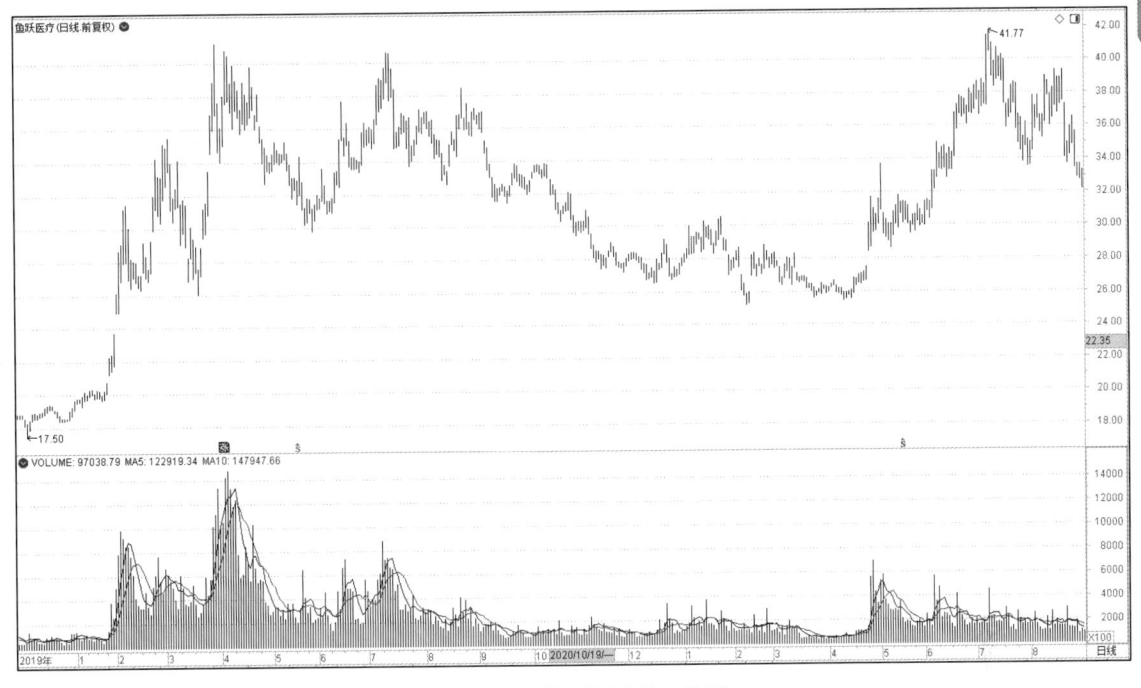

图 13-2-14 鱼跃医疗的走势图

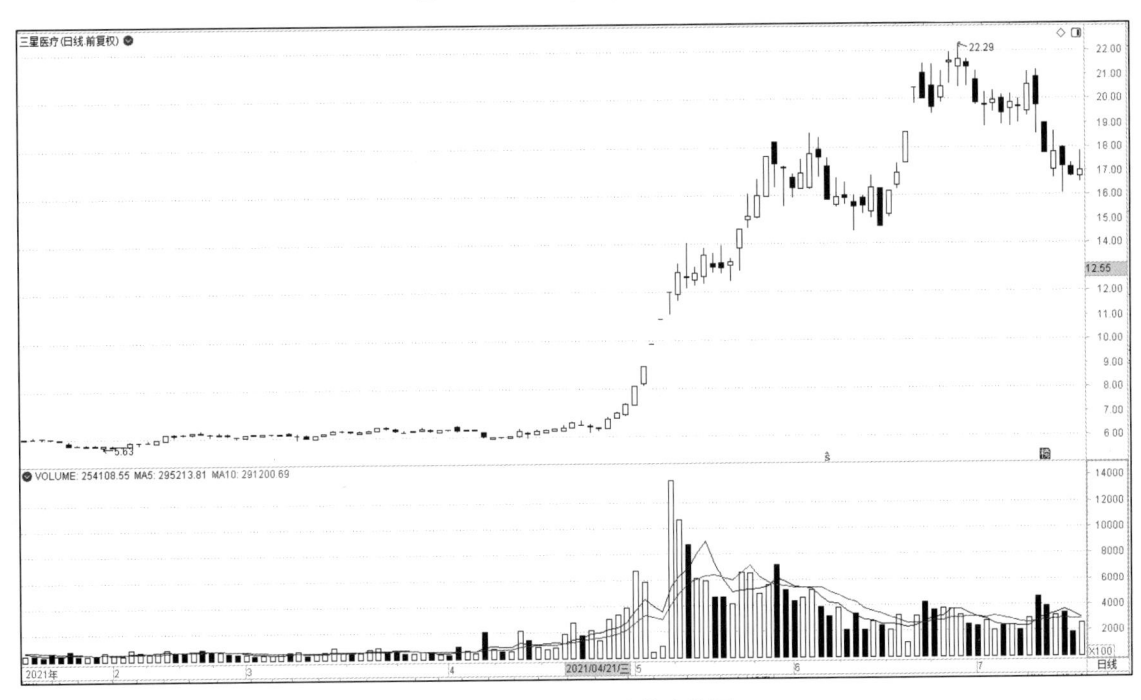

图 13-2-15 三星医疗的走势图

13.2.5 通过对比抢入龙头股

除了布局那些具备了补涨潜力的个股外，我们还可以争取在第一时间内抢入最具龙头股潜质的个股。那么，如何在第一时间内判断出一只个股是否具备了龙头股潜质呢？我们又应如何具体操作龙头股呢？我们可以从以下几方面着手。判断龙头股的标志如图 13-2-16 所示。

图 13-2-16 判断龙头股的标志

1. 从封涨停板的时间入手

龙头股自然是某一阶段内的最强势股之一，它的这种强势状态的原因如图 13-2-17 所示。

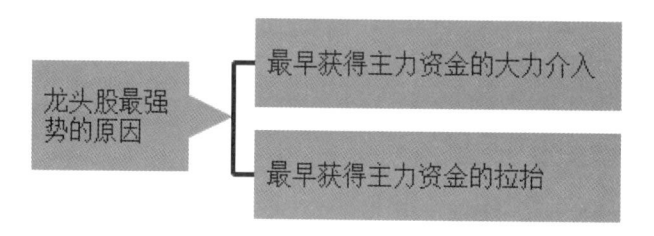

图 13-2-17 龙头股最强势状态的原因

因而，相对于其他同类股票来说，龙头股的封涨停板时间往往都是最早的，而且也是封得最为牢靠的。如果我们可以在盘中及时地意识到一只龙头股的形成，就应在第一时间（可以将这一时间点设定即将快速封涨停板时）追涨买入它，因为龙头股在短期内是难以出现回调走势的，只有追涨才能保证我们第一时间内参与此股。

2. 从盘子的大小入手

那些成为龙头股的股票，几乎都是一些盘子相对较小、资金容易拉抬的品种，对于那些盘子较大的股票来说，即使题材正宗，但是由于盘子太大，拉抬所需的资金太多，因而，是难以成为连续涨停的龙头股的。

3. 从个股的前期走势着手

个股的前期走势如图 13-2-18 所示。

```
┌─────────────────────────────┐   ┌─────────────────────────────┐
│   正处于相对低位区的突破区   │   │      长期盘整后的突破区      │
└─────────────────────────────┘   └─────────────────────────────┘

        ┌───────────────────────────────────────────┐
        │  其涨停板突破走势更能体现出主力资金的强烈做多意愿， │
        │         其成为龙头股的可能性也更大          │
        └───────────────────────────────────────────┘
```

图 13-2-18　个股的前期走势

4．从题材的角度着手

能成为龙头股的股票必然要有一个好的题材支撑，如果一只个股根本不具有明显的题材支撑，那它是难以形成市场热点，难以成为短期内急速飙升的龙头股的。

13.3　新股的买卖技术

新股是一个特殊的群体，当企业经过了证监会的审核并于一级市场成功发行后，随后就作为一只新股登陆二级市场，从而成功地转型为上市公司。新股由于历史遗留问题少、盘子轻、上市前进行了大量的宣传、公司独特的优势等因素，往往会进入主力的视野，成为主力的参与对象，可以说，新股是市场上短线资金追逐的热点之一，而掌握好新股的买卖技术，我们则可以获取丰富的短线收益。

> **TIPS**　新股的强劲上涨走势往往出现在其上市之后的一个较短的时间段内，这与主力资金的参与密不可分。可以说，判断一只新股是否会获得主力资金的青睐、是否有主力资金参与，是我们短线参与新股的重要前提。一般来说，我们可以从以下几个方面分析新股的短期上涨潜力。

13.3.1　从新股的题材面着手

好的新股可以有效地集聚市场人气，而其集聚市场人气的根本在于这一新股有可供参与的题材，没有题材支撑，股价上涨势必无法获得市场的共鸣，也势必难以吸引主力资金的参与。新股的题材体现方面如图 13-3-1 所示。

```
            ┌─────────────────────────────────┐
            │        新股的题材体现方面        │
            └─────────────────────────────────┘
┌──────────┐ ┌──────────────┐ ┌──────────────┐ ┌──────────────┐
│独特的地域性│ │主营业务的优势性│ │管理层的受关注性│ │技术或资源的垄断性│
└──────────┘ └──────────────┘ └──────────────┘ └──────────────┘
```

图 13-3-1　新股的题材体现方面

13.3.2 从新股的盘子大小着手

新上市的股票，既有大盘股，也有中小盘股。一般来说，买入大盘股的主力资金多是那些基金、券商、社保等公募性的主力资金，它们一般只是参与个股，并不主导个股走势，因而，这些大盘股在上市后的表现多是中规中矩，难以给投资者惊喜，并不是我们短线参与的好品种。但是中小盘股则不同，特别是小盘股，往往会吸引那些民间资本、私募基金的参与，这种类型的主力资金最讲究"短炒"个股，这些个股往往也会出现短期强势上涨的走势，会有不错的短线机会。

13.3.3 从新股的股价着手

一般来说，股价偏低（低于20元）的新股更容易获得青睐。股价影响如图13-3-2所示。

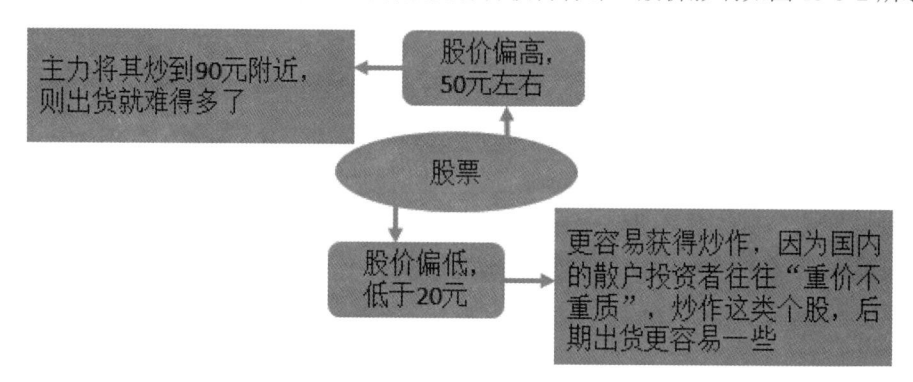

图 13-3-2　股价影响

13.3.4 关注新股首日的换手率情况

关注新股首日的换手率情况，这是我们分析主力资金是否入驻此股的重要依据。首日的换手率越高，则说明二级市场中的资金参与迹象越明显。开盘换手率情况分析如图13-3-3所示，新股首日和上午换手率情况分析如图13-3-4所示。

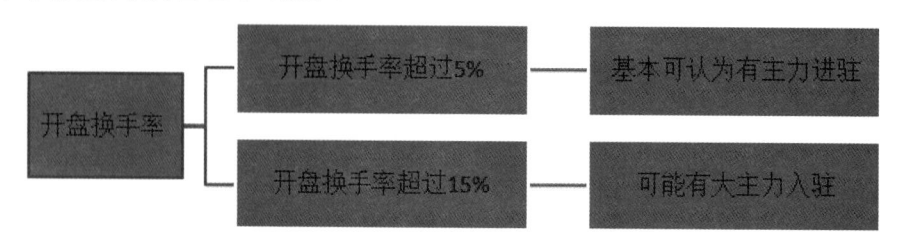

图 13-3-3　开盘换手率分析

判断新股能否有一定的短线机会，最重要的一点就是换手是否够充分，若是新股首日的换手率不足50%，这样的新股往往是没有主力资金大力建仓的，其短期走势也是不容乐观的。

上午换手率超过45%~55%　　首日换手率超过65%~80%

短期内可能出现较好上涨行情

图 13-3-4　新股首日和上午换手率情况分析

13.3.5　关注新股首日的盘中成交情况

新股首日的盘中成交情况如图 13-3-5 所示。

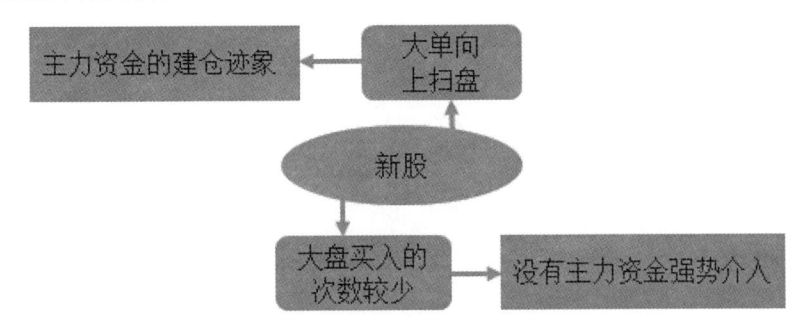

主力资金的建仓迹象 ← 大单向上扫盘
新股
大盘买入的次数较少 → 没有主力资金强势介入

图 13-3-5　新股首日的盘中成交情况

13.3.6　关注新股上市后三到五个交易日内的走势情况

有主力参与的新股在上市三到五天内，换手率较大，跌幅一般不大，若大盘同期较稳健，则该股很有可能仅经过一两个交易日的调整，就快速向上运行。没有主力参与的新股在上市三到五天内换手率不大，跌幅一般较大，呈单边下跌，股价不断创新低。

第 14 章

典型涨停板解析

涨停板和跌停板是两种最为常见的异动形态,它们是价格走势极端化的表现,而且往往是主力参与的结果,特别是对于涨停板来说,它是我们捕捉黑马股、分析主力行为的重要盘面形态。但涨停并不一定代表机会,跌停也并非一定就是风险,在实盘操作中,我们仍需具体情形具体分析。本章我们结合各式各样的涨停形态、跌停形态,看看如何利用这两种极端的价格走势来把握个股的后期走向。

14.1 如何分析涨跌停板形态

为了帮助读者更好地理解本章后面的实例讲解，本节先从基础出发，看看从哪些角度来分析涨跌停板的形态，理解了这些因素，我们就可以更全面、更准确地分析涨跌停板的后期走势，并展开成功的实盘操作。为了方便讲解，本节主要以涨停板为对象进行分析，跌停板的用法与之相仿。

14.1.1 关注涨停的时间

所谓涨停的时间，是指个股在当日的盘口中何时出现了涨停板，有的个股在早盘上封涨停板，有的个股在尾盘才上封涨停板，也有的个股直接涨停板开盘，也是主力做多意愿、市场追涨意愿的体现。

一般来说，封涨停板的时间越早越好，原因有以下几点：一是，涨停板出现的时间早，说明主力在拉涨停板时并没有刻意看大盘的"脸色"行事，这是主力做多意愿较强的体现；二是，涨停板出现的时间早，说明市场的追涨盘较多而持股者的抛售意愿则较低，是多方力量显著占优的体现；三是，涨停板出现的时间早，很可能与个股符合当前市场中的热点题材这种情况有关，而热点题材正是连续涨停板黑马诞生的催化剂。

14.1.2 关注封板形态

有些个股在盘中第一次上探至涨停价位时就将其牢牢封住；也有些个股在上探至涨停板后却反复开板、不封牢，但股价却可以稳稳地停留在涨停价位附近不回落；还有些个股在上封涨停板并没封住，反而开始由涨停板处逐波走低，呈现出先涨停、后回落的形态。可以说，盘中的封涨停板形态五花八门、各式各样，不了解这些具体形态所蕴含的市场含义，我们就难以有效地驾驭涨停板。

可以以个股短期涨势的强弱力度为标准，来对这些不同封板形态进行排序。一般来说，一波上封涨停板，随后即牢牢封住不再打开的形态是最强的封板形态，它是主力做多意愿最为坚决的体现，也是个股短期上涨势头最强的体现。而在涨停板上反复打开，又反复封住的形态，则相对较弱。个股短期是否可以强势上涨既取决于它的K线走势，也取决于当日的量能大小等因素，需要具体分析、区别对待。先涨停板、后逐波滑落的形态则是最弱的一种形态，往往与主力的诱导手法或是市场抛压沉重等情况相关，多预示着短期将有下跌调整走势出现。

14.1.3 关注K线走势

在股价大幅上涨后高位震荡区所出现的涨停板突破形态，就与上升途中累计涨幅较小情况下的涨停板突破形态迥然不同，它们一个是主力诱多的手法的体现，另一个则是主力资金强势拉升个股的信号。

14.1.4 关注量能大小

成交量是多空双方交锋力度的体现，也是市场分歧情况的反映，若个股可以在量能缩小的情况下就强势涨停，则说明市场呈现出一边倒的看多、做多，这也说明在场外买盘能量未充分释放的情况下，个股就可以强势涨停，而随后买盘力量的不断释放，个股短期强势上涨的概率是较大的；反之，如果涨停板上的量能过大，则说明市场分歧较为明显，这种放量上涨虽然说明了买盘较强，但这也是多方力量快速释放的体现，如果后续的买盘无法有效跟进，则短期上涨势头难以为继。

14.1.5 关注主力迹象

涨停板与主力的参与有关，但涨停板却并不一定是个股飙升的信号。在关注涨停板当日的分时图形态及日K线走势情况时，还应关注一下主力在前期是否有活动的迹象，例如，通过之前交易日的盘口分时图，通过每笔平均成交量的变化情况，通过前期是否有涨停板出现等多种因素，就可以更好地了解主力的活动，从而真正达到把握主力动向、跟踪主力的目的。

14.1.6 关注个股的题材面

那些可以出现连续涨停板走势的大黑马，往往也是有着火爆热点题材的个股，这些个股很受主力的青睐，而且易受主力资金的参与，主力在参与这类个股时也容易获得市场的共鸣，这使得个股既受主力青睐又受市场追捧，从而出现短期飙升的走势也在情理之中了。

个股的题材面多种多样，有政策消息面的题材、上市公司利好消息题材、高送转题材、业绩预增题材、土地增值题材、资产注入题材、股权投资者题材、社会生活重大事件催生的题材、庆典题材等，可以说，社会生活中、政策导向中所关注的焦点，往往也都会成为股市中的焦点。就这一点来说，股市绝不仅仅是一个买卖双方进行交易的封闭市场，它还是一个接收各种消息并对之作出实时反映的市场。因而，在平常的实盘操作中，我们一定要多关注那些影响到股市，或是影响到相关个股的题材，以此为基础，再结合涨停板形态来进行实盘操作，短线操作的水平就会大幅提升。

14.2 "一"字形的连续无量涨停板

"一"字形的连续无量涨停板形态是指：个股连续出现涨停板开盘，且全天牢牢封住涨停，当日缩量的形态，这种涨停板多由于重大的利好消息催生（例如重大的资产注入、借壳、整体上市等）。在实盘操作中，有两种操作策略。

- 一是结合消息面、市场传闻、个股的异动走势等因素来提前布局此股。当然，最好的方法还是通过可靠的消息渠道，散户投资者很显然不具备这种能力，但可以从盘口中分析主力的意图，以此再来结合市场传闻等因素就有机会提前把握这类个股。
- 二是在连续涨停板打开之后，我们有了买股入场的机会，此时，可以结合个股的走势来判定此股是否还会有再度飙升的行情，从而决定是否展开买股。

下面结合实例来看看如何操作这种"一"字形的连续无量涨停板。

14.2.1 开板后出现深幅调整

如果个股在连续无量涨停板之后，随着涨停板的打开，其短期内也出现了深幅调整走势，则说明市场抛压较重。个股在涨停开板之后，短期内难有作为，对于短线投资者来说，此时不宜追涨买股。

福达合金（股票代码：603045）2021年8月25日至12月13日期间的走势如图14-2-1所示，此股在2021年10月18日至10月22日期间连续5日涨停，皆为无量"一"字形涨停板。一般来说，这种连续的无量涨停板走势多与个股发布的重大利好消息有关，此股正是因为在2021年9月24日公布了拟定向增发股份购买航空资产的重大资产注入事项才出现了这种连续无量涨停板的走势。

从图14-2-1中也可以看到，此股在连续无量涨停的开板之后，出现了短期深幅调整走势，这是个股中期见顶的标志，此时不宜追涨买股。

图 14-2-1　福达合金走势图

14.2.2 开板后出现强势盘整

如果个股在连续无量的涨停开板之后，没有出现深幅调整，而强势盘整的走势，则说明市场抛压尚在可控范围之内，主力也暂时并没有逢高出货的行为，其随后再涨一波的概率较大，此时，可以适当地进行短线追涨操作。

爱普股份（股票代码：603020）2021年1月29日至6月18日期间的走势如图14-2-2所示，此股出现了连续无量涨停板走势，在连续无量涨停时，是没有机会买入的，但是在涨停板打开之后，可以买入，但这是机会还是陷阱，取决于我们分析水平的高低。此股在连续无量涨停板打开之后，出现了强势盘整，说明做多力量仍然充足。随后，此股也是在这一高位区窄幅强势震荡，说明市场抛压尚在主力资金的可承接范围之内，此时可以适当进行短线买股操作。

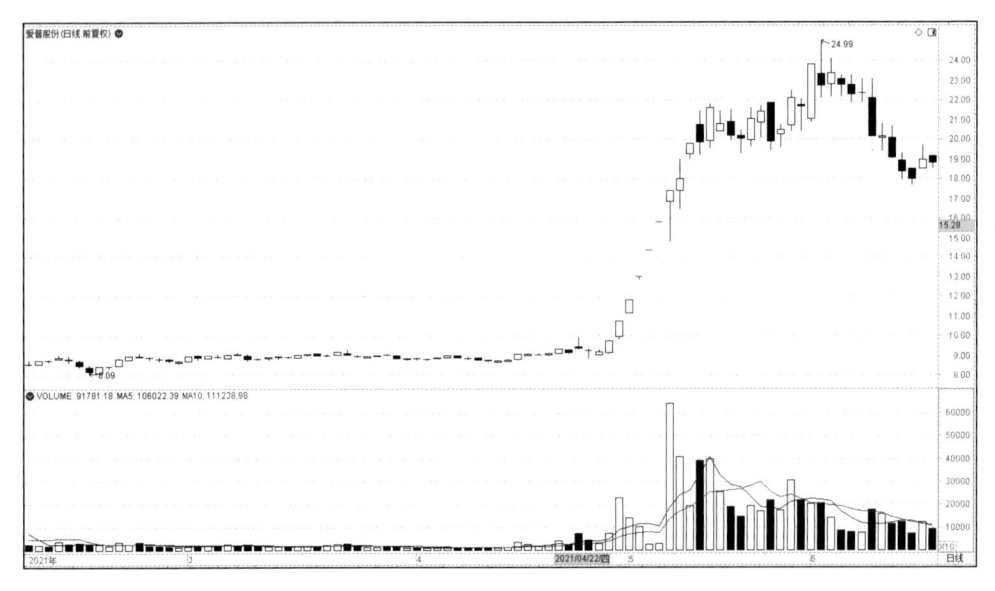

图14-2-2　爱普股份走势图

14.3　开盘后的急速涨停

开盘后的急速涨停，是指个股在早盘开盘后的几分钟内快速上封涨停板（一般来说，开盘时会出现明显的高开），且在全天随后的时间段里也牢牢地封住涨停板，这是一种极为强势的涨停分时形态，如果这种形态出现在上涨趋向较强的位置处，大多是主力资金短期内有意强势拉升个股的体现。此外，如果这类个股有隐藏的题材，则它很有可能成为随后一段时间内主力参与题材时的龙头股。下面结合具体的实例来看看如何利用这两种情形展开实战。

14.3.1　有重磅利好的隐性题材

ST安信（股票代码：600816）2021年7月26日的分时图如图14-3-1所示，此股当日涨停开盘，且一次牢牢封住，直至收盘。当日此股的这种异动走势源于停牌前2021年7月17日公布的一则利好消息，ST安信筹划定增。

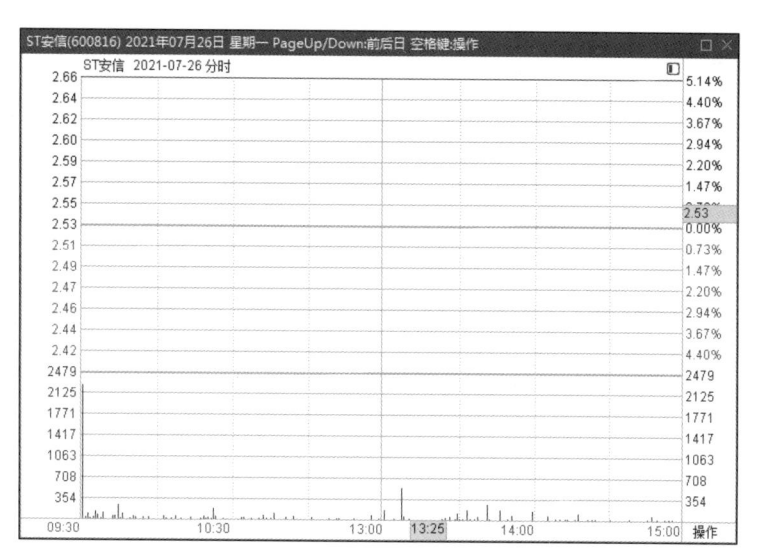

图 14-3-1　ST 安信 2021 年 7 月 26 日的分时图

ST 安信 2021 年 7 月 26 日的走势如图 14-3-2 所示，此股随后正是因这一重磅的利好消息，开盘急速涨停就是我们第一时间发现此股的鲜明形态。

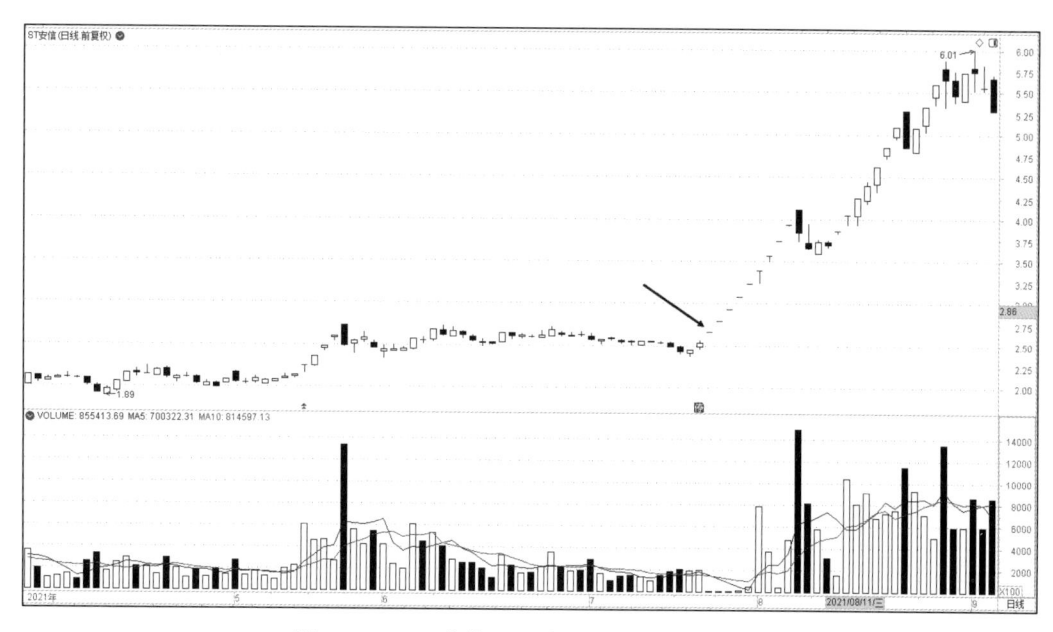

图 14-3-2　ST 安信 2021 年 7 月 26 日的走势图

14.3.2　无明显利好、处于回调后的低点

个股无明显热点题材，并不意味着没有主力，如果个股正处于一波调整走势后的低点，则此位

置处出现的开盘后急速涨停形态就可能是主力短期内有意强势拉升个股的信号,这也是主力实力较强的体现。此时,我们不妨短线追涨。

鑫铂股份(股票代码:003038)2021年10月13日的分时图如图14-3-3所示,当日此股开盘后一小时后封涨停,直至收盘。当日此股正处于一波回调走势后的阶段性低点,且之前的震荡缓升走势稳健,此股的这种开盘急速封涨停板的形态是主力资金短期内有意强势拉升个股的信号。鑫铂股份2021年10月13日的走势如图14-3-4所示。

图14-3-3 鑫铂股份2021年10月13日的分时图

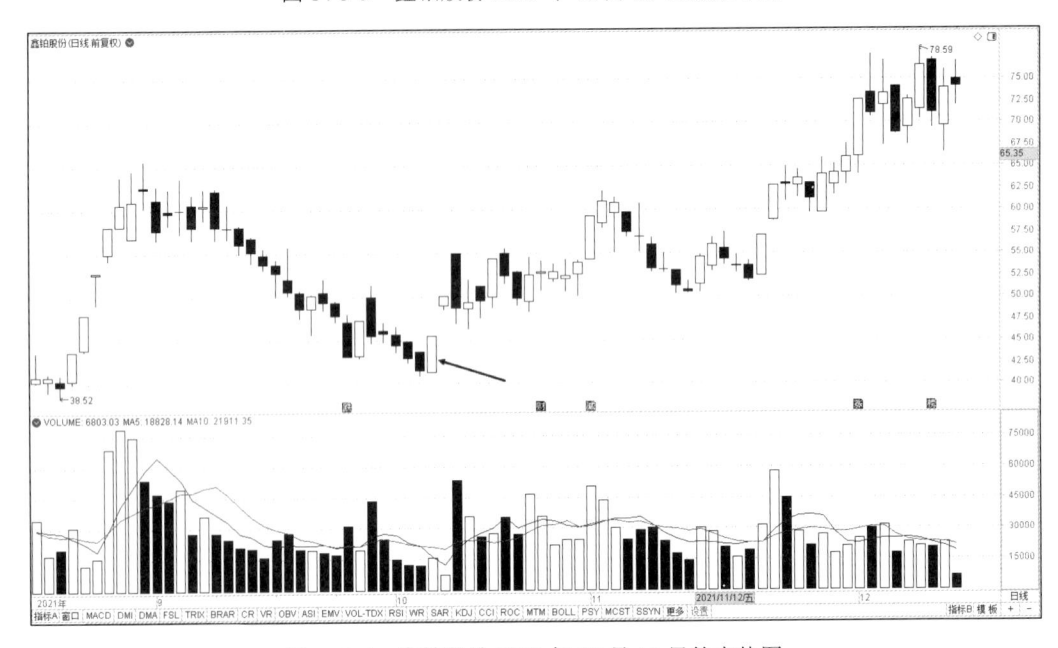

图14-3-4 鑫铂股份2021年10月13日的走势图

14.4 涨停突破长期盘整区

涨停突破长期的盘整区是一种极其强势的突破形态，它是指个股在上升途中出现了较长时间的盘整走势，此时，个股后期是破位下行还是突破上行，我们难以预料，但是涨停板的突破却给出了明确的信号：主力在这一盘整区进行了积极的吸筹操作，正是有了主力的加入及拉升，个股才可以实现这种在满盘获利的情况下突破涨停板。

14.4.1 相对低位的横向窄幅震荡盘整区

在利用这种形态进行实盘操作时，还应注意个股的前期累计涨幅及盘整区的波动幅度。一般来说，个股前期的累计涨幅较小，盘整区的震荡幅度较小，是涨停板突破走势更为可靠的保证，也是我们应积极短线追进的明确信号；反之，如果个股期的累计涨幅较大，且在此盘整区的震荡幅度也较大，则此时的涨停突破形态就相对不可靠，我们不宜追涨买股。

昊华能源（股票代码：601101）2021 年 7 月 16 日的分时图如图 14-4-1 所示，当日此股出现了一个强势的涨停板形态，涨停板是主力强势做多的体现，但我们也要结合价格的总体走势来综合分析。从此股的日 K 线图中可以看到，当日此股正处于长期盘整走势后的突破位置，且个股前期累计涨幅较小，盘整区的震荡幅度也较小。因而，这种突破是一种可靠信号，它是主力有意强势拉升个股的信号。昊华能源 2021 年 7 月 16 日的走势如图 14-4-2 所示。

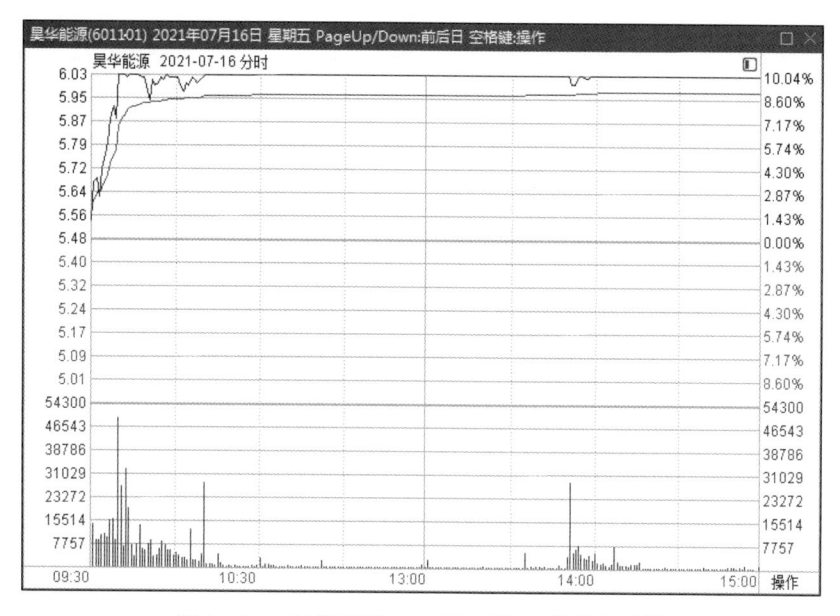

图 14-4-1 昊华能源 2021 年 7 月 16 日的分时图

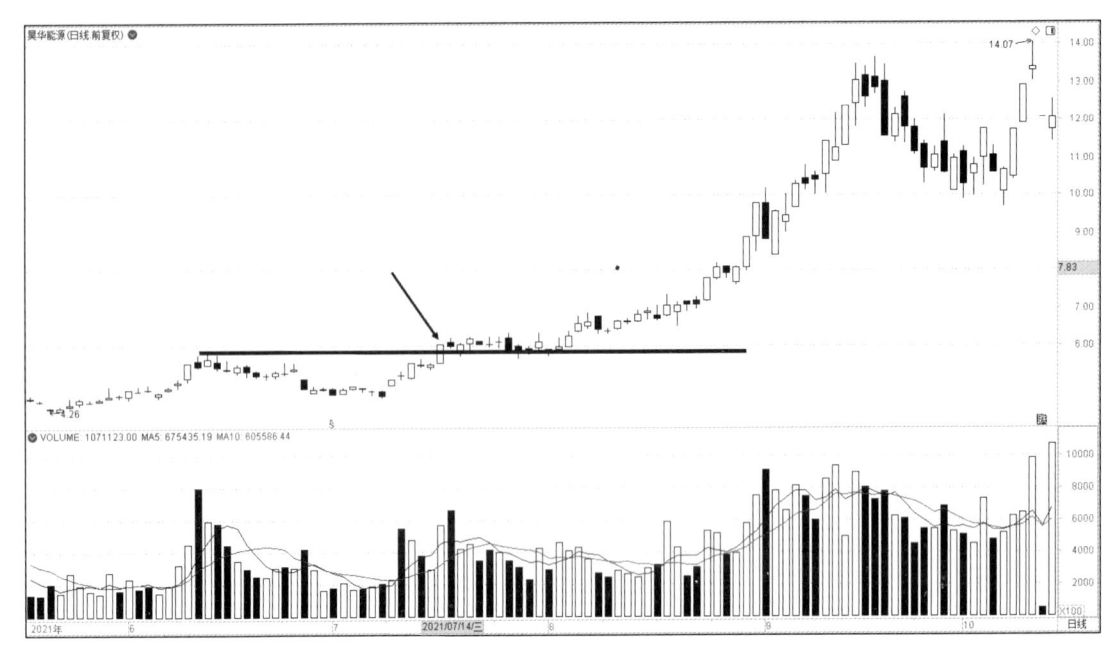

图 14-4-2　昊华能源 2021 年 7 月 16 日的走势图

柘中股份（股票代码：002346）2021 年 6 月 2 日的分时图如图 14-4-3 所示，当日此股在开盘不久便封涨停。当日此股正处于盘整突破位置，且个股的前期累计涨幅较小。因而，可以认为这是主力资金有意强势拉升个股，个股将突破上行的信号。在实盘操作中可以短线追涨买股布局，以分享主力的短期快速拉升成果。柘中股份 2021 年 6 月 2 日的走势如图 14-4-4 所示。

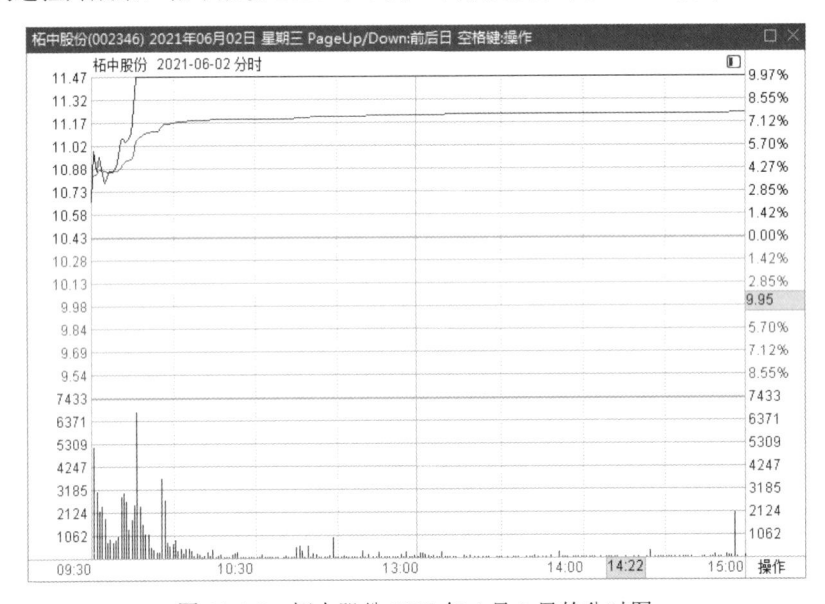

图 14-4-3　柘中股份 2021 年 6 月 2 日的分时图

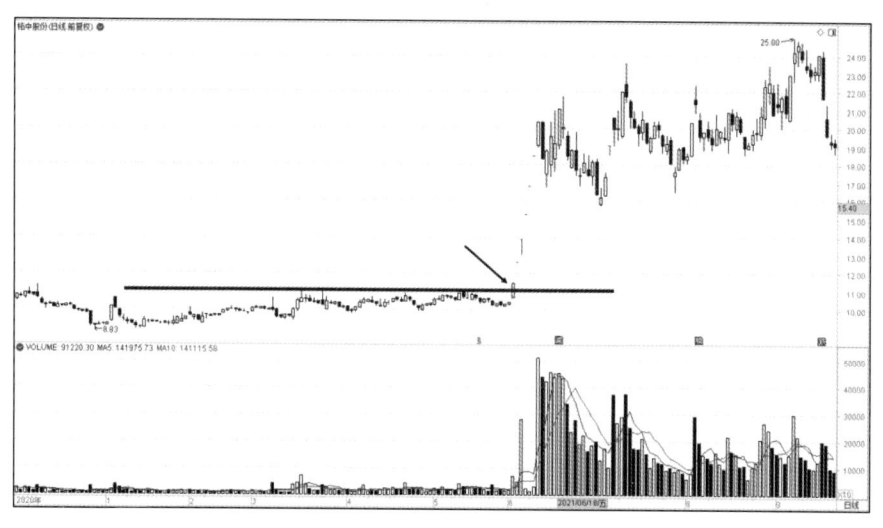

图 14-4-4　柘中股份 2021 年 6 月 2 日的走势图

14.4.2　震荡缓升走势中的涨停突破

在震荡缓升走势中，如果个股的累计涨幅较小，则此时出现的涨停板突破形态是个股将加速上行的可靠信号，这一形态说明前期的震荡缓升不过是主力资金不断吸筹，多方力量不断积蓄的过程，而当前的涨停板，正是多方力量已完全占优，开始加速进攻的信号。

藏格矿业（股票代码：000408）2021 年 8 月 18 日的分时图如图 14-4-5 所示，当日此股上封涨停板，这彰显了主力的强势做多意愿，此股在 2021 年 8 月 18 日之后正处于震荡缓升走势中。藏格矿业 2021 年 8 月 18 日的走势如图 14-4-6 所示。当日涨停板的形态使得此股的上涨势头开始呈加速之势，这正是主力资金吸足筹码后，有意快速拉升个股的表现。在实盘操作中，可以及时跟进。

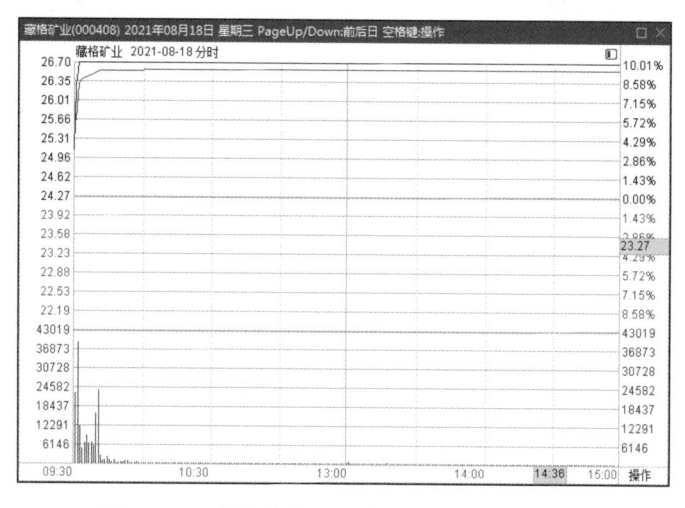

图 14-4-5　藏格矿业 2021 年 8 月 18 日的分时图

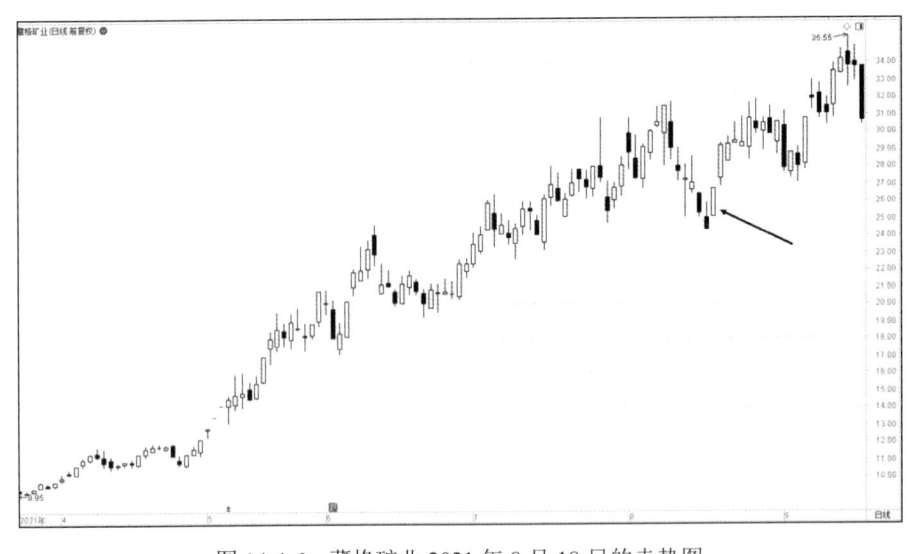

图 14-4-6 藏格矿业 2021 年 8 月 18 日的走势图

14.4.3 题材诱导下的涨停突破

题材是主力参与个股的导火索，一只走势平平的个股完全可能因为突然符合市场热点题材而获得主力的强力参与。在题材的驱动下，个股突破盘整区的走势往往最具爆发力，是我们短线追涨的首选品种。

创元科技（股票代码：000551）2021 年 7 月 8 日的分时图如图 14-4-7 所示，当日此股在早盘半小时后出现了明显的异动，快速上封涨停板，其实这是源于预期的一则利好消息所致。受国家发展氢能源题材的影响，氢能源概念股创元科技涨停。创元科技 2021 年 7 月 8 日的走势如图 14-4-8 所示。

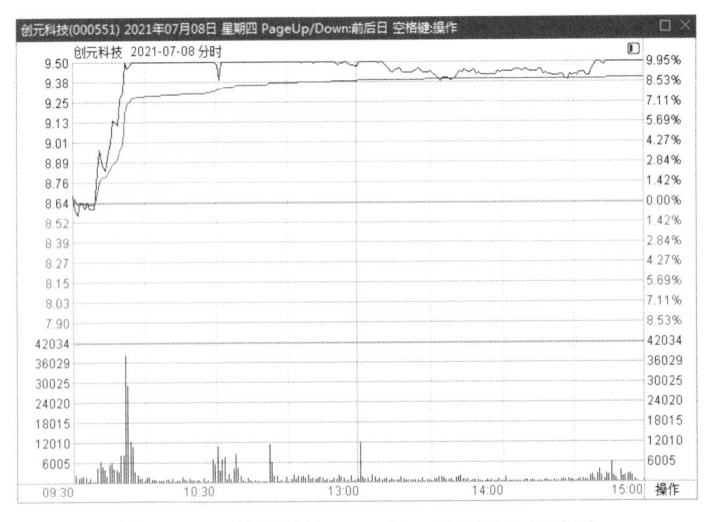

图 14-4-7 创元科技 2021 年 7 月 8 日的分时图

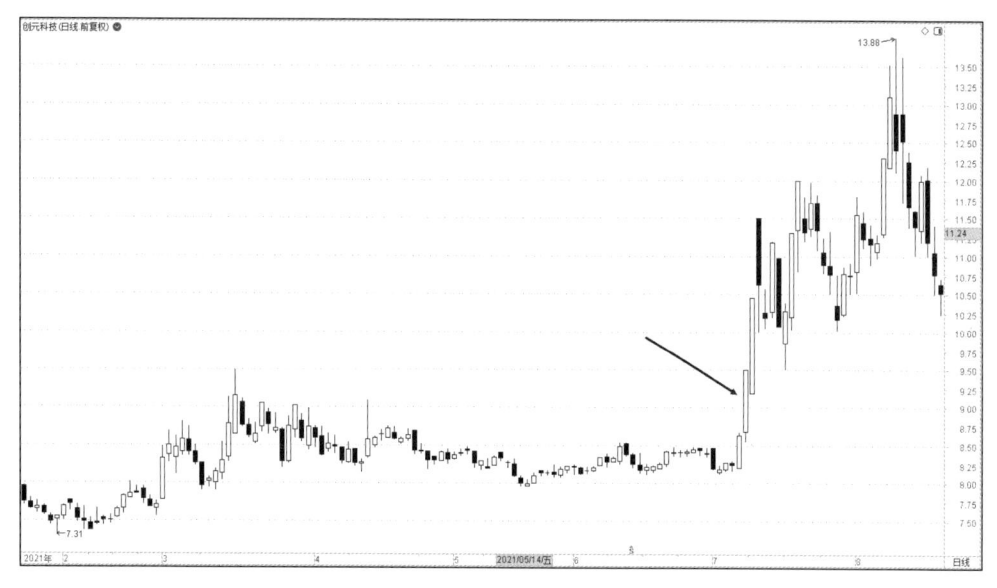

图 14-4-8　创元科技 2021 年 7 月 8 日的走势图

在关注个股的这种涨停板突破盘整区的形态时，我们还可以结合消息及题材面来综合分析，知其然，还应知其所以然。只有这样，我们才能在第一时间内更好地判断出个股的涨停板突破形态是否就是短线黑马即将诞生的信号。

14.5　盘中反复打开的抹油板

抹油板，是一种特殊的涨停板形态，它是指个股在上封涨停板之后，并没有牢牢地封住，而是在涨停板价位处反复地开板、封板，但却不出现明显回落的形态。抹油板形态的个股由于在涨停板的交投力度较大，因而，多出现放量形态。在个股走势中，抹油板更常见于一波涨势之后，它并不是主力强势个股的信号，而是主力诱多出货的一种手法体现，应注意规避风险。

14.5.1　跌途中的反弹走势后

在下跌途中的一波反弹上涨走势后，如果个股在反弹上涨走势中的阶段性高点出现了抹油板形态，则表明一波反弹上涨走势即将终结，是我们在博反弹行情时应卖股离场的信号。

中央商场（股票代码：600280）2021 年 10 月 26 日的分时图如图 14-5-1 所示，当日此股在午后封涨停板，于盘中反复小幅开板，呈现出抹油板形态。中央商场 2021 年 10 月 26 日的走势如图 14-5-2 所示，可以看出当日此股的成交量也大幅放出，当日此股正处于下跌途中一波反弹上涨走势后的阶段性高点，因而，这一抹油板形态是预示着反弹走势结束的信号。此时，不可因为个股涨停了就继续看多，而应把握住这一具体涨停板形态所蕴含的市场含义后进行卖股操作。

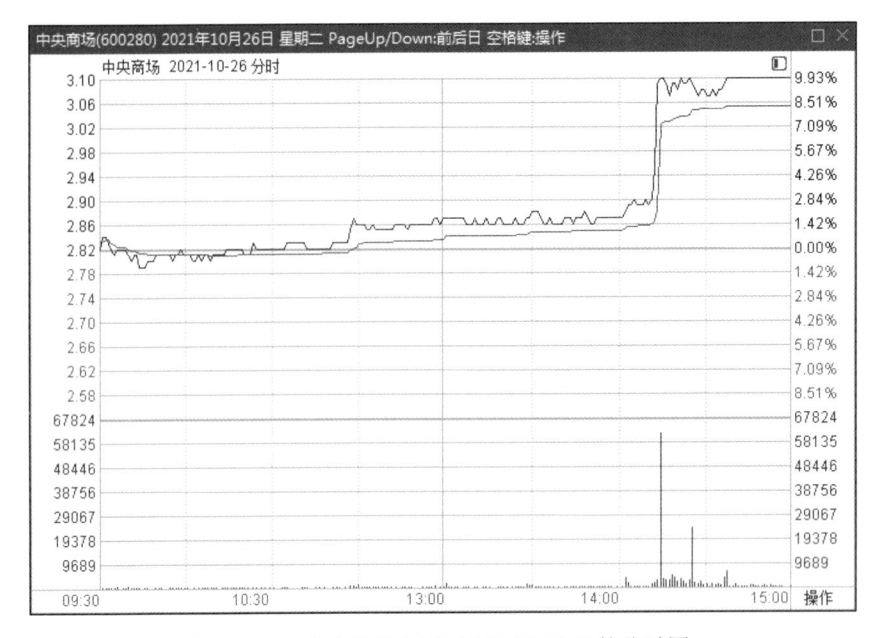

图 14-5-1　中央商场 2021 年 10 月 26 日的分时图

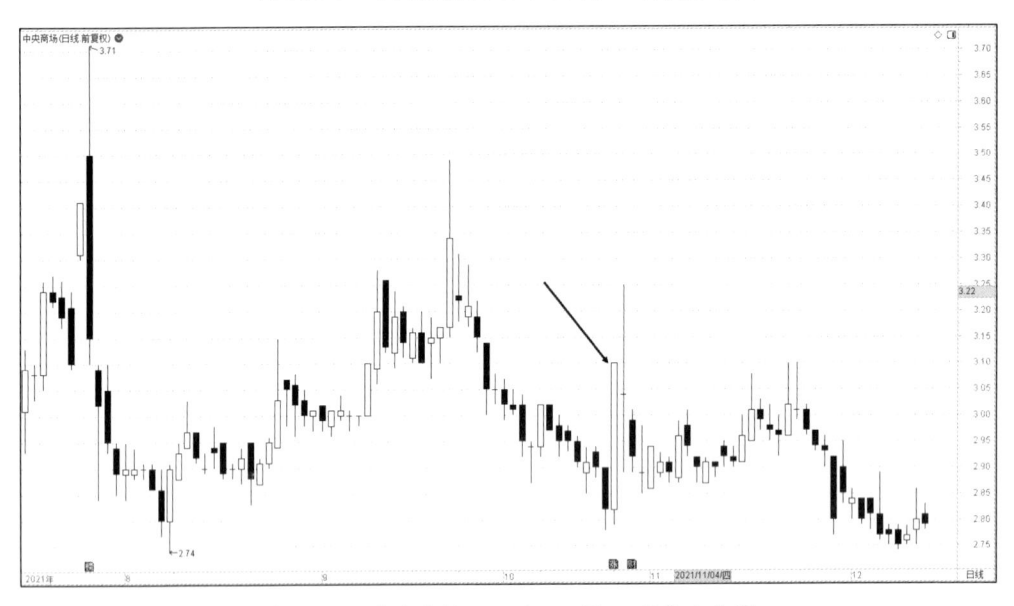

图 14-5-2　中央商场 2021 年 10 月 26 日的走势图

14.5.2　上升途中的一波上涨走势后

在上升途中的一波快速上涨走势中，如果个股于快速上涨走势中的阶段性高点出现了这种抹油板形态，则预示着这一波上涨走势难以再持续下去，此时可以进行短线卖股操作。

中润资源（股票代码：000506）2021年7月27日的分时图如图14-5-3所示，当日此股的分时图呈现出抹油板形态，且当日此股正处于上升途中的一波上涨走势中，股价处于阶段性的高点。如果仅从K线走势图中，很可能得出此股将加速上行的结论，但当日的抹油板形态却提示我们：个股随后即将出现下跌调整走势。中润资源2021年7月27日的走势如图14-5-4所示。

图14-5-3 中润资源2021年7月27日的分时图

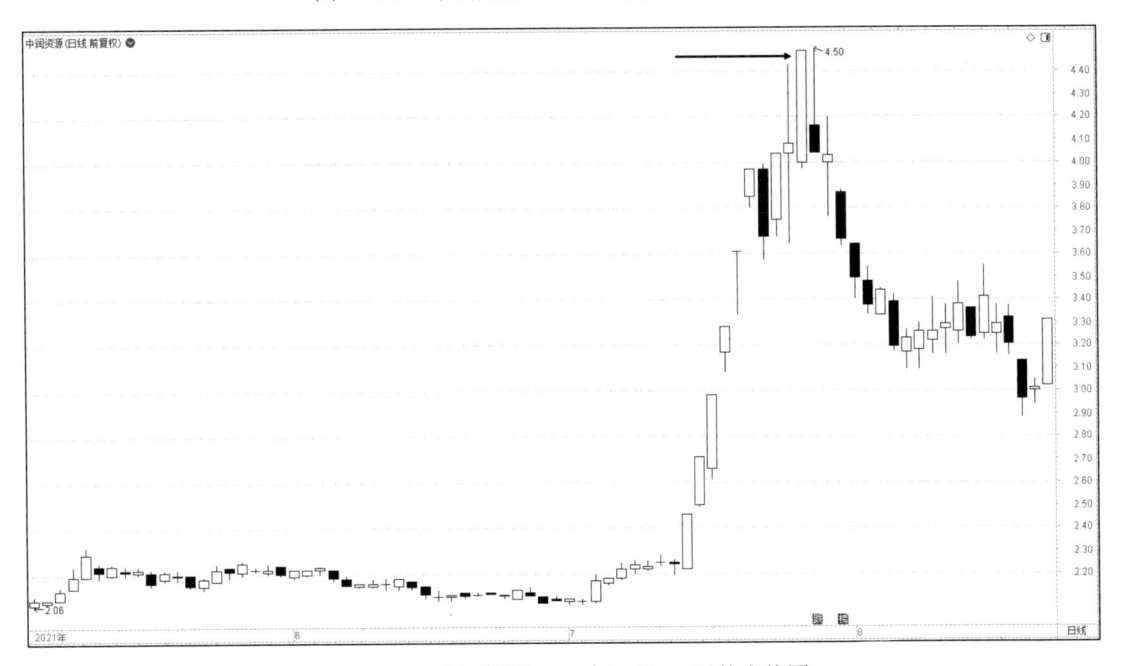

图14-5-4 中润资源2021年7月27日的走势图

14.6 盘整后破位处的跌停板

在个股经历了较长时间的盘整走势后，无论这一盘整区是大幅上涨后的高位盘整区，还是下跌途中的盘整区，如果在盘整区之后出现了向下破位的跌停板，则说明一波深幅下跌行情即将展开，如果在前期没能及时卖股离场，则此时就是最后的逃命时机。

中曼石油（股票代码：603619）2021 年 10 月 28 日的分时图如图 14-6-1 所示，当日此股在早盘阶段就出现了一个跌停板形态，这是空方抛压异常沉重，主力资金全无护盘意图的体现。从 K 线走势图中可以看到，当日此股正处于高位盘整震荡区的向下破位处，因而，这一跌停板预示着一轮深幅下跌行情即将展开的信号，是卖股离场的信号。中曼石油 2021 年 10 月 28 日的走势如图 14-6-2 所示。

图 14-6-1　中曼石油 2021 年 10 月 28 日的分时图

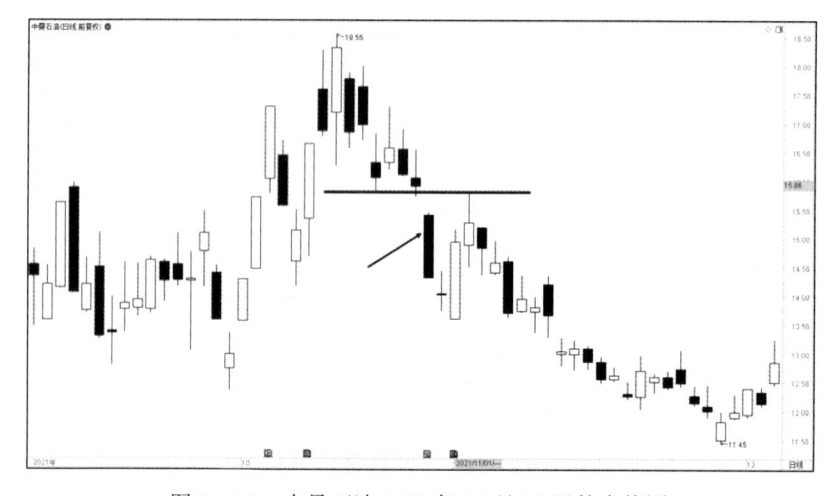

图 14-6-2　中曼石油 2021 年 10 月 28 日的走势图

14.7 尾市冲涨停板

尾市冲涨停板是一种最为常见的涨停方式，它是指个股在收盘前的半小时内突然快速上涨并上封涨停板，这种形态是一种明显的异动，它预示着个股短期内的走势可能会起波澜，但这种尾市冲涨停板既有可能是机会的象征，也有可能是风险的预示。在实盘操作中，仍需结合具体的情形来分析。

14.7.1 反弹上涨走势的初期

在一波下跌回调后的低点，如果个股于阶段性的低点出现了企稳走势，且在当日出现了尾盘冲涨停板的形态，则这种形态预示着个股短期内将有一波反弹上涨行情出现，此时，我们可以进行短线买股操作。

德赛电池（股票代码：000049）2021年11月12日的分时图如图14-7-1所示，当日此股走势强劲，分时线节节攀升，并在收市前牢牢地封住涨停板，从K线图中可以看到，当日此股正处于一波调整走势后的阶段性低点，因而这一尾市涨停是预示着一波反弹上涨走势即将出现的信号，可以适当地进行短线买股操作。德赛电池2021年11月12日的走势如图14-7-2所示。

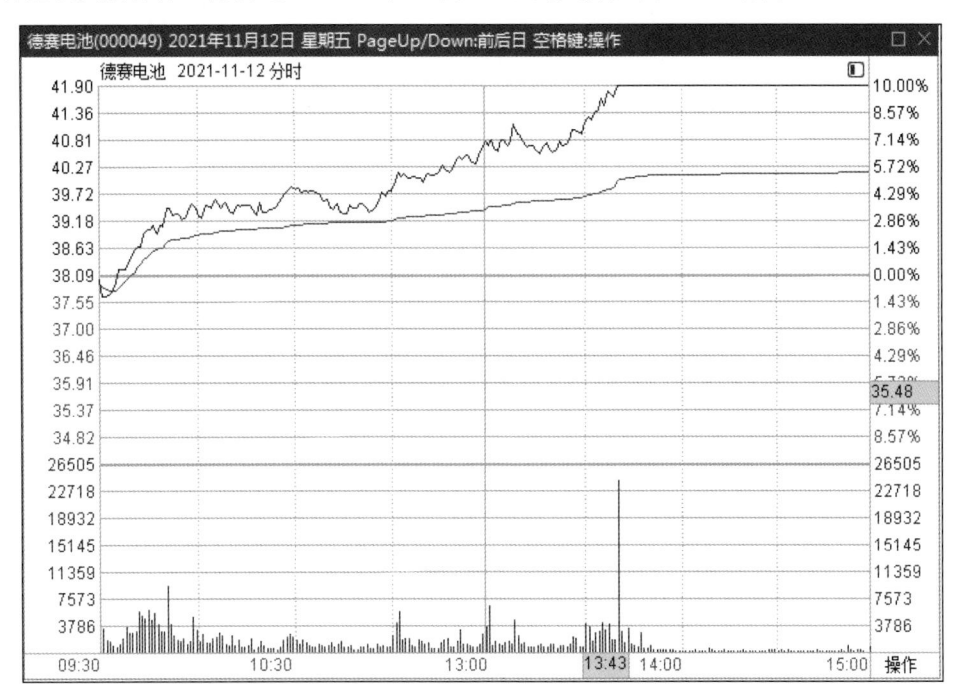

图14-7-1 德赛电池2021年11月12日的分时图

图 14-7-2　德赛电池 2021 年 11 月 12 日的走势图

14.7.2　高位震荡区的箱体上沿

在高位区，个股往往因多空双方的明显分歧而出现宽幅震荡走势，如果个股在震荡区的箱体上沿位置处出现了全天涨幅相对较小，但在收市前却大幅拉升并上封涨停板的形态，这并不是主力资金有意强势拉升个股的信号，它往往是主力在收盘前通过某种手法制造一种放量上涨的假象而诱多出货的手法的体现。

海马汽车（股票代码：000572）2021 年 8 月 16 日的分时图如图 14-7-3 所示，当日此股全天走势较弱，但是在收市前一个半小时内，在连续大买单的推动下快速飙升涨停板。此股当日正处于高位震荡区的箱体上沿附近，因而，这尾市偷袭型的涨停板并不是主力资金有意强势拉升个股的信号。它是主力诱多出货的一种手法，企图使市场投资者判断错误，而主力则可借机出货。海马汽车 2021 年 8 月 16 日的走势如图 14-7-4 所示。

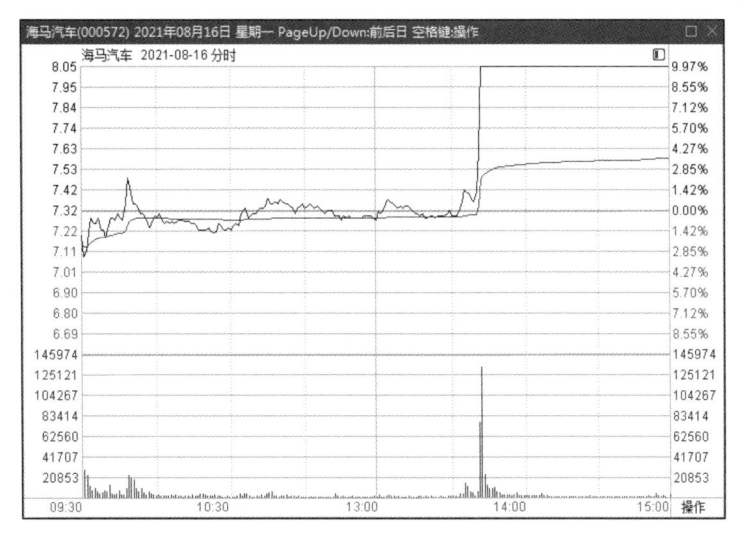

图 14-7-3　海马汽车 2021 年 8 月 16 日的分时图

图 14-7-4　海马汽车 2021 年 8 月 16 日的走势图